新时期纸媒标题语言研究

——以《人民日报》（1978—2015）为例

邹晓玲／著

四川大学出版社

责任编辑:徐　凯
责任校对:毛张琳　徐志静
封面设计:墨创文化
责任印制:王　炜

图书在版编目(CIP)数据

新时期纸媒标题语言研究：以《人民日报》(1978—2015) 为例 / 邹晓玲著. —成都：四川大学出版社，2018.10

ISBN 978-7-5690-2451-7

Ⅰ.①新… Ⅱ.①邹… Ⅲ.①《人民日报》-新闻标题-新闻语言-研究 Ⅳ.①G212.2

中国版本图书馆 CIP 数据核字 (2018) 第 235058 号

书名　**新时期纸媒标题语言研究**
　　　——以《人民日报》(1978—2015) 为例

著　　者	邹晓玲
出　　版	四川大学出版社
地　　址	成都市一环路南一段 24 号 (610065)
发　　行	四川大学出版社
书　　号	ISBN 978-7-5690-2451-7
印　　刷	四川五洲彩印有限责任公司
成品尺寸	146 mm×210 mm
印　　张	15
字　　数	387 千字
版　　次	2018 年 10 月第 1 版
印　　次	2018 年 10 月第 1 次印刷
定　　价	60.00 元

◆读者邮购本书,请与本社发行科联系。电话:(028)85408408/(028)85401670/(028)85408023　邮政编码:610065
◆本社图书如有印装质量问题,请寄回出版社调换。
◆网址:http://press.scu.edu.cn

序

在传统的纸质传播媒介中，报纸是最能够及时、准确并有效地反映社会现象和传达公共信息的工具。随着新媒体的兴起，报纸在社会公共信息传播方面的作用已大不如前，但是，构成报纸信息传播的各种有效因素，仍然在广播、电视、网络等不同媒介的信息传播中发挥作用，比如标题。不论在口述性的广播电视中，还是在书面性的电视网络字幕中，标题都发挥着关键的信息传递作用。因此，对报纸中这类传播要素的研究，在现代传播学的研究中仍然是不可或缺的，即使将来有一天报纸不再存在，但报纸所使用的传播要素仍将在其他传播媒介中发挥作用，掌握了存在于报纸中这些传播要素，可以举一反三、触类旁通。

标题位于一篇文章之前，它的作用在于通过寥寥数字阐明文章的基本内容或核心观点，引起读者的关注，进而激起他们阅读全文的兴趣。因此，标题的写作跟正文中的叙述用语不同，有着它的特殊性。标题要在有限的字数内，通过一定的词汇和语法手段，传递明确的信息，有效地引起读者的注意，达到传播的目的。标题写作的用语特点和技巧需要我们予以更多的关注，标题用语的研究也就成为应用语言学的一个重要关注点。

社会生活丰富多样，不同的社会群体对信息传播具有不同层面的需求，这就形成了不同报纸的不同的社会定位，体现为不同报纸在用语方面的不同特点。语言服务于交际，由于年龄、性别、职业、文化素养、兴趣爱好、交际对象、交际目的、交际场景等的不同，语言在应用中呈现了文白雅俗等不同的风格，以适用于不同的交际群体、交际环境，由此便形成了用语的群体性特点。

对一种语言来说，大多数的成分或表达手段都是全民共通的，只有少数成分带有群体特殊性，但就是这种少量的成分或手段差异造成了用语的群体性特点，使得不同群体的用语有了不同的色彩和风格。社会用语的多样性满足了不同群体在不同场合中交际的需要，但从语言规范的角度看，一个社会应该有一个主流的用语导向，以体现使用这种语言的民族对自己优秀历史文化的继承，展示更高程度的文明修养。对公共媒体来说，传播对象不同，传播目的则不一样，偏重消遣性、娱乐性的媒体用语和注重严肃性、权威性的媒体用语在色彩风格的取向上是不同的。大众需要消遣娱乐，但不能把消遣娱乐作为生活的全部，消遣娱乐只是生活或工作的补充或调节，生活的主流应该是建设，是创造，是严肃的和认真的。

本书以新时期纸媒标题语言为研究对象，注重报纸标题的严肃性和导向性。以改革开放以来近四十年的《人民日报》为个案，通过五千多条抽样材料，从语言学的角度，包括用字、用词和句法等，对《人民日报》的标题用语作了细致的梳理，并通过周密的统计分析，考察了时代变迁对标题用语，尤其是用字、用词方面的影响，并通过与其他报纸的比较，总结了中共中央机关报《人民日报》在标题用语方面的主要特点以及带来的启示，为报纸标题的研究做了积极有益的工作。

本书是在博士学位论文的基础上润色而成的。作者邹晓玲在进入博士学习阶段之前，已经有了良好的专业基础，具备了独立研究的能力。在攻读博士学位的三年中，她又毫不松懈，再接再厉，如期完成了学位论文的写作，其博士学位论文在送校外专家评审中颇获好评。相信本书的出版会促进报纸标题的研究，也相信作者会在此基础上，在汉语研究中不断进步，有更多、更大的斩获。

俞理明

2018年7月

目　录

绪 论

一、选题缘由

标题语言是标题的重要载体，无论在标题制作，还是媒介传播中均发挥着举足轻重的作用，因此深受学界关注。

早在20世纪50年代初期，朱伯石先生[①]就曾针对当时报纸中几则新闻标题存在的语病进行了批评，并呼吁坚守语言的纯洁和健康。[②] 60年代，叶粹存对报纸标题中古典诗词的三种运用情况及表达效果作了详细阐述，并建议新闻工作者加强对古典诗词的学习及标题制作中古典诗词的运用。[③] 20世纪80年代，著名新闻标题研究者彭朝丞主张将新闻标题作为一门专门的学问进行研究，并先后撰写了《现代新闻标题学》（长征出版社，1989年版）、《新闻标题学》（人民日报出版社，1999年版）、《标题的制作艺术》（新华出版社，2005年版）、《新闻标题制作》（中国广播电视出版社，2007年版）等一系列标题著作，其中涉及对标题语言的探讨，在学界尤其是新闻传播界产生了深远影响。90

① 为行文方便及节省篇幅，以下前辈学者姓名后“先生”二字均省，请各位先生谅解。

② 朱伯石：《谈几条报纸标题》，载于《语文学习》，1952年第5期。

③ 叶粹存：《新闻标题和古典诗词》，载于《新闻业务》，1961年第7期。

年代以来，尹世超的一系列研究论文[①]的发表及《标题语法》（商务印书馆，2001 年版[②]）、《标题用语词典》（商务印书馆，2007 年版）的出版，逐渐掀起了学界对标题语言的研究热潮。

本书的研究对象——创刊于 1948 年的《人民日报》，自中华人民共和国成立以来一直作为中共中央机关报，有着悠久的历史，其流行范围广、规范性强、影响力大，历来深受不同领域研究者的重视。在当代汉语发生复杂变迁及新闻理念逐渐成熟之际，作为党报的《人民日报》，其新闻标题在不同时期用字、用词方面有何异同？在当代汉语词汇复杂变迁之际，《人民日报》标题在新词语使用上有何特点与规律？作为标题体[③]，《人民日报》标题在标题标记词使用上有什么特点？《人民日报》标题句法结构构成情况如何？作为新闻体裁重要类别之一的《人民日报》新闻评论体裁的标题语言有何特征？《人民日报》标题在字、词、语法等方面的特点带给我们哪些启示？这些都值得深入探讨。本书将围绕这一系列问题对新时期《人民日报》标题语言展开研究。

---

① 如《标题用词与格式的动态考察》《报道性标题与称名性标题》《标题说略》《标题中标点符号的用法》《标题中动词与宾语的特殊搭配》《汉语标题的被动表述》《浅谈“VO1+O2”式新闻标题的制作规律》《说“甲骨学三十年”类标题格式》《说几种粘着结构做标题》《现代汉语标题语言句法研究的价值与方法》《有标题特点的“A 与/和 B”格式》《报道性标题求简中的成分删减与句式变换》《语体变异与语言规范及词典编纂——以标题语言为例》等。

② 本书使用的是 2005 年第 2 次印刷本。

③ 尹世超语。具体定义我们将在本书第七章详细阐述。

二、研究现状

（一）标题语言研究概况

20世纪80年代以来，在国家新闻事业恢复，学界研究视野、研究思路变迁等因素的影响下，越来越多的研究者开始将标题作为研究对象，客观上丰富了标题语言的研究成果，促进了研究水平的提高。总体上来看，新时期我国标题语言研究主要体现为标题语言内部研究和外部研究两个方面：

1. 标题语言内部研究

标题语言内部研究主要指以标题为研究对象，围绕其各构成要素如词语、句法结构、句型等进行的研究，学界一般称其为本体研究。这方面的研究成果比较丰富，大体上可分为标题中的标点符号研究、标题修辞研究、标题词汇研究、标题语法研究。

1）标题中的标点符号研究

标题中的标点符号研究主要侧重于探讨标点符号的非常规用法、表达效果与功能等。代表性成果如下：

张琪昀（1996）将新闻标题中冒号表“提示”的非常规用法细分为12种：表看待、表评论、表议题、表事实、表结果、表处置、表方式、表主体、表描述、表来源、表从事、表问话，并重新界定了冒号的含义。①

陆庆和（1999）将报刊标题中带冒号的话题式标题分成“A（话题）：B（引语）”和“A（话题）：B（说明或陈述）”两种类型，在各类内部又分了不同小类，详细探讨了A、B的构成成

① 张琪昀：《谈冒号在新闻标题中的运用兼及冒号的定义》，载于《汉语学习》，1996年第2期。

分，并分析了话题式标题的扩展用法。最后认为话题中的冒号新用法扩展了冒号的功用，提高了标题的概括力，增加了标题的信息量，是一种值得肯定的新形式。①

刘云（2004）从结构特点和语义特点两方面论述了报刊标题中省略号的特殊用法，认为“篇名中的省略号不重在省略，意在标记”，“是作为一种标记而存在的”。②

2）标题修辞研究

标题修辞研究是标题语言内部研究中比较常见的一个研究方向，主要围绕标题中的修辞现象与修辞手法、修辞特征、修辞功效展开。代表性成果如下：

钱士宽（1997）认为新闻标题的修辞艺术表现在多方引用，翻出新意；对偶双关，辞工意丰；比喻拟人，生动形象；借用设问，巧设悬念。③

赵霞（1999）认为一些使用比较灵活、突破原有词汇意义和使用范围的行业语在新闻标题中能够产生活泼新颖、形象生动、简洁鲜明、通俗易懂的修辞效果。④

李少丹（2015）认为微信文本标题的修辞特征体现为：词语新颖鲜活，褒贬鲜明；句式多样，语义丰富；反语夸张，风趣别致；加注旁逸，主旨明确。微信修辞过度现象表现在：渲染过当，用语常现欺骗性；求异制奇，语句低俗隐晦；主观唯心，话语带有胁迫性。⑤

---

① 陆庆和：《冒号与话题式标题》，载于《语文建设》，1999 年第 4 期。

② 刘云：《汉语篇名中的省略号》，载于《汉语学习》，2004 年第 3 期。

③ 钱士宽：《新闻标题的修辞艺术》，载于《修辞学习》，1997 年第 6 期。

④ 赵霞：《新闻标题中行业语的修辞作用》，载于《修辞学习》，1999 年第 4 期。

⑤ 李少丹：《微信文本标题修辞特征与修辞过度现象探析》，载于《福建师范大学学报》（哲学社会科学版），2015 年第 3 期。

3）标题词汇研究

标题词汇研究主要围绕标题中的词汇构成、词语运用、词语创造等展开。代表性成果如下：

王瑞昀（2005）以英汉网络新闻标题中的缩略词为研究对象，将其分别归类，以语言经济原则为指导理论，根据使用频率的差异，对英汉网络新闻标题中缩略词的异同进行了比较，并探讨了其成因。①

崔海燕（2012）以《半岛晨报》标题为语料，对该报标题中方言词汇的语法分类和典型结构、方言词汇的使用特征和原因、方言词汇的选用规律和问题对策展开了深入研究。②

张洁（2004）以《楚天都市报》标题为语料，探讨了标题中新造词语的造词方法、新造词语的语音特色及词语创造的语言学意义。③

4）标题语法研究

在标题语言内部研究中，标题语法研究起步较早，研究成果比较突出，如：傅永如（1984）对报纸和普及读物标题中较为流行的“什么知多少”格式作了初步评价④，陆俭明（1985）对报章杂志标题中的“名+在+名（处所）”主谓结构的两种不同语义内涵进行了比较⑤，王学作、刘士勤（1988）从动词的虚实之

---

① 王瑞昀：《英汉网络新闻标题中缩略词使用对比研究》，载于《语言文字应用》，2005 年第 1 期。

② 崔海燕：《大连报刊题目中的方言词汇研究——以〈半岛晨报〉为例》，辽宁师范大学硕士学位论文，2012 年。

③ 张洁：《晚报类新闻标题的词语创造特色》，华中师范大学硕士学位论文，2004 年。

④ 傅永如：《一种标题格式》，载于《中国语文》，1984 年第 2 期。

⑤ 陆俭明：《“名+在+名（处所）”结构作标题》，载于《中国语文》，1985 年第 4 期。

分、同义动词的选用、动词语体的差异、动词的搭配等多方面对报纸新闻标题中动词的运用情况进行了阐述①。

近年来，标题语法研究主要围绕标题功能类型、标题中的特殊搭配现象、标题用词与句法格式、标题句式与句型等展开。其中尤以尹世超20世纪90年代以来的一系列研究论文及著作最具代表性。概括起来，尹世超有关标题语法的研究成果主要集中在以下几个方面：

第一，标题分类。如尹世超（1995）依据报道性和称名性的强弱关系，将标题分为报道性标题和称名性标题，然后从标题新闻、语法功能、内部结构等12个方面论述了报道性标题和称名性标题的差异。②

第二，标题标记词的句法特征。如《标题语法》对标题动词的句法特征进行了分析，认为标题动词属于粘着动词，丧失了常规动词的许多语法功能。③

第三，常见标题格式及句法搭配。如《标题语法》列举了15个大类的标题格式，并结合标题语境对其句法特征进行了分析。④此外，尹世超（2006）还将报刊标题中动宾结构的特殊搭配现象细分为13个小类，认为标题中动宾结构的特殊搭配现象有其语用动因，并呼吁学界增强语体意识。⑤

第四，标题中句法的省略与变换。如《标题语法》从语音、

① 王学作、刘士勤：《漫谈新闻标题中的动词运用》，载于《语言教学与研究》，1988年第2期。

② 尹世超：《报道性标题与称名性标题》，载于《语言教学与研究》，1995年第2期。

③ 尹世超：《标题语法》，北京：商务印书馆，2001年版，第19页。

④ 尹世超：《标题语法》，北京：商务印书馆，2001年版，第19~105页。

⑤ 尹世超：《标题中动词与宾语的特殊搭配》，载于《江汉大学学报》（人文科学版），2006年第25卷第1期。

语法句式、语用三个方面对报道性标题中动态助词“了”的省略现象进行了独到的分析，亦分析了报道性标题常用的六种求简方法，并将句式变换分为三种情况。[①]

总之，尹世超在20世纪90年代以来有关标题语法的一系列研究成果具有开创意义，对学界标题语法的探讨具有非常高的参考价值，其部分观点也成为本书重要的理论依据，详见后文相关章节。

除此以外，近年来部分标题语法研究方面的学位论文也很受关注。研究者在尹世超相关标题语法研究成果的基础上或继续探讨新闻标题语法省略现象，如郭灿（2007）；或结合报纸标题特征探讨新闻标题句法格式的成因，如马小玲（2005）；或对媒介标题新用词与新格式进行分析，如李婧（2010）；或探讨新闻标题句式与句型，如彭戴娜（2006）；或集中围绕某一类句法结构的标题从多方面进行分析，如成晴晴（2009）、张倩（2010）。还有同时从多方面进行的对标题语法特征的深层次探索，如刘云（2002）在分析篇名的性质、特点、篇章化的基础上，对篇名的篇章化手段如隐含、省略、移位、标记等分别作了专题分析，非常具有借鉴意义。

以上按相关文献的主要研究内容，将标题语言的内部研究分别划分为标题中的标点符号、标题修辞、标题词汇、标题语法四部分。实际上，相当多的研究者在研究标题语言的过程中，往往对以上几个部分同时展开探讨。代表性成果如下：

段业辉、林楚云（2003）以电视新闻节目类别的划分为依据，对不同类别的电视新闻标题在词汇、语法、修辞三方面的特

---

① 尹世超：《标题语法》，北京：商务印书馆，2001年版，第123～152页。

征进行了分析。①

丁春花（2004）从语法、词汇、修辞三方面论证了体育新闻报道与旧时说书艺术之间的共通之处。②

黄晓娟（2010）对通俗演讲标题在词语、句法结构、语句方面的特征进行了专章分析③，对了解通俗演讲标题语言有一定的参考意义。

此外，韩书庚在《新闻标题语言研究》（知识产权出版社，2014 年版）一书中对新闻标题的词汇、语法、修辞、标点符号等也进行了多方面的初步研究。

2. 标题语言外部研究

相对于内部研究来说，标题语言外部研究不只局限于对标题内部各要素的本体分析，而是结合其他方面对标题语言展开分析。依据研究目的或视角，有以下几个类别：

1）业务操作层面的研究

从研究目的来看，业务操作层面的研究有比较强的现实针对性，即服务于标题制作。这在新闻标题、学术期刊标题语言研究中有非常明显的表现。代表性成果如下：

裘荣棠（1983）结合报纸新闻标题的语病现象，强调报纸标题“应该准确、简洁、明了、醒目”，呼吁报纸编辑注意标题用语。④

李德龙（2007）对新浪体育新闻标题的编排风格进行了阐

---

① 段业辉、林楚云：《电视新闻标题的语言特点》，载于《当代传播》，2003 年第 6 期。

② 丁春花：《新闻说书人：〈文汇报〉体育版标题语言探析》，载于《修辞学习》，2004 年第 5 期。

③ 黄晓娟：《通俗演讲标题语言研究》，暨南大学硕士学位论文，2010 年。

④ 裘荣棠：《评几条报纸标题》，载于《汉语学习》，1983 年第 1 期。

述，认为其标题语言运用风格体现为文白夹杂、中英混杂、缩略凸显、借用武术及军事词语、人物名称谐趣化。然后针对网络空间这一特定语境，探讨了新闻标题制作中的误区，并提出了相关对策。①

孟婷婷（2014）认为期刊标题策划与制作技巧表现为巧用修辞手法、活用诗词佳句、巧用肩题和副题等。②

类似的研究还有潘宗成（1986）、张子让（1989）、项扬惠（1984）、于薇（1988）、顾光燧（1993）等的文章，以及彭朝丞的一系列标题著作，如《标题的艺术》（人民日报出版社，1985年版）、《现代新闻标题学》（长征出版社，1989年版）等，张志君、徐建华《新闻标题的艺术》（语文出版社，1998年版）等，均以新闻标题制作为目的对标题语言进行了探讨，有积极的参考价值和现实针对性。

2）翻译层面的研究

这类研究一般结合外文标题的语言特点探讨标题翻译的技巧、策略等。代表性成果如下：

张顺梅（1988）从语法、逻辑、修辞三个方面分析了标题翻译方法，即从语法上理解题目、特别注意逻辑、用词妥当并注意修饰，并强调“标题是文章的精华，翻译时要反复推敲，真正用得上‘一名之立，旬月踟蹰’的功夫”③。

沈志和（2003）从首字母缩略词、增词、分词、动词不定式“to”、后置修饰语、标点符号、修辞格七个方面分析了英语新闻

① 李德龙：《新浪体育新闻标题语言与版面设计分析》，载于《东南传播》，2007年第4期。

② 孟婷婷：《谈期刊标题的策划与制作技巧》，载于《出版发行研究》，2014年第1期。

③ 张顺梅：《标题翻译浅议》，载于《山东外语教学》，1988年第3—4期。

标题翻译技巧和策略。①

李艳（2005）结合英语新闻标题在语法、用词、修辞上的特点，探讨了英语新闻标题的翻译技巧：直译或基本直译、增词法、灵活处理修辞差异、标点符号策略。②

3）传播层面的研究

从新闻传播角度探讨与标题语言相关的文献，围绕传播者与受众、传播效果等命题展开。代表性成果如下：

王长武（2009）从网络新闻标题的导读价值、检索价值入手，分析了网络新闻标题的语言策略：凸显、对比、变异、戏仿、口语化、悬念。③

曹静（2010）以《解放日报》1979—2009 年这 30 年间头版中的祈使句标题为抽查对象，分别从标题中祈使句所占比例的变化、消息体裁与评论体裁中祈使句标题的数量比较、祈使句标题的表达形态三方面入手，说明了《解放日报》标题 30 年间舆论引导意识增强，引导手法有所改善，但引导效果较为有限的现实，并提出了以后努力的两个方向。④

严玲、何梦珂（2014）以外媒对“斯诺登获俄罗斯庇护”事件的新闻报道为研究对象，从四个方面分析了外媒新闻标题语言的受众引导策略：利用框架触发词引导受众关注特定认知域、利用机构或政府指称暗示意识形态倾向、利用词的语义韵差异引导

① 沈志和：《英语新闻标题翻译研究》，载于《柳州师专学报》，2003 年第 18 卷第 3 期。

② 李艳：《英语新闻标题的特点与翻译技巧》，载于《华中农业大学学报》（社会科学版），2005 年第 5—6 期。

③ 王长武：《读题时代网络新闻标题的传播价值与语言策略》，载于《新闻界》，2009 年第 6 期。

④ 曹静：《从祈使句标题看 30 年来党报舆论引导的变化——以〈解放日报〉头版为例》，载于《新闻记者》，2010 年第 9 期。

读者展开定向联想、利用身份标签为读者预设阅读语境。①

4）心理层面的研究

这类研究主要集中于从社会心理、受众心理、文化心理等方面探讨语言与心理之间的关系。代表性成果如下：

杨文全（2003）通过对标题中对偶、回环、呼告、模拟、双关、拈连等常见修辞格的结构特点及语用效果的考察，论述了媒体工作者对受众主观心理和思维习惯的观照，分别表现在以下几个方面：整合均衡心理与完型思维、联想想象心理与主客交融式思维、灵通心理与悟性思维、好奇心理与求异思维、幽默诙谐心理与艺术思维。②

陈春艳（2013）选取“文化大革命”和2000年后两个时期的《人民日报》新闻标题语料，以社会语言学相关理论为指导，从社会心理视角分析《人民日报》新闻标题的语言嬗变，探讨了社会心理与语言共变的轨迹。③

董喜春（2010）结合实例，从互联网英语新闻标题的“高度概括、简明扼要、通俗易懂”“幽默性、风趣性”“时尚性、现代性”“美与雅”“语义矛盾性”“鲜明性”等特点出发逐一探讨了其文化心理特征。④

5）认知层面的研究

认知视角下的标题语言研究集中在分析标题中的隐喻现象、

---

① 严玲、何梦珂：《外媒新闻标题语言的受众引导策略》，载于《现代传播》，2014年第9期。

② 杨文全：《新闻标题语言与受众心理》，载于《云南民族大学学报》（哲学社会科学版），2003年第20卷第6期。

③ 陈春艳：《社会心理与新闻标题语言的嬗变——以〈人民日报〉为例》，载于《内蒙古师范大学学报》（哲学社会科学版），2013年第42卷第3期。

④ 董喜春：《互联网英语新闻标题特点的文化心理分析》，载于《新闻知识》，2010年第1期。

句法现象、标题语言的生成与理解过程等方面。代表性成果如下：

吴恩锋（2008）以经济报道标题为语料，运用莱考夫等概念隐喻理论，从方位隐喻、本体隐喻、结构隐喻三个方面详细分析了经济报道标题中的隐喻类型，并对其进行了详细的语义与认知分析。①

吴纯纯（2011）以图形—背景理论为指导，选择六个典型事件作为同题新闻标题研究对象，分析了标题中隐含的图形与背景关系，较好地诠释了标题的语言特点，特别是句法结构。②

王华丽（2008）结合关联理论分析了新闻标题语言的生成和理解过程，并尝试建立一个新闻标题语言生成和理解的认知模式。③

6）文化层面的研究

语言与文化关系密切，语言本身就是一种文化现象，从语言中看文化特征、文化差异等历来为学界所重视，标题语言研究中也不例外。代表性成果如下：

赵清永（1993）充分肯定了报刊标题中的成语、俗语、惯用语、歇后语、古诗词等现象，认为其包含了深厚的文化根基，有利于增强标题语言的活力。④

董丽梅、刘亚杰（2008）从文化语言学角度阐述了汉语标题

① 吴恩锋：《基于经济报道标题语料库的概念隐喻研究》，浙江大学博士学位论文，2008年。

② 吴纯纯：《图形—背景理论对新闻标题的认知解释》，华侨大学硕士学位论文，2011年。

③ 王华丽：《新闻标题生成和理解的认知语用研究》，山东师范大学硕士学位论文，2008年。

④ 赵清永：《从“东方风来满眼春”谈起——报刊标题语言文化浅议》，载于《汉语学习》，1993年第3期。

中蕴含的传统文化心理：中庸思想下的自谦心理、大一统观念形成的趋同心理、心物一体的哲学观念、以自我为中心的主体性思维、从容不迫的闲适心理、和谐对称的审美取向。[①]

刘波（2009）论述了俄汉报纸标题中互文性标题的文化特色，展现了俄汉民族语言文化上的异同。[②]

（二）《人民日报》标题语言研究概况

《人民日报》属于中共中央机关报，因其历史悠久、权威性高、读者覆盖面广、规范性强、影响力大而备受学界关注。不过，从现有文献来看，有关其标题语言研究的成果却非常有限，归纳起来主要集中在以下两个方面：

1.《人民日报》标题语言特点研究

这方面的研究主要围绕《人民日报》的标题语法、修辞、语义等特点展开。代表性成果如下：

彭戴娜（2006）以规范语法体系为指导，通过对比统计的方法描写了《人民日报》新闻标题在词类、句型和句类等方面的语法特点。[③]

张荣（2010）比较了《人民日报》与人民网新闻标题句型，然后结合话题理论，从句法、语义、语用三个方面探讨了主谓式标题的话题结构，认为标题主语具有话题化倾向。[④]

---

① 董丽梅、刘亚杰：《标题语言中的传统文化心理》，载于《牡丹江大学学报》，2008 年第 17 卷第 3 期。

② 刘波：《俄汉报纸互文性标题语言文化特点研究》，华中师范大学硕士学位论文，2009 年。

③ 彭戴娜：《新闻标题语法特点研究》，湘潭大学硕士学位论文，2006 年。

④ 张荣：《人民日报与人民网新闻标题语法比较研究》，河北大学硕士学位论文，2010 年。

邹晓玲（2012）从语法角度入手分析了《人民日报》标题的修辞特色，认为《人民日报》新闻标题从短语型标题、句子型标题、标题形式的多样化等方面实现了修辞学的得体原则、经济原则、功能原则。①

牛保义（2007）从语法、语义、语用三个方面对国庆社论标题的语言特征进行了详细的分析，认为："国庆社论标题的语用功能对语义功能和语法功能有补足作用，语用功能和语义功能对语法功能有选择作用。""与一般文章相比，国庆社论标题有其自己独特的语法、语义和语用特征。"②

2.《人民日报》标题语言变迁研究

牛保义（2005）以语用学理论为指导，从词语选择和结构选择两个层面探讨了中华人民共和国成立以来《人民日报》国庆社论标题语言的选择性特征及其与语境顺应之间的关系，认为国庆社论标题语言选择体现了动态性与稳定性、变异性与规律性及其他特征的统一。③

陈春艳（2013）选取"文化大革命"和21世纪以来两个不同时间段的《人民日报》新闻标题语料，从社会心理视角分析了《人民日报》新闻标题的语言嬗变，说明社会心理与语言共变的轨迹，为新闻从业人员引导舆论提供了参考。④

此外，孙现瑶、付莉（2008）、张典（2013）均按历史进程，

---

① 邹晓玲：《大众媒介新闻标题的修辞学分析——以〈人民日报〉新闻标题为例》，载于《唐山师范学院学报》，2012年第34卷第1期。

② 牛保义：《国庆社论标题的动态研究》，载于《外语教学》，2007年第28卷第2期。

③ 牛保义：《从国庆社论标题看语言选择的辩证性》，载于《外语教学》，2005年第26卷第3期。

④ 陈春艳：《社会心理与新闻标题语言的嬗变——以〈人民日报〉为例》，载于《内蒙古师范大学学报》（哲学社会科学版），2013年第42卷第3期。

将中华人民共和国成立以来《人民日报》的标题划分为四个不同时期，初步分析了每个时期标题语言的特点，并揭示了语言的变迁。①

（三）21世纪以来我国标题语言研究新趋势

1. 研究数量增长快速化

截止到2014年11月13日，中国知网上以“标题语言”为主题词的相关文献数量达到了348篇。下面按时间和论文数量创建表0-1，并绘制发展趋势图0-1。

从表0-1和图0-1可知，20世纪90年代以来标题语言研究类论文数量缓慢上升，其中1996—2000年的文献数量超过了90年代之前所有文献数量之和。21世纪以来，标题语言研究类论文呈直线式上升趋势，其中2001—2005年的文献数量超过了过去近半个世纪以来所有文献的总和。自2006年以来，标题语言研究类论文数量激增，并且这种增长势头一直持续到现在。据统计，这其中，媒介标题语言研究类论文在数量上占绝对优势。21世纪媒介标题语言研究的兴起，与学界研究视野的拓展以及当代新闻业的迅猛发展等都有密切的关系。

---

① 孙现瑶、付莉：《〈人民日报〉50年来文章标题的语言变化》，见王淑花、曲囡囡主编：《语言与文化研究（第二辑）》，北京：知识产权出版社，2008年版，第228~232页；张典：《从历时角度考察新闻标题语言的演进——以建国60年以来〈人民日报〉为例》，载于《语文学刊》，2013年第5期。

表 0－1　1949—2014 年标题语言研究论文数量及时间分布情况

年份	1949—1990	1991—1995	1996—2000	2001—2005	2006—2010	2011—2014
论文数（篇）	14	10	19	47	120	138
占比（%）	4.023	2.874	5.460	13.506	34.483	39.655

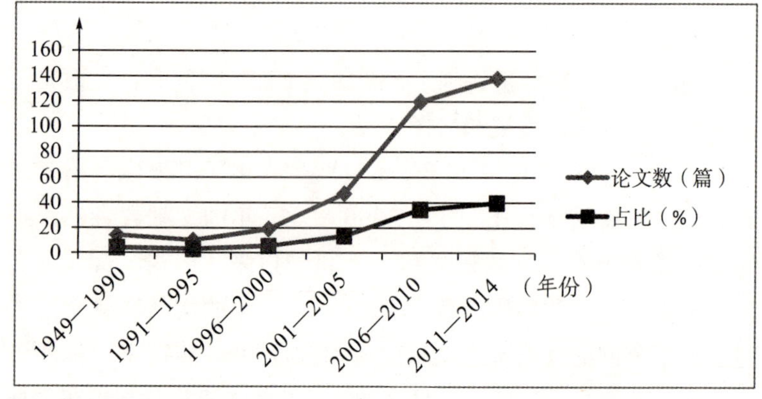

图 0－1　1949—2014 年标题语言研究论文发展趋势

2. 研究队伍扩大化

近年来，我国标题语言研究队伍日渐壮大。

首先，研究阵营已不再局限于新闻传播学界与语言学界。服务于不同的研究目的，越来越多其他阵营的研究者开始涉猎标题语言研究。如郑丽杰（2009）、温龙亮（2009）等，两位研究者均来自体育学科，他们立足本学科相关特点，分别对网络和报纸上的体育新闻标题语言进行了研究。

其次，研究者呈年轻化态势。当前，越来越多的研究生加入了媒介标题语言研究的队伍，为传统的标题语言研究阵营注入了鲜活的气息。在上文所统计的 348 篇以“标题语言”为主题词的相关文献中，硕士、博士学位论文数量为 152 篇，占总数的

43.678%，并且全部为21世纪以来的成果。

21世纪以来，标题语言研究阵营从新闻学界、语言学界扩展到其他相关阵营，从学术大家扩展到年轻的研究生，来自不同阵营的研究者根据自身的学科背景从事标题语言研究，将多种不同学科的知识融会贯通，体现了当前学科研究发展的新特点。

3. 理论指导多元化

当前，标题语言研究理论除了传统的语言学、新闻写作学等相关知识外，还融合了传播学、文化学、社会学、历史学、政治学、心理学、信息科学、美学、认知科学等不同学科的知识。例如，从不同语种新闻标题的语言差异着手探寻文化差异，如刘波（2009）；从认知视角着手探寻新闻标题的语言生成与制作过程，如王华丽（2008）；从受众心理角度看新闻标题的制作及其语言运用，如杨文全、胡琳（2003）、周象贤（2002）；从新闻标题语言看社会，如邢雪（2013）；等等。总之，多学科交叉的研究态势为标题语言研究向纵深发展奠定了深厚的理论基础。

4. 研究方法多样化

21世纪以来，标题语言研究方法出现了两个明显的改变。

首先，比较法的广泛运用。表现在晚报与日报新闻标题语言的比较，如康晶晶（2011）；不同语种标题语言比较，如郭可（1995）、全美香（2011）、王成宇（2003）；不同地域新闻标题语言比较，如肖湘（2011）、黄榛萱（2008）；不同类型新闻标题语言比较，如王晶（2007，2009）；同题新闻标题语言比较，如皮乐敏（2013）；不同媒介新闻标题语言比较，如张荣（2010）；不同语体标题语言比较，如李媛媛（2007）、鄢秋月（2014）；不同国别英语学位论文标题语言比较，如姜亚军（2013）等。

其次，定量研究法的普及。早期标题语言研究一般是在定性研究的基础上，随机从报纸中抽取几组例子进行讨论，主观随意性强。随着语言研究方法的进步，近年来，研究者越来越倾向于定量研究法的运用。特别是随着语料库语言学的发展，研究者开始自觉地尝试建立不同容量的标题语料库，根据标题语料库进行相关研究，如马小玲（2005）、董爱华（2011）、赵雪（2012）、鄢秋月（2014）等。

5. 研究对象类别多样化

随着标题语言研究队伍的不断壮大，作为研究对象的标题类别的划分越来越细化。研究者尝试从不同角度对标题进行分类，然后对其语言展开探讨。以标题语言研究中占主体地位的新闻标题语言研究为例，常见分类有以下几种：

从新闻标题所涉媒介来看，在报纸新闻标题语言研究占主流的情况下，随着网络新闻的普及，近年来网络新闻标题语言研究成果日渐增多，如刘寒娥（2007）、向丽均（2012）、黄育红（2006）、吴希斌（2011）等。

从新闻标题所涉语种来看，汉语、英语、俄语、蒙古语、韩语、日语等多语种新闻标题语言研究并存。如杨可（2000）、吴丽俊（2010）、王景丹、申芝言（2002）、周荣（2013）等。

从新闻所涉领域或版面设置来看，体育新闻标题、娱乐新闻标题、时政新闻标题、要闻版新闻标题等不同领域或版式的标题语言均有研究。如王婷妮（2009）、王晶（2009）、罗春宏（2009）等。

从新闻标题所涉体裁来看，消息标题、通讯标题、评论标题等均有研究。如程山（2012）、徐伟（2010）、牛保义（2005）等。

从报纸性质来看，党报、晚报、都市报、各种专业报刊等新闻标题语言均有研究。如张洁（2004）、李爽（2013）、曹静（2010）、吴永凯、余炳毛（2009）、王丽丽（2012）、刘沁（2013）等。

（四）标题语言研究中存在的问题与不足

新时期以来，在新闻事业的复兴及学界本体研究的转向等因素影响下，标题语言研究取得了长足进步。特别是21世纪以来，标题语言研究无论在研究数量、研究队伍还是理论来源、研究方法、研究对象等方面，均取得了可喜的进步，初步彰显了我国标题语言研究蓬勃发展的良好势头。但从现有研究成果来看，标题语言研究中存在的问题与不足依然明显，表现在以下几个方面：

1. 重复性研究较为常见

近年来，标题语言研究在文献数量上取得了较大的进步，但研究的同质化现象却越来越明显。以标题修辞研究来说，不少研究者一般先选定某一份或几份报纸中某个时间段的标题，然后通过举例论证的方式罗列出其中出现的修辞格，并对其效果进行简单解释。在标题词汇研究方面，不少研究者将标题中新词语、古语词、文言词、外来词、方言词等不同外延与内涵的词汇成分置于同一个话题下展开探讨，这样势必混淆了研究对象之间的界限，不利于对标题词汇特征的深入了解。标题语言研究在修辞、词汇研究等方面存在的不足明显制约了标题语言研究的深入开展，使得研究结果存在明显的同质化现象。

2. 历时研究极其缺乏

当前绝大多数标题语言研究的论文或著作在研究视角上均立足共时视角，故得出的结论往往局限于共时层面的分析、比较，这样势必造成对历时层面演变、变迁的忽视。以《人民日报》标题语言研究来说，仅有几篇历时分析文章，如牛保义（2005）从国庆社论标题入手，从历时角度分析了标题语言的选择性特征、标题语言在句法、语义和语用方面的特征等，对了解国庆社论标题语言变迁有非常好的借鉴意义。但文章仅限于国庆当天的评论体裁语言研究，没有涉及其他时间、其他类型的新闻体裁标题语言演变情况。孙现瑶、付莉（2008）和张典（2013）均站在历时角度，按照历史分期，研究了中华人民共和国成立以来《人民日报》标题语言的变迁，有一定的参考意义。但共同的不足在于历时跨度过大，抽样语料过少。例如张典研究了 60 年间的《人民日报》标题，只选择了其中的 15 个年份，共抽取 15 份报纸，得到 639 条标题样本，语料过少，势必会影响研究结果的科学性。另外，研究涉及的面过宽，词汇、语法、修辞、标点等均有涉及，论述不够深入。

另外，也有少数从历时角度探讨标题语言变迁的成果，如董丽梅（2005）对标题语言中涉古类的标题用词与格式的传承情况、演变的趋势与特征、新出现的标题用词及格式等均有较好的阐述。但文章笼统地将不同语域标题，如新闻标题、学术论文标题、文学作品标题等放在一起讨论，文体意识不强，忽视了不同语域标题语言之间的差异。

3. 定量研究力度不够

定量研究法作为语言研究的一种重要方法，是研究结论科学性的保证。在相当长一段时间内，标题语言的定量研究力度都非常不够。即便是在标题语法研究中做出了重要贡献的尹世超，其研究中的相关结论也都缺乏数据支持。有关这一点，邵敬敏、周娟（2003）在评价尹世超的著作《标题语法》时也曾提到："有关问题的量化统计的结果，也没有数字上的出示。"①

近年来，随着语言研究方法的改善，定量研究法在标题语言

① 邵敬敏、周娟：《填补空白的力作——〈标题语法〉》，载于《语文研究》，2003 年第 4 期。

研究中逐渐兴起。但总体上来看，定量研究法在标题句法研究中贯彻得相对较好，在词汇研究中的贯彻力度明显不够。例如在标题新词语研究上，研究者一般采用随机举例的方式列举几个含有新词语的新闻标题，然后结合例句进行简单分析，至于对标题中新词语的版面分布规律、不同媒介新词语的使用异同等均无深入探讨。此外，在新闻标题用字及整体用词等方面也无相关定量探讨。

4. 党报标题语言研究成果不多

在众多标题语言研究文献中，专门针对党报标题语言进行研究的文献数量有限，且一般较多地集中于写作学或传播学视野，如曹静（2010）、吴兴文（2011）、周学奎（2012）、丁柏铨（2011）等。虽有少数研究者探讨了《人民日报》的标题语言，如牛保义（2005，2007），孙现瑶、付莉（2008），彭戴娜（2006），陈燕（2006），张荣（2010）等，但这些研究或者语料过少、新闻次语体不分；或者仅集中于共时层面的分析，且论述不够深入。

《人民日报》由于其特殊的政治地位、悠久的历史、较强的权威性和规范性等，相较于其他级别的报纸，学界对其标题语言的研究关注较多。但相对于标题语言的整体研究现状来说，包括《人民日报》在内的纸媒语言研究视野依然不够开阔，研究力度远远不够，研究空间还比较大。

三、研究意义

有“文眼”之称的标题是文本的重要组成部分，是吸引受众继续阅读的重要砝码。特别是在当前传播技术进步、传播格局变迁的背景下，媒介标题的重要性在“读题时代”显得尤其突出。

作为传播媒介信息的重要载体——媒介标题语言，对其展开研究既是学科研究的需要，也是时代发展之必然。具体来说，本研究的意义体现在如下几个方面：

（一）促进媒介语言研究

报纸作为历史最悠久、影响力最大的媒介之一，其标题语言的研究隶属媒介语言范畴。对《人民日报》标题在字、词、句法等方面的使用情况进行系统研究，必将丰富媒介语言研究的成果。同时，也可为媒介语言其他分支研究，如媒介语体研究、媒介语篇研究等提供理论、方法、视角等方面的参考，促进媒介语言整体研究的进步。

（二）深化语言研究的语体意识

本书以《人民日报》标题语言作为研究对象，实际上是自觉从语体意识出发的选择。这表现在：首先，本书立足标题体，主动将标题与篇章区分开来；其次，本书选择报道语体的标题为研究对象，避免了标题次语体内部的混淆；最后，以中共中央机关报《人民日报》标题为研究对象，对于了解特定性质媒介的特征有参考意义。从语体意识出发选择研究对象，将语体意识贯穿始终，并有针对性地探讨报道语体在语言运用上的特征，必将为语言研究进一步深化语体意识提供理论支持。

（三）提高新闻传播水平，促进新闻改革

随着互联网技术的日益发达，人类社会已经进入“自媒体”时代、媒介融合时代，信息传播的速度、范围远远超过了历史上的任何一个时期。在这种情况下，对作为党中央“喉舌”的《人民日报》标题语言作系统研究，可为新闻写作、新闻采编、新闻

宣传、新闻改革等提供理论依据与参考，提高新闻业务、新闻传播水平。

四、创新之处

总体而言，本书的创新之处体现在以下几个方面：

（一）研究对象

《人民日报》是中共中央机关报，是我国传媒的风向标，是国际社会了解中国的窗口。作为中央级报纸，其历史悠久、规范性强、权威性高，是语言研究不可多得的珍贵语料。在标题语言研究存在诸多问题与不足的情况下，本书以新时期以来《人民日报》标题语言为研究对象，对其标题语言作系统深入的研究，这本身就是一种创新的体现。

（二）研究内容

新时期标题语言研究已取得了长足的进步，但正如前文所言，有关标题用字、标题用词的计量研究极其缺乏。本书将新时期《人民日报》新闻标题分成三个不同区间段，运用统计学方法对不同区间段及整体标题用字、用词情况展开多方面的对比与分析，并将标题用字与现代汉语常用字、标题高频词表与其他高频词表进行比较，结合词语语义特征、时代特征等展开分析，探讨语言的继承与变迁，以填补当前标题语言研究中的空白。

（三）研究视角

在标题语言研究视角上，本书有明显的突破。如在共时研究之外，立足历时视角探讨标题语言多方面的特征，如不同时间段标题用字、用词特征、新词语时间分布特征、评论性体裁标题语言多方面特征等；自觉将语体意识贯穿始终，分析《人民日报》标题在字、词、语法等方面的诸多特征。又如结合《人民日报》标题语境和制作特征，分析标题独用字（词）、超纲字、部分共用字（词）、专用词语等的使用规律；在传统新词语语言特征研究之外，紧密结合《人民日报》标题语境，从版面、时间等方面分析标题新词语的分布特征及其成因；从多方面分析《人民日报》标题标记词分布规律；切实结合标题语境分析标题的句法结构特征，并运用语体语法理论分析标题句法结构的成因等。

五、研究方法

（一）抽样分析法

本书以1978年以来的《人民日报》标题为研究样本。由于时间跨度大、语料规模大，所以采取抽样调查的方法。具体来说，首先采用构造周抽样法进行抽样①，一年构造两个抽样周②。具体抽样时间分布见表0-2：

---

① 构造周抽样法的定义及其相较于其他抽样方法如简单随机抽样、连续日期抽样的优势等，可参看任学宾：《信息传播中内容分析的三种抽样方法》，载于《图书情报知识》，1999年第3期。

② 具体依据可参看 Riffe, D, Aust, C. F. &Lacy, S. R. The Effectiveness of Random, Consecutive Day and Constructed Week Sampling in Newspaper Content Analysis. *Journalism Quarterly*, 1993, v. 70 no. 1; 133～139.

表 0-2 新时期《人民日报》标题语言研究标题抽样时间分布情况

年份	月份	年份	月份	年份	月份	年份	月份	年份	月份
1978	12，6	1987	9，3	1996	12，6	2005	9，3	2014	12，6
1979	11，5	1988	8，2	1997	11，5	2006	8，2	2015	1，3①
1980	10，4	1989	7，1	1998	10，4	2007	7，1		
1981	9，3	1990	12，6	1999	9，3	2008	12，6		
1982	8，2	1991	11，5	2000	8，2	2009	11，5		
1983	7，1	1992	10，4	2001	7，1	2010	10，4		
1984	12，6	1993	9，3	2002	12，6	2011	9，3		
1985	11，5	1994	8，2	2003	11，5	2012	8，2		
1986	10，4	1995	7，1	2004	10，4	2013	7，1		

在以上每个月份中构造一个抽样周，共构造了 76 个抽样周的标题样本。同时，出于本书研究目的的需要，笔者又从《人民日报》标题中另外单独抽样了新时期以来的所有元旦社论标题（共 38 条）。此外，在统计标题的时候，将一句话新闻、简讯、更正、广告等排除在外，并且只涉及标题中最常见的主题、副题、肩题三种类型，其他如栏目题、边题、提要题、插题、尾题、通栏题等都不计入统计范围。这样一共得到 50934 条标题，约 120 万（实为 1200295）字符的《人民日报》标题语料。②

（二）文献研究法

本研究相关文献资料主要集中于以下几个方面：当代汉语新

---

① 按照构造周抽样方法，2015 年度本应该选择 5 月和 11 月的样本。但因为考虑到本书写作的时间安排，我们将该年度语料提前到 1 月和 3 月，其他年份均按照正常顺序进行抽样。

② 因研究需要，所有标题均包含出版时间、版次等附加信息。但字符数统计中这部分附加信息没有计算在内。

现象与新变化、标题语言的特征与流变、《人民日报》的历史与沿革、新闻标题制作与采编、新闻语言与社会关系、媒介环境与传受关系等。

（三）定量分析法

为保证结论的可靠性和科学性，本书对《人民日报》标题字、词、语法各层面的研究均遵循定量分析法，借助于相关统计工具，用数据的形式直观地展现《人民日报》标题在语言运用上所具有的独特特征。

（四）比较法

本研究将参照历史分期，将《人民日报》标题分成不同区间段，然后比较各区间段标题在用字、用词上的异同。另外，有选择性地将消息标题与评论标题、报道语体标题与其他语体标题、党报标题与大众化报纸标题等在语言运用上的异同进行比较。

（五）内容分析法

内容分析法应用范围广，目前国内外对有关新闻传播媒介的研究大都采用此种方法。运用该方法，可以对文本中的信息量、变化、特征等进行定量的系统分析。本研究将采用此方法对《人民日报》标题中的字、词、句法等元素进行分析，以揭示中共中央机关报的标题语言的本质特征及规律。

六、本书所用语料相关说明

（一）语料整理相关事项

本书有关《人民日报》的标题全部来自“人民日报图文数据库”。按照上文介绍的抽样分析法先选定所要抽样的日期，然后将文本导入按年份编排的文档并进行整理。为了保证研究对象的准确性，笔者又将所有的电子文本与《人民日报》纸质版逐一核对，最终确定以纸质版标题为准。另外，20 世纪 80 年代中期之前的《人民日报》标题中有少量异体字及如今已废除的简化字，对此本书都按照现行标准进行了更正。例如“真象—真相”“象—像”“付—副”“迠—建”“嫪—修”“仪—信”“卩—部”等均采用了现行字形。

（二）部分章节语料说明

本书以新时期《人民日报》标题中抽样的 120 万字的标题语料作为研究的基础。但出于研究目的的需要，第一章、第二章对 120 万字的标题语料进行了二次抽样。具体来说，本次抽样是在尽可能考虑语料同质的情况下，在新闻性、稳定性、不重复性等原则①的基础上进行的，这样共得到 745349 个字符的新闻标题

① 新闻性原则，即只抽样新闻标题，排除如读书笔记、书评、诗歌、回忆录等非新闻体裁的标题。稳定性原则体现为以政治、法律、社会、教育、科技、文化、体育各方面内容为主（均以《人民日报》当日所注版名为依据）。这是因为从历时角度来看，《人民日报》以上版面稳定性较高。不重复性原则，即前 6 版以外，相近或相同版面只选择靠前的一版（近年来前 6 版有重复版名，但考虑到其重要性，予以特殊对待，不排除）。如 2010 年以来国际版常有两个版面，只抽取其中靠前的一版。再比如，如果同一天既有“国民经济”版，又有“经济专页”或“经济周刊”版，只抽取其中靠前的一个版面进行统计。

语料，以此作为第一章、第二章两章的研究语料。同时，因研究需要，在兼顾历史分期、语料数量的平衡性以及《人民日报》版面变革的情况下，本书将《人民日报》新闻标题总语料[①]分成三个区间段，具体见表0－3：

表0－3　《人民日报》新闻标题总语料中三个区间段的语料容量（字符）

第一区间段（1978—1989）		第二区间段（1990—2003）		第三区间段（2004—2015）	
语料容量	比例（%）	语料容量	比例（%）	语料容量	比例（%）
232149	31.146	251069	33.685	262131	35.169

在以上区间段语料划分的基础上，本书第一章、第二章将对新时期《人民日报》新闻标题用字、用词情况展开计量研究。[②]

七、部分章节相关统计术语说明

本研究部分章节涉及如下统计术语：

字（词）种：不同形体的汉字（词语）。

字（词）次：汉字（词语）在语料中出现的次数。

覆盖率：一个调查对象的出现次数与语料总次数的比例。按降序排列累计而成的频率就构成了累计覆盖率。

频次：调查对象在语料中出现的次数。

① 此处的总语料指在120万字标题样本基础上所进行的二次抽样后的新闻标题样本，即含745349个字符的《人民日报》新闻标题语料。第一章、第二章均同。

② 《人民日报》作为规范的书面文本，其标题用字与用词情况均属于党报标题语言使用状况的一部分，是党报语言生活的真实反映。其中第二章标题用词情况计量研究中的词语特指语言信息处理的分词单位。此外，不同区间段用字与用词的特点可以形成对照，对全面了解党报标题语言运用情况大有裨益。

第一章　新时期《人民日报》新闻标题用字情况计量研究

文字是记录语言的书写符号系统。作为一种承载了新时期我国社会诸多现实的报纸，《人民日报》新闻标题在三十余年间的汉字使用上呈现出什么样的特征与规律？不同年代的新闻标题用字有什么异同？其常用字分布情况如何？超纲字呈现出什么样的特征？围绕这些问题，本章将对《人民日报》用字情况展开计量研究。

第一节　新时期《人民日报》新闻标题总语料及三个区间段总体用字情况介绍

在745349个字符的《人民日报》新闻标题样本中，汉字共计706636字次（不包括标点符号、阿拉伯数字、西文字母等字符），总字种数共计3977个。按照本研究的区间分段，其中第一区间段汉字字次为225051次，字种数为3267个；第二区间段为239466字次，字种数为3224个；第三区间段为242119字次，字种数为3282个。

对汉字进行字频[①]统计后，本书运用 Excel 数据透视表和高级筛选功能对不同区间段汉字共用与独用情况进行比较。经统计，发现三个区间段都出现的汉字（以下简称“三区间共用字”）字种数共 2595 个，累计 702261 字次，累计覆盖率为 99.381%；任意两个区间段都出现的汉字（以下简称“部分共用字”）字种数 606 个，累计 3223 字次，累计覆盖率为 0.456%；只在某一个区间段出现的独用字共计 776 个，累计 1152 字次，累计覆盖率为 0.163%。具体见表 1-1：

表 1-1 《人民日报》新闻标题各区间段及总语料用字情况

统计项目		第一区间段（1978—1989）	第二区间段（1990—2003）	第三区间段（2004—2015）	总语料
总字种 总字次		3267 225051	3224 239466	3282 242119	3977 706636
三区间共用字	字种数(个)	2595			
	比例（%）	79.431	80.490	79.068	65.250
	字次 比例（%）	223732 99.414	237938 99.362	240591 99.369	702261 99.381
部分共用字	字种数(个) 比例（%）	397 12.152	406 12.593	409 12.462	606 15.238
	字次 比例（%）	914 0.406	1214 0.507	1095 0.452	3223 0.456
独用字	字种数(个) 比例（%）	275 8.418	223 6.917	278 8.470	776 19.512
	字次 比例（%）	405 0.180	314 0.131	433 0.179	1152 0.163

① 本书所有字频、词频统计结果均由湖南科技大学杨江博士开发的 CALAS2.0 语料库检索统计工具统计所得。

由表 1-1 可以看出，三个区间段在用字量方面相差不大，都保持了 3200～3300 个字种。三区间共用字的字种数在各个区间段均保持在 80%左右，累计覆盖了 99.362%～99.414%的语料。部分共用字的字种数在各个区间段均超过了 12%，累计只覆盖了各区间段 0.406%～0.507%的语料。相比而言，独用字则呈现出字种数少、使用频次低的特点。总语料中 776 个独用字累计使用频次仅为 1152 次，累计覆盖率仅占 0.163%，平均每个独用字仅使用了 1.485 次。

第二节　新时期《人民日报》新闻标题不同区间段汉字使用情况比较

一、不同区间段汉字覆盖率与字种分布情况

表 1-2　《人民日报》新闻标题不同区间段汉字覆盖率及字种分布情况

第一区间段（1978—1989）			第二区间段（1990—2003）			第三区间段（2004—2015）		
覆盖率（%）	字种数（个）	比例（%）	覆盖率（%）	字种数（个）	比例（%）	覆盖率（%）	字种数（个）	比例（%）
10	13	0.398	10	13	0.403	10	13	0.396
20	38	1.163	20	37	1.148	20	38	1.158
30	71	2.173	30	72	2.233	30	75	2.285
40	118	3.612	40	116	3.598	40	126	3.839
50	181	5.540	50	178	5.521	50	192	5.850
60	265	8.111	60	264	8.189	60	278	8.470
70	386	11.815	70	384	11.911	70	396	12.066

续表1-2

第一区间段（1978—1989）			第二区间段（1990—2003）			第三区间段（2004—2015）		
80	567	17.355	80	562	17.432	80	571	17.398
90	899	27.518	90	883	27.388	90	896	27.300
99	2097	64.187	99	2057	63.803	99	2083	63.467
100	3267	100	100	3224	100	100	3282	100

为了更清晰地展示各区间段不同覆盖率下所需汉字字种数的区别，我们给所需字种数按比例赋值，当所需字种数比例最小时赋值1，居中时赋值2，最多时赋值3。不同覆盖率下各区间所需字种数比例赋值后的汇总结果见表1-3：

表1-3　各区间段不同覆盖率下所需汉字字种数比例赋值

覆盖率（%）	第一区间段（1978—1989）	第二区间段（1990—2003）	第三区间段（2004—2015）
10	2	3	1
20	3	1	2
30	1	2	3
40	2	1	3
50	2	1	3
60	1	2	3
70	1	2	3
80	1	3	2
90	3	2	1
99	3	2	1
合计	19	19	22

总体来看，第三区间段所需字种数比值最高，第一区间段与

第二区间段所需字种数比值相同。不过，不同覆盖率下，两个区间段所需字种数的比值并不完全相同。其中当覆盖率为 40%～50%及 90%（含）以上时，第一区间段所需字种数高于第二区间段；当覆盖率为 60%～80%时，第二区间段所需字种数高于第一区间段。

二、不同区间段汉字频次分布情况比较

下面将结合各区间段的汉字出现频次分别进行统计与比较。

表 1-4　《人民日报》不同区间段汉字频次分布情况

第一区间段（1978—1989）			第二区间段（1990—2003）			第三区间段（2004—2015）		
频次段	字种数（个）	比例（%）	频次段	字种数（个）	比例（%）	频次段	字种数（个）	比例（%）
>1000	18	0.551	>1000	21	0.651	>1000	22	0.670
501～1000	68	2.081	501～1000	83	2.574	501～1000	67	2.041
301～500	107	3.275	301～500	94	2.916	301～500	125	3.809
101～300	360	11.019	101～300	393	12.190	101～300	386	11.761
11～100	1045	31.987	11～100	1030	31.948	11～100	1045	31.840
5～10	509	15.580	5～10	469	14.547	5～10	498	15.174
2～4	594	18.182	2～4	612	18.983	2～4	567	17.276
1	566	17.325	1	522	16.191	1	572	17.428
合计	3267	100	合计	3224	100	合计	3282	100

表 1-4 中，我们将频次高于 10 次以上的汉字归为高、中频字，10 次（含）以下的汉字归为低频字。对比显示，三个区间段约有 50%左右的高、中频字累计覆盖了 97%以上的语料，而剩下的 50%左右的低频字累计覆盖了不足 3%的语料。这是汉字“效用递减率”的体现，反映了“汉字的使用频度是不平衡的，少数

字常用，多数字罕用”[①] 的分布规律。

但三个区间段的汉字频次分布也有差异，表现在：第二区间段高、中频字字种数比例（50.279%）及其覆盖率（97.672%）均最高；其次为第三区间段，高、中频字种数比例及其覆盖率分别为50.122%、97.650%；高、中频字字种数比例及其覆盖率最低的是第一区间段，分别为48.913%、97.428%；低频字分布则相反。

将三个区间段的高、中频字分布情况与各区间段的汉字平均使用频次（三个区间段分别为68.886次/字、74.276次/字、73.772次/字）结合，可得出三个区间段汉字整体使用频次呈第二区间段>第三区间段>第一区间段的分布状态。

三、不同区间段高频字比较

（一）不同区间段前10个高频字比较

表1—5 《人民日报》新闻标题不同区间段前10个高频字

第一区间段（1978—1989）			第二区间段（1990—2003）			第三区间段（2004—2015）		
序号	高频字	频次	序号	高频字	频次	序号	高频字	频次
1	国	3505	1	国	4315	1	国	3994
2	会	2780	2	会	3285	2	会	2809
3	的	2437	3	中	2503	3	中	2584
4	中	1845	4	大	1938	4	的	1913

① 周有光：《中国语文的时代演进》，载于《徐州师范大学学报》（哲学社会科学版），2007年第33卷第2期。

续表1-5

第一区间段（1978—1989）			第二区间段（1990—2003）			第三区间段（2004—2015）		
5	人	1841	5	人	1844	5	人	1894
6	大	1718	6	的	1579	6	大	1742
7	一	1708	7	行	1538	7	发	1484
8	工	1347	8	发	1454	8	年	1475
9	在	1308	9	一	1382	9	行	1450
10	行	1292	10	工	1336	10	全	1335
占该区间段字种数比（%）		0.306	占该区间段字种数比（%）		0.310	占该区间段字种数比（%）		0.305
覆盖率（%）		8.790	覆盖率（%）		8.842	覆盖率（%）		8.541

由表1-5列出的不同区间段的前10个高频字可知：

10个高频字占各区间段字种数比例小，但覆盖率高，0.305%～0.310%的字种覆盖了8.541%～8.842%的区间语料。10个高频字中，有7个字三个区间段共用，分别为“国、会、大、的、人、中、行”；部分共用字[①]有3个，分别为“一、发、工”；独用字有3个，分别为“年、全、在”。7个高频共用字中，除了“的”是功能字（词）之外，其余均为实字。值得关注的是，“国、会、人”3个高频共用字在各区间段语料中的序位完全一致，体现了不同时期《人民日报》新闻报道关注重点的一致性。

① 本小节的部分共用字、独用字均指在特定范围内的相对部分共用与独用，不同于各区间段的部分共用字和独用字。下同。

（二）不同区间段不同阈值下高频字共用与独用情况

学界一般将覆盖率达到80%、90%等的汉字统称为高频字。下面将对三个区间段不同阈值下高频字种共用与独用情况进行比较，并分析不同时期《人民日报》新闻标题高频字的异同。

表1—6 《人民日报》新闻标题三个区间段不同阈值下高频字共用与独用情况

覆盖率	统计对象	第一区间段（1978—1989）	第二区间段（1990—2003）	第三区间段（2004—2015）
80%	字种数（个） 比例（%）	567 17.355	562 17.432	571 17.398
	独用字字种数（个） 比例（%）	49 1.500	27 0.837	51 1.554
	三区间共用字字种数（个）	463		
	比例（%）	14.172	14.361	14.107
	部分共用字字种数（个） 比例（%）	55 1.684	72 2.233	57 1.737
90%	字种数（个） 比例（%）	899 27.518	883 27.388	896 27.300
	独用字字种数（个） 比例（%）	66 2.020	32 0.993	65 1.980
	三区间共用字字种数（个）	749		
	比例（%）	22.926	23.232	22.821
	部分共用字字种数（个） 比例（%）	84 2.571	102 3.164	82 2.498

续表1—6

覆盖率	统计对象	第一区间段（1978—1989）	第二区间段（1990—2003）	第三区间段（2004—2015）
99%	字种数（个）	2097	2057	2083
	比例（%）	64.187	63.803	63.467
	独用字字种数（个）	139	85	136
	比例（%）	4.255	2.636	4.144
	三区间共用字字种数（个）	1755		
	比例（%）	53.719	54.435	53.473
	部分共用字字种数（个）	203	217	192
	比例（%）	6.214	6.731	5.850
100%	字种数（个）	3267	3224	3282
	独用字字种数（个）	275	223	278
	三区间共用字字种数（个）	2595		
	部分共用字字种数（个）	397	406	409

由表1—6可知，不同区间段在高频字方面共性比较大。表现在，17.355%～17.432%的高频字种能覆盖80%的语料，其中有14.107%～14.361%的三区间共用字；27.300%～27.518%的高频字种能覆盖90%的语料，其中有22.821%～23.232%的三区间共用字；63.467%～64.187%的高频字种能覆盖99%的语料，其中有53.473%～54.435%的三区间共用字。这说明，新时期《人民日报》不同区间段新闻标题高频字使用效率比较高，并且用字情况比较稳定，共性比较大。

另外，随着汉字覆盖率的增加，所需汉字字种数也在明显增加。并且不同覆盖率下，三区间高频共用字字种数比例在第二区间段始终保持着最高比例，分别为14.361%（覆盖率为80%时）、23.232%（覆盖率为90%时）、54.435%（覆盖率为99%

时），而在第三区间段始终保持着最低比例，分别为 14.107%（覆盖率为 80%时）、22.821%（覆盖率为 90%时）、53.473%（覆盖率为 99%时）。当覆盖率增加时，独用字数量明显上升，三种覆盖率下三个区间段累计独用字比例分别为 3.891%、4.993%、11.035%。部分共用字方面，不同覆盖率下，三个区间段累计部分共用字字种数分别为 92 个（覆盖率为 80%时）、134 个（覆盖率为 90%时）、306 个（覆盖率为 99%时）。当汉字覆盖率达到 90%以后，部分共用字和独用字字种数增长速度最快。这说明，随着汉字在语料中覆盖率的增加，标题用字共性减少，差异增大。这主要是受低频字的影响，相对来说，高频字部分比较稳定，但也有细微的差异。

首先，同一覆盖率下，相对来说差异比较大的主要为部分共用字和独用字，其中独用字的差异最明显。部分共用字方面，当覆盖率分别为 80%、90%、99%时，第二区间段部分共用字比例均居最高，分别为 2.233%、3.164%、6.731%。这说明在部分共用字方面，第二区间段汉字与另外两个区间段汉字的关联度高。独用字方面，当覆盖率为 80%时，第三区间段独用字比例最高（1.554%），第二区间段最低（0.868%）；当覆盖率为 90%、99%时，第一区间段独用字比例均最高，分别为 2.020%、4.255%，而第二区间段未用字比例依然最低，分别为 0.993%、2.636%。

其次，在三个区间段总字种数差异不太明显的情况下，较之另外两个区间段，第二区间段的部分共用字、三区间共用字在三种高频字阈值下均居榜首，而独用字均位于最低值，这说明《人民日报》新闻标题在 20 世纪 90 年代至 21 世纪初期，标题用字共性最高，与 80 年代和最近十来年标题用字的关联度最大，稳定性最强。

（三）不同区间段前100个高频字在《人民日报》新闻标题总语料中的分布情况

为了弄清楚不同区间段高频字在新闻标题总语料中的整体使用情况，下面将从三个区间段汉字频次表以及《〈人民日报〉新闻标题总语料汉字频次表》中分别选取前100个高频字进行比较。

首先将各区间段前100个高频字分别与新闻标题总语料中的前100个高频字进行比较，可以发现第一区间段前100个高频字中有10个字没有在总语料的前100个高频字中出现，分别为“多、苏、改、济、用、县、华、两、决、统”，其累计频次为4987次。第二区间段前100个高频字中有6个字没有在总语料的前100个高频字中出现，分别为“谈、江、李、华、设、统”，其累计频次为3370次。第三区间段前100个高频字中有10个字没有在总语料的前100个高频字中出现，分别为“调、资、体、首、方、与、个、时、设、金”，累计使用频次为5114次。因此，就各区间段前100个高频字在新闻标题总语料中的实际分布而言，第二区间段高频字在总语料前100个高频字中分布的字种数及字次最高，94个高频字在新闻标题总语料中的累计频次为244888次；其次为第三区间段，90个高频字的累计频次为237580次；第一区间段最低，同样为90个高频字，但在总语料中的累计频次为237380次。

对各区间段前100个高频字进行比较，可以发现三区间高频共用字78个、高频独用字24个和高频部分共用字21个。经考察，这78个高频共用字均出现在新闻标题总语料的前100个高频字中。21个高频部分共用字中有3个字没有在新闻标题总语料前100个高频字中出现，分别为“华、设、统”。另24个高频独用字中有20个字没有在新闻标题总语料前100个高频字中出现，分别为“多、方、改、个、济、江、金、决、李、两、时、首、苏、谈、体、调、县、用、与、资”。实际语料分析显示，这些没有在总语料中继续位于前100位的部分高频独用字有鲜明的时代性，如专名用字“江（江泽民）、李（李鹏、李岚清、李瑞环）、苏（苏联）”等，随着政治领导人物的退出或国家名称的更改，这些极富时代色彩的独用字使用频次逐渐下降。

从以上三个区间段前100个高频字在《人民日报》新闻标题总语料中前100个高频字中的实际分布来看，第二区间段高频字在总语料前100个高频字中分布的字种数及字次最高，其次为第三区间段，最低的是第一区间段。三个区间段前100个高频字中累计有123个字种，除了20个高频独用字和3个高频部分共用字没有在新闻标题总语料前100个高频字中出现外，其余100个高频字不仅在对应的区间段保持高频，而且在总语料中依然位于前100位。说明不同时期一定范围内的高频字在新时期以来的《人民日报》新闻标题中使用情况总体上比较稳定，体现了《人民日报》用字的稳定性。

四、不同区间段共用字比较

（一）任意两个区间段部分共用字比较

部分共用字在新闻标题语料中数量不多，三个区间段累计有606个，占总语料字种数的15.238%，在三个区间段字种数比分别为12.152%、12.593%、12.462%，累计覆盖了总语料的0.456%，在三个区间段分别覆盖了0.406%、0.507%、0.452%的语料。从606个部分共用字在各区间段的两两分布来看，第二、三区间段共用的汉字最多（209个）、第一、三区间段次之（200 个），第一、二区间段最少（197 个）。

下面将结合部分共用字的频次分布分析其在各区间段的使用概况（见表 1—7）。

表 1—7 《人民日报》新闻标题不同区间段部分共用字频次分布情况

第一区间段（1978—1989）			第二区间段（1990—2003）			第三区间段（2004—2015）		
部分共用字频次段	字种数（个）	比例（%）	部分共用字频次段	字种数（个）	比例（%）	部分共用字频次段	字种数（个）	比例（%）
>100	0	0	>100	1	0.246	>100	0	0
51～100	0	0	51～100	2	0.493	51～100	0	0
11～50	3	0.756	11～50	5	1.232	11～50	14	3.423
6～10	28	7.053	6～10	11	2.709	6～10	26	6.357
2～5	171	43.073	2～5	195	48.030	2～5	168	41.076
1	195	49.118	1	192	47.291	1	201	49.144
合计	397	100	合计	406	100	合计	409	100

由表 1—7 可知，三个区间段部分共用字使用频次总体偏低。其中频次 50 次以上的部分共用字在第一、三区间段均无分布，在第二区间段也仅有 3 条。各区间段 90%以上的部分共用字使用频次在 5 次（含）以下，其中第二区间段最高，达到了 95%。三个区间段均有接近 50%的频次为 1 的低频部分共用字。下面以各区间段使用频次最高的前 5 个字为例，探讨各区间段部分共用字的语义特征。

第一区间段，频次最高的前 5 个部分共用字分别为“耿”（18 次）、“飚”（14 次）、“粗”（12 次）、“滦”（10 次）、“倪”（9 次）。根据该区间段《人民日报》新闻标题语料可知，“耿、飚、滦、倪”主要为专名用字。“耿”均为姓氏用字，其中 16 例用于国家前领导人名字“耿飚”，另外 2 例分别用于宁波一领导人和乒乓球运动员名字。“飚”均为人名用字，14 个用例全部用于国家前领导人名字“耿飚”。“滦”主要为地名用字，在语料中常用于“滦河、开滦、滦县、滦南”等。“倪”有 7 例用作姓氏，另外 2 例见于普通用法“端倪”。因此，第一区间段前 5 个部分共用字中完全是普通用法的只有“粗”一个字。

第二区间段，频次最高的前 5 个部分共用字依次为“镕”(110 次)、“岚”(100 次)、“琛”(78 次)、“尉”(31 次)、“璇”(30 次)。结合该区间段《人民日报》新闻标题语料可知，“镕、岚、琛、璇”均为人名用字，其中“镕”“岚”“琛”分别用于国家前领导人名字“朱镕基”“李岚清”“钱其琛”，“璇”有 28 例用于国家前领导人名字“唐家璇”，另外 2 例分别用于运动员名字“刘璇”“张璇”。“尉”在语料中有 2 例为地名用字，用于“尉庄乡”“尉氏县”，其他 29 例全部用于国家前领导人名字“尉健行”。

第三区间段，频次最高的前 5 个部分共用字依次为“篪”(39 次)、“岐”(32 次)、“弘”(25 次)、“炬”(20 次)、“璇”(17 次)。结合该区间段《人民日报》新闻标题语料可知，“篪、岐”均为人名用字，分别用于国家领导人名字“杨洁篪”“王岐山”，“璇”有 15 例用于国家前领导人名字“唐家璇”，1 例用于运动员名字“张璇”，另 1 例用于全运会奖牌样式“璇宝”。“弘”1 例用于人名，其余 24 例均为一般用法。“炬”全部用于“火炬”。

通过对各区间段前 5 个频次最高的部分共用字的语义分析可知，各区间段为数不多的相对高频部分共用字较多地用于专名，用作一般用法的字比较少。而再将每组前 5 个部分共用字在与之共用的对应组中查验频次，可以发现除了“弘、粗”这两个作普通用法的字频次上升外，只有位于第二、第三区间段大部分作人名的“璇”继续保持了相对高频[①]，其余几个相对高频部分共用字在后续区间段使用频次均不高，说明这些部分共用字有着鲜明的时代特征，这是受新闻的时代性所影响的。有学者将这种汉字字种不变，但使用值发生改变的现象称作汉字使用中的“软变化”[②]。

14 个相对高频部分共用字[③]中有 9 个字涉及国家前领导人名字，“炬”也与我国近几年体育赛事中的“火炬”有密切关系，体现了《人民日报》新闻标题较强的时代特征以及对国家领导人活动的较高关注。同时部分共用字中人名用字的相对高频出现也体现了新闻标题制作中对人物等相关要素的较高关注，这部分内容将在本章超纲字中详细讨论。

（二）三区间共用字比较

在《人民日报》新闻标题各区间段语料中，三区间共用字一共有 2595 个字种，占总语料字种数的 65.250%，占总字次的 99.381%。占第一至第三区间段字种数比分别为 79.431%、80.490%、79.068%，分别累计覆盖了三个区间段 99.414%、99.362%、99.369%的语料。

这 2595 个三区间共用字在各区间段的频次分布情况见表 1-8：

---

① 实际上这是因国家前领导人唐家璇在我们所分区的这两个区间段内一直有领导活动，因此第二区间段“璇”出现 17 次，第三区间段出现 30 次。

② 王铁琨、侯敏：《从 2008 年度调查数据看中国的语言生活》，载于《语言文字应用》，2010 年第 2 期。

③ “璇”在第二、三区间段均位于前 5，故算作一个字。

表 1—8　《人民日报》新闻标题中 2595 个三区间共用字频次分布情况

第一区间段（1978—1989）			第二区间段（1990—2003）			第三区间段（2004—2015）		
三区间共用字频次段	字种数（个）	比例（%）	三区间共用字频次段	字种数（个）	比例（%）	三区间共用字频次段	字种数（个）	比例（%）
>1000	18	0.694	>1000	21	0.809	>1000	22	0.848
501～1000	68	2.620	501～1000	83	3.198	501～1000	67	2.582
301～500	107	4.123	301～500	94	3.622	301～500	125	4.817
101～300	360	13.873	101～300	392	15.106	101～300	386	14.875
51～100	296	11.407	51～100	274	10.559	51～100	287	11.060
11～50	745	28.709	11～50	748	28.825	11～50	743	28.632
6～10	362	13.950	6～10	344	13.256	6～10	351	13.526
2～5	470	18.112	2～5	482	18.574	2～5	448	17.264
1	169	6.513	1	157	6.050	1	166	6.397
合计	2595	100	合计	2595	100	合计	2595	100
三区间共用字字种数共计：2595 个								

我们将频次高于 10 次以上的汉字归为高、中频字，10 次（含）以下的汉字归为低频字。由表 1—8 可以看出，各区间段 62%左右的三区间共用字分布在高、中频次段，覆盖了 97%以上的语料，剩下 38%左右的低频共用字只覆盖了不足 3%的语料。这说明大部分三区间共用字在各区间段标题语料中使用频次比较高。

但各区间段共用字分布情况也存在差异。表现在，就高、中频次段共用字累计总数而言，第三区间段（62.813%）>第二区间段（62.119%）>第一区间段（61.426%），在累计覆盖率上，第三区间段（97.544%）>第二区间段（97.501%）>第一区间段（97.403%）。

另外，从 2595 个三区间共用字在各区间段的平均频次来看，第三区间段最高（92.713 次/字），第二区间段居中（91.691 次/

字），第一区间段最低（86.217 次/字）。

以上比较表明，2595 个三区间共用字在第三区间段整体使用频次最高，第二区间段其次，第一区间段最低。

五、不同区间段独用字分析

《人民日报》新闻标题中不同区间段独用字累计 776 个，占总语料字种数的 19.512%，累计字次占总字次的 0.163%，分别占各区间段字种数比为 8.418%、6.917%、8.470%，字次比为 0.180%、0.131%、0.179%。下面将分别从频次、覆盖率、字义等方面分析各区间段独用字分布的异同。

表 1−9 《人民日报》新闻标题各区间段独用字频次分布情况

第一区间段（1978—1989）			第二区间段（1990—2003）			第三区间段（2004—2015）		
频次段	字种数（个）	比例（%）	频次段	字种数（个）	比例（%）	频次段	字种数（个）	比例（%）
＞15	0	0	＞15	0	0	＞15	0	0
11～15	1	0.364	11～15	1	0.448	11～15	1	0.360
8～10	1	0.364	8～10	0	0	8～10	3	1.079
5～7	4	1.455	5～7	3	1.345	5～7	6	2.158
2～4	67	24.364	2～4	46	20.628	2～4	63	22.662
1	202	73.455	1	173	77.578	1	205	73.741
合计	275	100	合计	223	100	合计	278	100
三区间独用字字种数共计：776 个								

由表 1−9 可知，各区间段独用字字种数总体上数量不大，并且基本上都处于低频字阶段。其中频次位于 10 次以上独用字在三个区间段均只有 1 条。当频次为 5～10 次时，有 1.818%的

独用字位于第一区间段，占该区间段字种数的 0.153%；有 1.345%的独用字位于第二区间段，占该区间段字种数的 0.093%；有 3.237%的独用字位于第三区间段，占该区间段字种数的 0.274%。绝大多数独用字频次低于 5 次以下，其中三个区间段分别有 73.455%、77.578%、73.741%的独用字频次仅为 1 次。再次表明，各区间段独用字使用频次低、覆盖率不高。

下面结合区间标题语料分析各区间段独用字使用特征（见表 1—10）。

表 1—10 《人民日报》新闻标题各区间段独用字汇总

区间段	独用字（按频次降序排列）
第一区间段（1978—1989）	篡、僚、纫、丕、赳、栈、鹑、剖、掖、彗、瑛、鹤、刨、矸、虞、坂、藕、妍、祛、醴、庶、臭、肢、栾、烹、麒、鳍、椒、捡、抹、茬、幢、钛、畈、漓、钉、舜、煜、疼、肴、贻、苟、嫉、桢、酥、璞、疹、琇、谩、胚、粥、胖、遨、凿、淋、涓、恺、篌、葩、疙、犀、圻、柑、锰、究、戳、鬃、瘩、悍、咳、藻、卑、妒、涟、偻、楣、酗、垛、唔、曰、羞、喂、邛、蕙、痘、逗、罘、覃、惆、叟、嗓、宦、辕、漭、堕、珑、羚、潟、盱、疱、罄、谙、郯、叼、叽、徇、拢、讶、逵、骊、琏、阀、畸、恃、栩、戟、觊、膈、眨、熨、瓮、稍、惋、锲、癔、籁、凄、惮、偃、谏、郏、埭、莜、粪、邠、叨、嗟、嶷、饪、绅、磺、浣、侍、焉、毋、滏、蛔、臼、韭、骧、珩、璜、俯、桁、鲸、霹、铆、旮、膻、炻、嘎、轩、钊、铌、鸠、鹚、痨、锄、褚、蛳、翡、趸、臃、鲵、靡、瀑、俩、俾、偕、佘、冼、诏、缸、谕、侄、肛、绢、郜、鄞、鄯、舔、糯、壬、萤、苓、抄、蒺、蛤、蔻、藐、蕃、铣、藿、抟、馋、弋、咔、哔、剃、崃、螟、舛、汜、浠、沽、湃、锑、砌、濑、宸、迥、遒、媲、乞、窘、鄙、淖、袒、狈、椠、辊、旯、暧、觎、挈、腈、歙、吡、滓、苞、眙、睢、刃、瞰、孽、梆、泻、蹋、獭、稷、鸬、鹂、痂、瘢、穹、聩、蚣、懊、蜈、螳、袄、肮、赊、氨、隘、雳、鲨、卅、桨、鳟、涸、黛、懦、磨、佝

续表 1—10

区间段	独用字（按频次降序排列）
第二区间段（1990—2003）	珮、崭、喉、抒、岱、贬、坻、杼、飒、纭、迦、枞、耘、咽、藜、嵌、舱、笹、酯、笙、罂、樱、袂、祀、陛、镶、琶、佼、浸、旷、褒、禺、簿、骏、釉、洼、隶、墒、饽、囡、莽、镁、茜、窖、爬、劾、琵、堃、讷、儋、钎、脐、墩、臆、钝、醪、茗、夼、峥、阚、橇、淅、痞、琮、瓴、咆、麝、茄、饺、薰、寝、昇、趴、嵘、颓、柠、迸、渑、嫖、瑗、匀、墫、檗、腭、瘌、暮、豺、阌、韃、垠、赐、砧、茏、茴、莅、糜、蘖、醚、喋、檬、崧、猗、恽、叮、泠、漙、娼、绛、邕、茸、琦、琚、簰、熔、瓣、渊、昱、胄、峦、旌、粪、闰、颀、镖、痔、胥、蟠、箬、酰、跬、隼、鳗、钳、吝、卤、佰、秸、霖、芸、苋、苷、菠、苊、荼、撂、侥、蒗、燎、薹、撩、掂、呋、喃、涪、绰、砷、峄、崂、嶂、蛊、盂、忏、惬、泮、泯、錸、佬、浔、盎、淞、廓、潍、枉、窥、婀、骛、畿、玷、德①、蜗、殇、黍、佣、诀、樵、恕、犟、斓、甦、弧、砣、嗣、襟、啬、铲、厮、铨、锬、镓、卦、仫、嵇、弓、侃、螈、醋、笈、衮、翦、诃、诋、诒、跷、褐、诩、霁、銮、鲛、鲠、隗、邝、鞑、勐
第三区间段（2004—2015）	咋、擎、晒、隽、靓、凸、娥、篷、琨、嫦、诫、遴、啦、橙、霆、霾、邡、咒、箍、肌、萝、铧、翘、烨、羌、踩、琢、坍、袒、宠、兮、隋、蕊、锈、阪、敛、哺、裸、毽、锹、啃、莓、皂、瑚、岷、蝇、垚、煮、猝、躺、馕、嚼、槿、搅、汨、飙、漪、淼、蔽、咫、硒、拇、驿、揪、聆、拎、瞭、碉、鲇、皋、迄、跪、枭、畴、谒、讽、槟、铩、稠、纮、囧、濛、槃、邂、揣、晔、晕、耒、娶、腻、齿、褥、臧、罡、镉、骋、踉、麋、澡、雌、酪、噼、烙、廪、趁、肋、寰、娆、掣、骢、檐、酉、杲、焱、盏、跚、闺、诠、郫、挞、吏、哏、鞘、嵯、猥、槽、釜、裳、闫、弢、俐、芍、浒、扛、溧、惭、瀚、甯、妞、甄、哩、镰、甥、褪、惦、觑、倦、帛、埂、掐、汞、焘、沓、凋、铢、锒、踞、瘾、腾②、柄、蜿、簸、蹒、涡、疽、摹、屎、伶、

① 当为“德”。

② 当为“腾”。

续表 1—10

区间段	独用字（按频次降序排列）
第三区间段（2004—2015）	谟、唆、拭、邺、郅、掷、鄄、琉、圃、圪、垠、荥、菽、魄、萦、蒴、捋、忻、窿、忝、峁、蔫、豹、徙、粥、獐、帚、馍、舵、怄、惰、惘、脯、蛛、泓、淆、拄、蜒、漩、濠、宕、逅、髀、馒、戮、尕、澎、瑾、崚、杈、柩、缕、梵、蚜、楫、丫、啄、殁、卵、抡、昙、跋、昵、匣、烁、隙、啪、焯、翱、哇、熹、祉、熄、卒、瞌、眩、铛、癣、伺、脓、铿、锏、喧、锵、荚、镌、拧、痍、窦、畬、虔、牤、蜚、舯、煐、舐、夭、捂、艋、翎、跄、刿、仃、踝、佟、雯、雒、倩、凫、冥

结合各区间段新闻标题语料可知，以上独用字表中，第一区间段独用字中含 111 个人名、地名等专用字，如“丕、掖、瑛、虞、坂、醴、栾、麒、鳍、钛、畈、漓、舜、煜、苟、桢、璞、疹、琇、弼、恺、犀、圻、锰、兖、涟、楣、唔、邛、蕙、罘、覃、宦、辕、漭、羚、潟、盱、疱、郯、逵、骊、琏、栩、戟、稍、偃、谏、郏、埭、奘、邠、喹、嶷、浣、滏、蛔、臼、韭、骧、珩、璜、鲸、嘎、轩、钊、铌、鸠、鹚、褚、翡、鲵、俾、佘、冼、诏、郜、鄞、鄯、壬、苓、蔻、蕃、藿、崃、汜、浠、沽、湃、濑、宸、遒、淖、椠、阤、滓、眙、睢、稷、厝、萘、蛤、螟、锑、辊、腈、歙、獭、鸬、鲨、鳟”；第二区间段含 99 个人名、地名等专用字，如“珮、岱、坻、杼、迦、枞、耘、藜、笹、祀、禺、洼、囡、茜、堃、讷、儋、夼、阚、淅、琮、薰、昇、渑、瑗、墫、檗、韪、垠、縻、崧、猗、恽、泠、滹、绛、邕、琦、琚、簰、渊、昱、胄、旌、闰、胥、蟠、钳、佰、霖、芸、苷、茺、蒗、呋、喃、涪、绰、峄、崂、嶂、盂、泮、錸、佬、浔、淞、潍、骜、畿、德、樵、恕、甦、嗣、铨、锬、仫、嵇、螈、笈、衮、翦、诃、诒、霁、銮、鲛、隗、邝、鞘、

劻、酯、镁、麝、茴、酰、鳗、褐”；第三区间段含 87 个人名、地名等专用字，如“隽、娥、琨、嫦、邡、铧、烨、羌、昶、隋、蕊、阪、岷、垚、槿、汨、漪、淼、鲇、皋、枭、畴、稠、纮、濛、晔、耒、臧、罡、寰、骢、酉、杲、焱、郸、鞘、嵯、釜、闫、弢、俐、溧、瀚、甯、妞、埂、焘、伶、谟、邺、郅、鄄、圪、荥、忻、忝、獐、濠、尕、澎、瑾、崚、梵、蚜、跛、焯、熹、眩、荚、窦、畲、犴、舺、煐、艋、翎、剡、仃、佟、雯、雒、倩、皃、冥、霆、硒、蒴”。

各区间段专用独用字中，人名、地名专用字占绝对优势，这反映了新闻标题的制作特征。此外，从使用频次来看，人名用字中使用频次相对较高的均为国家前领导人姓名用字。如各区间段前 10 个独用字中，第一区间段，“丕”在语料中均出现在国家前领导人名字中，如“陈丕显”“贾丕才”；第二区间段，“珮、岱、杼”均出现在“彭佩云”“杨汝岱”“韩杼滨”等国家前领导人名字中；第三区间段，“隽”“琨”也均出现在国家前领导人名字中，如“严隽琪”“郭声琨”。这再次显示《人民日报》新闻报道较强的政治色彩。

与前两个区间段独用字明显不同的是，第三区间段独用字中出现了少量方言字、网络热字以及语气词用字。① 其中方言字、网络热字在使用频次上还位于该区间段前十个独用字中，如“咋、靓”为方言字，“晒”属于旧字翻新，可单独成词，特指将东西拿出来与人分享，在《人民日报》新闻标题语料中有“晒账本”“晒三公”“晒家底”等搭配。语气词用字中，“啦、哩”一般不常用于标题。第三区间段独用字的新特点反映了近年来《人民日报》用字用语的变迁。有关这方面的论述将在本书第七章继续探讨。

---

① 实际上这几个字在语料中均独立成词。

总之，与部分共用字中汉字使用的“软变化”相对，独用字涉及新字种的出现，是汉字使用“硬变化”的体现。其中一部分独用字体现了新闻标题的制作特征，并且少数高频独用字还有着较强的政治性和时代性。随着社会生活的变迁，新的独用字还会继续出现。

第三节　新时期《人民日报》新闻标题中常用字的分布情况

常用字反映了汉字使用的普遍性特点。本节将《人民日报》新闻标题用字情况与《现代汉语常用字表》进行比较，探讨标题中常用字的使用情况。为了掌握《人民日报》各区间段以及总语料常用字使用情况，笔者将需比较的语料分别与《现代汉语常用字表》中 2500 个一级常用字和 1000 个次常用字进行比较，用数字的形式尽可能展现《人民日报》各区间段以及总体用字情况。

一、各区间段及新闻标题总语料中 3500 个常用字的分布情况

笔者的研究思路是，先将《现代汉语常用字表》中 2500 个一级常用字与三个区间段字种分别比对，看这 2500 个一级常用字在各区间段的分布情况，再将各区间段超过这 2500 个一级常用字外的字种与《现代汉语常用字表》中 1000 个次常用字进行比对，最后统计出相关标题语料中有关 3500 个常用字的具体分布情况及不同区间段常用字分布的异同，最后对相关标题语料中的超纲字[①]进行分析。

---

① 指《现代汉语常用字表》中 3500 常用字之外的汉字。

表 1-11 3500 个常用字在《人民日报》新闻标题各区间段及总语料中的分布情况

研究对象＼区间段	统计项目	第一区间段(1978—1989)	第二区间段(1990—2003)	第三区间段(2004—2015)	总语料
	总字种数（个） 总字次	3267 225051	3224 239466	3282 242119	3977 706636
2500 个一级常用字内	字种数（个） 占语料字种数比(%)	2314 70.830	2277 70.627	2312 70.445	2437 61.277
	字次 累计覆盖率（%）	219144 97.375	232978 97.291	236378 97.629	688500 97.433
1000 个次常用字内	字种数（个） 占语料字种数比(%)	522 15.978	496 15.385	521 15.874	723 18.180
	字次 累计覆盖率（%）	4649 2.066	4816 2.011	4320 1.784	13785 1.951
超纲字	字种数（个） 占语料字种数比(%)	431 13.193	451 13.989	449 13.681	817 20.543
	字次 累计覆盖率（%）	1258 0.559	1672 0.698	1421 0.587	4351 0.616
3500 个常用字中没有被使用的字种数	2500 个常用字内 1000 个次常用字内	186 478	223 504	188 479	63 277

由表 1-11 可知，在三个区间段，就 3500 个常用字的使用来看，第一区间段，占区间段字种数 86.808%的常用字累计覆盖了 99.441%的语料；第二区间段，占区间段字种数 86.012%的常用字累计覆盖了 99.302%的语料；第三区间段，占区间段字种数 86.319%的常用字累计覆盖了 99.413%的语料。三个区间段均有 86%以上的字种来自常用字，其中有 70%属于 2500 个一级常用字范围，前者累计覆盖了各区间段 99.302%～

99.441%的语料，后者累计覆盖了各区间段97.291%～97.629%的语料。这说明从总体上看，《人民日报》各区间段在汉字的使用上都坚持常用性为主，超纲字占各区间段字种数的比均不到14%，并且使用频次比较低，每个区间段超纲字平均使用频次最高为3.707次/字（第二区间段），最低为2.919次/字（第一区间段），累计只覆盖了0.559%～0.698%的语料。

但各区间段在对3500个常用字的使用方面也有细微差异，表现在，第一区间段常用字字种数是最高的，常用字语料覆盖率也最高；第三区间段次之；常用字字种数使用最少的是第二区间段，同样该区间段也是三个区间段中常用字语料覆盖率最低的。

从新时期《人民日报》新闻标题总语料对3500个常用字的使用来看，占总语料字种数79.457%的常用字累计覆盖了99.384%的语料。其中一级常用字占比61.277%，覆盖了97.433%的语料；次常用字占比18.180%，覆盖了1.951%的语料。占总语料字种数20.543%的超纲字在新闻标题总语料中只覆盖了0.616%的语料，平均每个超纲字使用频次仅为5.326次/字，这与占总语料79.457%的常用字平均使用频次222.242次/字形成了鲜明的对比。

当然也不排除有少数超纲字在语料中使用频次比较高的情况，例如新闻标题总语料中前四个超纲字频次均超过100次/字，分别为“圳（116次）、镕（111次）、埔（110次）、岚（101次）”，但这种较高频的超纲字在语料中毕竟是少数，总体上看，超纲字的使用频次普遍偏低。关于这部分内容，将在本章超纲字部分继续讨论。

二、三区间2595个共用字中常用字的分布情况

经上文统计，《人民日报》三个区间段共有2595个共用字，这

2595个共用字是《人民日报》不同年代用字稳定性的重要见证。本小节将讨论这2595个共用字中常用字的分布情况。

表1—12 《人民日报》三区间2595个共用字中常用字的分布情况

区间段 研究对象	统计项目	第一区间段（1978—1989）	第二区间段（1990—2003）	第三区间段（2004—2015）	总语料
2500个一级常用字内	字种数（个）	2133			
	占语料字种数比例（%）	65.289	66.160	64.991	53.633
	字次 累计覆盖率（%）	218725 97.189	232662 97.159	235971 97.461	687358 97.272
1000个次常用字内	字种数（个）	311			
	占语料字种数比例（%）	9.519	9.646	9.476	7.820
	字次 累计覆盖率（%）	4209 1.870	4429 1.850	3869 1.598	12507 1.770
超纲字	字种数（个）	151			
	占语料字种数比例（%）	4.622	4.684	4.601	3.797
	字次 累计覆盖率（%）	798 0.355	847 0.354	751 0.310	2396 0.339
合计	共用字字种数（个）	2595			
	占语料字种数比例（%）	79.431	80.490	79.068	65.250
	字次 累计覆盖率（%）	223732 99.414	237938 99.362	240591 99.369	702261 99.381

由表1—12可知，在2595个共用字中，累计有2444个（94.181%）共用字属于3500个常用字范围内，其中有2133个（82.197%）共用字属于一级常用字。剩下5.819%的超纲字，

占各区间字种数的 4.601%～4.684%，占《人民日报》新闻标题总语料字种数的 3.797%，累计覆盖的语料均不足 0.4%。这说明 2595 个共用字中常用字数量及其覆盖率占绝对优势。也说明新时期以来《人民日报》新闻标题用字比较集中，惯于选择具有较高稳定性和常用度的汉字。这与上一小节各区间段及新闻标题总语料中 3500 个常用字分布情况的结论基本一致。

三、各区间段及新闻标题总语料中超纲字研究

上文在探讨相关语料中常用字的分布时提到，标题中有少部分超出了 3500 个常用字范围的字，本书称其为超纲字。总体上看，这部分超纲字在语料中的数量不多，累计覆盖率不高，但作为《人民日报》标题用字的组成部分，超纲字真实再现了新时期《人民日报》的用字特征，故本小节将专门对超纲字展开探讨。

（一）超纲字频次分布情况

上文在探讨《人民日报》各区间段及新闻标题总语料中常用字的分布情况时提到，《人民日报》新闻标题总语料中累计有 817 个超纲字。这些超纲字分布在三个不同区间段，各区间段超纲字数量和覆盖率均有所区别。本小节将从频次、覆盖率等方面对这 817 个超纲字进行探讨。

表 1—13　817 个超纲字在《人民日报》新闻标题各区间段及新闻标题总语料中的频次分布情况

第一区间段（1978—1989）			第二区间段（1990—2003）			第三区间段（2004—2015）			总语料		
频次段	数量（条）	比例（%）	频次段	数量（条）	比例（%）	频次段	数量（条）	比例（%）	频次段	数量（条）	比例（%）
＞100	0	0	＞100	1	0.222	＞100	0	0	＞100	4	0.490
51～100	1	0.232	51～100	3	0.665	51～100	0	0	51～100	6	0.734
11～50	17	3.944	11～50	20	4.435	11～50	24	5.345	11～50	82	10.037
6～10	30	6.961	6～10	33	7.317	6～10	34	7.572	6～10	79	9.670
2～5	138	32.019	2～5	167	37.029	2～5	156	34.744	2～5	289	35.373
1	245	56.845	1	227	50.333	1	235	52.339	1	357	43.696
合计	431	100	合计	451	100	合计	449	100	合计	817	100

由表 1—13 可知，三个区间段超纲字中，各区间段分别只有 4.176%、5.322%、5.345%的超纲字频次大于 10 次。其中频次大于 100 次的超纲字只有 1 条，位于第二区间段；频次为 11～100 次的，第三区间段最多，占该区间段字种数的 0.731%；第二区间段次之，占区间段字种数的 0.713%；最低的是第一区间段，占区间段字种数的 0.551%。其余约有 95%的超纲字频次均位于 10 次（含）以下，其中各区间段分别有 56.845%、50.333%、52.339%的超纲字频次仅为 1 次。

从 817 个超纲字在《人民日报》新闻标题总语料中的使用情况来看，只有 11.261%的超纲字使用频次大于 10 次，其中频次大于 100 次的不足 0.5%。其余 88.739%的超纲字频次均低于 10 次（含），其中 43.696%的超纲字频次仅为 1 次。

这说明，占各区间段字种数比不到 14%，占总语料字种数比 20.543%的超纲字在《人民日报》各区间段以及新闻标题总语料中实际使用频次普遍不高，高频超纲字极少，绝大多数超纲字使用频次均偏低，在各语料中累计覆盖率均比较低，最高只有0.698%，最低为0.559%。

这再次说明，新时期《人民日报》新闻标题用字总体上比较稳定，惯于选择常用汉字。虽然出于新闻表达的需要，标题各区间段也使用了一些超纲字，但这些超纲字字种数不多，总体使用频次不高，在语料中覆盖率均极低。

（二）前50个超纲字研究

为了进一步了解《人民日报》超纲字的特点，本节将从《人民日报》新闻标题总语料817个超纲字中选择使用频次最高的前50个超纲字进行研究。

表1—14　《人民日报》新闻标题总语料中使用频次最高的前50个超纲字

序号	超纲字	频次	序号	超纲字	频次	序号	超纲字	频次	序号	超纲字	频次	序号	超纲字	频次
1	圳	116	11	韦	50	21	兹	38	31	崛	24	41	鳌	19
2	镕	111	12	璇	47	22	斌	38	32	弗	24	42	槛	19
3	埔	110	13	磋	45	23	岐	34	33	鄂	24	43	奎	18
4	岚	101	14	暨	45	24	汶	34	34	炳	23	44	郝	18
5	迪	87	15	弘	45	25	厄	32	35	斐	23	45	柯	18
6	琛	86	16	茨	43	26	俞	30	36	郸	22	46	邵	18
7	肇	69	17	挝	42	27	汕	30	37	襄	22	47	曝	18
8	喀	58	18	篪	41	28	廖	29	38	亟	22	48	烯	18
9	邹	54	19	姬	41	29	邯	26	39	阜	21	49	赣	17
10	耶	52	20	圭	39	30	蔡	25	40	沂	20	50	昊	17
累计频次：2003次　　累计覆盖率：0.283%														

周有光曾认为："现代汉语用字中有'特种用字'，包括科技新字、人地名专用字，等等。它们的特殊之处是，用途极狭，只

在特定场合应用。”[①] 并提到以下几类特种用字：科技专用字、民族和宗教专用字、人地名专用字、行业专用字、译音和象声专用字、方言专用字、外族汉字。根据周先生有关特种用字的分类，笔者将这50个超纲字分别归入《人民日报》新闻标题总语料中逐一考察，可发现以下规律：

第一，全部为地名专用字，如：圳、埔、喀、挝、汕、郸、阜、沂、赣。

第二，全部为人名专用字，如：镕、琛、篪、斌、俞、廖、炳、昊。

第三，人名、地名并用字，如：岚、邹、韦、茨、圭、岐、汶、邯、蔡、奎、郝、邵、兹、姬。

第四，科技专用字，如：烯。

第五，人名、地名专用字与其他专名用字，如：“弗”，人名专用字19例，特殊专名用字5例，均为“欣弗”（某药品品牌）。“璇”，人名用字46例，其他专名用字1例，如“璇宝”（第十一届全运会奖牌样式）。“柯”，人名、地名专用字16例，其他专名用字2例，如“依维柯”（汽车公司名）、“柯达”（胶卷品牌）。“鄂”，地名用字23例，族名用字1例，如“鄂温克族”。

第六，专名用字（主要为人名、地名专用字）为主，偶有其他普通用法，如：“鳌”，地名用字“博鳌”18例，普通用法1例，如“独占鳌头”。“襄”，地名用字19例，普通用法3例，如“共襄义举”“共襄复兴”“襄助”。“迪”，人名、地名专用字74例，其他专名用字11例，如：“桑迪、奥迪、迪斯尼（迪士尼）、迪斯科”。普通用字只有2例，均为“启迪”。“肇”，人名、地名专用字57例，“肇事者”“肇事方”等普通用法12例。“耶”，人

① 周有光：《现代汉语用字的定量问题》，载于《辞书研究》，1984年第4期。

名、地名专用字48例，语气词用法4例，如“责耶罪耶?”“敌耶？友耶?”“斐”，人名、地名专用字17例，普通用法6例，均为“斐然”。“厄”，地名用字30例，其他专名用法1例，如“厄尔尼诺”（某种气候现象名称），普通用法1例，“厄运”。

第七，普通用字为主，偶有专名用字，如：“弘”，人名用字只有2例，如“吴弘达”“陈弘平”，其余43例均为普通用法，如“弘扬”“弘文励志”。“暨”，地名用字4例，如“诸暨市”“暨南大学”，其余41例均为并列连词用法。

第八，全部为普通用字，如：磋、崛、亟、槛、曝。

从以上分类不难发现，《人民日报》新闻标题总语料中按使用频次排序的前50个超纲字中，只出现于人名、地名及其他专名用字中的超纲字36个；专名用字为主，偶有其他普通用法的超纲字7个；普通用字为主，偶有专名用法的超纲字2个；只有普通用法的超纲字5个。

《人民日报》新闻标题总语料中前50个超纲字绝大部分为特种用字，特别是人名、地名专用字是新闻标题特征的鲜明体现。与前文探讨的各区间部分共用字、独用字特征有明显的共同之处。在新闻标题六要素中[①]，“何地”“何人”是标题的重要构成成分，为了准确、鲜明地报道新闻事实，在有“文眼”之称的新闻标题中适当运用表地点、人物类的专名，这对于提高新闻报道效果以及观众的阅读效率具有积极意义。当然，相对于《人民日报》新闻标题总语料中其他汉字的分布情况，标题中特种汉字的字种数并不多，且绝大多数特种字使用频次也不高。以本节调查的使用频次位列前50的超纲字为例，其累计频次仅为2003次，

① 即何人、何事、何时、何地、何因、何果。具体可参看彭朝丞：《新闻标题制作》，北京：中国广播电视出版社，2007年版，第10页。

累计覆盖率仅为0.283%。

以上对《人民日报》各区间段语料以及新闻标题总语料中现代汉语常用字和超纲字的分布情况进行了研究，结果发现，新时期《人民日报》新闻标题用字主要由常用字和超纲字两部分组成，其中3500个常用字占各区间段语料字种数的86%以上，累计覆盖了99%以上的语料，而这其中有70%的字种来自2500个一级常用字，累计覆盖了97%以上的语料，剩下不足14%的超纲字累计覆盖了不到1%的语料。这说明新时期《人民日报》新闻标题用字较为集中和稳定，惯于选择常用汉字，但为了新闻表达的需要，也运用了少部分超纲字，但超纲字字种数少，覆盖率极低。

新时期《人民日报》新闻标题中常用字和超纲字的分布特征再次体现了“文字使用的有限性和层级性”①，即在具体语料中汉字的使用量是有限的，这些有限的汉字又按照常用程度分成了一级常用字、次常用字、超纲字等不同层次。

另外，陈原在分析掌握《现代汉语常用字表》中3500个常用字所需文化程度时提到，“常用字2500应在小学毕业时掌握，次常用字1000应在初中毕业时掌握”②。新时期《人民日报》新闻标题中常用字分布数量多、频次高、覆盖率高这一用字特征也说明，作为中共中央机关报，《人民日报》并没有将自己的读者群简单定位于机关企事业单位领导及职员，而是关注了更多不同文化层次下更广泛的读者群和新闻受众。在当前传播主体多元化以及网络文化、异文化不断渗透的新形势下，《人民日报》新闻

---

① 王敏：《新中国常用字问题研究概述》，载于《语言文字应用》，2007年第2期。

② 陈原：《系统整理汉字的一个里程碑——谈常用字表的制定》，载于《语文学习》，1989年第3期。

标题这一用字特征对于抵制大众传媒中乱用生僻字、简化字、繁体字、外来字、网络符号等不良现象具有积极的示范和引导作用。

第四节　本章小结

本章对新时期《人民日报》新闻标题的用字情况进行了定量研究，结果发现，新时期《人民日报》各区间段新闻标题在用字上存在着比较大的共性，表现在：总字种数非常接近，共用字种多且覆盖率高，高频字中共用字种多且使用效率高，常用字数量大且覆盖率高。

通过对各区间段部分共用字、独用字、总语料超纲字的字义特征的分析，可知《人民日报》新闻标题用字具有鲜明的时代特征和较强的政治性。同时，因为取材于新闻标题语料，部分共用字、独用字、超纲字中人名、地名专用字相对突出。

各区间段用字在保持较高共性的同时也存在着细微差异，如：第一区间段，总字种数居中，汉字（包括共用字）整体使用频次最低、共用字覆盖率最低。但其常用字字种数与语料覆盖率均最高。第二区间段，总字种数最少，但汉字整体使用频次最高，且与另外两个区间段在用字方面共性最高，关联度最大，稳定性最强。不过，该区间段常用字字种数分布最少、语料覆盖率最低。第三区间段，总字种数最多，整体而言，不同覆盖率下，所需字种数比值最高，在 2595 个三区间共用字中整体使用频次最高，但汉字整体使用频次居中。第三区间段独用字数量最多，其中较有特色的方言字、网络热字、语气词用字的出现，反映了近年来《人民日报》用字的变迁；此外，该区间段常用字字种数、语料覆盖率均居中。

第二章　新时期《人民日报》新闻标题用词情况计量研究

在前一章有关新时期《人民日报》标题二次抽样及区间段划分的基础上，本章继续立足这 745349 个字符的新闻标题语料，对其标题用词情况展开定量研究。

第一节　相关说明

在具体研究之前，需对二次抽样后的 745349 个字符的新闻标题语料进行分词，有关分词软件及分词后的校对过程等说明如下：

一、分词软件

本研究采用了张华平博士开发的 ICTCLAS2015 分词软件。该软件的词性标记集参考了中国科学院计算所汉语词性标记集，一共有 22 个一类词性标记集。具体参见表 2-1：

表 2-1 ICTCLAS2015 词性标记集

词类	代码	词类	代码
名词	n	副词	d
时间词	t	介词	p
处所词	s	连词	c
方位词	f	助词	u
动词	v	叹词	e
形容词	a	语气词	y
区别词	b	拟声词	o
状态词	z	前缀	h
代词	r	后缀	k
数次	m	字符串	x
量词	q	标点符号	w

二、分词校对过程说明

本研究在用分词软件自动分词的基础上，再辅以人工校对。校对时，具体以北京大学俞士汶主编的《现代汉语语料库加工——词语切分与词性标注规范与手册》(以下简称《分词规范与手册》)为主，部分不确定词语词性标注参考了《现代汉语语法信息词典详解》(第二版)以及《现代汉语词典》(第 6 版)[以下简称《现汉》(第 6 版)]。

由于新闻标题这一特殊语域，分词的校对工作比普通文本更为复杂，整个校对过程历时近 70 天，先后经历了四次人工校对，全部由笔者独自完成。校对过程中，相比分词软件和《分词规范与手册》，有以下几个方面需补充说明：

（一）部分词语词性标注参考的标准

出于研究的需要，部分词语的词性标注参考了《现汉》（第6版）。例如，“努力”在自动分词中统一处理为形容词。

(1) 为/p 促进/v 阿拉伯/ns 国家/n 团结/an 而/cc 努力/a 尼/b 迈/v 里/f 总统/n 结束/v 对/p 西亚/ns 九/m 国/n 访问/v（《人民日报》，19780613－006[①]）

本书按照《现汉》（第6版）的词性标注，此处的“努力”标注为动词。类似的依据《现汉》（第6版）词性标注的词语还有[②]：“连续/a—连续/v”“非法/d—非法/b”“爱国/a—爱国/v”“定期/d—定期/b”“大量/m—大量/b”“若干/m—若干/r”“众多/m—众多/a”“空前/a—空前/v”“施政/b—施政/v”“宏观/n—宏观/b”“科教/b—科教/n”“终生/m—终生/n”“科普/b—科普/v”“高考/v—高考/n”“丝毫/m—丝毫/a”“公交/b—公交/n”“小康/n—小康/a”“优惠/v—优惠/a”“义务/d—义务/b”等。

（二）地名、团体机构组织类专名

本部分没有依据《分词规范与手册》中先切分后合并的切分法。满足专名条件的成分都直接合并，并标注为ns或nt。否则按普通词语切分。例如地名的标注方式为：“北京地区/ns”“三峡库区/ns”“长沙火车站/ns”“龙羊峡水电站/ns”“七星农场/ns”“首都机场/ns”“苏州工业园区/ns”“南京长江大桥/ns”“中朝烈士纪念碑/ns”等。

---

① 此例为软件自动分词后的版本，未经过人工校对，以下各例同。此外括号中的“19780613－006”表示1978年6月13日第6版。下同，不再一一说明。

② 连线左边为自动分词中的标注，连线右边为遵照《现汉》（第6版）的标注。

另外，对团体机构组织类专名的切分，将以下几种情况都标注为 nt。

第一，有专名修饰的团体机构组织类结构一律标为 nt，不管是否属于简略形式。例如“日本社民党”“成都军区抗震救灾联合指挥部”“非统”“非盟”“农业银行四川省分行”“中国人民解放军”“柬电台”“联合国教科文组织”“湖南省纪委”及“阿队”(“阿”指代“阿尔及利亚”)等。

第二，我国国务院各部委、中共中央直属机构、八大民主党派类名称，即便前面没有“中国”“中共”类专名修饰，依然标注为 nt。例如“国办”“外交部”“文化部”“商业部”“冶金部”“航空工业部”“中央军委”“中央党校”“中纪委”“党中央”“民革”“民盟”等。

第三，由“国家”“首都”“全国”“世界”“最”类修饰的团体、机构、组织等一般标注为 nt。例如“国家体育总局”“国家抗洪抢险总指挥部”“国际体育休闲公司”“国际田联”“首都规划建设委员会”“最高检”“最高法”“全国妇联”“全国政协”及“世园会”(即“世界园艺博览会”)等。

第四，部分国际知名团体即便没有专名修饰，依然标注为 nt。例如“石油输出国组织”“路透社”“塔斯社”“安理会”“塔利班”“‘基地’组织”“金砖四国”“七十七国集团”“二十国集团”“独联体”等。

第五，有关军事机关类的团体名称，在新闻报道中出于保密的需要，常用“某军”“某团”“某旅”“某连”等表达方式，产生一种模糊效果，例如“武警某支队”“广州军区某集团军”等，属于军事新闻报道策略之一。在新闻语言中这类特殊处理方式是出于国家军事保密的需要，并不代表没有确定的所指。因此，这类团体机构或组织名称若有专名修饰，则将其标注为 nt。例如

“海军南海舰队某潜艇支队 372 潜艇/nt” “南海舰队某部/nt” “南京军区某军/nt” “西藏墨脱某边防站/nt” “北京部队工兵某团/nt” 等。

另外，值得注意的是，由于受空间因素的制约，新闻标题中地名、团体机构类专名的缩略现象非常常见，如：

(2) 马/b 澳/b 新/a 新/a 联合/vn 防空/vn 演习/vn 结束/v（《人民日报》，19801013-006）

(3) 中办国办/n 军/n 办/v 要求/n 进一步/d 加强/v 烈士/n 纪念/vn 工作/vn（《人民日报》，20130704-001）

例 (2)、例 (3) 属于专名的简称。其中例 (2) 为国名的简称。据统计，本章所涉语料中一共有 153 个国名的简称，其中有不少同形简缩形式，例 (2) 即属于这种情况。依据新闻原文可知，“马/b 澳/b 新/a 新/a” 分别属于四个不同的国家，依次为“马来西亚、澳大利亚、新西兰、新加坡”。出于专名研究的需要，本书将所有同形异质专名分别用阿拉伯数字代替，故例 (2) 可标注为：“马/ns2 澳/ns 新/ns 新/ns1”。

在抽样的语料中，这类同形异质减缩形式的地名还有“阿”（指代“阿富汗”“阿尔及利亚”“阿拉伯”“阿尔巴尼亚”“阿联酋”“阿塞拜疆”）、“巴”（指代“巴基斯坦”“巴勒斯坦”“巴拿马”“巴布亚新几内亚”“巴西”）、“厄”（指代“厄瓜多尔”“厄立特里亚”）、“哥”（指代“哥伦比亚”“哥斯达黎加”）、“格”（指代“格拉纳达”“格鲁吉亚”）、“科”（指代“科特迪瓦”“科摩罗”）、“拉”（指代“拉美”“拉脱维亚”）、“马”（指代“马达加斯加”“马尔代夫”“马来西亚”“马尼拉”“马其顿”“马祖”）、“澳”（指代“澳大利亚”“澳门”）、“摩”（“摩洛哥”“摩加迪沙”“摩尔多瓦”）、“津”（指代“津巴布韦”“天津”）、“亚”（指代

“亚洲”“亚美尼亚”)、“伊”(指代“伊朗”“伊拉克”)、“吉”(指代“吉林”“吉尔吉斯斯坦”“吉布提”)、“黄”(指代“黄河”“黄石”)、“尼”(指代“尼日利亚”“尼泊尔”“尼加拉瓜”“尼日尔”)、“南”(指代“南斯拉夫”“南非”“南宁”)、“苏”(指代“苏联”“江苏”“苏州”“苏丹”)、“塞”(指代“塞浦路斯”“塞内加尔”“塞拉利昂”“塞尔维亚”)、“斯”(指代“斯洛文尼亚”“斯洛伐克”)、“乌”(指代“乌拉圭”“乌兹别克兹坦”“乌克兰”“乌干达”)、“土”(指代“土耳其”“土库曼斯坦”)等。对于这类同形异质减缩形式的地名，笔者在校对过程中均依据其在新闻原文中出现的先后顺序分别用数字标明，以示区别。

在地名的简称中，类似于“两伊”(伊拉克、伊朗)、“两门”(金门、厦门)、“四坛”(天坛、地坛、日坛、月坛)、“两德”(东德、西德)、“两淮”(淮南、淮北)、“三北”(东北、华北、西北)等简称不再另外切分，统一标注为 ns。

例(3)属于团体机构名称的简称。“中办国办军办”的全称分别为“中国共产党中央办公厅”“中华人民共和国国务院办公厅”“中国共产党中央军事委员会办公厅”。按照上文有关团体机构类专名的标注方法，分别标注为“中办/nt”“国办/nt”“军办/nt”。

(三)派生式构词

典型词缀、部分性质介于词根与词缀之间的构词成分①与双音节或单音节构成的结构一般合并。本语料中所涉及的这类构词

① 这类成分名称比较多。较有影响的如：赵元任《汉语口语语法》(1979：113、116)称其为“新兴‘前缀’”“新兴‘后缀’”；吕叔湘《汉语语法分析问题》(1979：48)也称其为“类前缀”“类后缀”；邵敬敏《现代汉语通论》(2007：118)称其为“类词缀”等。

成分有“非×、超×、无×、亚×、零×、×者、×性、×化、×热、×员、×户、×手、×率、×史、×师、×工、×观、×风、×型、×迷、×界、×式、×学、×家、×制、×带、×器、×队、×人、×梦、×站、×会、×权、×群、×展、×款、×费、×罪、×法、×日、×周、×年、×季、×节、×分子、×主义、×奖、×场、×战、×卡、×秀”等。但是，如果组合前的结构为短语型，则不合并。例如：

(4) 扎根/v 西部/f 者/k 的/ude1 创业/v 之/uzhi 路/n 与/p 定西/ns 结下/v 不解/v 情缘/n (《人民日报》，20031107－008)

(5) 我国/n “/wyz 体育/n 用品/n 热/k” /wyy 正在/d 兴起/v (《人民日报》，19860402－005)

(6) 胡锦涛/nr 与/p 政协/n 中/f 共/d 组/n 和/cc 对外/vn 友好/a 界/n 委员/n 座谈/v 时/ng 指出/v 保持/v 清醒/a 头脑/n 坚定/ad 必胜/vi 信心/n (《人民日报》，19990305－002)

以上三例中的“者、热、界”都不与前面的词语合并。

(四) 标题用语

因本研究的语料取材于《人民日报》的标题，受标题特征影响，语料中会出现部分标题用语①，对此遵照尹世超编著的《标题用语词典》，将其合并为一个整体，并标明词性。例如：

(7) 保持/v 清醒/a 的/ude1 头脑/n　　正视/v 彼/rz

① 有关标题用语的定义，请参看尹世超编著《标题用语词典》凡例第1页，北京：商务印书馆，2007年版。同时本书第四章也会详细探讨。

我/rr 之/uzhi 短/a 长/a ——/wp 许绍发/nr 教练/n 赛后/t 一/m 席/qt 谈/v（《人民日报》，19861011－003）

（8）油条/n“/wyz 生意/n”/wyy 两/m 面/q 观/vg（《人民日报》，19790515－004）

（9）时刻/n 把/pba 群众/n 的/ude1 疾苦/n 放在/v 心上/s ——/wp 记/v 中共/n 峨边/ns 县委/n 副/b 书记/n 司徒波尔/nrf 二三/m 事/n（《人民日报》，19800401－002）

（10）“/wyz 随便/ad 挑/v”/wyy 小/a 议/v（《人民日报》，19901230－001）

以上例句中，“一席谈”“两面观”“二三事”“小议”都属于标题用语。因此，遵照《标题用语词典》的词性标注，将其合并，都为名词性。

类似的合并标题的用语还有“兼议”“初析”“初探”“浅议”“浅谈”“探秘”“有感于”“续话”“纵横谈”“新论”“新探”“一二三四”“一瞥”“观后”“偶感”“记略”“纵论”“略析”“略谈”“书话”等。

（五）学科专业术语及约定俗成的成分

这类词语一般出现次数不多，学科专业术语如“胆/n 道/qv 蛔虫/n 症/k”“胸/ng 外科/n”“原生质/n 体/ng”“乙/mg 型/k 肝炎/n”“脉/ng 管/v 炎/ng”“地中海/nsf 贫血/n”“生物/n 波/b”“华美/nz 金凤/n 鸟/n”等。约定俗成的成分如“大鱼/n 大肉/n”“香/a 饽饽/n”“小/a 报告/n”等。这两类成分都合并为一个整体。

（六）有特殊含义的带双引号的成分

部分双引号内的成分与外围成分（限单音节或双音节）在表

意上关系密切，切分后会改变原意，这种情况我们坚持与引号外的成分合并。例如：

“/wyz 五一”/wyy 节/n—“五一”节/t

“/wyz 偏/d 才 d”/wyy 们/k—“偏才”们/n

“端”/v 节/n—“端”节/t

刚果/ns（/wkz 金/b）/wky—刚果（金）/ns

刚果/ns（/wkz 布/vg）/wky—刚果（布）/ns

“/wyz 东/f 星/n”/wyy 号/n—“东星”号/nz

“/wyz 一二·九/t”/wyy 运动/vn—“一二·九”运动/nz

（七）临时仿造词

出于表达的需要，《人民日报》标题中有少量临时仿造词。这部分仿造词的切分及词性标注参照与之对应的被仿造成分来切分和标注。例如：

（11）精简/v 校/ng 级/n 机构/n15/m 个/q　1800/m 名/q 后勤/n 人员/n 不/d 吃/v 财政/n 饭/n　华中/ns 理/n 工/ag 大学/n 精/a 官/n 简政/nr（《人民日报》，19981014－005）

（12）原则/n 不/d 是/vshi “/wyz 圆/vg 则/d”/wyy（《人民日报》，20010716－001）

（13）沈阳/ns 国税/n 建立/v 干部/n “/wyz 护/v 廉/ag 网/n”/wyy（《人民日报》，20031103－006）

以上各例分别依据“精兵简政”“原则”“互联网”仿造，依次处理为“精官简政/vl”“圆则/n”“护廉网/n”。

类似的仿造词语还有“渔家乐”（仿“农家乐”）、“理直气和”(仿“理直气壮”)、“小局”(仿“大局”)、“下访”(仿“上访”)、“初瞥”(仿“一瞥”或“初探”“初析”等)、“纪盛”(仿“纪实”“纪胜”等)等。

第二节 新时期《人民日报》新闻标题词语使用情况研究

借助于分词软件,本书将《人民日报》新闻标题语料进行自动分词,并对分词结果进行人工校对,然后用词频统计工具进行统计。最终的词频统计结果显示,在包含数字、西文字母、标点符号、网址等分词单位的情况下,新时期《人民日报》新闻标题共有45237个词种[①],386896词次。其中第一、二、三区间段的词种数分别为21121个、22521个、23255个,词次分别为119513次、128311次、139072次。

然后对以上词频表进行人工干预,删除其中的标点符号、西文字母、网址、纯阿拉伯数字、个别无意义的汉字字符等,将其中的“(阿拉伯、汉字)数字+年/月/日/”“(阿拉伯、汉字)数字+亿/万/千/百/十”“(阿拉伯、汉字)数字+时/点/分/秒”,以及汉字数字连写形式如“一九九八年”“二〇一”等都进行拆分合并[②],并将合并后的频次归入相关词频表中对应的词种。这样得出新时期《人民日报》新闻标题总词种数为43027个,365801词次。其中第一、二、三区间段的词种数分别为20401个、21566个、21914个,词次分别为115870次、122260次、127671次。下文所讨论的数据均以此为标准。

---

① 其中包括少量语素和词缀。

② 但有关国家发展计划的“十一五”“十二五”“八六三”“863”等不拆分。

一、新时期《人民日报》新闻标题总语料及各区间段语料中的词语使用情况

表 2—2 《人民日报》新闻标题不同区间段及总语料词语使用情况

<table>
<tr><th colspan="2">统计项目</th><th>第一区间段
(1978—1989)</th><th>第二区间段
(1990—2003)</th><th>第三区间段
(2004—2015)</th><th>总语料</th></tr>
<tr><td colspan="2">总词种数（个）
总词次</td><td>20401
115870</td><td>21566
122260</td><td>21914
127671</td><td>43027
365801</td></tr>
<tr><td rowspan="3">三区间共用词语</td><td>词种数(个)</td><td colspan="4">6655</td></tr>
<tr><td>比例（%）</td><td>32.621</td><td>30.859</td><td>30.369</td><td>15.467</td></tr>
<tr><td>词次
比例（%）</td><td>92915
80.189</td><td>96830
79.200</td><td>97776
76.584</td><td>287521
78.600</td></tr>
<tr><td rowspan="2">部分共用词语</td><td>词种数(个)
比例（%）</td><td>4264
20.901</td><td>5790
26.848</td><td>5034
22.972</td><td>7544
17.533</td></tr>
<tr><td>词次
比例（%）</td><td>10020
8.648</td><td>13754
11.250</td><td>14840
11.624</td><td>38614
10.556</td></tr>
<tr><td rowspan="2">独用词语</td><td>词种数(个)
比例（%）</td><td>9482
46.478</td><td>9121
42.293</td><td>10225
46.660</td><td>28828
67.000</td></tr>
<tr><td>词次
比例（%）</td><td>12935
11.163</td><td>11676
9.550</td><td>15055
11.792</td><td>39666
10.844</td></tr>
</table>

由表 2—2 可知，新时期《人民日报》各区间段新闻标题用词共性比较大。各区间段共用词语（三个区间段共用词和部分共用词）词种数比例累计分别达到了 53.522%、57.707%、53.340%，累计覆盖了 88.837%、90.450%、88.208%的区间语料，剩下 42.293%～46.660%的独用词语只覆盖了各区间段 9.550%～11.792%的区间语料。

从各区间段共用与独用词语在《人民日报》新闻标题总语料中的分布来看，占总语料词种数 33%的共用词语（三区间共用

词语和部分共用词语）累计覆盖了 89%以上的总语料，其中 15.467%的三区间共用词语覆盖了 78.600%的新闻标题总语料，而剩下 67%的独用词语只覆盖了不足 11%的总语料。

这说明不同区间段之间用词共性比较大，共用词语（三区间共用词语和部分共用词语）虽然词种数比例不太高，但语料覆盖率高，尤其是三区间共用词语，虽然占各区间段词种数不足三分之一，占总语料词种数不足六分之一，但最低覆盖了 76.584%、最高 80.189%的区间语料，以及 78.600%的新闻标题总语料，而独用词语则相反。

二、新时期《人民日报》新闻标题不同区间段词语使用情况比较研究

本节将立足各区间段词频表，从词种数、频次、覆盖率等方面对其高频词语、共用词语、独用词语、专名等分别展开研究。

（一）不同区间段词语的覆盖率与词种分布情况

表 2—3 《人民日报》新闻标题不同区间段不同覆盖率下的词种数

第一区间段（1978—1989）			第二区间段（1990—2003）			第三区间段（2004—2015）		
覆盖率（%）	词种数（个）	比例（%）	覆盖率（%）	词种数（个）	比例（%）	覆盖率（%）	词种数（个）	比例（%）
10	19	0.093	10	23	0.107	10	23	0.105
20	63	0.309	20	74	0.343	20	78	0.356
30	148	0.726	30	171	0.793	30	190	0.867
40	311	0.015	40	347	1.609	40	397	1.812
50	599	2.936	50	665	3.084	50	746	3.404

续表2—3

第一区间段（1978—1989）			第二区间段（1990—2003）			第三区间段（2004—2015）		
覆盖率（%）	词种数（个）	比例（%）	覆盖率（%）	词种数（个）	比例（%）	覆盖率（%）	词种数（个）	比例（%）
60	1104	5.412	60	1206	5.592	60	1347	6.147
70	2042	10.009	70	2231	10.345	70	2426	11.071
80	4023	19.720	80	4326	20.059	80	4583	20.914
90	8814	43.204	90	9340	43.309	90	9540	43.534
99	19242	94.319	99	20343	94.329	99	20638	94.177
100	20401	100	100	21566	100	100	21914	100

由表2—3可知，各区间段不同覆盖率所对应的词种数是词语使用频率分布情况的反映。总体上看，随着语料覆盖率的递增，所需词种数也明显递增。本书将覆盖各区间段80%语料范围的词种归为高频词，表2—3中，各区间段20%左右的词种数即可覆盖80%的语料，说明少数高频词语覆盖了较大的语料范围。当覆盖率达到90%、99%时，所需词种数的递增速度明显加快，说明随着语料覆盖率的增大，词语使用频率越来越低，所涉低频词种数越来越多。

但相同覆盖率下各区间段的词种数也存在明显的差异。对比发现，当覆盖率呈等距离递增时，绝大多数相同覆盖率条件下，第一区间段所需词种数比例最低，而第三区间段所需词种数比例最高，第二区间段居中。

表 2-4　《人民日报》新闻标题不同区间段不同频次的词种数分布情况

第一区间段（1978—1989）			第二区间段（1990—2003）			第三区间段（2004—2015）		
频次段	词种数（个）	比例（%）	频次段	词种数（个）	比例（%）	频次段	词种数（个）	比例（%）
>1000	3	0.015	>1000	2	0.009	>1000	2	0.009
501～1000	3	0.015	501～1000	7	0.032	501～1000	9	0.041
301～500	21	0.103	301～500	19	0.088	301～500	19	0.087
101～300	119	0.583	101～300	127	0.589	101～300	119	0.543
51～100	179	0.877	51～100	196	0.909	51～100	221	1.008
11～50	1433	7.024	11～50	1523	7.062	11～50	1679	7.662
6～10	1318	6.460	6～10	1428	6.622	6～10	1565	7.142
2～5	5573	27.317	2～5	5892	27.321	2～5	6319	28.835
1	11752	57.605	1	12372	57.368	1	11981	54.673
合计	20401	100	合计	21566	100	合计	21914	100

依据上文统计的各区间段词种数和总频次，可知第一、二、三区间段平均词频分别为 5.680 次/词、5.669 次/词、5.826 次/词。表 2-4 各区间段不同频次的词种数分布情况显示，三个区间段分别有 84.922%、84.689%、83.508%的词语低于各区间段平均词频，其中频次仅为 1 次的词语占各区间段词种数比例最高为 57.605%，最低也达到了 54.673%。各区间段分别只有 0.716%、0.718%、0.680%的词语使用频次大于 100 次。

按照上文覆盖 80%语料的词语即为高频词语的标准来看，各区间段约有 20%的词种为高频词语。但从各区间段词语频次分布来看，各区间段分别只有 15.077%、15.311%、16.492%的高频词语使用频次大于 5 次，这就意味着其余 4.923%、4.689%、3.508%的高频词语使用频次低于各区间段平均词频。这反映了新时期《人民日报》各区间段新闻标题词语使用的真实情况，说明各区间段高频词语不仅数量有限，而且一部分高频词语使用频次并不高。

相比而言，第三区间段高于平均词频的高频词种数比例最高，第二区间段次之，第一区间段最低。

（二）不同区间段高频词语比较

本书将语料覆盖率达到80%时所用的词语归入高频词语。依据上一小节不同覆盖率下各区间段所需词种数分布表，可知三个区间段分别有4023个、4326个、4583个高频词，分别占各区间段词种数的19.720%、20.059%、20.914%。下面将从多方面对各区间段高频词语展开讨论。

1. 各区间段前10个高频词语

表2-5 《人民日报》新闻标题不同区间段前10个高频词语

第一区间段（1978—1989）			第二区间段（1990—2003）			第三区间段（2004—2015）		
序号	高频词语	频次	序号	高频词语	频次	序号	高频词语	频次
1	的/ude1	2419	1	的/ude1	1569	1	的/ude1	1889
2	在/p	1184	2	在/p	1092	2	在/p	1037
3	一/m	1036	3	一/m	779	3	一/m	729
4	和/c	871	4	会见/v	702	4	中国/ns	711
5	十/m	609	5	中国/ns	608	5	将/d	633
6	会见/v	511	6	举行/v	596	6	第/h	607
7	举行/v	496	7	和/c	532	7	和/c	560
8	三/m	464	8	第/h	520	8	不/d	548
9	不/d	458	9	新/a	505	9	会见/v	527
10	新/a	453	10	全国/n	487	10	十/m	523

续表2－5

第一区间段（1978—1989）		第二区间段（1990—2003）		第三区间段（2004—2015）	
占该区间段词种数比例（%）	0.049	占该区间段词种数比例（%）	0.046	占该区间段词种数比例（%）	0.046
覆盖率（%）	7.337	覆盖率（%）	6.044	覆盖率（%）	6.081

以上三个区间段前10个极高频词语显示，这10个极高频词语词种数虽少，但使用频次非常高。各区间段前10个极高频词语平均词频分别达到了850.100次/词、739次/词、776.400次/词，分别是各区间段所有词语平均词频的149.665倍、130.358倍、133.265倍。

另外，各区间段前10个极高频词语中，均有9个极高频共用词语①（三区个间段高频共用和高频部分共用），1个极高频独用词语。其中“的、在、一、和、会见”5个词语为三区间共用极高频词语，“十、举行、不、新、中国、第”6个词语为极高频部分共用词语，“三、全国、将”3个词语为极高频独用词语。值得注意的是，三个区间段前3个极高频词语完全一致，显示了极高频词语使用上较高的稳定性和一致性。

各区间段前10个极高频词语中，除了“的、在、和”为功能词外，其他均为实词。在语义特征上，“一、十、三”以及表次序的“第”② 均与数量有关，“中国、全国”体现了新闻事件发生的主体对象或范围，“举行、会见”则凸显了新闻事件的动作行为。这些具有鲜明语义特征的高频词语在新闻标题中的高频使

① 本小节的部分共用词语、独用词语均指在特定范围内的相对部分共用与独用，不同于区间段部分共用词语和独用词语。下同。

② 本书在词频统计中对“第一、第二十”等这样的成分进行了拆分，并将其频次分别归入对应的词频。

用，一方面体现了《人民日报》不同时期新闻标题语言的共同特征；另一方面也体现了新时期《人民日报》新闻报道的重点及方向，即对行为主体“我国”及与会议有关的内容给予了较大的关注。

2. 各区间段高频词种共用与独用情况

下面将通过分析各区间段高频词种共用与独用情况，来了解各区间段高频词种的异同。

表 2—6 《人民日报》新闻标题各区间段高频词语共用与独用情况

区间段		第一区间段（1978—1989）	第二区间段（1990—2003）	第三区间段（2004—2015）
高频词语词种数		4023	4326	4583
三个区间段高频共用词语	词种数（个）	2164		
	占区间高频词语比例（%）	53.791	50.023	47.218
高频部分共用词语	词种数（个）	801	1310	1035
	占区间高频词语比例（%）	19.911	30.282	22.583
高频独用词语	词种数（个）	1058	852	1384
	占区间高频词语比例（%）	26.299	19.695	30.199

表 2—6 中的三个区间段高频词语分布情况显示，共用词语（三区间高频共用和部分共用词语）占区间高频词语比例最高达到了 80.305%，最低也达到了 69.801%。三个区间段高频词语中两种类型的高频共用词语数量占绝大多数，说明新时期《人民日报》不同时期新闻标题在用词上的较高稳定性和一致性，但也有明显的差异。

因为三个区间段总词种数依次递增，故高频词语数量也依次递增。就高频共用词语(三区间高频共用和部分共用)占各区间高频词语比例而言,第二区间段最高,第三区间段最低,第一区间段居中。高频独用词语则相反,第三区间段高频独用词语数量最高,第一区间段次之,第二区间段最低。这说明第二区间段高频词语与另外两个区间段高频词语关联度最高。这和前文有关新时期《人民日报》新闻标题用字部分的探讨结论相似。

在用字用词上,新时期《人民日报》新闻标题第二区间段均与另外两个区间段有着较高的关联度,这与第二区间段这个承上启下的特定历史时期有着密切的关系。作为新时期以来一个承上启下的历史时期,这一阶段的语言在继承20世纪80年代语言的基础上,又摒弃了前一时期某些不合时宜的语言成分,例如"公社""合作社""生产队"等历史词,并随着社会的变迁出现了一些新的语言元素,例如"改革开放""资本""市场"等,当这些新的语言元素所代表的事物或现象在全社会得到普遍认可并流传开来时,其语言也在无形中得到了稳定,必然会在后期继续使用。传统语言元素的继承与新语言元素的稳定共同促成了《人民日报》新闻标题第二区间段用字用词方面的独特性。

3. 高频词语与当代中国社会

语言是社会的一面镜子,社会的变迁必然会在语言中有所体现。词汇是语言变迁中最活跃的因素,《人民日报》不同时期新闻标题高频词语是当前中国社会及国际热点问题的真实写照,是新时期以来当代中国社会变迁的一把金钥匙。

本小节将研究对象定位于《人民日报》不同区间段前100个高频名词。这是因为在新闻标题制作中,名词往往与新闻事件的主体、对象等密切相关,其数量多、语义较为明确。本小节拟通过对三个区间段前100个高频名词中高频共用名词和高频独用名词的分析,探寻当代中国社会的变迁。出于研究的需要,在三个区间段前 100 个高频名词的整理工作完成后，笔者排除了名词中如“日、报告、国家、地区、干部”等一些与本节研究主旨关系不大或表意不够明确的词语。

根据上述标准，笔者从三个区间段前 100 个高频名词中选取了 15 个高频特色共用名词和 30 个高频特色独用名词作为分析对象。

首先来看 15 个高频特色共用名词（见表 2−7）：

表 2−7 《人民日报》新闻标题各区间段前 100 个高频名词中 15 个高频特色共用名词

第一区间段（1978—1989）		第二区间段（1990—2003）		第三区间段（2004—2015）	
特色共用名词	频次	特色共用名词	频次	特色共用名词	频次
经济	366	经济	299	经济	271
企业	242	企业	264	文化	218
技术	201	科技	208	企业	207
人民	189	市场	183	农村	177
群众	172	教育	169	群众	163
农民	158	农业	154	农民	142
科技	144	群众	148	精神	127
农村	143	农民	146	教育	119
市场	112	技术	142	市场	112
农业	106	农村	139	科技	101
党	100	人民	130	人民	94
教育	91	党	105	农业	91
人才	78	文化	101	技术	88
精神	73	精神	92	党	85
文化	63	人才	73	人才	62

表 2-7 各区间段 15 个高频特色共用名词在各区间段使用频次并不完全一致，最高 366 次，最低 62 次，均远远超出各区间段平均词频。这些高频特色共用名词语义涵盖面较广，“经济、企业、市场”是当前市场经济条件下的必然产物，其中三个区间段中“经济、企业”的使用频次整体上均领先于其他词语，这是当代中国“以经济建设为中心”基本国策的真实写照；党的十一届三中全会以来，历届领导班子始终将农村改革、农业发展、农民生产生活问题作为我党工作的重中之重。《人民日报》不同时期新闻标题中“农业、农村、农民”的持续高频出现，反映了作为农业大国的中国，党和国家对“三农”问题的持续关注。在重视经济发展的同时，国家将教育问题看作影响和决定中国未来发展的关键问题，所谓“百年大计，教育为本”，并将科学、技术看作第一生产力。在提高人民群众物质生活水平的同时，又不忘提高全民精神文化生活水平，做到“两手都要抓，两手都要硬”。新时期《人民日报》不同区间段新闻标题中 15 个高频特色共用名词如“教育、科技、技术、文化、精神”等的高频使用是这一系列决策和举措在词汇中的真实再现。当然，经济的发展、“三农”问题的解决、教育的普及、科技文化生活水平的提高以及精神文明建设，归根结底离不开党的领导，离不开全国广大人民群众的大力支持，离不开各类人才的无私奉献。正因为如此，才促成了“党、群众、人民、人才”四个词语的高频使用。

新时期，作为中共中央机关报的《人民日报》对当代中国社会诸多重大话题的持续普遍关注，客观上促使了这一系列高频特色共用名词在《人民日报》不同年代新闻标题中的持续高频使用。这些高频特色共用名词是当代中国社会的真实反映，再现了新时期以来我党工作的中心、工作的重心、工作的方向和目标、工作的领导者和所依赖的主体。同时，也再次印证了社会语言学有关语言与社会关系的科学论断。

陈原曾说："语汇在语言中出现的频率，一般地说是相对稳定的；但是，当社会生活发生急剧变化时，某些语汇的出现频率会大大增加。因此，当人们研究语言史时，发觉语汇频率的变化，可以由此推断社会思潮或结构发生变动。"并以"缓和、修正、斗争"三个词语为例，说明社会思潮或结构的变迁引起了词汇频率的明显变化，同时强调"在这一意思上，语言与社会'共变'这种说法是可取的"[①]。为此，下文将研究视角定位在三个区间段高频特色独用名词上。

表 2-8 《人民日报》新闻标题各区间段前 100 个高频名词中高频特色独用名词

第一区间段高频特色独用名词	贸易、体制、科学、科研、法律、夫人、声明、军队、游击队
第二区间段高频特色独用名词	世纪、研讨会、发言人、选手、联赛、非典
第三区间段高频特色独用名词	信息、网络、论坛、产业、金融、资金、生态、资源、民生、农民工、案件、体育、奥运、地震、灾区

由于各区间段前 100 个高频名词中高频独用名词数量不等（分别为 24、11、29 个），因此从中选取的高频特色独用名词数量也不等。总体而言，表 2-8 中的三组高频特色独用名词均具有鲜明的时代特征，是社会变迁的真实写照。这表现在：

由于"十年浩劫"的破坏，国家百废待兴。党的十一届三中全会召开后的头十年，党和国家领导人初步确定了放弃以阶级斗争为纲的路线，鼓励恢复生产，集市贸易、双边贸易逐渐走上正轨，并有针对性地对经济体制、管理体制、物资供应体制等进行

① 陈原：《社会语言学》，上海：学林出版社，1983 年版，第 259～260 页。

改革；在恢复教育、尊重知识分子的同时，科学、科研地位得到了明显提高，不同领域开始起草相关法律法规，重视法的作用；这一时期，随着国内环境的逐渐好转，中国与国际社会的外交往来逐渐恢复正常，多国政要偕夫人访华；这一时期，中国迎来了对香港恢复行使主权的谈判，中国政府围绕香港问题与英国以保守党领袖撒切尔夫人为首的英国政要展开了多轮谈判，最终达成了对香港恢复行使主权的中英联合声明；这一时期我国在恢复生产、发展外交的同时，国际周边环境并不安宁，越南与民主柬埔寨、阿富汗与苏联等国战事纷争不断，各国军队、游击队活动频繁；等等。

总之，改革开放头十年，以上国内、国际大事在《人民日报》第一区间段 9 个高频特色独用名词中得到了鲜明的体现。“贸易、体制”体现了生产的恢复，“科学、科研、法律”凸显了观念的转变，“夫人、声明”再现了双边外交及中英谈判的历程，“军队、游击队”反映了国际周边复杂的环境。

由于《人民日报》在第二区间段新闻标题词语使用上与另外两个区间段保持了较高的共性，故这一区间段独用词语相对来说数量少，特色没有第一、三区间段那么鲜明，但并不影响本书的分析。

20 世纪 90 年代至 21 世纪初，作为一个承上启下的特殊历史时期，意味着即将告别旧世纪，迎接新世纪，经历了改革开放头十年的探索，90 年代的中国，特别是邓小平南方谈话后，市场经济的主导地位进一步巩固，改革开放的步伐进一步加快，对外开放的领域进一步扩大，各种类型的研讨会纷纷举办。与此同时，中国更加注重在国际上的形象和声音，新闻发言人对国际热点事务积极发表代表中国政府的看法和意见。与 80 年代明显不同的是，这一时期，随着我国经济实力的明显增强，体育事业发展步伐明显加快，体育选手们积极参加各类体育联赛。《人民日报》第二区间段“世纪、研讨会、发言人、选手、联赛”的高频使用是以上形势的真实再现。与此同时，标题中“非典”一词的高频出现再一次将经历过21世纪初那场蔓延全国的“非典”疫情的人们拉回到深深的回忆和反思中。

21世纪以来的十年间，社会生活更加丰富多彩，这在《人民日报》第三区间段新闻标题高频特色独用名词中得到了鲜明的体现，明显有别于前两个区间段。这一时期，随着互联网技术的迅猛发展，我国已全面进入网络技术高度发达的信息化社会，信息和网络成为推动当代中国社会进步和经济发展的重要基础和不可或缺的技术手段。国际、国内的交流与合作越来越频繁，各种经济论坛、文化论坛、道德论坛、合作论坛，甚至网络虚拟论坛层出不穷。同时，在传统产业基础上，新兴产业异军突起，新旧产业交相辉映，共谋发展。在全球经济联系越来越密切的时期，金融、资金成为深刻影响各国包括中国经济发展的重要因素。在经济快速发展的同时，生态与资源问题成为制约各国经济持续发展的重要瓶颈，中国也不例外。此外，在经济社会发展的同时，政府越来越注重民生问题，特别是随着城镇化进程的加快，进城农民工就业及其子女教育等问题都成为国家相关部门的工作重点。与此同时，社会矛盾也更加复杂化，各种类型的案件随之出现。高频词语“信息、网络、论坛、产业、金融、资金、生态、资源、民生、农民工、案件”等是以上情况的真实体现。这一时期还有让我们铭记的2008年，在这个特殊的年份，中国社会先后经历了一悲一喜两件大事，《人民日报》新闻标题中“地震、灾区”这些高频词语至今仍能触痛人们对汶川地震的悲痛回忆，然而“体育、奥运”又将人们从悲痛的回忆中带回第29届奥运会在北京举办时盛况空前的自豪中。总之，近十年社会生活的复杂变迁在《人民日报》第三区间段新闻标题高频特色独用名词中均有鲜明的体现。

以上对新时期《人民日报》不同区间段高频特色共用名词和独用名词的分析表明，语言是社会的一面镜子，社会的变迁必然会在语言中留下或深或浅的印记。各区间段新闻标题中15个高频特色共用名词在各区间段的持续高频使用，是当代中国社会现实的真实体现，再现了新时期以来我党工作的中心、工作的重心、努力的方向和目标、领导集体和所依赖的主体。同时，30个高频特色独用名词有着鲜明的时代特征，真实还原了三个不同历史时期我国社会在政治、经济、文化、社会生活等领域所经历的巨大变化。不仅如此，这30个高频特色独用名词也将新时期《人民日报》新闻报道所经历的历时变迁生动地勾勒出来。第一区间段9个高频特色独用名词主要集中于政治、经济、科技教育等传统领域，第二区间段6个高频独用名词将关注的重点延伸到了时代、体育、社会重大突发事件（“非典”）中，第三区间段在前两个区间段的基础上，将报道视野扩展到民生、特殊群体（农民工）、环境保护（生态、资源）等领域。这表明随着社会生活的复杂变迁，《人民日报》的新闻报道也在与时俱进。这是21世纪《人民日报》新闻工作坚持“贴近生活、贴近群众、贴近实际”三原则的真实反映。

（三）不同区间段共用词语比较

1. 任意两个区间段部分共用词语比较

新时期《人民日报》三个区间段共有7544个部分共用词语。其中第一、二、三区间段部分共用词种数分别为4264个、5790个、5034个，占各区间段词种数的比例分别为20.901%、26.848%、22.972%，其累计使用频次占各区间段总词次的比例分别为8.648%、11.250%、11.624%。其中第二、三区间段共用词种数最多，为3280个；其次为第一、二区间段，共用词种数有2510个；最少的是第一、三区间段，共用词种数只有1754个。

另外，从部分共用词语分词标识来看，第一区间段有地名328个，人名184个，机构团体名185个，其他专名41个。第二区间段有地名482个，人名296个，机构团体名281个，其他专名75个。第三区间段有地名364个，人名160个，机构团体名192个，其他专名56个。

表2—9列出了部分共用词语在各区间段的频次分布概况：

表2—9 《人民日报》新闻标题不同区间段部分共用词语频次分布情况

第一区间段（1978—1989）			第二区间段（1990—2003）			第三区间段（2004—2015）		
部分共用词语频次段	词种数（个）	比例（%）	部分共用词语频次段	词种数（个）	比例（%）	部分共用词语频次段	词种数（个）	比例（%）
＞100	1	0.024	＞100	3	0.052	＞100	2	0.040
51～100	2	0.047	51～100	5	0.086	51～100	5	0.099
11～50	82	1.923	11～50	107	1.848	11～50	190	3.774
6～10	186	4.362	6～10	237	4.093	6～10	332	6.595
2～5	1594	37.383	2～5	2188	37.789	2～5	1947	38.677
1	2399	56.262	1	3250	56.131	1	2558	50.815
合计	4264	100	合计	5790	100	合计	5034	100

由表2—9可知，三个区间段分别有93.645%、93.920%、89.492%的部分共用词语使用频次低于各区间段词语平均使用频次，其中各区间段分别有56.262%、56.131%、50.815%的部分共用词语使用频次仅为1次。这说明部分共用词语在各区间段

使用频次普遍偏低。就各区间段高于平均频次的词种数而言，第三区间段最多，其次为第一区间段，最少的为第二区间段。

为了进一步了解各区间段部分共用词语的相关特征，下面从三个区间段分别抽取使用频次最高的前10个高频部分共用词语进行分析（见表2—10）。

表2—10 《人民日报》新闻标题各区间段前10个高频部分共用词语

第一区间段（1978—1989）			第二区间段（1990—2003）			第三区间段（2004—2015）		
序号	高频部分共用词语	频次	序号	高频部分共用词语	频次	序号	高频部分共用词语	频次
1	苏联/ns	180	1	俄/ns	164	1	启动/v	144
2	李先念/nr	54	2	非典/n	142	2	温家宝/nr	123
3	民柬/ns	53	3	朱镕基/nr	110	3	俄/ns	87
4	西德/ns	50	4	李瑞环/nr	85	4	出台/v	72
5	游击队/n	50	5	钱其琛/nr	78	5	贾庆林/nr	65
6	万里/nr	47	6	伊/ns1①	58	6	吴邦国/nr	65
7	厂长/n	44	7	加大/v	56	7	韩国/ns	51
8	吴学谦/nr	37	8	乔石/nr	55	8	韩/ns	50
9	黄华/nr	35	9	韩/ns	50	9	应对/v	46
10	陈慕华/nr	32	10	力度/n	45	10	回良玉/nr	45

由表2—10可知，各区间段前10个高频部分共用词语有着较高的一致性，其中人物、地点类专名词种数分别达到了8个、7个、7个。三个区间段前10个高频部分共用词语中人物、地点类专名词种数占绝大多数，彰显了新闻标题的基本特征。一般而

① “伊/ns1”为“伊拉克”。

言，新闻标题制作六要素中，“何人”“何地”是标题写作中必不可少的要素之一。另外，从各专名的语义特征来看，各区间段的人名全部为国家前几代领导集体中领导人姓名，再次表明作为中共中央机关报的《人民日报》在不同时期对国家领导人的活动比较关注。另外，地名均为外国国家名字，且在这些国家名字中，三个区间段均涉及了俄罗斯（第一区间段“苏联”，第二、三区间段均为“俄”），这反映出新时期《人民日报》对有关俄罗斯的消息关注度比较高。综合起来看，不同时期标题中前10个高频部分共用词语的鲜明特色再次反映了新时期《人民日报》新闻标题制作的特征，及其在新闻报道中较强的政治色彩与时代气息。

2. 三区间共用词语比较

新时期《人民日报》不同区间段新闻标题有6655个三区间共用词语。这些三区间共用词语占各区间段词种数的比例分别为32.621%、30.859%、30.369%，占总语料词种数的比例为15.467%，覆盖了各区间段80.189%、79.200%、76.584%的语料，以及总语料的78.600%。

从分词标识来看，6655个三区间共用词语中，地名468个，人名51个，团体机构组织名117个，其他专名27个，累计占三区间共用词种数的9.962%。

下面将对这6655个三区间共用词语在各区间段语料中的实际分布情况展开分析。

1）三区间共用词语在各区间段的频次分布（见表2-11）

表 2—11 《人民日报》新闻标题 6655 个三区间共用词语在各区间段的频次分布

第一区间段（1978—1989）			第二区间段（1990—2003）			第三区间段（2004—2015）		
三区间共用词语频次段	词种数（个）	比例（%）	三区间共用词语频次段	词种数（个）	比例（%）	三区间共用词语频次段	词种数（个）	比例（%）
＞1000	3	0.045	＞1000	2	0.030	＞1000	2	0.030
501～1000	3	0.045	501～1000	7	0.105	501～1000	9	0.135
301～500	21	0.316	301～500	19	0.286	301～500	19	0.286
101～300	118	1.773	101～300	123	1.848	101～300	116	1.743
51～100	175	2.630	51～100	188	2.825	51～100	214	3.216
11～50	1317	19.790	11～50	1400	21.037	11～50	1445	21.713
6～10	1055	15.853	6～10	1154	17.340	6～10	1100	16.529
2～5	2490	37.416	2～5	2494	37.476	2～5	2444	36.724
1	1473	22.134	1	1268	19.053	1	1306	19.624
合计	6655	100	合计	6655	100	合计	6655	100

由表 2—11 可知，与部分共用词语相比，三区间共用词语整体使用频次明显偏高。各区间段分别有 40.450%、43.471%、43.652%的三区间共用词语使用频次高于各区间段平均词频，并且多集中于频次为 6～50 频次段内。其余 59.550%、56.529%、56.348%的三区间共用词种使用频次低于各区间段平均词频，其中第一区间段最多，第二区间段次之，第三区间段最少。这表明 6655 个三区间共用词语在第三区间段整体使用频次最高，其次为第二区间段，整体使用频次最低的是第一区间段。

2）三区间共用词语与各区间段高频词语

本书将以覆盖率达到 80%的词语作为高频词语。根据上文讨论可知，第一、二、三区间段分别有 4023 个、4326 个、4583 个高频词种，这其中有 2164 个三区间高频共用词种，占各区间段高频词种数的比例分别为 53.791%、50.023%、47.218%，占三区间共用词种数的比例为 32.517%。这表明 6655 个三区间共用词语中，有近三分之一的共用词语属于各区间段高频共用词语，这部分三区间高频共用词语占各区间段高频词种数的 47.218%~53.791%。2164 个三区间高频共用词语在各区间段的频次分别为 76476 词次、79214 词次、78942 词次，分别覆盖了 66.002%、64.791%、61.832%的语料，其余 67.483%的三区间共用词语分别覆盖了 14.187%、14.409%、14.752%的区间语料。

这表明，在不同时间段，《人民日报》新闻标题语言在运用上不仅在高频词语词种数上有较高的一致性，而且在高频共用词语的分布密度上也存在较高的相似性。但也存在相关差异。表现在三区间高频共用词语占各区间段高频词种数比例最高、覆盖率最多的均为第一区间段（53.791%、66.002%），第二区间段次之（50.023%、64.791%），第三区间段最低（47.218%、61.832%）。

（四）不同区间段独用词语比较

新时期《人民日报》新闻标题三个区间段共有 28828 个独用词语，其中有 40.225%（11596 个）的独用词种属于地名、人名、团体机构组织名及其他专名。

第一、二、三区间段独用词种数分别为 9482 个、9121 个、10225 个，累计使用频次分别为 12935 词次、11676 词次、15055 词次，平均使用频次分别为 1.364 次/词、1.280 次/词、1.472 次/词，分别覆盖了 11.163%、9.550%、11.792%的区间语料。下面结合独用词语在各区间段的频次分布情况探讨各区间段独用词语的异同。

1. 不同区间段独用词语频次分布

表 2-12 《人民日报》新闻标题不同区间段独用词语的频次分布情况

第一区间段（1978—1989）			第二区间段（1990—2003）			第三区间段（2004—2015）		
独用词语频次段	词种数（个）	比例（%）	独用词语频次段	词种数（个）	比例（%）	独用词语频次段	词种数（个）	比例（%）
＞100	0	0	＞100	1	0.011	＞100	1	0.010
51～100	2	0.021	51～100	3	0.033	51～100	2	0.020
11～50	34	0.359	11～50	16	0.175	11～50	44	0.430
6～10	77	0.812	6～10	37	0.406	6～10	133	1.301
5	66	0.696	5	32	0.351	5	104	1.017
4	122	1.287	4	79	0.866	4	186	1.819
3	300	3.164	3	244	2.675	3	405	3.961
2	1001	10.557	2	855	9.374	2	1233	12.059
1	7880	83.105	1	7854	86.109	1	8117	79.384
合计	9482	100	合计	9121	100	合计	10225	100
占区间词种数比例（%）	46.478		占区间词种数比例（%）	42.293		占区间词种数比例（%）	46.660	
覆盖率（%）	11.163		覆盖率（%）	9.550		覆盖率（%）	11.792	

由表 2-12 可知，三个区间段独用词语整体使用频次均比较低。其中频次大于 100 次的独用词语数量在三个区间段累计只有 2 条。各区间分别有 98.809%、99.375%、98.240%的独用词语使用频次低于各区间段平均词频，这其中分别有 83.105%、86.109%、79.384%的独用词语使用频次仅为 1 次。

三个区间段独用词词种数最多、占区间词种数比例最高、覆盖率最高的是第三区间段，词种数为 10225 个，占比 46.660%，覆盖了 11.792%的语料；其次为第一区间段，词种数为 9482 个，占比 46.478%，覆盖了 11.163%的语料；独用词词种数最少、占区间段词种数比例最低、覆盖率最低的是第二区间段，词种数为 9121 个，占比 42.293%，覆盖了 9.550%的语料。

独用词语数量的多少与共用词语成反比例关系。上文在共用词语部分的探讨说明在三区间共用词语数量一定的情况下，各区间段部分共用词语越多，则独用词语越少。第二区间段新闻标题词语因与另外两个区间段保持了较高的关联度和一致性，因此其独用词语数量自然最低。

2. 各区间段前 10 个高频独用词语比较

接下来将各区间段独用词语使用频次生成降序频次表，分别选取各区间段使用频次排序最高的前 10 个高频独用词语展开研究。

表 2-13 《人民日报》新闻标题各区间段使用频次最高的前 10 个高频独用词语

第一区间段（1978—1989）			第二区间段（1990—2003）			第三区间段（2004—2015）		
序号	高频独用词语	频次	序号	高频独用词语	频次	序号	高频独用词语	频次
1	赵紫阳/nr	87	1	江/nr1	108	1	习近平/nr	148
2	赵/nr1	54	2	李岚清/nr	100	2	李克强/nr	94
3	胡耀邦/nr	50	3	波黑/ns	56	3	民生/n	62
4	社员/n	40	4	十四大/n	55	4	李源潮/nr	31
5	里根/nr	39	5	迟浩田/nr	39	5	王家瑞/nr	31
6	乌兰夫/nr	27	6	叶利钦/nr	37	6	王岐山/nr	31
7	华/nr1	25	7	尉健行/nr	29	7	汶川/ns	26
8	方毅/nr	22	8	邹家华/nr	29	8	十二五/m	24
9	叶剑英/nr	22	9	塞族/nz	22	9	十一五/m	23
10	答谢/vn	20	10	丁关根/nr	19	10	先进性/n	23

由表 2—13 所列的各区间段使用频次最高的前 10 个高频独用词语可以看出，各区间段分别有 8、9、6 个高频独用词语均为人名、地名或族名，其中人名（包括姓）均为国内或国外国家前任或现任领导人名字，地名“波黑”及族名“塞族”涉及 20 世纪 90 年代的波黑战争，“汶川”反映了 2008 年汶川地震。

各区间段前 10 个高频独用词语中人名、地名等专名的绝对多数再次体现了新闻标题制作的特征，以及新时期《人民日报》新闻报道对国际、国内领导人活动和重要政治事件的较高关注度，这些人名、地名等专名彰显了特定时期的政治人物或事件，具有鲜明的时代特色和政治特色。另外，各区间段其余少数几个非专名高频独用词语也有鲜明的时代感和较强的政治色彩，如第一区间段“社员”在语料中均指生产队、公社的成员，“答谢”均指外事活动中举办的答谢宴会；第二、三区间段非专名高频独用词语或者体现了执政党的重要政治活动（“十四大”“先进性”），或者反映了国家中长期发展规划（“十一五”“十二五”），或者突出了国家领导集体重点关注的领域（“民生”）。

（五）不同区间段专名比较

1. 各区间段专名概况

据统计，新时期《人民日报》新闻标题总语料中一共有 13581 个专名词种，累计 50398 词次。其中第一区间段专名共 5537 个词种，16459 词次，平均词次为 2.973 次/词；第二区间段专名共 6019 个词种，18458 词次，平均词次为 3.067 次/词；第三区间段专名共 4673 个词种，15481 词次，平均词次为 3.313 次/词。

各区间段专名具体情况见表 2—14：

表 2—14 《人民日报》新闻标题不同区间段专名词种情况

项目		第一区间段（1978—1989）	第二区间段（1990—2003）	第三区间段（2004—2015）	总语料
总词种数 总词次		20401 115870	21566 122260	21914 127671	43027 365801
地名	词种数 比例（%）	1777 8.710	1974 9.153	1702 7.767	3930 9.134
	词次 比例（%）	9392 8.106	9867 8.071	8818 6.907	28077 7.675
人名	词种数 比例（%）	1634 8.009	1509 6.997	1295 5.909	4016 9.334
	词次 比例（%）	3678 3.174	4143 3.389	3390 2.655	11211 3.065
团体机构组织名	词种数 比例（%）	1839 9.014	2068 9.589	1314 5.996	4658 10.826
	词次 比例（%）	2949 2.545	3595 2.940	2634 2.063	9178 2.509
其他专名	词种数 比例（%）	287 1.407	468 2.170	362 1.652	977 2.271
	词次 比例（%）	440 0.380	853 0.698	639 0.501	1932 0.528
合计	词种数 比例（%）	5537 27.141	6019 27.910	4673 21.324	13581 31.564
	词次 比例（%）	16459 14.205	18458 15.097	15481 12.126	50398 13.777

总体上来看，新时期《人民日报》新闻标题专名类型主要为地名、人名、团体机构组织名以及其他专名四大类。各类专名词种数由高到低依次为：团体机构组织名 4658 个、人名 4016 个、地名 3930 个、其他专名 977 个。三个区间段专名数量最多、覆盖率最高的是第二区间段（6019 个，15.097%），其次为第一区

间段（5537个，14.205%），专名数量最少、覆盖率最低的是第三区间段（4673个，12.126%）。

2. 各区间段专名频次分布

表2—15 《人民日报》新闻标题不同区间段专名频次分布情况

第一区间段（1978—1989）			第二区间段（1990—2003）			第三区间段（2004—2015）		
专名频次段	词种数（个）	比例（%）	专名频次段	词种数（个）	比例（%）	专名频次段	词种数（个）	比例（%）
>100	13	0.235	>100	15	0.249	>100	10	0.214
51～100	17	0.307	51～100	18	0.299	51～100	28	0.599
11～50	207	3.739	11～50	218	3.622	11～50	192	4.109
6～10	187	3.377	6～10	195	3.240	6～10	149	3.189
5	72	1.300	5	76	1.263	5	77	1.648
4	114	2.059	4	136	2.260	4	136	2.910
3	219	3.955	3	277	4.602	3	193	4.130
2	562	10.150	2	619	10.284	2	527	11.278
1	4146	74.878	1	4465	74.182	1	3361	71.924
合计	5537	100	合计	6019	100	合计	4673	100

由表2—15可知，第一、二、三区间段分别有92.342%、92.591%、91.890%的专名词种使用频次低于各区间段平均词频，其中分别有74.878%、74.182%、71.924%的专名词种在各区间段使用频次仅为1次。这表明各区间段专名词种整体使用频次不高。

3. 各区间段共用专名

通过对上文7544个任意两区间段部分共用词语以及6655个

三区间共用词语的统计，可以发现7544个部分共用词语中一共有1322个部分共用专名，其中第二、三区间段共用的专名数量最多，有584个共用专名；其次为第一、二区间段，有550个共用专名；最少的是第一、三区间段，只有188个共用专名。

6655个三区间共用词语中共有专名663个。在上文高频词语的讨论中，以覆盖率达到80%的词语为高频词语，统计得出，三个区间段均有2164个三区间高频共用词语。对这2164个高频共用词语中的专名进行统计，发现有207个高频共用专名，这207个高频共用专名见表2-16：

表2-16　《人民日报》新闻标题中207个三区间高频共用专名

三区间高频共用专名类别	三区间高频共用专名
地名（169个）	阿（阿富汗）、澳（澳门）、巴（巴勒斯坦）、津（天津）、阿尔及利亚、阿富汗、阿根廷、阿拉伯、埃（埃及）、埃及、安徽、奥地利、澳（澳大利亚）、澳大利亚、澳门、巴（巴基斯坦）、巴基斯坦、巴勒斯坦、巴黎、巴西、保加利亚、北京、北京市、比利时、波兰、朝（朝鲜）、朝鲜、成都、大连、东京、法（法国）、法国、非（非洲）、非洲、菲律宾、芬兰、福建、福州、甘肃、港（香港）、哥伦比亚、古巴、广东、广西、广州、贵阳、贵州、桂林、哈尔滨、海南、海峡两岸、杭州、合肥、河北、河北省、河南、荷兰、黑龙江、湖北、湖南、沪、华、黄河、吉林、济南、加（加拿大）、加拿大、柬（柬埔寨）、柬埔寨、江苏、江西、京、科威特、昆明、拉美、拉萨、老挝、黎（黎巴嫩）、黎巴嫩、利比亚、辽宁、伦敦、罗马尼亚、马来西亚、美（美国）、美国、孟加拉国、缅甸、莫桑比克、墨（墨西哥）、墨西哥、南非、南海、南京、内蒙古、尼泊尔、尼日利亚、宁波、宁夏、纽约、欧（欧洲）、欧洲、葡萄牙、青海、日（日本）、日本、瑞典、瑞士、沙特、厦门、山东、山东省、山西、陕西、上海、深圳、沈阳、斯里兰卡、四川、苏丹、索马里、台（台湾）、台北、台湾、太平洋、泰（泰国）、泰国、天津、突尼斯、土（土耳其）、土耳其、武汉、西安、西班牙、

续表2-16

三区间高频共用专名类别	三区间高频共用专名
地名（169个）	西藏、希腊、香港、新加坡、新疆、新西兰、叙（叙利亚）、叙利亚、亚（亚洲）、亚太、亚洲、伊（伊朗）、伊拉克、伊朗、以（以色列）、以色列、意（意大利）、意大利、印（印度）、印度、印尼、英（英国）、英国、越（越南）、越南、云南、长春、长江、浙江、智利、中（中国）、中东、中国、中华人民共和国、重庆
团体机构名（28个）	安理会、北约、财政部、党中央、东盟、公安部、国务院、国务院办公厅、教育部、联大、联合国、民政部、农业部、清华大学、全国妇联、全国人大、全国人大常委会、全国政协、全总、外交部、卫生部、中共、中共中央、中国队、中国共产党、中国女排、中科院、中央军委
人名（4个）	布什、江泽民、雷锋、毛泽东
其他专名（6个）	汉语、华人、人民日报、世界杯、亚洲杯、中华

由表2-16可以发现，207个三区间高频共用专名词种数量从高到低依次为地名169个、团体机构名28个、其他专名6个、人名4个。

169个三区间高频共用地名词种中，国名85个，省级行政区划及城市名68个，其余16个为地区名称或河流等。地名中有一个比较明显的特色就是简称比较常用，如“京”“沪”“法”“美”“阿”“澳”“津”“港”“台”“巴”等，其中有一部分同形异质的简称，如“巴”，在169个高频共用地名中，分别指代巴勒斯坦、巴基斯坦，“澳”分别指代澳门、澳大利亚。为了便于区分，本书在分词中已将这部分同形异质的缩略地名分别标识为ns1、ns2等。新闻标题中地名的简称非常常见，符合新闻标题制作上求简的需求。

团体机构名中，有 5 个国际性组织，分别为安理会、北约、东盟、联大、联合国，19 个国内全国性的党政机关，2 个科研院所，2 个国内体育团体。

高频共用人名中，其中 3 个为国内外知名政要，1 个为特定人名。

其他专名包括语种、人种、体育赛事、新闻刊物等。

通过对 207 个三区间高频共用专名的分析，可以发现相比于同一个区间段的专名类别，不同区间段的专名中地名具有比较高的共性，其次为团体机构名，不同时期人名的共性则比较低。这是因为随着时间的推移，不同时间段的新闻人物特别是政治领导人物往往有比较强的时段性，受时间制约；而地名则不同，在相同地点发生不同新闻事件的概率比较大。

4. 不同区间段各类专名分类研究

本小节将不同类型的专名使用频次分别排序，从各区间段各类专名中选取前 10 个高频专名进行探讨。

1）不同区间段前 10 个高频地名（见表 2—17）

表 2—17 《人民日报》新闻标题各区间段使用频次最高的前 10 个高频地名

第一区间段（1978—1989）			第二区间段（1990—2003）			第三区间段（2004—2015）		
序号	高频地名	频次	序号	高频地名	频次	序号	高频地名	频次
1	中国/ns	310	1	中国/ns	608	1	中国/ns	711
2	中/ns	294	2	中/ns	329	2	中/ns	334
3	京/ns	281	3	北京/ns	305	3	北京/ns	243
4	美/ns	278	4	京/ns	301	4	京/ns	201
5	苏/ns	226	5	美/ns	300	5	美/ns	187
6	美国/ns	216	6	俄/ns	164	6	美国/ns	157

续表2－17

第一区间段（1978—1989）			第二区间段（1990—2003）			第三区间段（2004—2015）		
序号	高频地名	频次	序号	高频地名	频次	序号	高频地名	频次
7	苏联/ns	180	7	美国/ns	117	7	上海/ns	150
8	日本/ns	176	8	以/ns	117	8	广东/ns	92
9	北京/ns	170	9	日/ns	116	9	四川/ns	90
10	日/ns	122	10	香港/ns	113	10	俄/ns	87

表 2－17 所列的不同区间段前 10 个高频地名词种[①]的分布显示，高频地名在各区间段使用频次非常高，最高 711 次（第三区间段“中国/ns”），最低 87 次（第三区间段“俄/ns”），分别是其对应区间段专名平均词频的 214.609 倍、26.260 倍。这些高频地名也反映了新时期《人民日报》对有关中国、北京、美国、俄罗斯（20 世纪 80 年代为苏联）以及日本的新闻关注度比较高。这不难理解，作为中共中央机关报，对本国以及首都北京的关注度理应最高。对美国、俄罗斯的持续关注，一方面反映了中国与美、俄两国的密切交往，另一方面可能与这两个国家的国际地位及其在国际事务中的频繁活动有关。对日本的关注（第三区间段位列第 11 位）一方面与中日邦交较为密切有关，另一方面与历史问题有关，考察《人民日报》不同区间段新闻标题语料，不难发现三个不同时期均涉及对日本侵华史的报道。

由表 2－17 也可以看出，新时期《人民日报》对本国消息的关注度逐渐加强，除了“中国”“北京”以外，前 10 个高频地名

① 由于专名简称也算作一个词种，故各区间段前十个地名并不一定涉及十个不同的地方。其他专名同。

中第一区间段没有其他国内地名；第二区间段出现了“香港”，这与香港回归祖国有关；第三区间段则出现了“上海”“广东”“四川”，对上海、广东的较高关注度可能与这两个地区经济发展实力较强有关，对四川的关注则与2008年汶川地震有关。

2）不同区间段前10个高频人名（见表2－18）

表2－18 《人民日报》新闻标题不同区间段前10个高频人名

第一区间段（1978—1989）			第二区间段（1990—2003）			第三区间段（2004—2015）		
序号	高频人名	频次	序号	高频人名	频次	序号	高频人名	频次
1	赵紫阳/nr	87	1	李鹏/nr	244	1	习近平/nr	148
2	赵/nr1	54	2	江泽民/nr	220	2	胡锦涛/nr	144
3	李先念/nr	54	3	朱镕基/nr	110	3	温家宝/nr	123
4	胡耀邦/nr	50	4	江/nr1	108	4	李克强/nr	94
5	李鹏/nr	49	5	李岚清/nr	100	5	贾庆林/nr	65
6	万里/nr	47	6	胡锦涛/nr	96	6	吴邦国/nr	65
7	邓小平/nr	40	7	李瑞环/nr	85	7	李长春/nr	62
8	里根/nr	39	8	钱其琛/nr	78	8	回良玉/nr	45
9	吴学谦/nr	37	9	乔石/nr	55	9	张德江/nr	41
10	黄华/nr	35	10	温家宝/nr	41	10	杨洁篪/nr	39

由表2－18可知，三个区间段高频人名使用频次也比较高，最高244次（第二区间段“李鹏/nr”），最低35次（第一区间段“黄华/nr”），分别是其对应区间段专名平均词频的79.557倍、11.773倍。

三个区间段前10个高频人名除了“李鹏”“温家宝”“胡锦涛”部分共用外，其余均独用。且30个高频人名词种均为国家政要（其中外国领导人只有一位，“里根/nr”），再次体现出新时期《人民日报》新闻报道取向以领导人活动为主的特点。

为进一步了解新时期《人民日报》的人名使用规律，我们再将范围扩大到各区间段前50个高频人名（见表2—19）。

表2—19 《人民日报》新闻标题不同区间段前50个高频人名

区间段	总人数	使用频次最高的前50个人名（按频次先后顺序排列）
第一区间段（1978—1989）	1634	赵紫阳、赵、李先念、胡耀邦、李鹏、万里、邓小平、里根、吴学谦、黄华、西哈努克、陈慕华、姬鹏飞、邓颖超、谷牧、乌兰夫、金日成、华、薄一波、王震、方毅、彭真、杨尚昆、叶剑英、乔森潘、习仲勋、毛、田纪云、康克清、撒切尔、卡特、雷锋、阿拉法特、姚依林、余秋里、戈尔巴乔夫、华国锋、胡启立、廖承志、齐奥塞斯库、舒尔茨、中曾根、耿飚、鲁迅、孙中山、卡翁达、康世恩、邓、李、布什
第二区间段（1990—2003）	1509	李鹏、江泽民、朱镕基、江、李岚清、胡锦涛、李瑞环、钱其琛、乔石、温家宝、迟浩田、邓小平、叶利钦、阿拉法特、吴仪、杨尚昆、布什、克林顿、李铁映、尉健行、邹家华、唐家璇、王震、刘华清、西哈努克、毛泽东、荣毅仁、吴邦国、丁关根、雷锋、宋健、万里、安南、普京、宋平、杨、傅全有、加利、王兆国、罗干、马晓春、田纪云、布莱尔、曼德拉、彭珮云、吴学谦、布赫、陈慕华、贾庆林、李肇星
第三区间段（2004—2015）	1295	习近平、胡锦涛、温家宝、李克强、贾庆林、吴邦国、李长春、回良玉、张德江、杨洁篪、周永康、陈至立、李肇星、刘延东、刘云山、李源潮、王家瑞、王岐山、王兆国、曾庆红、徐才厚、贺国强、梁光烈、奥巴马、曾培炎、张高丽、俞正声、戴秉国、郭伯雄、吴官正、孟建柱、罗干、马凯、唐家璇、王毅、吴仪、黄菊、雷锋、顾秀莲、曹刚川、何勇、刘翔、汪洋、董建华、华建敏、赖斯、安南、布什、刘淇、彭帅

各区间段前50个高频人名中，使用频次最高的为244次

(第二区间段“李鹏/nr”)，最低的为 9 次（第三区间段“彭帅/nr”)，分别是其对应区间段专名平均频次的 79.557 倍、2.717 倍。各区间段前 50 个高频人名绝大多数为国内外政要[①]，只有“雷锋”（三区间共用)、“鲁迅”、“马晓春”（围棋选手)、“刘翔”、“彭帅”（网球运动员）几个非政要人名。这进一步说明新时期《人民日报》在不同时间段新闻报道取材上有较强的延续性和一致性，对政治人物特别是本国领导人活动的关注度比较高。

邹嘉彦等曾将新闻热点人物的见报率作为反映一个地区文化倾向的重要指标之一，因为“绝大多数新闻都与人物、地点有关，新闻人物及地名的见报及其出现频率，可以反映出编者及受众关注哪一方面的新闻，对哪一方面的社会动态感兴趣，从而也反映出社会文化的定位和取向”[②]。新时期《人民日报》不同区间段新闻报道中政治领导人物姓名的高频出现，反映出党报新闻报道的价值取向及其自身定位，这是由其性质所决定的。

另外，高频人名中非政要类人名，如“雷锋”在三个区间段的高频共现，反映了国家对雷锋精神的高度发扬。“马晓春”“刘翔”“彭帅”3 位体育名人的上榜，说明 20 世纪 90 年代以来的《人民日报》对体育新闻的关注度逐渐提高，这与我国体育事业的进步以及受众对体育新闻的兴趣的提高有密切关系。

3）不同区间段前 10 个高频团体机构组织名（见表 2−20)

---

① 少数姓氏，如第一区间段“李/nr1”有 1 例为普通姓氏，第二区间段“杨”有 1 例为普通姓氏，其余均指代国家前领导人李先念、杨尚昆。

② 邹嘉彦、邝蔼儿、路斌、蔡永富：《汉语共时语料库与追踪语料库：语料库语言学的新方向》，载于《中文信息学报》，2011 年第 25 卷第 6 期。

表 2－20 《人民日报》新闻标题不同区间段前 10 个高频团体机构组织名

第一区间段（1978—1989）			第二区间段（1990—2003）			第三区间段（2004—2015）		
序号	高频人名	频次	序号	高频人名	频次	序号	高频人名	频次
1	国务院/nt	89	1	国务院/nt	114	1	国务院/nt	95
2	联合国/nt	62	2	联合国/nt	88	2	外交部/nt	59
3	联大/nt	47	3	中国队/nt	53	3	中国队/nt	57
4	巴解/nt	26	4	北约/nt	48	4	联合国/nt	45
5	外交部/nt	26	5	外交部/nt	46	5	全国人大/nt	40
6	中国队/nt	24	6	中共中央/nt	34	6	欧盟/nt	36
7	党中央/nt	22	7	全国政协/nt	32	7	商务部/nt	30
8	全国政协/nt	22	8	中共/nt	32	8	东盟/nt	29
9	安理会/nt	18	9	欧盟/nt	26	9	全国政协/nt	25
10	北约/nt	17	10	中宣部/nt	24	10	公安部/nt	24

相比于各区间段前 10 个高频地名和人名，高频团体机构组织名整体使用频次偏低。表 2－20 所列各区间段前 10 个高频团体机构组织名中，最高频次为 114 次（第二区间段“国务院/nt”），最低频次为 17 次（第一区间段“北约/nt”），分别是其对应区间段专名平均词频的 37.170 倍、5.718 倍。这些高频团体机构组织名实际上主要分为两类：一类反映国家党政机关的活动，一类体现国际性或区域性政治组织的活动，少数名称涉及国家间的赛事（体育赛事最多），如“中国队”。新时期《人民日报》新闻标题中前 10 个高频团体机构组织名的分布特征再次体现了其新闻报道上较强的政治特色。

第三节 新时期《人民日报》新闻标题总语料中语文词语研究

苏新春曾在《中国语言生活状况报告》（2005）中就词汇使用概况谈到："任何对真实语料的研究中，不管言语词占的比重有多大，在任何'言语'中必定会有'语言'起核心成分、基础成分的作用。……而决定语言面貌，在语言使用中起着更为重要的基础作用、核心作用的仍是'语言词'，其主体部分又是通常所说的'语文词语'。"① 因此，本节将《人民日报》新闻标题总语料中各类专名词种及词缀等排除在外，对语言使用中起基础、核心作用的语文词语展开讨论。

具体来说，主要从两个方面进行：首先分析新时期《人民日报》新闻标题总语料中语文词语在词类分布上的特征，然后将本研究中的语文词语与《现代汉语频率词典》中的相关词表进行比较，从异同中分析语言及社会的变迁。

一、新时期《人民日报》新闻标题总语料中语文词语词类分布研究

（一）《人民日报》新闻标题语文词语词类分布概况

在词类划分方面，本书依据胡裕树主编的《现代汉语》中的

① 苏新春：《语文词语是词汇使用与学习的重心》，载于《长江学术》，2007 年第 1 期。

分类方法①，将名词、动词、形容词、数词、量词、副词、代词归为实词，将连词、介词、助词、语气词、叹词、象声词归入虚词。

本书将分词系统所标注的时间词、处所词、方位词合并到名词下，将区别词、状态词合并到形容词下。由于本研究所依据的分词系统涉及动词、形容词的附类标注，如 vn、vd、an、ad，词频统计结果中会出现“建设/v、建设/vn”“联合/v、联合/vd”等，并算作不同词种。因此，本研究将动词、形容词中这类附类标注形式依据词形将其合并在同形动词或形容词词目下，词频也相应合并。

经以上处理后的语文词语词种数有 27002 个，总词次为 313780 次。具体词类分布见表 2－21：

表 2－21 《人民日报》新闻标题总语料中语文词语词类分布情况

项目	词类	词种数	占语文词语比例（%）	词次	占语文词语词次比例（%）	平均词频
实词	名词（n）	14878	55.100	123302	39.296	8.288
	动词（v）	9068	33.583	107665	34.312	11.873
	形容词（a）	1787	6.618	21281	6.782	11.909
	副词（d）	531	1.967	10188	3.247	19.186
	数词（m）	107	0.396	16181	5.157	151.224
	量词（q）	240	0.889	9186	2.928	38.275
	代词（r）	224	0.830	3903	1.244	17.424

① 胡裕树：《现代汉语》（重订本），上海：上海教育出版社，2008 年重印版（1995 年第 6 版，初版 1962 年），第 284～298 页。

续表2－21

项目	词类	词种数	占语文词语比例（%）	词次	占语文词语词次比例（%）	平均词频
虚词	连词（c）	70	0.259	3191	1.017	45.586
	介词（p）	62	0.230	10578	3.371	170.613
	助词（u）	16	0.059	8023	2.557	501.438
	语气词（y）	14	0.052	276	0.088	19.714
	叹词（e）	0	0	0	0	0
	拟声词（o）	5	0.019	6	0.002	1.200
合计		27002	100	313780	100	

由表2－21可知，新时期《人民日报》新闻标题除了叹词以外，所有词类均有覆盖。从各类词语词种数量来看，实词数量达到26835个，占语文词语总数的99.382%，其中名词、动词、形容词三大类实词数量为25733个，占语文词语总数的95.300%。虚词仅有167个，占语文词语总数的0.618%。实词数量是虚词数量的160.689倍。各类词语在标题中的覆盖率方面，实词覆盖了语文词语92.965%的词次，其中三大类实词覆盖了80.390%的词次，虚词覆盖了7.035%的词次。这说明新时期《人民日报》新闻标题语文词语是一个以实词，特别是三大类实词为主（占词种数的95.300%，覆盖了80.390%的词次）的词类系统。

从两大类词语在标题中的实际使用频次来看，情况有所变化。实词中平均使用频次最高的是数词（151.224次/词），最低的是名词（8.288次/词），动词、形容词两大类实词平均频次也仅为11.873次/词、11.909次/词。所有实词平均频次为10.870次/词。虚词中平均使用频次最高的是助词（501.438次/词），最低的是叹词（0次/词）。所有虚词平均频次为132.180次/词，是所有实词平均频次的12.160倍。在这13个词类中，名词、动词的平均频次是仅高于叹词、拟声词而低于其他所有词类平均频次的两大类词。

实词、虚词两大类词语词种数与实际使用频次的鲜明差异说明，在《人民日报》新闻标题语料中，实词词种数虽然占绝大多数，但实际使用频次远不及词种数极少的虚词。这在其他词类统计结果中也有同样的表现，如尹斌庸（1986）、邢红兵（1999）、郭锐（2002）、张廷香（2010）、王惠（2011）等。尹斌庸（1986）将这种现象称作词类的平均能量差异[①]，表现为实词的平均能量低于虚词的平均能量，但由于词类出现频率的大小与信息量大小成反比例，导致虚词虽然平均能量高于实词，但其平均信息量却小于实词，故那些信息量小的虚词往往成为被省略的对象。

（二）《人民日报》新闻标题三大类实词中前 50 个高频词语研究

本研究中，名词、动词、形容词三大类实词数量为 25733 个，占语文词语总数的 95.300%，数量非常可观。因此，本小节将对这三大类实词中使用频次最高的前 50 个高频词语分别展开研究（见表 2-22、2-23、2-24）。

表 2-22 《人民日报》新闻标题前 50 个高频名词

序号	名词	序号	名词	序号	名词	序号	名词	序号	名词
1	会议	11	企业	21	国	31	技术	41	政策
2	工作	12	国际	22	群众	32	日	42	今年
3	全国	12	国家	23	年	33	人民	43	客人

① 尹斌庸：《汉语词类的定量研究》，载于《中国语文》，1986 年第 6 期。

续表2—22

序号	名词	序号	名词	序号	名词	序号	名词	序号	名词
4	经济	14	主席	24	时	34	市场	44	大会
5	上	15	政府	25	农村	35	同志	45	人员
6	我国	16	干部	26	科技	36	工程	46	记者
7	总理	17	世界	27	关系	37	文化	47	精神
8	总统	18	代表团	28	农民	38	教育	48	党
9	问题	19	活动	29	社会	39	农业	49	前
10	人	20	中	30	代表	40	外长	50	部长

表2—23 《人民日报》新闻标题前50个高频动词

序号	动词	序号	动词	序号	动词	序号	动词	序号	动词
1	会见	11	合作	21	到	31	发表	41	指出
2	举行	12	生产	22	说	32	开幕	42	支持
3	发展	13	表示	23	结束	33	做	43	增长
4	有	14	管理	24	出	34	开展	44	继续
5	建设	15	要求	25	访	35	出版	45	通过
6	要	16	出席	26	成立	36	让	46	纪念
7	是	17	访问	27	记	37	学习	47	参加
8	改革	18	服务	28	提高	38	进行	48	开发
9	强调	19	会谈	29	为	39	能	49	实现
10	加强	20	获	30	召开	40	解决	50	可

表 2—24 《人民日报》新闻标题前 50 个高频形容词

序号	形容词	序号	形容词	序号	形容词	序号	形容词	序号	形容词
1	新	11	全面	21	老	31	坚决	41	团结
2	好	12	高	22	有关	32	文明	42	强烈
3	大	12	小	23	基本	33	新型	43	紧急
4	副	14	近	24	严重	34	大型	44	良好
5	多	15	先进	25	优秀	35	女	45	强
6	安全	16	重大	26	健康	36	显著	46	绿色
7	重要	17	总	27	科学	37	深入	47	少
8	成功	18	难	28	快	38	热烈	48	腐败
9	友好	19	认真	29	努力	39	切实	49	公开
10	积极	20	正式	30	稳定	40	主要	50	圆满

《人民日报》新闻标题前 50 个高频名词、动词、形容词均具有鲜明的特色。其中前 50 个高频名词形象地展现了新时期我国社会生活的方方面面，这里有新闻标题六要素之一的“何人”，如：“总理、总统、人、企业、国家、主席、政府、干部、代表团、群众、农民、代表、人民、同志、外长、客人、人员、记者、党、部长”；“何事”，如：“会议、工作、经济、问题、活动、科技、关系、技术、工程、文化、教育、农业、政策、大会、精神”；“何时”，如：“年、时、日、今年、前”；“何地”，如：“全国、农村、市场、国际、世界、社会”；等等。

前 50 个高频动词中的一些特色高频动词，如“会见、举行、发展、建设、改革、强调、合作、生产、管理、出席、访问、服务、会谈、访、召开、发表、开幕、出版、学习、解决、支持、增长、开发”等则反映了新闻主体的行为、动作或结果等。

前 50 个高频形容词涉及新闻事件或行为的属性等，且在语义倾向上大部分为积极形容词，如“新、好、安全、重要、成功、友好、积极、全面、先进、重大、认真、正式、优秀、健康、科学、快、努力、稳定、坚决、文明、新型、热烈、团结、良好、强、绿色、圆满”等。

这些高频动词和高频形容词展现了新闻标题中的“何因”“何果”两大要素。各类前 50 个高频实词绝大部分体现了新闻标题六要素（何人、何事、何时、何地、何因、何果）之一，再现了新闻标题的属性。

从各类高频词语的语义内涵来看，那些表现“何人”“何事”“何地”“何因”“何果”的高频词语再现了新时期《人民日报》关注的重点：领导人活动（特别是领导人会议）、经济建设、“三农”问题、国际交往与友好往来、企业改革与发展、教育科技文化的发展等，并且绝大多数取得了积极成效和良好效果。其中三类实词中的前 10 个高频实词凸显了《人民日报》新时期新闻报道关注的重中之重：国家领导人活动，特别是领导人会议，以及国家经济发展、建设与改革。

另外，三大类高频实词的分布情况也凸显了新闻语言的基本特征。我们以前 50 个高频形容词为例。

袁毓林（2013）曾提出过相对形容词和绝对形容词的概念，其中相对形容词内部又可区分为精确性形容词与模糊性形容词两小类，这两小类形容词虽都可以受“比较、相对、更加、很”等副词修饰，还可在“比”字句中使用，但与精确性形容词相比，模糊性形容词的属性值难以精确度量。[①] 例如：

---

① 袁毓林：《形容词的语义特征和句式特点之间的关系》，载于《汉藏语学报》，2013 年第 7 期。

漂亮：这件衣服很～/这件衣服比那件～（一点儿）（自拟）

年轻：语文老师很～/语文老师比数学老师～（好几岁）（自拟）

考察新时期《人民日报》新闻标题中前50个高频形容词，可以发现其中绝大多数形容词属于袁毓林所提出的模糊性形容词，如“新、好、安全、重要、成功、友好、积极、全面、先进、重大、难、认真、正式、基本、严重、优秀、健康、科学、努力、稳定、坚决、文明、显著、深入、热烈、团结、强烈、紧急、强、腐败、公开、圆满”等。这些模糊性形容词有述人和非述人两类，属于对新闻主体特性值的描述。

《人民日报》新闻标题前50个高频形容词中模糊性形容词的大量分布，与新闻语言特征有密切关系。作为报道性语言，准确性是新闻语言的第一要义。但鉴于保密性、新闻事实本身的复杂性、语言表达效果等因素，新闻语言中模糊性表达较为常见，“据说、大约、大量、数万、部分”等模糊性词语常见于新闻语篇及标题。以本研究所调查的《人民日报》新闻标题为例，因保密需要，凡军事新闻类标题中的新闻主体绝大部分都使用了不定代词“某”，如“济南军区某部”“北京军区某高炮团党委”“兰州军区某部医疗队”等。这不仅涉及我国军事新闻，在有关国外军事新闻报道中也采用了同样的报道方式，如“朝鲜人民军某部”。据统计，在新时期《人民日报》新闻标题总语料中，一共有58个含“某”的团体机构组织类专名词种，累计词次68次。

《人民日报》新闻标题中高频模糊性形容词的分布正是新闻语言模糊性特征的真实体现。这类模糊性形容词数量较多（前50个高频形容词中有32个），并且使用频次较高，前50个高频形容词中，排序第一位的模糊性形容词“新”使用频次高达1477次，排序第50位的模糊性形容词“圆满”使用频次也达到了68次，分别是形容词性词语平均频次（11.909次/词）的124.024倍、5.710倍。这些高频模糊性形容词的属性值均不能进行精确的度量，但却对新闻主体的属性作出了恰当的描写，同时也有效满足了新闻受众的需求。

二、新时期《人民日报》新闻标题高频语文词语与其他高频词语研究成果比较

在上小一节对新时期《人民日报》新闻标题语文词语的研究基础上，本小节将从语文词语中挑选出使用频率最高的前4000个高频词语与《现代汉语频率词典》（以下简称《频率词典》）中“报刊政论类前4000个高频词语表”中的4000个高频词语进行比较。

“《现代汉语频率词典》（1986）是我国第一部有着严格统计学意义的反映词量、词长、词汇分布、词语构成等断代词汇状况的词典，其结果具有较高的客观性和准确性。”[①] 其中的“报刊政论类前4000个高频词语表”一共统计了报刊政论语体方面的34种语料，累计289572词次（440799字），12107个词种。该表中的前4000个高频词语累计频率达94.7646%，其中前100个词语累计频率高达42.2820%。[②]

由于本书在词语切分原则上与《频率词典》有一些出入，如词典中前后缀都单独标出，如“部（名、尾）”（175）[③]、“派（名、尾）”（282）等；有些兼类词被合并统计，如“就（副、

---

① 刘云：《汉语词汇统计研究述评》，载于《汉语学习》，2009年第1期。

② 北京语言学院语言教学研究所：《现代汉语频率词典》，北京：北京语言学院出版社，1986年版，编纂说明VII页。

③ 括号内数字为该词语在“报刊政论类前4000个高频词语表”中的序位。下同。

连）”（15）、“和（介、连）”（3）等；动词中单独分出了助动词一项，如“要（助动）”（20）、“要（动）”（1201）等。因此，比较之前，本书先将报刊政论类前4000个高频词语作一些小的调整，具体为：

第一，将合并统计的兼类词分开作两个词种统计，如“就（副、连）”（15）分开为“就/d”“就/c”。

第二，将助动词合并到同形普通动词中，如“要（助动）”（20）与“要（动）”（1201）合并，词性标为“要/v”，并取靠前的一个词语的序位。

第三，作补语的动词与普通动词合并，如“出（补）”（87）与“出（动）”（746）合并，词性标为“出/v”，并取靠前的一个词语的序位。

第四，对于同一词语的不同写法或异体字如“思惟［思维］（943）、吧［罢］（1266）、当作［当做］（1172）、人才［人材］（1498）、似的［是的］（3082）、胡涂［糊涂］（3457）、愤愤［忿忿］（3478）、好象（2362）、象（527）”等，取当前通用的字形。

第五，少数词语如“部（名、尾）”（175）、“派（名、尾）”（282）等，只标注其名词性部分，如“部/n”“派/n”，作词尾的情况排除。

第六，将表中的“从……出发”“不是……，而是……”“越……越……”“愈……愈……”“一……就……”“一方面……，一方面……”“对……来说”“一面……，一面……”“连……都……”“一……一……”等结构排除在外。

经以上处理后的词语实际数量为3994个，对其逐一进行词性标注，然后将这3994个高频词语与本研究《人民日报》新闻标题总语料27002个语文词语中的前4000个高频语文词语进行比较。这4000个高频语文词语最高频次为5877次（“的/u”），最低频次为 11 次（“这些/r”），累计词次为 259333 次，平均词次 64.833 次/词，覆盖了语文词语 82.648%的语料，占新时期《人民日报》新闻标题总语料总词次的 70.895%。

（一）两个高频词表中词语共用与独用情况

经比较发现，不同时期的两个高频词表一共有 1919 个共用词语，占《人民日报》新闻标题前 4000 个高频语文词语词种数的 47.975%，占 3994 个报刊政论类高频词语词种数的 48.047%。这 1919 个高频共用词语在《人民日报》新闻标题中的总词次为 188321 次，覆盖了 4000 个高频语文词语 72.617%的词次，占所有语文词语总词次的 60.017%。报刊政论语体的 3994 个高频词语中有 2075 个词语没有在新时期《人民日报》新闻标题前 4000 个高频语文词语中出现，同时，新时期《人民日报》新闻标题前 4000 个高频语文词语中有 2081 个高频词语不属于《频率词典》中报刊政论语体前 3994 个高频词语范围。这 2081 个高频独用词语累计频次为 71012 次，占 4000 个高频语文词语总词次的 27.383%，占所有语文词语总词次的 22.631%。

以上数据显示，尽管两个高频词表统计的时间不同[①]、统计语料也有一定区别[②]，但在高频词语方面存在着明显的共性。两表分别有接近 48%的共用词种，这些共用词种覆盖了新时期《人民日报》新闻标题 4000 个高频词语 72%以上的词次。共用高频词语的分布是语言稳定性的表现，彰显了语言的稳态。另外，两表也存在 52%左右的独用高频词语，相对于 1919 个共用

① 《频率词典》统计的时间跨度为中华人民共和国初至 80 年代初期，本研究《人民日报》的统计时间为 1978 年至 2015 年。

② 前者为报刊政论语体的语料，后者全部为新闻标题。

高频词语，这些独用高频词语整体使用频次偏低，覆盖率不高。《人民日报》2081个高频独用词语的存在是语言动态演变的体现。

总之，不同时期两个高频词表中共用与独用高频词语是语言继承与发展的表现，彰显了语言在稳态中的动态变化。下面分别对两表中的稳态和动态成分展开探讨。

1. 高频共用词语序位演变

苏新春曾在评介《现代汉语频率词典》的编纂情况时提到："在任何一种对不同语料的统计词表中，总词种数的对比价值是不大的，特别是用了不同的分词方法、软件或标准之后；人工干预的程度愈大，可比性的价值下降得愈多；值得比较的是高频词，是不同词表中的同现词，是同现词中的序位变化。"① 受该观点启发，本节将研究视角定位于两表高频特色共用词语序位的演变上。出于研究的需要，首先从这1919个高频共用词语中选取200个表意明确、意义实在且较有特色的高频共用词语，然后分别查阅其在两表中的序位，并通过序位的变化探讨隐藏在语言现象背后的因素。

研究发现，这200个高频共用特色词语中，序位上升的有139个，序位下降的有61个。具体见表2-25②：

① 苏新春：《词汇计量及实现》，北京：商务印书馆，2010年版，第48页。

② 因比较之前，笔者对《频率词典》中报刊政论语体前4000个高频词语略有改动，故此处的序位为改动后的排序。表格中括号内的数字分别为高频特色词语在报刊政论类3994个高频词语、《人民日报》新闻标题前4000个高频语文词语中的序位。表格中词语的顺序按其在报刊政论类3994个高频词语中的序位依次升序排列。

表 2—25 两个高频词表中 200 个高频特色共用词语

序位上升的高频特色词语	经济/n（33，18）、发展/v（50，10）、世界/n（67，54）、建设/v（90，22）、政府/n（142，51）、文化/n（168，107）、教育/n（189，109）、农民/n（207，82）、会议/n（221，13）、政策/n（235，124）、农业/n（244，119）、技术/n（276，89）、主席/n（297，50）、大会/n（306，137）、国际/n（332，44）、企业/n（396，42）、举行/v（407，7）、城市/n（433，177）、农村/n（452，77）、合作/v（475，58）、和平/n（510，197）、产品/n（538，171）、增长/v（540，151）、改革/v（542，43）、发表/v（554，115）、部队/n（559，200）、召开/v（614，114）、工程/n（705，106）、环境/n（725，207）、粮食/n（730，386）、法律/n（893，360）、财政/n（980，459）、学术/n（1075，665）、记者/n（1077，143）、教授/n（1078，707）、市场/n（1106，97）、职工/n（1164，206）、能源/n（1165，729）、法院/n（1239，806）、部长/n（1242，150）、公民/n（1269，987）、犯罪/v（1273，554）、公司/n（1281，427）、出版/v（1297，126）、友好/a（1303，157）、贸易/n（1327，289）、创新/v（1401，216）、医学/n（1426，1233）、海军/n（1468，726）、人才/n（1496，212）、外交/n（1538，443）、协定/n（1556，842）、司法/n（1602，684）、银行/n（1656，444）、汽车/n（1672，389）、新闻/n（1710，186）、总理/n（1716，36）、总统/n（1722，37）、访问/v（1727，85）、竞赛/v（1773，883）、资金/n（1854，313）、袭击/v（1863，471）、国防/n（1894，476）、水利/n（1996，708）、利润/n（2067，974）、违法/v（2072，652）、投资/v（2075，211）、住房/n（2076，1370）、投资/n（2086，1229）、会见/v（2088，5）、演出/v（2101，552）、科研/n（2102，539）、医疗/n（2162，653）、增产/v（2197，626）、中小学/n（2199，1133）、影片/n（2205，1889）、节能/v（2209，773）、乒乓球/n（2211，1251）、安全/a（2223，98）、出席/v（2263，80）、议会/n（2278，843）、耕地/n（2281，1138）、医生/n（2287，1593）、大使/n（2294，219）、公安/n（2297，564）、体育/n（2318，301）、科技/n（2321，79）、西方/n（2360，1197）、常委会/n（2381，480）、城镇/n（2382，813）、案件/n（2386，445）、卫星/n（2398，1258）、外资/n（2402，1029）、制裁/v（2465，982）、妇女/n（2505，654）、座谈/v（2526，621）、林业/n（2558，1416）、经费/n（2682，1305）、电子/n（2697，670）、腐败/a（2706，769）、煤炭/n（2730，1349）、法规/n（2743，1273）、边界/n（2877，1477）、官兵/n（2878，906）、空军/n（2886，910）、比赛/v（2953，405）、立法/v（2986，1122）、就业/v（2988，308）、

续表2—25

序位上升的高频特色词语	文明/n（3047，1049）、收购/v（3080，1315）、边疆/n（3083，2192）、开发/v（3102，159）、儿童/n（3105，526）、图书/n（3106，1106）、市民/n（3137，1082）、课题/n（3147，2653）、中外/a（3177，783）、电视/n（3189，669）、外商/n（3195，1882）、城乡/n（3302，875）、数据/n（3335，1669）、军人/n（3384，1986）、客人/n（3403，128）、大臣/n（3605，948）、学者/n（3622，822）、音乐/n（3637，1945）、海关/n（3675，1489）、案/ng（3705，647）、人民币/n（3765，1765）、外来/a（3774，2680）、职业/n（3802，1000）、院长/n（3804，1947）、厂长/n（3813，968）、电话/n（3816，634）、会晤/v（3825，547）、贷款/v（3826，1268）、股票/n（3836，3191）、网球/n（3839，1319）、信贷/n（3937，1632）
序位下降的高频特色词语	人民/n（13，95）、社会/n（18，83）、革命/v（20，714）、党/n（30，146）、生产/v（39，70）、群众/n（58，72）、思想/n（59，208）、民主/n（84，2146）、解放/v（94，1247）、战争/n（100，1086）、资产/n（109，1237）、资本/n（113，2596）、工人/n（144，678）、工业/n（169，188）、文艺/n（178，566）、侵略/v（252，1426）、法制/n（290，1005）、武装/n（341，937）、文学/n（378，1512）、艺术/n（381，712）、政权/n（432，1896）、文章/n（548，1014）、战斗/v（566，1779）、作品/n（588，1638）、演员/n（617，2833）、武器/n（679，978）、领袖/n（715，3068）、作战/v（729，2995）、战场/n（834，3509）、教材/n（844，2645）、工厂/n（870，1613）、课程/n（914，3624）、小学/n（938，2249）、实事求是/vl（971，3457）、钢铁/n（996，2205）、罢工/v（997，1900）、宪法/n（1037，1588）、游行/v（1076，1891）、师/ng（1088，3454）、领土/n（1133，1988）、化学/n（1182，3837）、小麦/n（1187，1468）、兵/n（1216，2857）、戏/n（1244，2091）、林/ng（1304，2223）、纺织/v（1502，2303）、棉花/n（1549，1989）、棉/ng（1620，3887）、轻工业/n（2063，3909）、士兵/n（2137，3681）、美术/n（2163，3886）、政变/v（2173，2713）、学科/n（2320，3713）、失业/v（2387，3675）、前线/n（2502，3444）、动乱/v（2538，3802）、陆军/n（2635，3428）、军官/n（2651，3056）、社队/n（2768，3923）、数学/n（2933，3460）、学员/n（3174，3491）

表2—25中的200个高频特色共用词语序位有升有降，且绝大部分特色词语的序位变动幅度相对比较大。这些高频特色词语

显示了两份语料关注的重心。总体上看，不同时期的两份语料中“世界、社会、经济、文化、教育、技术、工业、会议、政策、生产、建设、发展、政府、党、群众、农民、人民”等词语序位均比较高，国家经济、文化、教育、技术等的发展，生产建设、领导集体以及建设的群体等都是两份语料关注的重点。这些持续高频特色共用词语一方面体现了中华人民共和国成立以来60余年间我国报刊一贯关注的对象，另一方面也真实再现了中华人民共和国成立以来国家发展的侧重点。

但表2-25中的200个高频特色共用词语序位的变化更值得关注。相对于《频率词典》中的序位，《人民日报》新闻标题中139个序位上升的高频特色共用词语有着鲜明的特色，主要集中于以下领域：

政治与外交：政府、主席、部长、总理、总统、访问、会见、出席、举行、发表、召开、友好、常委会、会晤、合作、座谈、协定、大会、会议、政策、外交、客人、大使、大臣、国际、西方、中外、外来、世界、议会、制裁。

经济：经济、公司、贸易、企业、产品、财政、市场、资金、利润、银行、投资（含动词和名词用法）、外商、信贷、贷款、外资、工程、人民币、增长、改革、建设、厂长、煤炭、收购、股票、发展、建设、能源、节能。

法律：腐败、违法、案件、法规、立法、案、法院、犯罪、司法、法律、公安。

体育：乒乓球、竞赛、比赛、体育、网球。

城市与乡村：农民、农业、农村、城乡、城镇、耕地、城市、市民、住房、职业、职工、就业、妇女、儿童。

文化教育科技卫生：文化、教育、读书、音乐、演出、出版、图书、新闻、记者、技术、科技、创新、开发、学术、科研、经费、课题、学者、院长、教授、中小学、影片、卫星、人才、医疗、医学、医生、环境、电子、电视、数据、电话、汽车。

国防军事：国防、边界、边疆、空军、海军、官兵、和平、安全、袭击、部队。

其他：文明、海关、林业、粮食、公民、水利。

我们将高频特色词语在两表中的序位之比作为序位上升幅度大小的依据。《人民日报》新闻标题 139 个序位上升的高频特色共用词语中，序位上升幅度较大[①]的词语依次为：

会见/v（417.600）、举行/v（58.143）、总理/n（47.667）、总统/n（46.541）、科技/n（29.380）、出席/v（28.288）、客人/n（26.586）、安全/a（22.684）、访问/v（20.318）、开发/v（19.509）、会议/n（17.000）、改革/v（12.605）、市场/n（11.402）、大使/n（10.475）、出版/v（10.294）、投资/v（9.834）、就业/v（9.701）、企业/n（9.429）、新闻/n（9.194）、友好/a（8.299）、部长/n（8.280）、合作/v（8.190）、体育/n（7.710）、国际/n（7.545）、记者/n（7.531）、比赛/v（7.291）、人才/n（7.057）、会晤/v（6.993）、工程/n（6.651）、创新/v（6.486）、电话/n（6.019）、主席/n（5.940）、资金/n（5.923）、儿童/n（5.903）、农村/n（5.870）、案/ng（5.726）、职工/n（5.650）、召开/v（5.386）、案件/n（5.362）、发展/v（5.000）、常委会/n（4.960）、发表/v（4.817）、电视/n（4.767）、贸易/n（4.592）、学者/n（4.406）、汽车/n（4.298）、建设/v（4.091）、公安/n

① 序位比值为 4 及以上，括号内的数字均为该词语在 3994 个高频词语中的序位与《人民日报》新闻标题中的序位比值。

(4.073)、座谈/v (4.068)、中外/a (4.057)、电子/n (4.025)。

这些序位上升幅度较大的高频特色共用词语较多地集中于政治与外交领域，其次为经济领域，其余少数词语分布在法律、体育、教育、科技等领域，显示了新时期《人民日报》关注重点的变化，同时也体现了改革开放以来我国在政治、经济、文化、社会生活等领域的复杂变迁。尤其是其中反映政治外交领域的特色词语，其序位上升幅度最大，数量最多，一方面再次体现了新时期《人民日报》新闻报道的特点，另一方面也是改革开放以来我国在政治外交领域取得较大突破的见证。

此外，61 个在《人民日报》新闻标题中序位下降的高频特色词语也有鲜明的特征。大部分特色词语体现了中华人民共和国成立以来头三十年的基本国情。其中“解放、战争、侵略、武装、战斗、武器、作战、战场、师、领土、士兵、政变、前线、动乱、陆军、军官、领袖”等词语反映了中华人民共和国成立初国内外的军事斗争形势；“资产、资本、工业、工人、工厂、钢铁、罢工、游行、小麦、林、纺织、棉花、棉、轻工业、失业、社队”等词语体现了中华人民共和国头三十年间国民经济发展的基本情况及社会矛盾。改革开放以来，随着国家发展战略的转移及经济结构的转型，这些高频特色词语在新时期《人民日报》新闻标题中的序位明显下降。

另外，有部分特色词语序位下降可能与统计的语料差异有关，例如“民主、文艺、法制、文学、艺术、文章、作品、演员、教材、课程、小学、宪法、化学、戏、美术、学科、数学、学员”等。据了解，《频率词典》中报刊政论语体语料有部分政论篇目，如毛泽东《在延安文艺座谈会上的讲话》、周恩来《在中华全国文学艺术工作者代表大会上的政治报告》、彭真《关于七个法律草案的说明》等。① 语料的差异也影响了词语序位的分布。

2. 两个高频词表中的高频独用词语

两个高频词表中，《频率词典》报刊政论语体中有 2075 个高频独用词语，《人民日报》新闻标题中有 2081 个高频独用词语。因研究的需要，本书依然分别从两个高频词表中挑选 200 个表意明确、有时代特征及语料特征的高频特色独用词语（见表 2—26）。

表 2—26 两个高频词表中的高频特色独用词语（按序位降序排列）

《频率词典》报刊政论语体中高频特色独用词语	无产阶级/n、帝国/n、敌人/n、反动/a、起义/v、战役/n、根据地/n、工农/n、山脉/n、粉碎/v、公社/n、敌/ng、歼灭/v、阴谋/n、法西斯/n、工农兵/n、地形/n、小资产阶级/n、兵团/n、山地/n、季风/n、地势/n、资本家/n、殖民地/n、镇压/v、兵力/n、投降/v、敌军/n、出身/n、大战/n、沙漠/n、内战/n、反抗/v、事变/n、抗战/n、八股/n、苏维埃/n、左倾/a、军阀/n、捧哏/v、丘陵/n、战术/n、同盟/n、初期/n、逗哏/v、冒进/v、大跃进/n、纬度/n、地图/n、复辟/v、反帝/v、联军/n、分子(fèn zi) /n、掠夺/v、勾结/v、鸦片/n、地理/n、歌颂/v、半球/n、内陆/n、反击/v、后方/n、农作物/n、军区/n、赤道/n、摧毁/v、出卖/v、半殖民地/n、围剿/v、按需分配/v、敌对/a、拨乱反正/vl、百家争鸣/vl、剧团/n、会师/v、地壳/n、极圈/n、高炉/n、流毒/n、霸权/n、野战/n、牧场/n、军国主义/n、瓜分/v、租界/n、初战/v、打仗/v、敌我/n、侵占/v、供销/v、帽子/n、寇/ng、内流河/n、军医/n、蝗虫/n、毒害/v、初级/n、独裁/v、群岛/n、叛军/n、纬线/n、包产到户/vl、回归线/n、黑狗/n、篡夺/v、侮辱/v、炮弹/n、特务/n、列强/n、三角洲/n、半封建/a、石灰岩/n、底工/n、君主/n、卖国/v、戏剧/n、尾巴/n、反攻/v、丑恶/a、流血/v、畜牧/n、侦察/v、按劳分配/vl、百花齐放/vl、秋收/n、旅/ng、门户开放/vl、

① 北京语言学院语言教学研究所：《现代汉语频率词典》，北京：北京语言学院出版社，1986 年版，编纂说明第 XII～XIII 页。

续表2－26

	全歼/v、运动战/n、太空/n、歼击机/n、等高线/n、风带/n、飞蝗/n、买办/n、猖狂/a、战友/n、叛徒/n、浩劫/n、诬陷/v、皇帝/n、耕作/v、媾和/v、出兵/v、叛变/v、挑衅/v、土改/v、屠杀/v、敌后/n、弹药/n、手榴弹/n、国统区/n、帝制/n、山系/n、舰/ng、战局/n、水系/n、挂帅/v、太阳系/n、农经系/n、赔款/v、武生/n、停战/v、地轴/n、南纬/n、窑洞/n、敌视/v、摧残/v、污蔑/v、标语/n、兵士/n、臭/a、多快好省/al、击退/v、毒草/n、仇视/v、围歼/v、进犯/v、割据/v、走狗/n、无耻/a、扫荡/v、等温线/n、北纬/n、牛鬼蛇神/nl、溃退/v、锰/n、战败/v、左派/n、失陷/v、叛乱/v、惨案/n、水文/n、弹子/n、割裂/v、耕/v、杀害/v、闭关自守/vl、缴获/v、击溃/v
《人民日报》新闻标题中高频特色独用语文词语	外长/n、锦标赛/n、研讨会/n、联赛/n、网络/n、生态/n、首相/n、环保/n、抗震救灾/vl、博览会/n、出访/v、扶贫/v、绿色/a、国王/n、外贸/n、公开赛/n、足球赛/n、社区/n、民生/n、农民工/n、代表大会/n、金牌/n、经贸/n、健身/v、乡镇企业/n、精神文明/n、下岗/v、创业/v、抗洪/v、计算机/n、女排/n、亚运会/n、男篮/n、体操/n、运动员/n、春运/n、峰会/n、快速/a、法治/n、国企/n、经济效益/n、田径/n、两会/n、国民经济/n、国务卿/n、进出口/v、半决赛/n、三个代表/n、大奖赛/n、电脑/n、计划生育/nl、国事访问/vl、小康/a、对外开放/vl、访华团/n、网站/n、艾滋病/n、发展观/n、手机/n、服务业/n、律师/n、三中全会/n、世锦赛/n、博士/n、软件/n、冠军赛/n、民工/n、可喜/a、义务教育/nl、法官/n、国际象棋/n、科普/v、航班/n、世乒赛/n、产业化/v、判刑/v、上市/v、团体赛/n、友协/n、房地产/n、互联网/n、举重/n、市场经济/n、亚锦赛/n、福利/n、名人战/n、三农/n、外事/n、冬奥会/n、精心/a、外汇/n、地铁/n、高速公路/n、精彩/a、快乐/a、女足/n、外相/n、出租车/n、法案/n、反恐/v、滑冰/v、全运会/n、外交官/n、音乐会/n、电信/n、反腐倡廉/vl、话剧/n、火炬/n、减负/v、交易会/n、女单/n、世博/n、退耕还林/vl、网友/n、围棋赛/n、短信/n、国会/n、核试验/n、民事/a、申奥/v、挑战赛/n、网球赛/n、信息化/v、罪犯/n、电视电话会议/n、机器人/n、开发区/n、跨国/a、民心/n、

续表 2－26

	男排/n、南水北调/nl、世青赛/n、中国梦/n、冰球/n、高新技术/n、甲感/n、拉力赛/n、拳击/n、三讲/n、投资者/n、小组赛/n、宣判/v、预选赛/n、城运会/n、创先争优/vl、电视剧/n、核电/n、京剧/n、擂台赛/n、民意/n、男单/n、商品经济/n、上网/v、拆迁/v、低保/n、对抗赛/n、法庭/n、非典型肺炎/n、画展/n、减排/v、禁毒/v、科教兴国/vl、廉洁/a、马拉松赛/n、球迷/n、书法/n、四化建设/nl、堰塞湖/n、主教练/n、埃米尔/n、澳网/n、保障房/n、菜篮子/n、毒品/n、房价/n、供暖/v、合资企业/n、解放思想/vl、精英赛/n、联合公报/n、联网/v、书画展/n、硕士/n、体坛/n、一审/n、移民/v、电网/n、电影节/n、高铁/n、光盘/n、开庭/v、女篮/n、球员/n、赛程/n、社保/n、试验区/n、丝绸之路/nl、微博/n、刑事犯罪/nl、医改/v

为便于比较，我们将两个高频词表中的高频特色独用词语按语义类别分别进行归纳。首先看《频率词典》中 200 个高频独用特色词语：

政治：无产阶级/n、小资产阶级/n、工农/n、工农兵/n、大跃进/n、反帝/v、拨乱反正/vl、出身/n、门户开放/vl、标语/n、多快好省/al、牛鬼蛇神/nl、闭关自守/vl、帝国/n、殖民地/n、苏维埃/n、左倾/a、军阀/n、复辟/v、半殖民地/n、半封建/a、皇帝/n、君主/n、帝制/n、浩劫/n、左派/n、列强/n、霸权/n、租界/n。

经济：公社/n、资本家/n、包产到户/vl、按劳分配/vl、按需分配/v、土改/v、耕/v、鸦片/n、农作物/n、牧场/n、畜牧/n、买办/n、供销/v、耕作/v、秋收/n、高炉/n。

军事：敌人/n、起义/v、战役/n、根据地/n、粉碎/v、敌/ng、歼灭/v、阴谋/n、法西斯/n、兵团/n、镇压/v、兵力/n、投降/v、敌军/n、大战/n、内战/n、反抗/v、事变/n、抗战/n、战术/n、同盟/n、联军/n、分子（fèn zi）/n、掠夺/v、勾结/v、反击/v、后方/n、军区/n、摧毁/v、出卖/v、围剿/v、敌对/a、会师/v、野战/n、军国主义/n、瓜分/v、寇/ng、初战/v、打仗/v、敌我/n、侵占/v、军医/n、独裁/v、叛军/n、黑狗/n、篡夺/v、炮弹/n、特务/n、卖国/v、反攻/v、流血/v、侦察/v、旅/ng、全歼/v、运动战/n、歼击机/n、战友/n、叛徒/n、媾和/v、出兵/v、叛变/v、挑衅/v、屠杀/v、敌后/n、弹药/n、手榴弹/n、国统区/n、舰/ng、战局/n、挂帅/v、停战/v、敌视/v、兵士/n、击退/v、仇视/v、围歼/v、进犯/v、割据/v、走狗/n、扫荡/v、溃退/v、战败/v、失陷/v、叛乱/v、弹子/n、割裂/v、杀害/v、缴获/v、击溃/v。

地理：山脉/n、地形/n、山地/n、季风/n、地势/n、沙漠/n、丘陵/n、纬度/n、地图/n、赤道/n、地壳/n、极圈/n、水系/n、太阳系/n、地轴/n、南纬/n、窑洞/n、等温线/n、水文/n、内流河/n、群岛/n、纬线/n、回归线/n、三角洲/n、石灰岩/n、等高线/n、风带/n、山系/n、太空/n、北纬/n、地理/n、半球/n、内陆/n。

文化教育：八股/n、捧哏/v、逗哏/v、百家争鸣/vl、剧团/n、底工/n、百花齐放/vl、戏剧/n、武生/n、农经系/n。

其他：初期/n、初级/n、蝗虫/n、飞蝗/n、冒进/v、反动/a、猖狂/a、歌颂/v、帽子/n、尾巴/n、臭/a、流毒/n、毒害/v、丑恶/a、诬陷/v、毒草/n、侮辱/v、摧残/v、污蔑/v、无耻/a、赔款/v、锰/n、惨案/n。

其次是《人民日报》新闻标题高频特色独用词语语义类别：

政治与外交：精神文明/n、外长/n、首相/n、出访/v、国王/n、代表大会/n、研讨会/n、峰会/n、两会/n、国务卿/n、三个代表/n、国事访问/vl、计划生育/nl、对外开放/vl、访华团

/n、发展观/n、三中全会/n、友协/n、外相/n、外事/n、反恐/v、外交官/n、反腐倡廉/vl、国会/n、电视电话会议/n、中国梦/n、三讲/n、创先争优/vl、四化建设/nl、埃米尔/n、解放思想/vl、联合公报/n、丝绸之路/nl。

经济：外贸/n、乡镇企业/n、创业/v、经贸/n、经济效益/n、国民经济/n、进出口/v、服务业/n、外汇/n、市场经济/n、国企/n、产业化/v、上市/v、房地产/n、房价/n、商品经济/n、投资者/n、合资企业/n、试验区/n、交易会/n、开发区/n。

体育：锦标赛/n、公开赛/n、足球赛/n、金牌/n、健身/v、女排/n、亚运会/n、男篮/n、体操/n、运动员/n、半决赛/n、大奖赛/n、世锦赛/n、冠军赛/n、国际象棋/n、田径/n、世乒赛/n、团体赛/n、亚锦赛/n、名人战/n、冬奥会/n、女足/n、滑冰/v、全运会/n、女单/n、围棋赛/n、申奥/v、挑战赛/n、网球赛/n、男排/n、世青赛/n、冰球/n、拉力赛/n、拳击/n、小组赛/n、预选赛/n、城运会/n、擂台赛/n、男单/n、对抗赛/n、马拉松赛/n、球迷/n、澳网/n、精英赛/n、体坛/n、女篮/n、球员/n、赛程/n、联赛/n、举重/n、火炬/n、主教练/n。

文化教育科技：博士/n、软件/n、义务教育/nl、科普/v、音乐会/n、话剧/n、京剧/n、画展/n、电影节/n、书法/n、书画展/n、硕士/n、高新技术/n、科教兴国/vl、电信/n、信息化/v、联网/v、计算机/n、网络/n、电脑/n、网站/n、手机/n、地铁/n、高速公路/n、网友/n、短信/n、机器人/n、电视剧/n、互联网/n、上网/v、微博/n、光盘/n、高铁/n、航班/n、出租车/n、博览会/n、世博/n、核试验/n、核电/n。

法律：法治/n、律师/n、法官/n、判刑/v、法案/n、罪犯/n、宣判/v、一审/n、开庭/v、刑事犯罪/nl、法庭/n、民事/a。

卫生、环境与健康：艾滋病/n、毒品/n、医改/v、生态/n、环保/n、绿色/a、减排/v、禁毒/v、甲感/n、非典型肺炎/n。

社会与保障：福利/n、拆迁/v、下岗/v、低保/n、保障房/n、菜篮子/n、供暖/v、扶贫/v、退耕还林/vl、南水北调/nl、减负/v、社保/n、民生/n、春运/n、移民/v、小康/a。

其他：精心/a、精彩/a、快乐/a、快速/a、可喜/a、廉洁/a、跨国/a、电网/n、抗震救灾/vl、抗洪/v、堰塞湖/n、社区/n、农民工/n、民工/n、三农/n、民心/n、民意/n。

由表 2-26 可以看出，绝大部分高频特色独用词语具有鲜明的时代特征，是我国在两个不同时期政治、经济、文化、军事等领域基本国情的真实写照。特别是其中"牛鬼蛇神、大跃进、多快好省、土改"等以及"改革开放、计划生育、三个代表、中国梦"等一批时代感极强的词语，将两个高频词表所处的时代划分得非常清楚。

相比而言，《频率词典》中的高频特色独用词语语义类别较少，且主要集中于政治、经济、军事、文化领域，特别是军事领域的高频词语数量多、面广、火药味十足，十分引人注目。如"黑狗（伪军）、特务、卖国、叛徒、叛军、杀害、毒草、反动、猖狂、臭、流毒、丑恶、诬陷、侮辱、摧残、污蔑、无耻"等特色词语富有强烈的贬斥、痛恨的个人主观感情。这些极富主观色彩的独用词语反映了特定年代的人们在报刊政论文中用词的基本倾向。

与《频率词典》中的特色独用词语相比，新时期《人民日报》新闻标题高频特色独用词语所涉及的语义类别更广，政治、外交、经济、体育、文化教育科技、卫生与健康、社会与保障等领域均有涉及。这些高频独用词语再现了新时期我国社会方方面面所经历的复杂变迁，并且在报道的语调上更趋平和、稳重、客观，是我国新时期新闻报道不断进步的见证。

两个高频词表中的高频特色独用词语的差异首先与语料内容有关系。《频率词典》报刊政论语体中 3994 个高频词语除了取材于《人民日报》《光明日报》外，还有一部分语料取材于毛泽东、周恩来、刘少奇、朱德等领导人所撰写的政论以及少量历史、地理等方面的复习参考资料，因此表 2－26 中所列的 200 个高频特色独用词语中分布了部分军事类、地理类词语。而新时期《人民日报》新闻标题因全部取材于新闻语料，受新闻报道特征的影响，独用词语中语义类别涉及的面比较广。

其次，两个高频词表中的高频特色独用词语的差异也与时代背景有密切的关系。中华人民共和国成立初期，由于国内外的政治斗争形势还比较严峻，因此政治、军事类现象较受关注，加之“以阶级斗争为纲”的确立，这对报刊政论语言的使用必定会产生影响。改革开放以来，随着以经济建设为中心的确立以及新闻理念的逐渐成熟，新闻报道关注的侧重点、报道方式均发生了变化，这在新闻标题语言中必然会有所体现。

（二）两个高频词表中高频词语的词长比较

为进一步对两个高频词表进行比较，本小节将比较两表中高频词语的长度。具体见表 2－27：

表 2－27　两个高频词表中高频词语的词长比较

词长	《频率词典》报刊政论语体中前 3994 个高频词语		《人民日报》新闻标题中前 4000 个高频语文词语	
	数量	占比（%）	数量	占比（%）
1	1034	25.889	787	19.675
2	2848	71.307	2907	72.675
3	75	1.878	222	5.550

续表2-27

词长	《频率词典》报刊政论语体中前 3994 个高频词语		《人民日报》新闻标题中前 4000 个高频语文词语	
	数量	占比（%）	数量	占比（%）
4	36	0.901	79	1.975
5	1	0.025	3	0.075
6	0	0	1	0.025
7	0	0	0	0
8	0	0	1	0.025
9	0	0	0	0
合计	3994	100	4000	100
平均词长	1.779		1.903	

由表 2-27 可知，两个高频词表中，单音节和双音节词语累计分别占了词表 97.196%、92.350%的词语，其中双音节词语分别为 71.307%、72.675%，三音节及以上词语只占词表的 2.804%、7.650%。说明不同时期的两份语料在高频词语词长方面具有较大的共性，高频词语中双音节词语占绝对优势，其次为单音节词语，三音节及以上高频词语数量极少。

但两个高频词表的词长也存在差异，从两表高频词语平均词长、各词长下词语数量来看，《人民日报》新闻标题高频语文词语词长略长于《频率词典》中报刊政论类前 3994 个高频词语。

下面结合两表高频词语的序位探讨词长与序位的关系（见表 2-28、2-29）。

表 2—28　《频率词典》报刊政论语体中前 3994 个高频词语的序位与词长关系

序位等级	单音节词语数量	双音节词语数量	三音节词语数量	四音节词语数量	五音节及以上词语数量	平均词长
1—500	197	298	3	2	0	1.620
501—1000	148	342	8	1	1	1.730
1001—1500	126	372	2	0	0	1.752
1501—2000	141	345	13	1	0	1.748
2001—2500	112	370	11	7	0	1.826
2501—3000	103	380	11	6	0	1.840
3001—3500	110	367	15	8	0	1.842
3501—3994	97	374	12	11	0	1.872

表 2—29　《人民日报》新闻标题前 4000 个高频词语的序位与词长关系

序位等级	单音节词语数量	双音节词语数量	三音节词语数量	四音节词语数量	五音节及以上词语数量	平均词长
1—500	162	322	15	1	0	1.710
501—1000	93	387	17	3	0	1.860
1001—1500	107	361	23	9	0	1.868
1501—2000	83	384	22	11	0	1.922
2001—2500	81	381	31	6	1	1.930
2501—3000	84	369	38	8	1	1.946
3001—3500	84	366	29	20	1	1.976
3501—4000	93	337	47	21	2	2.004

由表 2—28、2—29 可知，两个高频词表的高频词语序位与

词长关系呈现出规律性的共性，即在序位呈等距离[①]递增的同时，两个高频词表中高频词语的平均词长也呈相继增加的态势。[②]这说明高频词语序位越高，词长越短，二者成反比例关系。

王惠（2009）及邓耀成、冯志伟（2013）等曾对词长与词频之间的关系进行了专题研究，结果表明，词长越长，词频越低；反之，词长越短，词频越高，二者成反比例关系。[③]由于词频与序位成正比例关系，即词频越高，序位也就越高，这就说明本小节对不同时期两个高频词表中高频词语序位与词长之间关系的探讨与学界有关词频与词长关系结论一致。

关于高频词语词长分布上的特征，呈现语法理论（Emergent Grammar）对此有一个形象化的比喻："这就像岸边的石头一样，经常受到河水冲击的，会变成小巧圆润的鹅卵石；而位置偏远、偶尔才能被水流冲击的，则会保持棱角，粗糙而块大。"[④]不同时期的两个高频词表在词长分布上正如岸边的石头，使用频次越多，序位越高，越小巧圆润（词长越短）。

（三）两个高频词表中高频词语的词类分布比较

下面对两个高频词表中高频词语的词类展开分析，具体见表2—30：

---

① 只有报刊政论语体中序位3501—3994的例外。

② 只有《频率词典》中序位1500—2000的例外。

③ 王惠：《词义·词长·词频——〈现代汉语词典〉（第5版）多义词计量分析》，载于《中国语文》，2009年第2期；邓耀臣、冯志伟：《词汇长度与词汇频数关系的计量语言学研究》，载于《外国语》，2013年第36卷第3期。

④ 转引自王惠：《词义·词长·词频——〈现代汉语词典〉（第5版）多义词计量分析》，载于《中国语文》，2009年第2期。

表 2—30　两个高频词表中高频词语的词类分布情况

词类＼词表		《频率词典》中报刊政论语体前 3994 个高频词语词类		《人民日报》新闻标题前 4000 个高频语文词语词类	
		数量	比例（%）	数量	比例（%）
实词	名词（n）	1592	39.860	1730	43.250
	动词（v）	1449	36.279	1588	39.700
	形容词（a）	442	11.067	312	7.800
	副词（d）	203	5.083	121	3.025
	数词（m）	30	0.751	42	1.050
	量词（q）	78	1.953	80	2.000
	代词（r）	71	1.778	63	1.575
虚词	连词（c）	54	1.352	17	0.425
	介词（p）	53	1.327	36	0.900
	助词（u）	15	0.376	9	0.225
	语气词（y）	7	0.175	2	0.050
	叹词（e）	0	0	0	0
	拟声词（o）	0	0	0	0

由表 2—30 可知，在词性分布上，不同时期的两个高频词表中的高频词语实词均占绝对优势，两表分别有 96.771%、98.400%的实词，其中名词、动词、形容词三大类实词分别占高频词语的 87.206%、90.750%。

相对而言，《频率词典》中报刊政论语体高频词语中虚词比例（3.229%）是《人民日报》新闻标题高频语文词语中虚词（1.600%）的两倍。这与两个高频词表的语料特征有关系，《频率词典》均取材于语篇，而本书只取材于《人民日报》的标题。受标题空间与时间的制约，虚词多省略，客观上造成了标题与语篇在虚词使用上的明显差异。有关这方面的内容将在第七章详细讨论。

第四节　本章小结

新时期《人民日报》新闻标题词语使用情况的定量研究表明，《人民日报》不同区间段标题用词存在明显的共性，这在共用词语、高频词语、专名等方面有明显体现。

但不同区间段的标题用词也存在细微差异，表现在，第一区间段，相同覆盖率下所需词种数比例最低，6655 个三区间共用词语整体使用频次最低，第二区间段，词语整体使用频次最低。与另外两个区间段词语共性最大，关联度最高；专名数量最多、覆盖率最高；独用词语数量最少。第三区间段，总词种数最多，词语整体使用频次最高；相同覆盖率下，所需词种数比例最高；6655 个三区间共用词语整体使用频次最高；专名数量相对最少、覆盖率最低；独用词语数量最多。

此外，新时期《人民日报》新闻标题总语料中语文词语在词类分布上以实词，特别是三大类实词为主，前 50 个高频名词、动词、形容词的语义特征显示了党报新闻标题的制作特征。两个不同时期的高频词表的比较显示了两表在共用词语、词长、词类分布等方面存在共性，但也存在明显的差异，这在共用词语序位的演变、独用词语语义特征、虚词分布等方面均有不同程度的表现。

两个高频词表中高频词语存在的差异再现了语言的变迁。与表特定时间、特定人物或处所的专用词在各区间段呈现的差异不同，这类专用词对社会的反映是时段性的，具有时尚性和偶然性。而两个高频词表中的高频词语的差异反映了社会的内在变化或语言的内在变化。一些反映社会生产力和社会观念等的用词，会长期或在相当长的时间内对社会和语言产生影响，在更深层次中反映用词的时代性。

第三章　新时期《人民日报》标题新词语研究

新词语是当代汉语词汇中一道亮丽的风景线。报纸作为重要的媒介，在传播信息的同时，不可避免地也传播了新词语。集权威性、规范性、严谨性于一身的《人民日报》，在新词语使用上有何特征与规律？《人民日报》对新词语的传播有什么样的深远意义？本章将对《人民日报》标题中新词语使用情况及其价值进行探讨。

第一节　相关说明

一、新词语的界定

就新词语的界定而言，目前学界对其有狭义与广义之分。

狭义的新词语定义如 R. R. K. 哈特曼等著的《语言与语言学词典》所下的定义："新创造的，但还没有被普遍接受的词或短语。"[①] 符淮青（2004）持类似的观点："新词语就是新创造的词

① R. R. K. 哈特曼，F. C. 斯托克：《语言与语言学词典》，黄长著等译，上海：上海辞书出版社，1981 年版，第 229 页。

语。"[①] 显然，狭义的新词语观仅将新造词看作新词语。

广义的新词语观不仅包括新造词，而且还将旧词新义、新用法等都纳入新词语的范畴。广义的新词语观早在中华人民共和国成立初就已初步形成。向超（1952）明确指出："新词并不是单指新造的词。"同时将在旧词基础上产生的新词、旧词新义及新用、借词、新造词等都看作新词的构成方式。[②]

当前国内大多数新词语研究者持广义的新词语观，如赵克勤（1988）、王铁昆（1992）、陈原（1997）、姚汉铭（1998）、亢世勇（2003）、邢福义（2007）等。本书也持广义的新词语观，并且将范围限定为改革开放以来产生的新词语。

二、新词语词典选取依据

本研究所依据的新词语词典为于根元主编的《现代汉语新词词典》（北京语言学院出版社，1996 重印版，1994 年初版）、商务印书馆辞书研究中心编写的《新华新词语词典》（商务印书馆，2003 年版），以及亢世勇、刘海润主编的《新词语大词典（1978—2002)》（上海辞书出版社，2003 年版）。考虑到以上新词语词典所收录的新词语最晚截止到 2003 年，而本书所用的《人民日报》标题语料截止到 2015 年，因此笔者又补充了由教育部语言文字信息管理司策划，周荐、侯敏等主编的《汉语新词语》编年本（2006—2013）[③]。

选择以上新词语词典的主要原因有：

---

① 符淮青：《现代汉语词汇》（增订本），北京：北京大学出版社，2004 年版，第 172 页。

② 向超：《关于新词和新义》，载于《语文学习》，1952 年第 4 期。

③ 因写作本章时，《2014 汉语新词语》尚未发布，故新词语编年本只选取到 2013 年。

第一，收词范围上有较好的延续性。以上各新词语词典从其收录的新词语产生的时间来看，包含了改革开放至今产生的新词语词条（见表 3-1），这与本研究所调查的《人民日报》标题语料时间比较吻合。

第二，较高的评价。在形形色色的新词语词典中，以上新词语词典在编纂队伍、编纂手段、新词语词条选择等方面获得了较高的评价①，有力地保证了本研究所依赖的新词语样本的可靠性。

第三，完整的例证。以上所有新词语词典所收录的新词语词条均有非常完整的例证，其中亢世勇、刘海润主编的《新词语大词典》（1978—2002）中每个新词语词条后一般均附有两个例证，一个为新词语最早出现时间，另一个为最晚出现时间。这为本章新词语研究的展开提供了便利。

表 3-1 本书所用新词语词典相关情况汇总

新词语词典名称	收词时间范围（年）	收词数量（条）
《现代汉语新词词典》	1978—1990	3709②
《新华新词语词典》	1990—2003	2168③
《新词语大词典》	1978—2003	12723④

---

① 具体可参见王铁昆：《一部颇具研究特色的新词词典》，载于《语文建设》，1995 年第 3 期；李建国：《新词语词典编纂的理论思考》，载于《辞书研究》，2004 年第 4 期；亢世勇、刘海润：《新词语大词典（1978—2002）》，上海：上海辞书出版社，序一第 6 页；周明海：《辞书编纂现代化趋势下的新词语词典编纂——评〈2007 汉语新词语〉〈2008 汉语新词语〉》，载于《辞书研究》，2011 年第 4 期。

② 该词典前言中说收词 3710 条，经统计，实为 3709 条。

③ 该词典前言中说收词 2200 条，经统计，实为 2168 条。

④ 本研究只统计了正文部分的新词条，不含附录部分的网络用语。

续表 3-1

新词语词典名称	收词时间范围（年）	收词数量（条）
《2006 汉语新词语》	2006（含附录中 2003—2005 新词语）	172＋251①
《2007 汉语新词语》	2007（含附录中 2004—2006 新词语）	420＋157
《2008 汉语新词语》	2008（含附录中 2007 新词语）	444＋72
《2009 汉语新词语》	2009（含附录中 2006—2008 新词语）	573＋107
《2010 汉语新词语》	2010（含附录中 2007—2009 新词语）	623＋157②
《2011 汉语新词语》	2011（含附录中 2008—2010 新词语）	618＋151
《2012 汉语新词语》	2012（含附录中 2009—2011 新词语）	524＋140③
《2013 汉语新词语》	2013（含附录中 2010—2012 新词语）	363＋156
合计		23524④

将以上新词语词典汇总后累计得到 23524 条新词语，去重合并后共有 20236 条。然后在 120 万字的《人民日报》标题语料库中逐条搜索这 20236 条新词语使用情况，排除其中词形相同，但表意不符的旧词语或其频次，如“坠崖”“八宝饭”“菜农”“超导”“对表”“华约”“北约”“集邮”“空军”“蓝精灵”“上墙”“游水”“越狱”“站点”等，以及部分交集歧义字段，共统计出《人民日报》（1978—2015）标题中含有 3977 条新词语。这 3977

① 凡例中说附录中收录了新词语 252 条。经统计，实为 251 条。另外，“＋”前为正文中词条数，后为附录中词条数。下同。

② 凡例中说正文收录了 626 条新词语。经统计，实为 623 条。

③ 凡例中说正文收录了新词语 525 条，附录中补充的新词语 139 条。经统计，正文中新词语实为 524 条，附录中为 140 条。

④ 实为 23528 条。本书将年度新词语中的“冲奥 1”“冲奥 2”合并为“冲奥”，做类似处理的还有“考霸 1、考霸 2”“拍客 1、拍客 2”“学位门 1、学位门 2”。

条新词语中，被其中任意三部词典[①]收录的新词语有187条，被任意两部词典收录的新词语有976条，被任意一部词典收录的新词语有2814条。本章将依据这3977条标题新词语展开相关探讨。

第二节　新时期《人民日报》标题新词语使用情况

新时期《人民日报》标题累计使用了3977条新词语。本节将从音节、词性、语义、时间、版面等方面对这3977条新词语进行相关描写与分析。

一、新时期《人民日报》标题新词语音节分布

在《人民日报》（1978—2015）标题的3977条新词语中，去掉含阿拉伯数字的新词语、字母词、符号等，剩下3918条汉字型新词语。本小节将对这3918条纯汉字型新词语的音节分布情况进行分析[②]，具体见表3－2：

表3－2　新时期《人民日报》标题新词语音节分布情况表

音节数	1	2	3	4	5	6	7	8	9	10	11	平均音节长度
新词语数量（条）	18	2377	690	690	103	24	7	3	4	1	1	2.652
百分比（%）	0.459	60.669	17.611	17.611	2.629	0.613	0.179	0.077	0.102	0.026	0.026	

① 周荐、侯敏等主编的年度新词语词典本书笼统地看作一部。

② 作词缀的儿化音节及标点符号等均不作独立音节计算，如“哥们儿”为双音节。下同。

表 3-3　本书所用新词语词典中新词语的音节分布情况

音节数	1	2	3	4	5	6	7	8	9	10	11	平均音节长度
新词语数量（条）	71	9629	5023	3960	792	149	54	17	10	1	1	2.827
百分比（%）	0.360	48.861	25.488	20.094	4.019	0.756	0.274	0.086	0.051	0.005	0.005	

由表 3-2 可以看出，新时期《人民日报》标题新词语音节数最低为 1 个音节，最高为 11 个音节，平均音节数为 2.652。且绝大部分新词语主要为 2～4 个音节，累计占比 95.891%，其中又以双音节新词语为主（60.669%），其余单音节新词语占比 0.459%，五音节及以上新词语只有 3.650%。

为了进一步探寻新时期《人民日报》标题新词语的音节特征，下面对本书所依据的各新词语词典汇总去重后的 20236 条新词语音节数进行统计。去掉含阿拉伯数字的新词语、字母词、符号等，剩下纯汉字型新词语 19707 条。这 19707 条纯汉字型新词语的音节分布情况（见表 3-3）表明：

本书所依托的所有新词语词典中，新词语音节数最低为 1 个音节，最高为 11 个音节，平均音节数为 2.827。且绝大多数新词语为 2～4 个音节（94.443%），其中双音节词语数量最多（48.861%）。其余单音节新词语占 0.360%，五音节及以上新词语只有 5.197%。各词典中新词语整体音节概况与前文对《人民日报》标题新词语音节情况的调查结果基本一致。

刘晓梅（2003）曾依据各新词语词典对新时期以来产生的 11447 条新词语的音节分布情况进行了统计，结果见表 3-4：

表 3－4 《当代汉语新词语研究》中新词语的音节分布情况①

音节数	1	2	3	4	5	6	7	8	9～15	平均音节长度
新词语数量	66	5678	2281	2822	440	100	44	9	7	2.86
百分比（%）	0.58	49.6	19.93	24.65	3.84	0.87	0.38	0.08	0.06	

由表 3－4 可以看出，新时期新词语最低音节数为 1 个音节，最高为 15 个音节，平均音节数为 2.86。且 2～4 个音节的新词语占主流（94.18%），其中双音节新词语占 49.6%，单音节新词语占 0.58%，五音节及以上新词语仅占 5.24%。

本研究有关新词语音节数的调查结论与刘晓梅（2003）的调查结论基本一致，大致反映了新时期汉语新词语的音节分布特征。但若将以上 3 个音节的新词语的分布情况进行比较，可以发现《人民日报》标题新词语音节分布情况在以下几个方面呈现出独特性：

新词语平均音节长度最低（2.652）；2～4 个音节的新词语数量最多（95.891%）；其中占主体地位的双音节新词语，在表 3－3、表 3－4 中双音节新词语数量均不足 50% 的情况下（48.861%、49.6%），《人民日报》标题双音节新词语却达到了 60.669%；五音节及以上新词语数量最少。各方面特征共同说明了《人民日报》标题新词语在音节长度上趋短。

《人民日报》标题新词语音节分布上的特征与标题语境有密切的关系。由于受报纸版面、发行时间等因素的制约，在表意明

① 刘晓梅：《当代汉语新词语研究》，厦门大学博士学位论文，2003 年，第 16～17 页。

确的前提下，标题在词语运用上一般遵循最简原则，新词语音节形式趋短即是这一原则的体现。

二、新时期《人民日报》标题新词语的词性分布

在本书所参考的新词语词典中，亢世勇、刘海润主编的《新词语大词典（1978—2002）》（上海辞书出版社，2003年版）以及21世纪《汉语新词语》编年本中的新词语基本都有词性标记，因此《人民日报》标题新词语中凡源自以上新词语词典中的新词语的词性均依据词典标注①，其余没有词性标记的新词语依据亢世勇（2008）提出的"优势语法功能"标准②进行归类。

3977条新词语词性分布情况见表3-5：

表3-5 新时期《人民日报》标题新词语词性分布情况

词性	名词	动词	形容词	副词	代词	量词	合计
数量	2333	1537	102	1	2	2	3977
比例（%）	58.662	38.647	2.565	0.025	0.050	0.050	100
例词	艾滋病、白领、保健食品、保税区、超市	帮扶、保值、并轨、炒、充电	火、迷你、弱智、特困、便携式	实时	你我他、自我	纳米、首度	

经统计，新时期《人民日报》标题新词语在词性类别上主要集中为名词、动词两大类实词，二者累计占比97.309%，其余

① 我们将各新词语词典中标注为区别词的新词语合并到形容词下。另外已被《现汉》（第6版）收录的新词语词性标注一律以《现汉》（第6版）为准，如"同比、从轻、从严、从重、从优"等在《新词语大词典》中标注为副词，但本书遵从《现汉》（第6版）的标注，处理为动词。

② 亢世勇等：《现代汉语新词语计量研究与应用》，北京：中国社会科学出版社，2008年版，第42～44页。

2.691％为形容词、副词、代词和量词。《人民日报》标题中新词语词性分布情况与刘晓梅（2003）①、亢世勇（2008）②等有关当代汉语新词语词性整体分布情况的调查结论基本一致，同时与常志斌（2001）③对流通于报纸中的新词语词性分布情况的调查结论也基本一致。不同时期、不同样本新词语在词性分布上的相同之处大致反映了新时期汉语新词语在词性类别上的总体概况。

三、新时期《人民日报》标题新词语语义类别

（一）标题新词语语义类别分布情况

新词语作为当代汉语词汇系统的新成分，对其语义类别进行分类整理必然具有积极意义。目前多数研究者一般从政治、经济、文化、教育等领域对新词语的语义类别进行划分。这样划分的结果虽然也具有一定的参考价值，但其主观随意性自不可避免，特别是在类别的设定上往往因人而异，同一新词语在不同研究者笔下被划归于不同类别的情况也不在少数。

为此，本节在对《人民日报》标题中新词语语义类别进行分类的过程中，着重参考梅家驹等主编的《同义词词林》（上海辞书出版社，1983 年版）中的词义分类法。该书收词近 7 万个，在词义分类体系创建过程中，编写者参考了英国、日本、德国、苏联等国家的词汇分类成果，并根据汉语自身的特点，确定了

① 刘晓梅：《当代汉语新词语研究》，厦门大学博士学位论文，2003 年，第 13～15 页。

② 亢世勇等：《现代汉语新词语计量研究与应用》，北京：中国社会科学出版社，2008 年版，第 60～61 页。

③ 常志斌：《略析新时期新词语在报纸媒体中的传播》，载于《上海交通大学学报》（社科版），2001 年第 4 期。

"以词义为主，兼顾词类，并充分注意题材的集中"的分类原则。全书共分 12 大类、94 中类、1428 小类。① 出于研究的需要，本书对新时期《人民日报》标题中的 3977 条新词语进行语义分类时只分到中类为止。各类别新词语具体分布情况见表 3−6：

表 3−6 新时期《人民日报》标题新词语语义类别分布情况

语义类别		数量（个）	百分比（%）	新词语举例
大类	中类			
A 人	Aa	42	1.056	消费者、明白人、射手、得主、股民
	Ab	3	0.075	待业青年、失足青年、小姐
	Ac	2	0.050	阳光女孩、小白菜
	Ad	19	0.478	台胞、外来妹、港人、老外、陆生
	Ae	50	1.257	服务生、片警、儒商、体育记者、时装模特
	Af	36	0.905	外长、大腕、打工仔、业主、特区行政长官
	Ag	14	0.352	弃婴、两栖人、三孤、留守儿童、残疾人
	Ah	11	0.277	妈咪、抢修哥、的哥、的姐、男阿姨
	Ai	6	0.151	80 后、新生代、民二代、90 后、新军
	Aj	18	0.453	执委、红娘、营员、哥们儿、节目主持人
	Ak	1	0.025	力士
	Al	34	0.855	拔尖人才、拳王、实干家、访问学者、全能冠军
	An	15	0.377	路霸、车盗、疑犯、蛀虫、蛇头
合计		251（6.311%）		

① 梅家驹、竺一鸣、高蕴琦、殷鸿翔：《同义词词林》，上海：上海辞书出版社，1983 年版，自序第 5~6 页。

续表3-6

语义类别		数量(个)	百分比(%)	新词语举例
大类	中类			
B物	Ba	60	1.509	电子垃圾、旅游资源、军品、生资、热门货
	Bb	16	0.402	骨粒、农膜、薄膜、模块、网络
	Bc	2	0.050	框架、外包装
	Bd	5	0.126	夸克、数字地球、飞碟、流星、导航卫星
	Be	11	0.277	荒滩、荒坡、口岸、湿地、堰塞湖
	Bf	2	0.050	酸雨、厄尔尼诺
	Bg	20	0.503	核电、圣火、净水、PM1、DNA 指纹
	Bh	7	0.176	速冻蔬菜、市花、丰产林、袋装菜、种苗
	Bi	7	0.176	省鸟、肉鸡、肉禽、肉鸽、肉兔
	Bj	3	0.075	病毒、电脑病毒、计算机病毒
	Bk	3	0.075	干细胞、羽绒、杂骨
	Bm	10	0.251	名木、水煤浆、彩管、国石、标煤
	Bn	77	1.936	责任田、经济适用房、国道、防盗门、青藏铁路
	Bo	98	2.464	两弹、机顶盒、私家车、呼机、健身器
	Bp	89	2.238	区旗、区徽、保龄球、牌证、环境标志
	Bq	7	0.176	大沿帽、童装、李宁服、文化衫、大盖帽
	Br	35	0.880	碘盐、兴奋剂、国酒、保健茶、冰毒
合计		452(11.364%)		
C时空	Ca	53	1.333	联欢节、国际电影节、新时期、平安夜、赛季
	Cb	164	4.124	上海自贸区、楼市、药谷、生态城市、住宅区
合计		217(5.457%)		

续表 3－6

语义类别		数量（个）	百分比（%）	新词语举例
大类	中类			
D 抽象事物	Da	149	3.747	假新闻、棱镜门、悬疑、生态效益、免费午餐
	Db	15	0.377	框框、信息源、生源、清洁能源、血证
	Dc	15	0.377	开放式、企业形象、新景观、港式、病态
	Dd	133	3.344	教坛、警力、时间差、圈、封闭型
	De	22	0.553	心理素质、高科技、医德、球技、陶艺
	Df	51	1.282	光荣与梦想、星火计划、失落感、金牌意识、平常心
	Dg	30	0.754	克星、花架子、新长征、台阶、瓶颈
	Di	357	8.977	红衫军、金砖四国、限塑令、受贿罪、实名制
	Dj	143	3.596	均价、咨询费、足球彩票、契税、环保产业
	Dk	143	3.596	政治文明、条形码、远程教育、华语、现代舞
	Dl	18	0.453	非典、口蹄疫、甲型 H1N1 流感、疯牛病、癌魔
	Dm	101	2.540	央视、国台办、IBM、家长学校、两院
	Dn	52	1.308	失业率、深圳速度、增幅、开放度、上证综合指数
合计		1229（30.904%）		
E 特征	Ea	2	0.050	小而全、精短
	Eb	25	0.629	全自动、新潮、亮丽、靓、酷
	Ed	78	1.961	假劣、高端、牛、山寨、走俏
	Ee	10	0.251	阳刚、阳光、庸懒散奢、低调、弱智
	Ef	12	0.302	低迷、脏乱差、烂尾、拥堵、囧
合计		127（3.193%）		

续表 3-6

语义类别		数量（个）	百分比（%）	新词语举例
大类	中类			
F 动作	Fa	24	0.603	挥拍、持械、直拨、撂、托举
	Fc	6	0.151	回顾、对视、向前看、向钱看、回头看
合计		30（0.754%）		
G 心理活动	Ga	6	0.151	怕变、心灵美、贪大求全、有点烦、纠结
	Gb	27	0.679	寄望、关爱、期盼、反思、构想
	Gc	1	0.025	可控
合计		34（0.855%）		
H 活动	Ha	20	0.503	以党代政、三讲、对外开放、南南合作、参政议政
	Hb	22	0.553	毙伤、军控、平暴、移师、军演
	Hc	219	5.507	招录、下调、整合、公选、严管
	Hd	74	1.861	室内装饰、翻版、抢建、复印、试种
	He	158	3.973	代购、避税、融资租赁、限购、热卖
	Hf	37	0.930	搭载、导航、醉驾、差旅、飙车
	Hg	81	2.037	读博、择校、面试、产学研、克癌
	Hh	150	3.772	澳网、冲奥、罢赛、热播、试映
	Hi	171	4.300	微聊、吐槽、@、茶叙、约访
	Hj	166	4.174	热恋、入住、晒、房展、打拼
	Hm	41	1.031	判令、打拐、受案、批捕、微博自首
	Hn	60	1.509	赌球、盗采、网络犯罪、洗钱、贩假
合计		1199（30.150%）		

续表 3－6

语义类别		数量（个）	百分比（%）	新词语举例
大类	中类			
I 现象与状态	Ia	1	0.025	强震
	Ib	5	0.126	减肥、瘦身、早逝、伤残、过劳死
	Id	46	1.157	倒损、凸显、垮塌、畅流、喷灌
	Ie	23	0.578	集散、连体、三通、哄抢、外逃
	If	47	1.182	脱困、狂胜、落马、出局、刑拘
	Ig	58	1.458	休会、暂停、停售、断奶、停机
	Ih	170	4.275	标准化、翻番、抽紧、攀升、通缩
合计		350（8.801%）		
J 关联	Ja	1	0.025	彰显
	Jb	4	0.101	同步、勇挫、力挫、超临界
	Jc	3	0.075	搭配、双赢、磨合
	Jd	32	0.805	突发、回流、解困、浮出水面、蒸发
	Je	46	1.157	斩获、夺魁、力促、扳回、拉动
合计		86（2.163%）		
K 助语	Ka	2	0.050	实时、顶风
合计		2（0.050%）		
总合计		3977（100%）		

由表 3－6 可知，新时期《人民日报》标题中的 3977 条新词语的语义类别在大类上分布比较广，除了《同义词词林》中第 L 类“敬语”以外，其余 11 个大类均有分布，说明新时期《人民日报》新闻报道关注的面比较广。不过从各大类中的新词语数量来看，差异比较大。其中数量最多的是 D 类（抽象事物，30.904%）和 H 类（活动，30.150%），其次是 B 类（物，

11.364%）、I 类（现象与状态，8.801%）、A 类（人，6.311%）、C类（时空，5.457%）等，最少的是 K 类（助语，0.050%）、F 类（动作，0.754%）、G 类（心理活动，0.855%）。各大类新词语分布数量的差异反映了新闻报道的一般属性，即对与新闻有关的事件、人物、活动、时间、地点等因素比较关注。

从大类中的中类来看，在《同义词词林》所划分的 94 个中类中，《人民日报》标题新词语涉及 80 个中类，但各中类下新词语的数量分布并不均匀。以新词语分布数量最多的 D类（抽象事物）和 H类（活动）为例。D类（抽象事物）新词语主要集中于 Di（社会、政法，8.977%）、Da（事情、情况，3.747%）、Dj（经济，3.596%）、Dk（文教，3.596%）、Dd（性能，3.344%）、Dm（机构，2.540%）等方面。H类（活动）新词语主要集中于 Hc（行政管理，5.507%）、Hi（社交，4.300%）、Hj（生活，4.174%）、He（经济活动，3.973%）、Hh（文体活动，3.772%）等方面；而 Ha（政治活动）、Hb（军事活动）类新词语数量最少，分别只有 0.503%、0.553%。这反映了新时期《人民日报》新闻报道对国家有关部门与机构的行政管理活动以及人民群众的往来、生活、经济与文化教育体育等活动关注度较高。

此外，《人民日报》标题新词语在语义类别上所呈现的特点也验证了两个方面的内容。

第一，与新词语词类分布情况基本相符。鉴于《同义词词林》在词义分类时坚持“以词义为主，兼顾词类”的分类原则，12 个大类中，A—D 类多属于名词，E 类多属于形容词，F—J 类多属于动词，K类多属于虚词。[①] 从对《人民日报》标题中的3977个新词语语义归类的结果来看，K类（助语）新词语只有2条，占比0.050%。其余99.950%的新词语多属于名词、动词、形容词，其中多属于名词、动词的新词语累计占比96.759%。这与上一节《人民日报》标题新词语的词性分布特征中得出的结论基本一致，也与新时期汉语新词语词性分布的整体面貌相符。

第二，与当代汉语新词语语义类别上的整体面貌基本相符。据于龙杰（2007）对1978年以来新闻语体中14938个新词语的语义归类结果，新词语在语义类别上分布于除L类（敬语）外的11个大类中，且多集中于D类（抽象事物，28.294%）、H类（活动，34.278%）、A类（人，18.799%）、B类（物，11.598%）等，K类（助语）新词语分布数量最少（0.176%）。在新词语数量最多的D类、H类中，新词语多分布于Dk（文教，8.436%）、Di（社会政法，5.624%）、Dj（经济，5.097%）、Dm（机构，4.921%）、He（经济活动，9.139%）、Hj（生活，7.03%）、Hi（社交，4.754%）、Hg（教卫科研，4.218%）、Hh（文体活动，2.987%）等中。[②] 这与本书有关《人民日报》标题新词语的语义归类结果基本相符。

不过两份研究结果也有少量差异，如本书中A类（人）新词语数量相对较低（6.311%；18.799%）[③]，I类（现象与状态）新词语则相对较多（8.801%；0.88%），这可能与语料差异有关。

---

① 梅家驹、竺一鸣、高蕴琦、殷鸿翔：《同义词词林》，上海：上海辞书出版社，1983年版，自序第5~6页。

② 于龙杰：《新词语在新闻语体中的应用研究》，山东大学硕士学位论文，2007年，第19~22页。

③ 括号中的前者为本书的调查结果，后者为于龙杰（2007）的调查结果。下同。

（二）标题新词语与当代中国社会

新时期《人民日报》标题新词语语义涵盖面广，所涉领域较多，是当代中国社会复杂变迁的真实写照。如“南南合作、南北对话、参政议政、对外开放、三个代表、三讲、微博问政”等反映了政治领域的新现象与新观念；“期货交易、中外合资、拳头产品、贴息贷款、热销”等体现了经济领域的新变化；“拳王争霸赛、商演、选秀、辩论赛、玫瑰之约”等展现了文化生活的丰富多彩；“大款、歌星、服装模特、白领、月嫂、工薪族”等勾画了新社会的阶层结构图；“数码相机、手提电脑、可视电话、彩色电视、私家车、电视购物”等是百姓生活进步的写照；“绿色食品、绿色公交、绿色建筑、绿色银行、绿色奥运、绿色农业、绿色产业、绿色企业、绿色消费、绿色出行、绿色产品”等反映了人们对环境与健康的不懈追求；等等。这些新词语所涉领域广泛，大到国家方针政策，小到百姓日常生活，是了解当代中国社会变迁的一把金钥匙。

绝大部分新词语真实再现了当代中国社会积极进步的一面，但也有部分新词语揭露了相关社会问题或阴暗面。如《人民日报》标题新词语语义分类中，An（丑类）、Hn（恶行）两类中的新词语分别有 15 条（0.377%）、60 条（1.509%）。如“房姐、房妹、铺叔、案犯、车匪路霸、蛀虫”等新词语与“最美妈妈、廉内助、抢修哥、道德模范”等形成了鲜明对比；“吃拿卡要、以权谋房、公款吃喝、权钱交易、庸懒散奢”等与社会所倡导的“三个代表、八荣八耻、三讲、五讲四美三热爱、正能量”等格格不入。

此外，其他语义类别中的部分新词语也从不同方面揭示了社会中存在的问题。如“躲猫猫、户多多、楼陷陷”等折射了相关行政主管部门管理上的疏漏；“单亲家庭、艾滋病致孤儿童、留守老人、留守儿童、弃婴、三孤”等再现了社会弱势群体的艰难处境；“问题奶粉、伪劣商品、注水肉、二手烟、冰毒”等反映了百姓生活与健康中存在的问题；“恐怖行为、藏独、台独、平暴、棱镜门”等说明了社会大环境并不太平；“群租、开胸验肺、被考研”等则体现了部分社会群体的无奈之举；“京骂、网络侵权、杀熟、飙车、醉驾”等则体现了不文明行为亟待规范。

总之，语言是社会的一面镜子，新词语也不例外。新闻媒介中新词语语义类别上的鲜明特征一方面反映了新时期我国新闻报道所关注的领域和侧重点，另一方面也是当代中国社会现实的真实反映。这些新词语真实记录了新时期我国社会诸多领域的变迁轨迹，勾勒了一幅幅或华丽或沉重的画卷。不管是反映社会积极方面的新词语，还是消极方面的新词语，都值得我们持续关注并探讨。

四、新时期《人民日报》标题新词语的时间段分布

本小节对标题中新词语的时间分布情况的研究主要以本书所依托的《人民日报》标题语料库中新词语使用的时间为准，且当同一个新词语在标题语料中重复出现时，只统计其最早出现的时间（见表 3-7）。

表 3-7 新时期《人民日报》标题新词语年度分布情况

年份	数量	年份	数量	年份	数量	年份	数量	年份	数量
1978	35	1987	126	1996	121	2005	108	2014	69
1979	50	1988	158	1997	108	2006	131	2015	65

续表3－7

年份	数量	年份	数量	年份	数量	年份	数量	年份	数量
1980	81	1989	140	1998	131	2007	86	合计	3977
1981	76	1990	104	1999	92	2008	65		
1982	93	1991	90	2000	127	2009	75		
1983	123	1992	120	2001	107	2010	105		
1984	124	1993	107	2002	108	2011	84		
1985	134	1994	127	2003	130	2012	80		
1986	141	1995	128	2004	132	2013	96		

为了更直观地观察新时期《人民日报》标题新词语在不同时间段出现数量的总体分布情况，下面以每3年为一个观测点创建新词语数量走势图（如图3－1所示）。

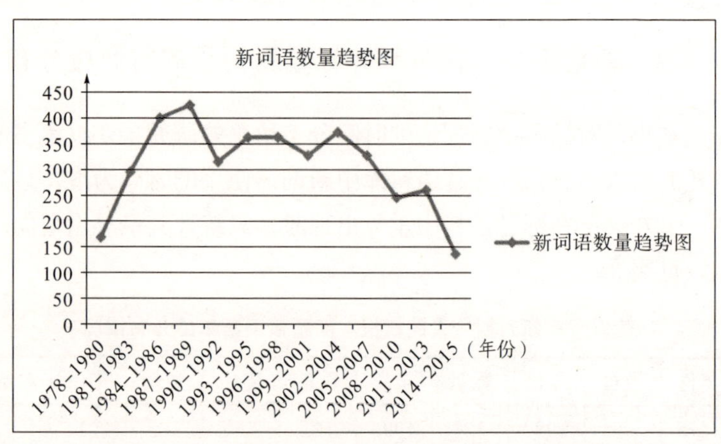

图3－1　新时期《人民日报》标题中新词语走势图

由图3－1可知，1978—1989年《人民日报》标题新词语数量直线上升，在1987—1989年达到最高值，1990—2004年数量虽有所下降，但逐渐进入一个相对稳定时期，2005年后呈明显下滑趋势。不过，总体而言，相对于改革开放初期，标题中各年份的新词语数量均有所增加，只是增加的幅度有高有低。即便是在2005年后新词语数量呈下降趋势，但这期间年度新词语最低数量（2008年）依然超过了改革开放初的1978—1979年。

新时期《人民日报》标题新词语不同时间段的分布情况大致反映了改革开放以来汉语新词语的分布情况。改革开放以来，在社会急剧变迁的同时，各种新事物、新现象、新观念等如雨后春笋般涌现，客观上催生了汉语新词语数量的急剧攀升。有学者统计，20世纪80年代以来汉语新词语年均约700条[①]，90年代年均为300～400条。[②] 而21世纪以来，据各年度新词语词典的统计，近十年来每年新增新词语数量约500条。三个不同时间段的新词语数量分布显示80年代新词语数量最多，90年代开始则有所下降，这也在本书统计的《人民日报》标题新词语中得到了反映。

不同的是，21世纪以来，特别是2004年后，标题新词语数量呈较明显的下降趋势，这从图3－1中可直接观察到。近十年《人民日报》标题新词语的下降趋势与本书所调查的新词语的特征有密切的关系，同时也与《人民日报》的用语习惯有密切的关系。

具体而言，本章对新词语的研究所依托的新词语词典可分为两种类型：一种为多年本新词语词典，如于根元、周洪波、亢世勇等分别主编的新词语词典；另一种为编年本新词语词典，如2006年后的各年度新词语词典。多年本新词语词典由于其收词

① 王铁昆：《10年来的汉语新词语研究》，载于《语文建设》，1991年第4期。

② 张志毅、张庆云：《新时期新词语的趋势与选择》，载于《语文建设》，1997年第3期。

时间跨度相对比较大，少则10年，如《现代汉语新词词典》《新华新词语词典》；多则20余年，如《新词语大词典》，在这类多年本新词语词典中，有部分新词语已经有比较高的认知度和稳定性。而编年本新词语词典则不同，“它的主要功能不在于规范、规定，而在于实录、描写”[①]。年度新词语词典在功能及编纂上的特征决定了年度新词语与多年本新词语在稳定度上的差异，这种差异同样也体现在本研究所调查的《人民日报》标题新词语中。据统计，新时期《人民日报》标题的3977条新词语中只有187条来源于年度新词语词典，仅占年度新词语的3.759%，其余3790条新词语均来源于多年本新词语词典，占24.758%。这说明，新时期《人民日报》标题多倾向于采用时间相对较长、稳定度较高的新词语。

另外，年度新词语在《人民日报》标题中的分布数量较少，与《人民日报》长期以来的用语习惯有着密切的关系。《人民日报》作为中共中央机关报，是我国传媒的风向标，历来在用语方面讲究典雅、规范、严谨。相比而言，较为稳定的多年本新词语更符合其用语习惯。而在实录、描写原则指导下收集的编年本新词语词典则因其自身存在的临时性、偶发性、短时性等因素而明显不符合《人民日报》的语用习惯。

① 侯敏、周荐：《2007汉语新词语》，北京：商务印书馆，2008年版，后记第258页。

五、新时期《人民日报》标题新词语的版面分布及成因

（一）标题新词语的版面分布情况

媒介，尤其是报纸在版面设置和内容安排上往往有严格的规定。以《人民日报》为例，其版面设置非常讲究，不同版面的地位差别很大，目标读者群的定位亦各不相同，这极有可能影响语言的选择。因此，结合新词语版面分布情况研究标题新词语非常有必要。下面对本研究 3977 条标题新词语在《人民日报》标题中的版面分布情况展开相关探讨。

本研究 3977 条标题新词语在标题语料库中累计分布在 26756 条标题中。[①] 经统计，其版面分布情况见表 3-8：

表 3-8 新时期《人民日报》标题新词语版面分布情况

版面	数量（条）	百分比（%）	版面	数量（条）	百分比（%）	版面	数量（条）	百分比（%）
001	2760	10.315	009	903	3.375	017	159	0.594
002	3554	13.283	010	1404	5.247	018	259	0.968
003	2689	10.050	011	1276	4.769	019	196	0.733
004	2689	10.050	012	1008	3.767	020	185	0.691
005	1852	6.922	013	502	1.876	021	201	0.751
006	2317	8.660	014	561	2.097	022	251	0.938
007	1813	6.776	015	595	2.224	023	161	0.602
008	1008	3.767	016	335	1.252	024	78	0.292

① 这 26756 条标题中有重复的标题，即存在不同新词语分布在相同标题中的情况。统计时，对于少数新词语在同一标题中出现次数大于 1 的情况，本书均按照 1 次来统计。下同。

由表3-8可知，总体上来看，新时期《人民日报》标题的3977条新词语在前6版分布数量最高，累计达到59.280%，其中分布数量最多的是第2版（13.283%）；另有35.151%的新词语分布于第7-16版；标题新词语累计分布数量最低的是第17-24版，仅占5.569%，其中在所有版面中第24版分布数量最低（0.292%）。这说明，新时期《人民日报》标题新词语主要分布于前16版（94.431%），尤其是前6版（59.280%）。

（二）标题新词语版面分布情况成因

新时期《人民日报》标题新词语分布情况与《人民日报》版面沿革以及新词语本身的特征有密切的关系。具体来说，新时期《人民日报》的版面发生了较为明显的变化，尤其在版面数量方面增幅明显，见表3-9：

表3-9 新时期《人民日报》版面数量沿革情况①

时间	版数统计
1978.01.01—1979.12.31	6个版面
1980.01.01—1994.12.31	8个版面
1995.01.01—2003.01.01	12个版面
2003.01.02—2009.06.30	16个版面
2009.07.01—2010.01.03	20个版面
2010.01.04至今	24个版面

总体上看，新时期《人民日报》版面数量呈递增趋势，由6个版面逐渐递增到24个版面，增加了4倍。《人民日报》版面数

① 此表参考了殷晓锐：《社会变迁与〈人民日报〉改版研究（1978—2012）》，南京大学硕士学位论文，2012年，第9页。

量的变化影响了标题新词语的分布。长期以来，前6版是《人民日报》的重要新闻版，肩负着传播国内外重要消息的使命，是国家领导人着重关注的版面。其在传播国内外最新消息的同时，不可避免地也传播了新词语。因此，对前6版标题新词语数量分布较多的现状也就不难理解了。而与前6版相比，《人民日报》其他版面的产生时间相对较短，重要性方面远不如前6版，版面内容的稳定性也略低，这势必会影响其新词语的分布。

另外，《人民日报》标题新词语分布情况也与标题新词语本身的特征有密切的关系。这些新词语的特征主要体现在两个方面：

第一，与标题新词语所指称的内容有密切的关系。

上一小节在对3977条新词语的词义类别进行划分时曾谈到，标题新词语较多地集中于社会、政治法律、经济、文教体育、行政管理、机构等方面，如“863计划、长江学者奖励计划、城市居民最低生活保障、四项基本原则、行政法规、一国两制、厂长负责制、退耕还林、富民政策、义务教育法”等与国家大政方针或相关法律法规等有密切的关系；“两伊战争、海湾战争、非典、甲型H1N1流感、昆交会、奥运会、青奥会、光盘行动、疯牛病”等新词语反映了一定时期的社会热点事件。这些新词语所指称的内容对全社会来说具有重要意义，因此出现在《人民日报》标题重要版面的概率也相对较高。

第二，与标题新词语自身的稳定性有密切的关系。

由于本研究将新词语的时间范围限定在改革开放以来，标题中相当一部分新词语已经经历了较长时间的检验或传媒的推广，其稳定性比较高，在社会上已经有较高的流通度和认知度，其中如“艾滋病、白领、白色污染、城市病、宠物、传媒、出台、打拐、二手烟”等新词语已经被收录进权威辞书《现汉》（第6

版）。报刊编辑在使用这些已经比较成熟的新词语时相对来说自由度比较高，完全可以根据新闻信息的需要自由决定其所在的版面。但有一部分新词语由于其稳定性比较欠缺，或者使用领域受限制，较典型的如网络热词，作为权威报刊的《人民日报》在使用这类新词语时比较慎重，一般而言数量少，且版面相对来说较为靠后。

笔者对《新华网络语言词典》（汪磊主编，商务印书馆，2012 年版）中所收录的 1612 条纯汉字型网络词语在《人民日报》标题语料库中的使用情况进行了检索，发现只有 134 条（占比 8.313%）网络词语出现在本书的标题语料中（见表 3-10）。这些网络词语共分布在 524 条标题中，其中有 32.443%为第 1—6 版，52.672%为第 7—16 版，14.885%为第 17—24 版。这说明《人民日报》标题中的网络词语主要分布于前 6 版以外的版面（67.557%），与上文对 3977 条标题新词语的版面统计情况形成了鲜明的对比。

当然，需要说明的是，网络词语与新词语并不完全等同，网络词语也分新旧，但毫无疑问，有一部分新词语最初流行或起源于网络。如本书中就有 65 条这类纯汉字型网络新词语（见表 3-10）分布于 372 条标题中，其中 32.258% 为第 1—6 版，52.151%为第 7—16 版，15.591%为第 17—24 版。这说明，《人民日报》标题中这类最初流行或起源于网络的 65 条纯汉字型新词语主要分布于前 6 版以外的版面中（67.742%），与 3977 条新词语的整体版面分布情况依然存在明显的差异。

表 3-10 新时期《人民日报》标题中纯汉字型网络词语以及网络新词语

134 条纯汉字型网络词语	65 条纯汉字型网络新词语
百度、版主、博客、博客圈、草根、潮、冲浪、穿越、闯关、打包、大牛、电子版、电子出版物、电子贸易、电子商务、电子书、电子图书、电子邮件、电子邮箱、电子游戏、电子政府、动漫、躲猫猫、恶搞、发飙、防火墙、访问量、粉丝、给力、攻略、谷歌、官方网站、官网、黑、黑客、黑名单、后起之秀、互联网、激活、囧、纠结、乐活、楼脆脆、楼主、路由器、驴友、论坛、门户网站、萌、奶爸、男神、年轮、牛、牛人、拍客、杀毒软件、晒、山寨、山寨版、闪存、上传、上网、上网卡、上线、视频、视频会议、数码、刷新、搜索、搜索引擎、淘、淘宝、贴吧、吐槽、团购、推手、网吧、网报、网虫、网店、网格、网购、网关、网警、网恋、网络安全、网络版、网络暴力、网络犯罪、网络教育、网络经济、网络警察、网络流行语、网络文化、网络文学、网络小说、网络银行、网络隐私、网络游戏、网络语言、网民、网名、网商、网上办公、网上报名、网上调查、网上银行、网上招聘、网上支付、网上直播、网校、网页、网瘾、网游、网友、网站、微博、微博时代、微博问政、猥琐、无线城市、无线上网、下载、秀、虚拟世界、因特网、用户、邮件、域名、远程会诊、远程教育、远程控制、在线、资源共享	版主、潮、冲浪、打包、电子出版物、电子商务、电子书、电子图书、电子邮件、电子游戏、动漫、躲猫猫、防火墙、给力、攻略、谷歌、黑、黑客、互联网、激活、囧、纠结、楼脆脆、萌、牛、拍客、山寨、山寨版、上传、上网、上网卡、上线、视频会议、数码、搜索引擎、吐槽、推手、网吧、网虫、网格、网关、网警、网恋、网络安全、网络犯罪、网络经济、网络警察、网络文学、网络银行、网民、网上银行、网上直播、网校、网页、网友、网站、微博、微博问政、下载、秀、因特网、域名、远程教育、在线、晒

新时期《人民日报》标题中网络词语①分布的版面较为靠后，这与网络词语本身的特征有密切的关系。一般而言，网络词语产生时间不长，且主要流通于网络，社会认知度不高，有的表意还不够明确，甚至词品低下，这些因素制约了其在大众媒介尤其是《人民日报》这种传统权威的纸质媒介上的通行度以及版面分布。

① 含流行或起源于网络的新词语。下同。

正因为如此，当《江苏给力“文化强省”》这样的新闻标题出现在《人民日报》（2010 年 11 月 10 日）头版头条时，舆论哗然，语言学界、新闻传播学界众多研究者纷纷发表看法，如吴永亮（2010）、丁柏铨（2011）、张鹭（2011）、冯丹丹（2012）、周丽颖（2013）等。其中丁柏铨的观点最有代表性，他从四个方面全面论述了《人民日报》头版头条使用网络热词“给力”现象为党报改革带来的启迪意义，指出“党报改革有着广阔的空间。……党报改革前景远大”①。

《人民日报》头版头条使用网络热词“给力”现象之所以引起学界的热烈关注，这与新词语“给力”本身的特征有密切的关系。作为一个带有较强娱乐色彩的网络热词，其流通的领域和使用主体均有一定的局限性。一般而言，《人民日报》“前 6 版以外的版面体现的话语风格可以比较活泼，而前 6 版则必须严肃、端庄甚至刻板，这已成为一种不成文的规定”②。很显然，“给力”的戏谑色彩、娱乐性与《人民日报》头版头条的严肃、庄重性互相矛盾，但《人民日报》却破除了这种常规矛盾，因此引起读者及学界的热烈反响。

这一现象也再次表明，作为党报领头羊的《人民日报》在新词语使用上存在着明显的版面限制，那些表意明确、稳定性较强、通行范围广的普通新词语在使用中版面局限性相对较小；相反，一些产生时间较短、表意较为模糊、通行范围窄或带有戏谑色彩甚至格调低下的新词语则或者出现在前 6 版以外的版面中，或者根本不会在《人民日报》中出现。

① 丁柏铨：《党报改革有着广阔的空间——由“给力”进〈人民日报〉头版头条标题引发的思考》，载于《新闻记者》，2011 年第 4 期。

② 丁柏铨：《党报改革有着广阔的空间——由“给力”进〈人民日报〉头版头条标题引发的思考》，载于《新闻记者》，2011 年第 4 期。

第三节 新时期《人民日报》标题新词语使用的价值

《人民日报》作为党报的领头羊，是我国舆论的风向标，是国际社会了解中国的窗口，肩负着重要的历史使命。其标题中新词语的使用有着积极的意义，具体表现在以下几个方面。

一、加快新词语成熟的步伐

李宇明（2007）曾将传媒欠发达年代的新词语传播比作“蛙跳”[①]，而在现代传播技术日新月异、传播主体与传播渠道多元化的今天，新词语的传播则达到了史无前例的速度。就使用频次而言，新词语在大众传媒尤其是《人民日报》中的使用频次越高，社会认知度就越大，成熟的速度也就越快，稳定性就越强。

本书所涉及的3977条标题新词语在《人民日报》标题语料库中使用频次不等，多则605次，少则仅有1次。本节以使用频次最高的前100条新词语为例，见表3－11：

表3－11 新时期《人民日报》标题中前100条相对高频的新词语[②]

序位	新词语
1－10	工程、开发、投资、外长、奥运、研讨会、启动、信息、纪实、非典
11－20	推出、机制、环保、对话、开放、科研、环境、网络、监管、世界杯

① 李宇明：《发布年度新词语的思考》，载于《光明日报》，2007年8月24日第010版。

② 表3－11所列新词语均按其频次降序排列。

续表3－11

序位	新词语
21－30	欧盟、武警、女排、致富、出台、绿色、扶贫、社区、农民工、开通
31－40	打造、联大、提升、北约、力度、转型、体制改革、亚太、应对、节能
41－50	纪委、媒体、大赛、大陆、改革开放、民柬、品牌、健身、调研、男篮
51－60	电脑、落幕、特区、下岗、海湾、同比、回归、构建、乡镇企业、消费者
61－70	艾滋病、纪检、联网、廉政、责任制、平台、法治、欧共体、手机、精神文明
71－80	三个代表、友协、软件、反腐、高效、新高、公务员、违规、峰会、国企
81－90	巴解、残疾人、核电、网站、亮相、新风、共同体、新任、亚运会、股市
91－100	联手、女足、热点、中国特色、两会、违纪、春运、夺冠、对外开放、国有企业

据考证，这100条相对高频的新词语中有78条已被权威辞书《现汉》（第6版）收录，如“工程、开发、投资、外长、推出、非典、纪实”等。其余没有被收录的新词语如“奥运、研讨会、世界杯、女排、体制改革、亚太、纪委、男篮、消费者、反腐、残疾人、亚运会、中国特色、女足、两会、对外开放”等也已是家喻户晓。

结合这100条相对高频的新词语在本书《人民日报》标题语料库中初次出现的时间来看，1978—1989年有70条，如“外长、世界杯、亚运会、联大、新风、海湾、工程、科研”等，1990—1999年有26条，如“联网、力度、启动、健身、出台、调研、绿色、联手、国有企业”等，2000年（含）后有4条，如“打造、三个代表、平台、非典”。说明本书所用语料中这些相对高频的新词语产生的时间越早，在标题中出现的频率越高，成熟度越大。显然，新词语的成熟离不开传媒的推广和使用，尤其是《人民日报》这样的中央大报，其标题中对新词语的运用具有非常直观而积极的影响力。

再以上文提到的网络热词“给力”登上《人民日报》头版头条为例。据《法制晚报》报道，自2010年11月10日《人民日报》头版头条使用“给力”以来，当月12—15日，新闻标题或内容中使用“给力”的文章有4000余篇。[①] 在传媒的大力推动下，“给力”已被权威辞书《现汉》（第6版）收录。毫无疑问，“给力”成为传媒热词与《人民日报》的初次使用有密切的关系。

二、促进新词语的规范化

李宇明曾在论述媒体与语言规范之间的关系时谈到：“媒体在传播语言的同时，也在传播语言规范。”[②] 新词语由于其“新”这一特点，在使用的初期在读音、词形、语用等方面存在诸多不确定的环节。经过大众媒介的传播与推广，这些不确定的环节逐渐走向规范与统一。据香港城市大学语言资讯科学研究中心建立的“中文各地共时语料库”（LIVAC），部分新词语如“手机、Internet、e-mail、方便面”等在我国的北京、上海、香港、台湾以及新加坡五地媒体中均有多条对应词语，即便是同在内地的

① 李洪鹏、李莎莎：《11月网络热词　光棍节最受关注》，载于《法制晚报》，2010年11月30日。

② 李宇明：《大众媒体与语言》，见姚喜双、郭龙生主编：《媒体与语言——来自专家与明星的声音》，北京：经济科学出版社，2002年版，第38页。

上海、北京两地也有区别。但经过一段时间的发展演变后，以上新词语的词形逐渐得到了确定。①

近年来，随着媒介环境的变迁，传媒中新词语尤其是网络新词语的使用越来越普遍，客观上增强了媒介语言的表达力和时代感，但与此同时，媒介语言中新词语使用上存在的生造、泛滥、词品低下等不规范现象严重影响了媒介语言的质量，这在地方小报以及网络新闻中尤为突出。《人民日报》由于其党报这一特殊地位，其读者群覆盖面广，上至国内外政要，下至普通百姓，因此在语言运用上一贯秉持着严谨、规范的态度，即便是在新词语的使用上也不例外。

在本次调查的3977条标题新词语中，相当大一部分新词语流传的时间相对比较久，社会认知度比较高，规范性强。即便是少部分网络新词语出现在标题中，但数量少，且主要限于社会认知度高、词义明确、词形规范、词品较高的新词语。至于网友聊天时常用的网络词语如“灭绝师太”（对特殊类型女性的戏谑称呼）、“单脚拉屎”（比喻危险）、“桑害”（“伤害”的谐音）、“鸡冻”（“激动”的谐音）、93110（就想见见你）、IMO（“In my opinion”，在我看来）等，或者表意不明确，或者词品低俗，均未在本研究的标题语料中出现。

再以标题新词语中纯汉字型新词语以外的新词语（以下简称“特殊类型新词语”）为例。这类新词语累计只有59条，占标题新词语总数的1.484%。其中包括网络符号1条，如“@”；数字词3条，如“80后、90后、863计划”；其余55条全部为字母词，其大致分类如下：

① 邹嘉彦、游汝杰：《全球华语新词语词典》，北京：商务印书馆，2010年版，前言第1~7页。

经济领域：A 股、B 股、CEPA、CEO、ECFA、GDP、GNP、P2P、K 线、VC。

机构组织：BBC、CCTV、CUBA、CNN、IBM、IMF、ISO、NBA、WTO。

文化娱乐健康：CBA、H7N9 禽流感、SARS、甲型 H1N1 流感、KTV、甲 A、甲 B、卡拉 OK、DNA、DNA 指纹、CT。

科技与产品：CAD、CPU、GPS、3D、LD、BP 机、CD、DVD、IC 卡、IP 电话、PC、VCD、WAP 手机、ATM。

军事：NMD、TMD。

其他：IC、IP、SOS、WAP、PM1、OK、DIY、IT、AB 角。

以上 59 条特殊类型的新词语一部分为专有名词，其他主要集中在经济、文化娱乐健康、科技与产品等领域，社会认知度普遍比较高，并且其中无一条来源于网络，规范性很强。

总之，新时期《人民日报》标题新词语的使用规范性比较强，无论是普通新词语，还是网络新词语、字母词等方面均体现出较高的规范性，这些新词语语义明确、词形规范、词品高雅，且绝大多数社会认知度高、稳定性强，体现了《人民日报》语言运用上一贯秉持的严谨、规范态度，无形中成为其他媒介新词语运用的风向标和参照系，这在客观上极大地促进了新词语的规范化。

三、推动党报语言革新的进程

一直以来，包括《人民日报》在内的党报在语言运用上严格秉持着严谨、规范的用语习惯，这对我国媒介语言的规范化起到了积极的引导和示范作用。但新时期，在传播格局多元变迁、媒介生态环境日益复杂的情况下，呼唤党报语言革新的声音越来越响亮，党报语言革新的必要性越来越突出。

作为中共中央机关报的《人民日报》，历来是我国传媒的风向标。其标题语言中新词语的积极运用，必将对我国党报语言革新起着积极的促进作用。以网络热词为例，除了本章所调查的“给力、囧、纠结、萌、山寨、吐槽、晒、版主、户多多、躲猫猫、楼脆脆”等网络热词纷纷出现在《人民日报》标题中外，实际上如果将语料规模扩大的话，不难发现，近年来流行的网络热词或流行语如“喜大普奔”“不明觉厉”“躺着也中枪”“点赞”“雷”等，甚至一些格调不高的热词如“屌丝”“拼爹”等都在《人民日报》中不难寻觅。这些极具时代感的网络热词或流行语在官方媒体中的使用丰富了报刊用语，拓展了报刊语言表达的空间，同时也增强了新闻语言的表达力和亲和力，拉近了传者与受众之间的距离。

在党报日益面临着被边缘化危险的今天，《人民日报》新闻报道积极使用新词语尤其是网络热词，必将对我国党报语言革新产生积极而深远的影响。

四、凸显语言资源价值，提升“语言服务”力度

“语言更是一种文化资源，是同森林资源、矿产资源、水资源一样重要、不可再生的国家资源。”① 作为语言资源一部分的传媒新词语，是一定时期语言生活实态及社会生活的真实记录与观照。随着大众媒介对新词语的使用与推广，一部分反映国情、民生的新词语所反映的现象有可能进入地方或中央政府决策层的视野，并产生一些意想不到的效果。

以本研究中的新词语“群租”为例，“群租”是对当前我国大中型城市尤其是一线城市低收入群体住房现状的真实反映。自

① 王铁琨：《语言使用实态考察研究与语言规划——发布年度语言生活状况报告的思考》，载于《语言文字应用》，2008年第1期。

2007年8月教育部公布该词以来，群租现象经过新闻媒体的传播与推广，迅速成为社会热点话题，进而引起了相关部门的多方关注，不少地方政府相继出台了一系列治理群租现象的法律法规。如2013年7月18日，北京市住建委与北京市公安局等部门联合印发了《关于公布我市出租房屋人均居住面积标准等有关问题的通知》，明文规定："出租住房的每个房间居住的人数不得超过2人；人均居住面积不得低于5平方米。"① 另外，上海市政府于2014年5月1日起正式实施的《关于修改〈上海市居住房屋租赁管理办法〉的决定》也提出了类似的治理群租现象的新规。此外，据调查，近年来国家加大力度推行的廉租房、公租房等措施与整顿群租现象也不无关系。

《人民日报》标题中类似的能产生较强社会效应的新词语还有"房姐、房妹、铺叔、躲猫猫、开胸验肺、楼脆脆、楼陷陷、户多多"等，这些浓缩了社会热点事件的新词语经过《人民日报》的传播，能促使相关行政主管部门对新词语所指现象的密切关注，提高行政监管力度。

这充分表明，《人民日报》对新词语的传播已经不再仅仅局限于作为传播载体与工具的范畴，其传播价值突破了语言学与传播学的范畴，为国家政治、经济、文化、生活等方面的健康发展提供了无形的帮助。

第四节　本章小结

本章以120万字的《人民日报》标题为语料，以新时期出版的较为规范、影响力比较大的新词语词典为依托，从音节、词

① http://zhengwu.beijing.gov.cn/gzdt/gggs/t1316903.htm.

性、语义、时间、版面五个方面对《人民日报》标题中的 3977 条新词语进行了探讨，结果发现：

第一，在音节上，新词语主要集中于 2～4 个音节（95.891%），其中双音节新词语占绝对优势（60.669%）。但受报纸版面、发行时间的制约，与新词语整体音节分布相比，标题新词语在音节长度上偏短；在词性上，名词、动词两大类实词占绝对优势（97.309%），其余为形容词、副词、代词和量词，与新词语整体词类分布基本一致；在语义上，主要体现国家相关部门与机构的行政管理活动，人民群众的往来、生活、经济与文化教育体育等活动，反映了新时期《人民日报》在新闻报道中所坚持的主流报道方向；在时间上，相对于改革开放初期，标题中各年份的新词语数量均呈增加态势，其中 1987—1989 年新词语数量达到高峰，1990—2004 年新词语数量开始在下降中趋向平稳，2005 年后新词语数量明显下滑，这与本研究的结论——新词语自身具有较高的稳定性以及作为党报的《人民日报》长期以来严谨、规范的用语习惯有密切的关系。版面方面，新词语主要分布于前 16 版（94.431%），尤其是前 6 版（59.280%），第 16 版后新词语分布数量较少（5.569%），这与《人民日报》的版面特征以及本研究指出的新词语自身的特征有密切的关系。

第二，《人民日报》标题中新词语的使用有着积极的意义，在加快新词语成熟的步伐、促进新词语的规范化、推动党报语言革新的进程、凸显语言资源价值、提升“语言服务”力度等方面具有重要的作用。

第四章　新时期《人民日报》标题标记词研究

标题标记词即“只用于标题或在用于标题时有特定意义与用法的词”[①]，是标题区别于篇章的重要形式特征。本研究语料取材于《人民日报》标题，对其标题标记词的探讨有助于了解报道语体在标记词使用上的特征与规律。

第一节　新时期《人民日报》标题标记词的特征

为便于研究，本书以国内第一部标题标记词词典《标题用语词典》[②]（尹世超编，商务印书馆，2007 年版）为蓝本，对新时期《人民日报》标题标记词使用情况进行定量研究。

经过对《人民日报》标题语料库的调查，可以发现新时期《人民日报》标题累计使用了 1135 条标题标记词（含少量标题短语），这其中包括 17 条动名兼类词，如“对话、闲话、论、评

---

① 尹世超：《标题语法》，北京：商务印书馆，2001 年版，第 12 页。该词典将这类词称为标题用词，为了区别于前文的“标题用词”，本书将这类凡具有标题标记性特征的词语统称为标题标记词。

② 该词典“凡例”中注明共收条目约 4550 条。经统计，实为 4578 条。这 4578 条标题标记词中包含少量标题短语、标题格式、符号。本书将“为……喝彩”“兼与……商榷”“揭开……面纱”“与……亲密接触”“写在……的日子”等标题格式以及“+、=、≠”等符号排除在外。

论、记、小议、序、追记、致辞、颂、谈、简评、简析、题、赞、辨、走向”；1条名量兼类词，如“篇”；2条形名兼类词，如“边缘、新编”。所有兼类词均依据其词性分别计数。下文将从音节、词性、时间、语体等角度对1135条标题标记词分别进行探讨。

一、新时期《人民日报》标题标记词的音节特征

表4－1列出了新时期《人民日报》1135条标题标记词的音节特征：

表4－1　新时期《人民日报》1135条标题标记词的音节分布特征

音节数	1	2	3	4	5	6
数量（条）	118	838	132	34	10	3
百分比（%）	10.396	73.833	11.630	2.996	0.881	0.264
举例	角、库、令、版、卷	感赋、碎语、随感、掠影、启事	采访记、变奏曲、面面观	发展趋势、百科全书、行动纲领	回顾与瞻望、回顾和展望、调查与思考	政府工作报告、调查分析报告、联合新闻公报

由表4－1可知，新时期《人民日报》标题标记词的音节长度最长为6个音节，最短为1个音节。有95.859%的标题标记词为1～3个音节，其中2个音节占绝对优势（73.833%），其余4.141%的标题标记词为4～6个音节。

二、《人民日报》标题标记词的词性特征

因本研究1135条标题标记词在《标题用语词典》中绝大多

数都有词性标注[①]，在参照胡裕树主编的《现代汉语》教材中词性归类方法的基础上[②]，笔者将本研究所涉及的标题名词（包括方位词）、动词（包括助动词）、形容词、副词、量词、数量词、代词、代数量词归为实词，将连词、介词、助词归入虚词。各类词语的具体数量见表4—2：

表4—2 新时期《人民日报》1135条标题标记词词类分布情况

项目	词类	数量(条)	比例（%）	举例
实词	名词	532	46.872	散记、简历、箴言
	动词	486	42.819	话、兼议、纵论
	形容词	25	2.203	永远的、永恒的、新编
	副词	7	0.617	为什么、为哪般、缘何
	量词	7	0.617	篇、则、年
	数量词	2	0.176	一百年、百年
	代词	6	0.529	你我他、如此、如何
	代数量词	1	0.088	另一种
虚词	连词	8	0.705	因为、如果、与
	介词	6	0.529	为了、关于、沿着
	助词	2	0.176	且、被
其他	无词性标记成分	53	4.670	及其、之死、大比拼

由表4—2可知，新时期《人民日报》标题标记词词性分布范围较广，涉及11个小类，且绝大多数实词小类均有分布。从各小类的分布数量来看，实词占绝对优势（93.921%），其中以

① 少数标题格式、短语无词性标注。

② 胡裕树：《现代汉语》（重订本），上海：上海教育出版社，2008年重印版（1995年第6版，初版为1962年），第284～298页。

名词、动词两大类实词为最多（89.691%）。虚词数量极少，仅占 1.41%，并且虚词中语气词、叹词、拟声词等均无覆盖。

刘云、李菡（2006）在对标题中的语词标记（标题标记词）的词性进行研究时提出："动词标记是标题标记中最多的。""标题标记还是以使用动词性标记为主，名词性的标记在使用的频率上远不如动词性的标记。"① 但对《人民日报》标题标记词的词性分布情况进行统计可以发现，《人民日报》标题中，名词性标记数量最多，动词性标记次之。这种情况与研究对象的语体差异有关。

刘云、李菡在文章中所述标题没有区分标题次语体，而是将标题体作为一个总的论述对象，这些标题来自科技语体、文艺语体、公文语体、政论语体、报道语体、谈话语体等不同领域。受语体差异影响，标题标记词的词类分布并不完全一致。

本研究中的标题全部取材于新时期《人民日报》。作为大众传媒，《人民日报》的职责自然是向社会传播或报道最新消息，这在本质上决定了报纸标题的强报道性特征，因此一般较少使用标题标记词；另外，受标题报道性的影响，动词一般有较强的动作性，这与标题动词所具有的"一种粘着动词，不具备一般动词的许多语法功能"② 特征明显冲突。因此，以上因素客观上造成了《人民日报》标题标记词中动词性标记数量相对偏少的情况。

三、新时期《人民日报》标题标记词的时间特征

前文曾对新时期《人民日报》标题中新词语的使用情况进行

① 刘云、李菡：《标题中的语词标记面面观》，载于《江汉大学学报》（人文科学版），2006 年第 25 卷第 1 期。

② 尹世超：《标题语法》，北京：商务印书馆，2001 年版，第 19 页。

了定量研究，发现有 3977 条新词语出现在《人民日报》标题中。笔者将这 3977 条新词语与本章 1135 条标题标记词比对后发现，其中有 102 条新词语同时也属于标题标记词。具体如下：

案例、把脉、播报、策划、超市、潮、冲刺、出炉、触摸、打造、大比拼、大盘点、登陆、点击、点评、读懂、反思、访谈、风景线、浮出水面、感言、攻略、构想、黑、回放、会诊、火、记趣、纪实、寄望、叫板、揭秘、解读、界定、惊爆、精品、聚焦、侃、考评、链接、亮相、零距离、另类、掠影、落户、漫评、漫游、没商量、面面观、你我他、排行榜、盘点、品读、平台、评估、评介、评析、破解、曝光、曝光台、启动、起步、牵手、签约、前沿、前瞻、抢滩、情结、情系、趣谈、热线、热销、三步曲、扫描、闪亮登场、时空、拾趣、视角、视域、首发、首访、受聘、锁定、探秘、探析、透析、推介、误区、写真、新风、秀、研判、在线、彰显、直播、直击、重构、重塑、追索、综艺、纵论、走俏。

这 102 条词语具有双重身份，即在具备新词语的“新”这一特征时，又具有标题标记性。正是因为标题标记性的需求，有些新词语在作标题标记词时，在表意、句法功能等方面发生了新的变化。例如：“超市”，作新词语时表示购物的场所；作标题标记词时，词义外延明显扩大。如：

(1) 庐山“社区文化超市”活跃群众生活（《人民日报》，20040401-010）

(2) 爱心超市（《人民日报》，20050908-015）

以上两列中，“社区文化超市”“爱心超市”明显超出了“购物场所”的原义，泛指开展某种活动的场所。

再如，新词语“写真”最开始表示人体摄影，后引申为对某事物进行真实描写。作标题标记词时，只限于引申意义，词义的外延缩小了。如：

（3）“小公共”写真（《人民日报》，19940201－009）

以上 102 条词语中，作标题标记词时，词义发生变化的新词语还有“播报、点击、风景线、漫游、热线、扫描、时空、在线”等。

此外，作标题标记词时，还有部分新词语的句法功能发生了变化。如“签约”在标题中可直接带与事宾语：

（4）董方卓正式签约曼联（《人民日报》，20070118－012）

（5）视频网站、IPTV 纷纷“签约”好莱坞影视公司，引进版权（肩题）线上影片新鲜了（主题）（《人民日报》，20130124－012）

例（4）、例（5）的常规语序一般为“与曼联签约”“与好莱坞影视公司签约”。作标题标记词时，直接带了与事宾语。类似的还有“热销、探秘、聚焦”等。

总之，新词语作为标题标记词出现在标题中是新词语较高成熟度的体现，这在上列 102 条双重身份的新词语中不难发现，所有新词语均具有较高的认知度。这些新词语作为标题标记词在《人民日报》标题中的使用，一方面可以进一步提高并巩固新词语的熟知度，另一方面也有助于增强标题的吸引力。同时也说明，新时期《人民日报》标题语言对语言新成分不排斥、不拒绝，是党报语言创新的体现。

四、新时期《人民日报》标题标记词的语体特征

（一）语体、语体分类及语体词跨体使用

上一小节在分析《人民日报》标题标记词的词性特征时已提及语体问题。语体是人们在言语交际过程中，为适应特定交际场合、对象、目的等的需要而形成的一种功能性变体。因各家所依据的分类标准和原则不同，语体分类便各不相同。本书采取大众化的分类观点，即语体可分为谈话语体（口语语体）和书面语体，其中书面语体又可细分为科技语体、文艺语体、公文语体（事务语体）、政论语体、新闻语体（报道语体）等。本书的研究对象主要属于书面语体中的新闻语体范畴。

理论上讲，每一个言语成品都会打上语体的印记，以此区别于其他言语成品，这是语体封闭性的表现。但在具体的言语实践中，因交际内容、对象、场合、效果等的需要，某一语体的言语成品中会出现其他语体成分，如词语的跨体使用现象，这是语体开放性的体现。语体的封闭性和开放性特征表面上看似矛盾对立，但在实践操作中，将不同语体成分进行恰当的融合，可以收到非常好的表达效果。

（二）《人民日报》标题语体标记词

作为语言的功能性变体，每一种语体都有属于本语体的标记，这种标记相当于该语体区别于其他语体的身份标签，这在标题标记词中也有体现。如“呓语、赏评、赏析、赏读、赏鉴、散忆、冗谈、暇语、闲笔、偶感、游咏、咏怀”等标题标记词常出现在文艺语体类标题中；“浅解、浅论、探源、探寻、探析”等常出现于科技语体标题中；而“一句话新闻、短波、编者按、聚

焦”等则在新闻语体标题中不难寻觅。

为此，首先以本研究中按词性分布数量最多的标题名词、标题动词为考察对象，对其中较为典型的语体标记词进行语体分类。具体如下：

文艺语体标题标记词：

忆、忆念、有感于、设想、吟咏、怀、怀念、忧思、构想、咏、放歌、偶感、惦念、遐想、细语、缅怀、魂系、感怀、追记、有感、游、礼赞、走笔、抒怀、怀古、拾趣、拾穗、感恩、欣读、感叹、感受、感悟、追记、追问、追念、追思、漫忆、回忆、情系、情牵、情注、情迷、情暖、闲话（名词）、评论（名词）、二三事、三步曲、大事记、小引、小记、小说、山歌、日记、手记、札记、目击记、史、史话、印象记、记事、记实、记录、记胜、记游、记趣、对话录、协奏曲、曲、自传、杂感、壮歌、观后感、观感、欢歌、纪事、进行曲、作品选、作品集、沉思录、忧思录、评传、变奏曲、夜话、诗抄、诗话、诗钞、诗选、诗笺、诗集、奏鸣曲、故事、轶闻、选集、选编、笔记、笔谈、颂歌、恋歌、读书笔记、读本、读后、通史、琐忆、铭、剪影、随笔、随想、随感、赋、童话、寓言、献词、感言、感赋、简史、歌、歌谣、漫笔、趣事、趣闻、赞歌、随想曲。

公文语体标题标记词：

电贺、汇报、审视、审查、致词、解释、致辞、致电、致函、致信、签约、重审、贺、章、基本原则、公约、公报、公告、文件、方针、方案、方略、计划、办法、书、白皮书、议定书、议案、决议、决定、讲话、纪要、批语、批准书、声明、报告、报告书、来信、告示、条例、启事、手稿、初稿、纲要、表扬信、规划、规范、规定、法、法案、建议、指南、政府工作报告、草案、要点、研究报告、保护法、信、咨文、总结、宣言、祝词、祝酒词、说明、贺电、贺词、贺函、贺信、统计公报、档案、唁电、准则、家书、家规、调查分析报告、调查报告、通告、基本法、章程、悼词、联合公报、联合声明、联合新闻公报、暂行办法、暂行规定、蓝皮书、意见、管理办法、管理规定、管理法、题词、题辞、篇（名词）、令（名词）。

科技语体标题标记词：

调查、调查与思考、再考、再看、再说、再谈、再解、论述、补充、初评、初谈、看、重构、重温、重新认识、重新审视、重塑、论（动词）、评论（动词）、小议、谈（动词）、简评、简析、详析、解析、管窥、漫评、略析、考评、考略、再认识、再研究、再思考、论评、批评、评介、评议、评价、评析、补正、初析、述要、研讨、研究、点评、思考、思索、思辨、透析、透视、剖析、鉴赏、再探、评述、研判、商榷、评估、初探、探源、分析、探析、刮目相看、话、也说、也谈、且看、再论、评、初见、驳、纵论、重读、重提、说说、笑看、兼议、兼评、兼驳、兼谈、读懂、谈谈、喜读、答、读、评说、纵谈、浅议、浅析、浅谈、试论、品读、探索、略论、解读、漫话、漫说、漫谈、趣谈、析、刍议、浅见、琐谈、新思考、新探、新探索、新解、管见、辩、辨、小考。

新闻语体标题标记词：

直播、亲历、惊现、聚焦、揭秘、专访、访谈、播报、曝光、访、寻访、近访、夜访、首访、探访、聚焦、一句话新闻、专版、访问记、访谈录、报道、花絮、快讯、述评、采访记、采访录、周刊、周报、要闻、特刊、报、编者按、简讯、简报、新闻、新闻背景、开栏的话。

本研究的语料主体属于新闻语体范畴，理论上讲，标题专用词语应该多属于新闻语体。但通过对典型标题名词、标题动词语体进行分类可以发现，标题标记词中新闻语体、文艺语体、科技语体、公文语体等多种语体标记词语并存。多种语体标记词语在《人民日报》标题中的广泛使用，彰显了《人民日报》报道的基本方向，说明新时期党报所涉内容广泛。此外，各语体标记词的存在，也与标记词的跨体使用有关，对此将在下节详细介绍。

（三）《人民日报》标题标记词跨体使用现象

报纸标题作为一种特殊的言语成品，肩负着向社会传播新事物、新信息的职能，这决定了其传播载体内在的新闻语体属性，是语体封闭性的体现。但同时，因传播内容、传播对象、传播效果等的需求，传播者往往有意打破传统的单一语体限制，在某一语体中融入其他语体成分，实现语体的开放和交融渗透。这在客观上可以收到非常好的传播效果。

考察新时期《人民日报》标题不难发现，在《人民日报》的新闻报道中，标题标记词的跨体使用现象比较常见。下面以科技语体标题标记词的跨体使用现象为例：

（6）用“两指”代“两腿”（主题）——浅谈“会议电话”（副题）（《人民日报》，19880827-002）

（7）小议儿童刊名（《人民日报》，19800407-008）

（8）企业扶贫新探索（主题）——记“科龙模式”扶贫基地的建设（副题）（《人民日报》，19970505-010）

（9）学术打假刍议（《人民日报》，20060215-007）

（10）加强基层组织建设　化解乡村各种矛盾（主题）——对惠民县淄角镇郑家村领导班子瘫痪的调查与思考（副题）（《人民日报》，19990320-005）

（11）“乐土”前程难乐观（主题）——斯里兰卡大选结果解析（副题）（《人民日报》，20040406-003）

以上各例均属于新闻评论性体裁的标题，标题中分别使用了“浅谈、小议、新探索、刍议、调查与思考、解析”等标题标记词。据考察，这类标记词均属于科技语体标记词，在科技文章标题中非常常见，如：

(12) 浅谈 110kV 主变中性点放电间隙的作用（李爱华、卿澳，《电力系统保护与控制》，2010 年第 7 期）

(13) 小议数值区间的表示法［邱殿明、蒋涵等，《吉林大学学报》（地球科学版），2011 年第 3 期］

(14) 文学伦理学批评：文学批评方法新探索（聂珍钊，《外国文学研究》，2004 年第 5 期）

(15) 架空输电线路气象条件设计标准刍议（潘晓春、王作民，《中国电机工程学报》，2012 年 Z1 期）

(16) 药学专业微生物实验教学的调查与思考［刘雪梅、田晋红等，《西南师范大学学报》（自然科学版），2012 年第 1 期］

(17) 基于非负矩阵分解的重叠三维荧光光谱解析（余晓娅、张玉钧等，《光谱学与光谱分析》，2014 年第 3 期）

新闻语体中科技语体标题标记词的使用，在增强标题称名性的同时，也突出了新闻标题的文体特征，即这类标题多属于评论性体裁。类似的还有新闻语体中文艺语体、公文语体标题标记词的跨体使用现象，如：

(18) 风信鸡·管风琴·自由神（主题）——苏联拉脱维亚首府里加拾零（副题）（《人民日报》，19820829－007）

(19) 绿色攻略低碳追求（主题）全国政协委员情牵可持续发展（副题）（《人民日报》，20091110－018）

(20) 清明的思念（主题）——忆日本友人菊池善隆先

生（副题）（《人民日报》，19920418-007）

（21）“无人喝彩”使人忧（主题）——田径大奖赛珠海站观感之一（副题）（《人民日报》，19990325-008）

（22）马耳他孟加拉两国领导人电贺我国庆（《人民日报》，19801013-006）

（23）董方卓正式签约曼联（《人民日报》，20070118-012）

（24）企业自主权的威力（主题）——深圳西丽湖旅游点调查报告（副题）（《人民日报》，19840611-005）

（25）坚持科学发展打造生态唐钢（主题）——河北钢铁集团唐钢公司建设生态文明的调查报告（副题）（《人民日报》，20110921-019）

例（18）至例（21）中的“拾零、情牵、忆、观感”属于文艺语体标题标记词，凸显了新闻报道的写作手法，即散文的笔法，并且渗透着新闻写作者浓浓的个人主观情感；例（22）至例（25）中的“电贺、签约、调查报告”属于公文语体标题标记词，新闻报道中这类标记词的使用为标题增添了公文语体的严肃、规范、客观气息。

以上是《人民日报》标题中科技语体、文艺语体、公文语体标题标记词在新闻语体中的跨体使用。各语体标题标记词的跨体使用，体现了以《人民日报》为代表的党报在新闻传播中对新闻语言表达效果的追求，同时也是新闻语体中多语体交叉渗透的体现。

实际上，新闻语体中多语体的交叉渗透现象有着悠久的历史。据考证，19世纪初，从西方移植过来的中国近代中文报纸在新闻写作上就保留了较为浓厚的中国古典文学的印记，新闻作品中骈体文句式、章回体小说的写法等不难寻觅。“五四”以来，在新闻、文学、历史、言论等基础上形成的杂交品种应运而生，这些杂交品种包括新闻特写、新闻书评、调查报告、杂文、报告文学等[①]，至今依然有着广泛的影响。

《人民日报》标题标记词跨体使用是对我国早期报章语体交融传统的继承与延续，但同时也有明显的超越与发展。标题中新闻语体与其他语体的交融渗透自然、贴切，具有非常好的传播效果。

同时，这些语体标记词在新闻语体中的运用，使其在原有的语体色彩之外，也具有了一定的新闻性。祝克懿（2005）在论述新闻语体与公文语体的交融时曾表示："当公文为了满足新的交际目的，以大众传媒作为新的交际语境时，公文已不再是机关团体企事业单位和个人之间交际的文书，事务性的特征中已经融入了大众传媒的新闻性。"[②] 新闻语体与公文语体的交融如此，与文艺语体、科技语体等其他语体的交融渗透也不例外。

第二节　新时期《人民日报》标题标记词的新变化

本节涉及的标题标记词均为《标题用语词典》中未收录的用例，主要包括两个方面的内容：一方面，非新近产生，但已为大家所习用的标题标记词；另一方面，新近产生并流行开来的标题标记词。需要说明的是，尽管尹世超（2001）对标题标记词的定义已有界定，即"只用于标题或在用于标题时有特定意义与用法

① 李良荣：《中国报纸文体发展概要》，福州：福建人民出版社，2002年重印版（初版1985年），第2~65页。

② 祝克懿：《新闻语体的交融功能》，载于《复旦学报》（社会科学版），2005年第3期。

的词"[①]，但从《标题用语词典》中所收录的标题标记词来看，部分用词如"构想、构思、幸运、要、应、小心、小小、个性"等在篇章中也有出现，并且在表意和用法上与标题中并无二致，这类标记词实为"常用于标题"的标记词。这在前文所探讨的1135条标记词中也有体现。本节在探讨新标题标记词时也包含了这类常用于标题的标题标记词。

一、非新近产生的标题标记词补遗

这类标题标记词可能因研究者或所收集的语料等主客观因素的限制而没有出现在《标题用语词典》中，但从其目前的使用情况来看，符合标题标记词的特点，可纳入标题标记词范围。如：

（26）小谈杂志"办大学"（《人民日报》，19830111－006）

（27）国外请客所见所感（《人民日报》，19880209－007）

（28）小浪底人的一二三四（《人民日报》，19980405－004）

（29）靠×吃×之说（《人民日报》，19971107－012）

（30）峡谷拾珍（《人民日报》，20041021－011）

（31）"四人帮"尊法丑剧的幕前幕后（《人民日报》，19780605－003）

（32）神奇飘逸高雅（主题）——中国编钟音乐巴黎首演纪盛（副题）（《人民日报》，19990904－003）

实际上，以上标题标记词在《标题用语词典》中有形近或同

① 尹世超：《标题语法》，北京：商务印书馆，2001年版，第12页。

族词条，如“小谈”仿“小议、小析、小探、小考、小解”等，“所见所感”是“所见”“读……所感”集合而成的，“一二三四”仿“一二事”“二三事”，“之说”仿“之言、之问、之声、之辨、之歌”等，“拾珍”仿“拾趣、拾零、拾贝”等，“幕前幕后”则是“幕后”的延伸，“纪盛”与“纪胜、纪闻、纪略、纪游”等同族。这些词语不仅在《人民日报》标题中使用，在其他类型的标题中也非常常见。如：

(33) 言之不同，水土异也——小谈语言中的环境决定说［曾品品，《福建论坛》(人文社科版)，2011年Z1期］

(34) 我们能够改变的是什么？——对乡村初中教育的所见所感（徐晋华，《中国教师》，2006年第2期）

(35) 全国出版专业职业资格中级考试备考的一二三四（汤亚玲、梁新华等，《中国科技期刊研究》，2006年第1期）

(36)《天龙八部》中的因果之说［董睿，《内蒙古民族大学学报》(社会科学版)，2014年第3期］

(37) 李振江经方验案拾珍（徐子彦，《环球中医药》，2011年第5期）

(38) 椰城一起国资“拍卖”案的幕前幕后（江舟，《中国经贸导刊》，2001年第18期）

(39) 世纪末的祭奠——萧友梅逝世六十周年音乐会纪盛（龙源，《人民音乐》，2001年第2期）

例(35)中的标记词“一二三四”比较特殊，它是对文章所涉要点的归纳概括。因为要点数目有多少之别，因此，这类标记现象除“一二三四”外，还可以是“一二三”“一二三四五”“一二三四五六”“一二三四五六七”，甚至“一二三四五六七八”。如：

（40）网络文学的一二三（秦兰珺，《中国艺术报》，2015 年 4 月 22 日）

（41）基层医院思想政治工作“一二三”（陈东亚，《中国药物经济学》，2014 年第 2 期）

（42）求职面试中的“一二三四五”（程基伟，《科技导报》，2008 年第 13 期）

（43）做好大学班主任工作的“一二三四五六”（查友贵、王静等，《世界华商经济年鉴·高校教育研究》，2009 年第 7 期）

（44）科技期刊审读的“一二三四五六七”（颜志森，《中国科技期刊研究》，2004 年第 4 期）

（45）伏安法测电阻中的“一二三四五六七八”［李国欣，《中学生数理化》（初中版初三使用），2004 年第 10 期］

不过相对而言，数字越多、越长，在标题中出现的概率越低，稳定性也就越差。相比而言，“一二三”“一二三四”的使用频率明显偏高，且相对成熟，这从其中是否有引号标记可以看出。

二、新近产生的标题标记词

依据对语料的观察，《人民日报》标题中有少量新近产生的标题标记词，这些新标题标记词有以下几个方面的新特点。

（一）具有派生能力的新标记词相继出现

新时期，当代汉语词汇的一大特点是派生法构词数量越来越多，这在标题标记词中也不例外。这类具有派生能力的新标记词一般位置固定，能产性强，语义有所虚化，其所构成的同族词语在词性上有类化性，可识别度高，因而在标题中非常受青睐。以“×热”为例，在《人民日报》标题中就已产生了32条不同词形的同族词。如：养鸡热、良种热、狄更斯热、淘金热、记者热、承德热、“哈雷”热、体育用品热、大陆作品热、出国旅游热、承包领办乡镇企业热、艺术品拍卖热、三国热、传统文化热、中国历史文化热、体育热、“二战”热、电脑改名热、股市热、网络经济热、彩票热、根雕热、健身热、“科技备耕”热、投资热、读经热、篮球热、滑雪热、林改热、建设热、理财产品热、孙中山研究热。

类似的还有由“哥、姐、秀、门、晒、零、族、最美、史上最、舌尖上的”等新标记词组成的同族词语在《人民日报》标题中也不难寻觅。如：

(46)“抢修哥”刘跃青　脏就脏我一个（《人民日报》，20110901－006）

(47)“扫街秀”百姓不买账（《人民日报》，20110329－019）

(48)上海40个政府部门晒“三公”预算（《人民日报》，20110909－011）

(49)反腐“零容忍”提升政府公信力（《人民日报》，20150113－022）

(50)“史上最严”新环保法将施行（《人民日报》，20141228－012）

这类具备派生能力的新标题标记词形式简单，类推性强，所组成的同族词语义凝练，时代感强，因此在标题中非常受欢迎。

（二）缩略法构成的标题标记词非常普遍

缩略法构词历来能产性较强，所产生的词语形式简短，便于记忆，这在受空间制约力较大的标题中极受欢迎，标题标记词中也不例外。如：

（51）布鲁塞尔论坛热议中国发展（《人民日报》，20110329—003）

（52）人民网网友热评真正的英雄（《人民日报》，20070116—004）

（53）巴洛克歌剧中国首演（《人民日报》，20101019—012）

（54）桂林—台湾直航包机5月20日首飞（《人民日报》，20090507—009）

以上例句中，“热议”是“热烈议论”的缩略形式，在原文中的表述为：

论坛开幕当天晚上，作为“中国崛起”议题的主要发言人，中国外交部副部长傅莹、美国国务院副国务卿罗伯特·霍马茨和瑞典外交大臣卡尔·比尔特相继发表讲话，并与在场的近百名听众就关于中国的热点话题进行了互动讨论，“对话”“合作”“稳定”在讨论中被提及的频率最高。（《人民日报》，20110329—003）

标题中“热议”在篇章中没有出现，而是以“进行了互动讨论”来表达。同理，“热评”表“热烈评议”，“首演”表“首场/次演出”，“首飞”表“首次飞行”。此外，类似的标题标记词还有“首推、首选、首映、首超、首获、首破、首现、首夺、喜获、喜听、喜庆（高兴地庆祝）、喜迎、重组、重访、重建、重见、重开、重飞、渐现、频现、初现”等。

这类在短语基础上缩略而来的标题标记词一般为双音节的动词性标记词，在标题中可以带宾语，如例（51）、例（52）；也可以受状语修饰后作谓语，如例（53）、例（54）。

（三）外族成分构成的标题标记词开始兴起

外来词作为汉语词汇系统中重要的组成部分，是不同民族语言接触的见证。出于报道事物或表达效果等的需要，标题标记词中也不可避免地打上了外来词的鲜明印记。如：

（55）上海古稀老翁滑轮“秀”新春（《人民日报》，20060206—005）

（56）乒坛老将秀绝技（《人民日报》，20110325—015）

（57）民主生活会　不能“秀一场”（《人民日报》，20140617—017）

（58）中国“鹰眼”英伦首秀（《人民日报》，20150121—015）

以上例句中的“秀”是英文 show 的音译，在标题中作动词性标记时可带宾语，如例（55）、例（56）；也可带补语，如例（57）；还可与其他词语构成缩略形式，如例（58）。除此以外，“秀”还可充当具有派生能力的新标记词，构成“×秀”族词，见例（47）。本研究所用的《人民日报》标题语料中还有“真人秀、时装秀、服装秀、幸福秀”等组合。这类标记词能给标题带来某种异域色彩。

（四）方言成分构成的标题标记词逐渐增多

改革开放以来，在港台文化不断渗入、内地南北交流的同时，汉语地域方言之间的影响日益加大，这给标题标记词也带来了不同程度的地域色彩。如：

（59）干部日记记录民生点滴（肩题）　企业牛了，县

里才能牛（主题）（《人民日报》，20120809－010）

（60）骑华尔街铜牛拍照：牛人还是丢人（《人民日报》，20150317－020）

（61）广州“最牛官腔”主角被撤职（《人民日报》，20091102－010）

（62）网友盛赞“警员楷模、公职榜样”（肩题）　“最牛乘警”陈伟做客人民网（主题）　（《人民日报》，20101019－005）

（63）喜欢什么，就该学什么（主题）——对话国际量子科学界“大牛”潘建伟（副题）（《人民日报》，20150113－019）

（64）“炒金”：百姓投资新选择（《人民日报》，20031125－005）

（65）别把俱乐部炒得过热（《人民日报》，19940207－004）

例（55）至例（63）中的“牛”为北方方言词，表“神气、威风”，该词音节形式简短，表意明确，在汉语多种方言区均较为流行①，作为新词语引进普通话后，在标题中非常受欢迎，句法功能上可作谓语，如例（59）；也可作定语，如例（60）。此外，近年来，“牛”逐渐受“最”修饰，在标题中还产生了“最牛×”结构，如例（61）、例（62）。此外，还用“大牛”来尊称在某方面有突出才能的人，如例（63）。

例（64）、例（65）中的“炒”为粤方言词，表“做投机买卖”。随着市场经济的发展，“炒”的对象五花八门，仅在标题

① 各方言区表意有差异。具体可参考许宝华、宫田一郎主编：《汉语方言大词典》，北京：中华书局，1999年版，第790页。

中，“炒金、炒房、炒股、炒地、炒基金、炒艺术品、炒期货”等就应有尽有，让人感觉只要是能产生经济效益的对象似乎都可以“炒”，并产生了一系列新词语，如“炒作、爆炒、热炒、炒家”等。

方言词语作标题标记词时，往往已经突破了该词语原先的地域限制，是方言词语大众化以及不同地域人们交流往来的见证。

（五）流行于网络的新标题标记词格外引人注目

据第36次《中国互联网络发展状况统计报告》，截止到2015年6月，我国网民总人数已达6.68亿，网民生活已步入网络化时代。网络时代的到来改变了人们的生活方式，语言也不例外。为了追求传播效果、彰显时代气息，新闻从业人员有意识地使用一些网络新词语，其中有一些因流行范围广、影响力大、知晓度高而成为标题标记词。如：

(66) 架设理解互信桥梁　给力区域经济合作（肩题）

首届中日韩名记者圆桌对话会举行（主题）（《人民日报》，20110905—003）

(67) “给力”微博靠制度（《人民日报》，20110909－011）

(68) 点赞全面拥抱生态文明的中国（《人民日报》，20150311—003）

(69) 控枪纠结美国社会（《人民日报》，20130121－023）

(70) 种粮大户的纠结（《人民日报》，20150111—009）

随着《人民日报》的《江苏给力文化强省》标题产生的轰动效应，“给力”一词在各类传媒标题中备受宠爱，已成为名副其实的新标题标记词。“给力”在语义上表“给劲、带劲”，可作标题动词，带宾语，如例（66）；也可作标题形容词，作定语，如例（67）。“点赞”起源于网络社区的“赞”功能[①]，后引申为对某事持赞同、支持的态度。作标题动词时可带宾语，如例（68）。例（69）、例（70）中的“纠结”也为网络新词语，多形容某人矛盾、举棋不定的状态，为形容词性标记词，其中例（69）为形容词的使动用法，表“使……纠结”，例（70）作中心语。

总之，新时期《人民日报》标题标记词在多方面发生了一系列新变化，既有《标题用语词典》中没来得及收录的早已习用的旧标题标记词，也有近些年来产生的新标题标记词，并且这些新标题标记词在构词方式、来源等方面表现出鲜明的特征。标题标记词在各方面的新变化是标题语言动态变迁的一个视角，同时也是以《人民日报》为代表的党报语言变迁的真实写照，为了解当代汉语变迁提供了一个独特的视角，非常值得深入探讨。

第三节　本章小结

本章以尹世超编写的《标题用语词典》为参照，对新时期《人民日报》标题标记词进行了系统研究，结论如下：

第一，从音节、词性、时间、语体等角度对 1135 条标题标记词的分析显示，《人民日报》标题标记词以 1～3 个音节为主体（95.859%），其中 2 个音节占绝对优势（73.833%）；以实词为主体（93.921%），其中名词、动词占绝对优势（89.691%）。不过与标题标记词整体词性分布不同的是，《人民日报》标题标记词中，标题名词的数量（46.872%）超过了标题动词

① 参见“点赞”百度百科词条。

(42.819%)，这与《人民日报》新闻语料的性质有密切的关系。在报纸标题的强报道性及标题动词本身所具有的粘着性特征的双重影响下，《人民日报》标题动词分布数量总体上少于标题名词的数量。此外，102条来源于新词语的标题标记词的出现，是党报语言变迁的体现。语体方面，《人民日报》标题标记词涵盖了科技语体、文艺语体、公文语体、新闻语体等次语体标记词，并呈现出多语体标记词跨体使用的局面，大大提高了新闻语言的表达效果。

第二，新时期《人民日报》标题标记词的新变化既表现为已有标题标记词的增加，也表现为新标题标记词的产生。其中，近年来新产生的标题标记词在构词方式上突出体现为缩略法、派生法的普遍运用；在来源上，地域方言、外来语、网络词语等都成为标题标记词的来源，显现了新时期标题标记词变化的新方向。

新时期《人民日报》标题标记词是报纸标题追求称名性的体现，其在各方面的特征及变化，集中反映了报道语体在标题标记词使用上的特点，这些特点既有报道语体与其他语体在标题标记词使用上的共同之处，也有报道语体在标题标记词使用上的不同之处。

第五章　新时期《人民日报》标题语法结构研究

前面各章节对新时期《人民日报》标题字、词使用情况进行了系统研究，本章将着重探讨《人民日报》标题的语法结构特征。

第一节　新时期《人民日报》标题语法结构特征总体面貌

根据在标题结尾添加标点符号后能否独立成句，本书将《人民日报》标题分成单句型标题、复句型标题、其他结构类标题三大类。经过对本书所建立的新时期《人民日报》标题语料库中50934条标题逐一归类统计，笔者发现，新时期《人民日报》标题中单句型标题有33738条（占比66.239%），复句型标题有16962条（占比33.302%），其他结构类标题有234条（占比0.459%）。其中单句型标题中主谓结构类标题有25807条，占单句型标题的76.492%，占所有标题的50.668%。这说明新时期《人民日报》标题在语法结构上以主谓结构和复句结构类标题为绝对主体，二者累计达到了42769条，占所有标题数的83.969%。具体统计数据见表5-1：

表 5－1 新时期《人民日报》标题语法结构分布情况

语法结构		数量（条）	占总标题数比例（%）
单句型	主谓结构	25807	50.668
	非主谓结构	7931	15.571
复句型		16962	33.302
其他		234	0.459
合计		50934	100

第二节 单句型标题语法结构特点

一、主谓结构标题

主谓结构类标题在新时期《人民日报》标题中比较常见，占单句型标题的 76.492%，占所有标题的 50.668%。从句法成分看，主谓结构类标题都包含主语、谓语两个成分。下面将从主语、谓语的构成材料入手，对 25807 条主谓结构标题的主语、谓语构成情况进行统计分析。

（一）主语构成材料

从句法功能上看，主语可以由体词性主语和谓词性主语构成。经统计，《人民日报》25807 条主谓结构类标题中，体词性主语类标题有 24483 条，占主谓结构类标题的 94.870%；谓词性主语类标题有 1324 条，占主谓结构类标题的 5.130%。这说明体词性成分作主语的标题占绝对优势。

1. 体词性主语

主谓结构标题中，体词性主语主要由名词性成分单独作主语，以及名词性短语作主语两大类别构成。其中标题中名词性成分单独作主语又包括以下情况：人物名词①、时间名词、方位与处所名词（以下简称“方所名词”）、数词，累计有7816条标题，占体词性主语类标题的31.924%。标题中名词性短语作主语在句法结构上包括名词性联合短语、定中短语、方位短语、“的”字短语、数量短语、同位短语等类型，累计有16667条标题，占体词性主语类标题的68.076%。这说明，主谓结构标题中，名词性短语作主语类标题占优势。各小类下标题的具体数量见表5—2：

表5—2 新时期《人民日报》标题中体词性主语分布情况

体词性主语	类别	数量（条）	占体词性主语标题的比例（%）
名词性成分单独作主语（7816条）	人物名词	4780	19.524
	方所名词	2969	12.127
	时间名词	65	0.265
	数词	2	0.008
名词性短语作主语（16667条）	定中短语	14262	58.253
	同位短语	1230	5.024
	名词性联合短语	1055	4.309
	方位短语	91	0.372
	数量短语	13	0.053
	“的”字短语	13	0.053
	其他	3	0.012
合计：24483			

① 一些在国内外知名度非常高的团体机构组织，如“国务院、文化部、交通部、联合国”等也纳入统计范围，其他则按普通名词对待。

由表 5-2 可知，从各小类分布的标题数量来看，名词性成分单独作主语的标题中，人物名词、方所名词作标题主语比较常见，这与新闻标题的特征有密切的关系。新闻标题六要素中，何人、何地是重要构成成分，尤其是何人，在新闻事件中一般起主导作用。在标题制作中，作者将其作为标题的主语部分呈现出来，有利于突出新闻事件的行为主体和场所。名词性短语作主语的标题中，偏正结构类的标题非常常见，其次为名词性联合短语、同位短语，其他结构类的标题数量不多。

1）名词性成分单独作主语

①人物名词作主语

名词性成分单独作主语中，人物名词作主语类标题数量最多，累计有 4780 条，占本小类标题的 61.157%。这其中含表人名词 3640 条，表物名词 809 条，机构名词 331 条。

A. 表人名词作主语

(1) 叶利钦提出今后三项任务（《人民日报》，19940223-006）

(2) 习近平会见马耳他工党代表团（《人民日报》，20100409-001）

(3) 范爱群辟糖尿病治疗新径（《人民日报》，19940201-011）

(4) 专家研讨中西医结合新发展（《人民日报》，20041021-015）

(5) 社员可不可以联合办厂？（《人民日报》，19820814-002）

例 (1) 至例 (3) 属专名作主语，从专名所指人物身份来看，例 (1)、例 (2) 为政要专名作主语，例 (3) 为非政要专名作主语；例（4）、例（5）为通名作主语。据考察，3640 条表人名词单独作主语类的标题中，专名作主语类的标题达 3142 条，其中国内外政要专名有 2743 条；通名作主语类的标题有 498 条。表人名词主语的内部分布特征显示，《人民日报》标题有比较浓厚的政治色彩，多围绕政治人物相关活动展开。

B. 表物名词作主语

（6）拜年封反映江浙民俗（《人民日报》，20010123－012）

（7）军旗穿过硝烟（《人民日报》，20070728－008）

（8）龙卷风肆虐美中部（《人民日报》，20030507－007）

（9）“小金库”当刹（《人民日报》，20030507－014）

（10）文化何必拿“美女”说事（《人民日报》，20040406－016）

标题中表物名词主语有的为具体的物，如例（6）、例（7）中的“拜年封”“军旗”；有的为自然现象，如例（8）中的“龙卷风”；也有抽象的物，如例（9）、例（10）中的“小金库”“文化”。

C. 机构名词作主语

（11）国务院任免国家工作人员（《人民日报》，20030507－004）

（12）国防部举行新春招待会（《人民日报》，20130126－003）

（13）摩托罗拉赠教学用移动电话（《人民日报》，19940223－002）

（14）联合国举行发展筹资问题后续国际会议（《人民日报》，20081201－003）

(15) 北约确定首批向阿移交防务的地区(《人民日报》,20110312-003)

主语为机构类名词的标题中,绝大多数为我国的行政机关名,如例(11)、例(12)中的"国务院""国防部";小部分为公司名称,如例(13)中的"摩托罗拉",另外还有少量在国际上较有影响的政治组织名,如例(14)、例(15)中的"联合国""北约"。

②方所名词作主语

(16) 河西每年种草百万亩(《人民日报》,19861005-002)

(17) 沙漠有了移动"甘泉井"(《人民日报》,19900601-002)

(18) 幼儿园来了"兵阿姨"(《人民日报》,20030529-010)

(19) 天山初醒(《人民日报》,19960620-011)

(20) 山西将建两座国家森林公园(《人民日报》,19930311-001)

(21) 伊朗拟签不扩散核武条约附件(《人民日报》,20030507-003)

(22) 北京将培养"科班"交警(《人民日报》,20040409-010)

名词性成分单独作主语的标题中,方所名词充当主语的标题有 2969 条,占本小类标题的 37.986%,仅次于人物名词作主语类的标题。从语义上看,方所名词包含了方位名词和处所名词两类,方位名词作主语类的标题如例(16)中的"河西",处所名词作主语类的标题如例(17)至例(22)。

据调查，标题中方位名词作主语的现象非常少见，相比而言，处所名词作主语的现象比较普遍。这其中包括普通处所名词作主语，如例（17）至例（19）中的“沙漠”“幼儿园”“天山”；也包括例（20）至例（22）中的“山西”“伊朗”“北京”这类兼具专有名词、处所名词双重身份的处所名词。标题中这类双重身份的处所名词作主语，往往既可以指明新闻事件发生的具体场所，也可以指代新闻事件背后的行为主体（集体或个人），具有较强的行为力，跟机构名词比较接近，而与通名区别较大。如例（20）至例（22）中的处所名词主语既交代了事件即将发生的三个地方——山西、伊朗、北京，也指代了行为的主体，如山西省人民政府、伊朗政府或军方、北京市人民政府或交警部门等。正因为这类双重身份处所名词所具有的双重作用，在方所名词作主语的标题中，这类双重身份的处所名词在标题中占绝对优势，并且为了服务于标题求简的需要，在不影响表意的情况下，这类处所名词在形式上趋简。在前文对《人民日报》745349个字符的新闻标题词语使用情况的研究中，可以发现新闻标题中有153个地名的简称形式。标题主语中这类简称现象同样存在，尤其是国名的简称比较常见，如：

（23）俄反对武力解决科索沃问题（《人民日报》，19981005－006）

（24）韩对朝外务相去世表示哀悼（《人民日报》，20070105－003）

（25）哈将继续深化与中国战略伙伴关系（《人民日报》，20081211－003）

（26）吉举行活动哀悼骚乱事件遇难者（《人民日报》，20100411－003）

（27）美对中国碎纸机发起“337调查”（《人民日报》，

20130124－023）

依据正文可知，以上例句中简称的处所名词依次为俄罗斯、韩国、哈萨克斯坦、吉尔吉斯斯坦、美国。标题主语中处所名词的简称形式一般在正文中均用全称形式代替，因此，读者联系上下文阅读则不难理解标题省略的处所名词。

③时间名词作主语

（28）秋天是美（《人民日报》，19921005－008）

（29）今宵难忘（《人民日报》，20010715－005）

（30）春节“走”向全球（《人民日报》，20060206－007）

（31）黄金周，也需算另一笔账（《人民日报》，20101008－009）

（32）“雪顿”谢幕（《人民日报》，20110905－012）

作为新闻六要素之一的何时在标题中比较常见，一般指新闻事件发生的时间。但因时间词本身在语法特征上多倾向于修饰动词，作状语，因此标题中时间词作主语的现象并不多见。在7816条名词性成分单独作主语的标题中，只有65条标题的主语由时间词充当。

④数词作主语

数词一般与量词组合构成数量结构，在句中作定语、状语或补语。本研究中，数词作主语的现象非常少见，只有如下两例：

（33）“117”令偷漏税者胆寒（《人民日报》，19961220－007）

（34）“46664”传递勇气和希望（《人民日报》，20050321－007）

这里作主语的数词多有特殊含义。据新闻原文可知，例（33）中的“117”是西方国家为打击偷漏税行为而专门开通的举报电话；例（34）中的“46664”本为南非前总统曼德拉在罗本岛监狱服刑期间的代号，近年来随着艾滋病病毒在南非的快速蔓延，曼德拉领导了一场抗击艾滋病的运动，并将其服刑期间的代号“46664”作为这场运动的代号，希望广大艾滋病患者在这个特殊的“罗本岛监狱”服刑期间，能保持信心、坚定和勇气。

2）名词性短语作主语

在体词性主语的主谓结构标题中，名词性短语作主语类标题达到了16667条，占体词性主语标题的68.076％。句法结构上分布于名词性联合短语、定中短语、方位短语、“的”字短语、数量短语、同位短语等小类中，其中定中短语类标题最多，其次为同位短语、名词性联合短语，其余小类分布数量均比较少。

①定中短语作主语

在体词性主语中，定中短语类标题数量占绝对优势，达到了14262条，占体词性主语标题的58.253％，占名词性短语类标题的85.570％。从中心语的性质来看，有名词性中心语和谓词性中心语。如：

A. 名词性中心语

（35）统计数字是怎样形成的（《人民日报》，19880224—002）

（36）纪念毛主席诞辰八十五周年美展在京开幕（《人民日报》，19781227—004）

（37）乡土文化莫变味（《人民日报》，20021227—012）

（38）一根甘蔗两头甜（《人民日报》，20100412—017）

（39）好兵今年四十九（《人民日报》，19971110—011）

名词性中心语是定中结构的常见类型，在标题中分布也最广。从定语的语法属性来看，定语可以是动词性成分，如例（35）、例（36）；名词性成分，如例（37）、例（38）；形容词性成分，如例（39）。从定语的复杂性来看，可以是独词，如例（35）、例（37）、例（39）；也可以是短语，如例（38）定语为数量短语，例（36）定语为较为复杂的动宾短语。

B. 谓词性中心语

（40）明年部分节假日的安排确定（《人民日报》，20081211－002）

（41）莫斯科的谩骂说明了什么？（《人民日报》，19810913－006）

（42）人际交往和为贵（《人民日报》，19961220－009）

（43）“天下第一难”可以变不难（《人民日报》，19940817－003）

（44）媒体的浮躁要不得（《人民日报》，20040409－012）

（45）信息安全：有没有不透风的墙？（《人民日报》，20000215－011）

谓词性中心语是定中结构中比较特殊的一个类型，其谓词部分可以是动词性成分，如例（40）至例（42）；也可以是形容词性成分，如例（43）至例（45）。

此外，在对定中结构的统计中，笔者发现，14262条主语为定中结构的主谓结构标题中，只有328条标题的定中结构主语中定语与中心语之间含有结构助词“的”，仅占定中结构作主语标题的2.300%。即便是独立性比较差的谓词性中心语的定中结构中，定语与中心语之间的助词“的”也多有省略，如例（43）、例(45)。名词性中心语组成的定中结构中助词“的”的省略现象更加普遍，如：

(46) 贺觉非著两部辛亥革命人物传将出版(《人民日报》，19810302—004)

(47) 我国独创汉字输入法在微型计算机上使用(《人民日报》，19840606—005)

(48) 吕文科演唱吕远作品专辑出版(《人民日报》，19950709—004)

(49) 内蒙古参加体育锻炼职工逾百万(《人民日报》，19961226—008)

(50) 参加中国乒乓球明星赛球员确定(《人民日报》，19970528—008)

(51) 振兴鲁茶书画展在日照举行(《人民日报》，19970515—011)

(52) 克隆私家宠物公司开出天价(《人民日报》，20000218—007)

(53) 影响驾驶药物　应有警示标志(《人民日报》，20000813—003)

以上例句的中心语均为名词性成分，但其定语部分相对比较复杂，有主谓结构作定语，如例(46)至例(48)；有动宾结构作定语，如例(49)至例(53)。这些标题中定语与中心语间的助词“的”均省略，满足了标题求简的需求。不过，如果过分追求简省的话，可能会对语义理解产生负面影响，如例(46)至例(48)的主语部分单独理解的话，可以是定中结构，也可以是主谓结构，如果在其中加入助词“的”的话，其语义理解起来也就容易得多。

②同位短语作主语

在主语由名词性短语构成的主谓结构标题中，同位短语作主语的标题有 1230 条，占本小类的 7.380%。如：

(54) 长篇纪实作品《远东大战纪事》出版（《人民日报》，20050913－015）

(55) 川菜“牛佛烘肘”获新生（《人民日报》，19921022－003）

(56) 舞剧《红楼梦》渥太华首演成功（《人民日报》，20101011－003）

(57) 女编辑陈学娅成为世界名人（《人民日报》，19901226－001）

(58) 中央军委主席胡锦涛签署命令给 4 名个人授予荣誉称号（《人民日报》，20090509－001）

(59) “最美妈妈”吴菊萍　用爱托起生命（《人民日报》，20110909－006）

在同位短语组成的主语中，同位短语的前后两项有指物的，如例（54）至例（56）；有指人的，如例（57）至例（59），且指人的同位短语占绝对多数。不过，在标题求简的要求下，类似于例（58）这样知名度高的人名与身份共现的同位短语相对不多。一般来说，标题制作者往往有选择性地省略部分较高知名度人物的身份名词，而采用直呼其名的方式。

针对例（58），笔者做了一个调查，在 76 条以“胡锦涛”为主语或主语中心的主谓结构类标题中，有 63 条标题直接采用了独词形式“胡锦涛”，而以“国家主席胡锦涛”“胡锦涛主席”“中央军委主席胡锦涛”等同位短语作主语的标题累计只有 13 条。标题主语中对领导人物直呼其名的制作方式有利于节约报纸版面，当然也降低了同位短语作主语标题的数量。

③名词性联合短语作主语

在主语由名词性短语构成的主谓结构标题中，名词性联合短语作主语的标题有1055条，占本小类标题的6.330%。如：

(60) 中美澳签订石油勘探合同(《人民日报》，19920415—007)

(61) 首都新闻界、外交部新闻司为各国驻京记者举行新年招待会(《人民日报》，19781230—004)

(62) 吴邦国温家宝贾庆林李长春李克强贺国强分别参加全国人大会议一些代表团审议(《人民日报》，20110312—001)

(63) “晶晶”“楚楚”将扮靓六城会(《人民日报》，20070110—012)

(64) 网店+门店，让消费者更舒心(《人民日报》，20130121—022)

标题中，名词性联合短语作主语时一般表并列关系，并列项之间多为处所名词、人名、机构团体名，如例(60)至例(62)，也有少数为事物联合，如例(63)、例(64)。且并列项不局限于两项，如例(62)并列项达到了6项。此外，也有少数用符号形式表达的联合短语，如例(64)，这类标题形式较为醒目。

④方位短语作主语

方位短语作主语的标题数量不多，仅有91条，占名词性短语作主语标题的0.546%。如：

(65) 莲花座下是清波(《人民日报》，19800425—008)

(66) 高山塘里鱼儿跃(《人民日报》，19801018—003)

(67) 山沟里来了收粮车(《人民日报》，19900620—

002)

（68）“预算外”不是“小金库”（《人民日报》，19940201－002）

（69）十亿年前有复杂动物（《人民日报》，19981005－007）

⑤“的”字短语作主语

“的”字短语作主语的标题数量不多，仅有13条，占名词性短语作主语类标题的0.078％。

（70）他处处想的是人民群众（《人民日报》，19820217－008）

（71）诸葛亮拿的是“羽扇”吗？（《人民日报》，19870920－008）

（72）首要的是提高执法人的素质（《人民日报》，19880817－005）

（73）为什么受伤的总是业主？（《人民日报》，20060215－013）

（74）应该否决的是“惰性”（《人民日报》，20110921－002）

⑥数量短语作主语

数量短语作主语的标题非常少，只有13条，占名词性短语作主语标题的0.078％。如：

（75）“十三条何时执行？”（《人民日报》，19970523－010）

（76）380万元：中国最大的灾民索赔案（《人民日报》，19990301－010）

（77）“五招”力促城镇化科学推进（《人民日报》，

20120829－009）

（78）5000 万公里　嫦娥二号新高度（《人民日报》，20130715－001）

⑦其他

其他类标题数量不多，只有 3 条，占名词性短语作主语标题的 0.018％。如：

（79）粒粒皆辛苦（《人民日报》，19890704－005）

（80）户户石榴红（《人民日报》，20050912－014）

（81）从 0 到 60％：公民赵正军的“公开”维权路（《人民日报》，20090505－010）

例（79）、例（80）属于量词重叠作主语，例（81）属于介词结构“从……到……”粘着结构作主语。

2. 谓词性主语

相对于体词性主语标题，谓词性主语类标题数量比较少，累计只有 1324 条，占主谓结构类标题总数的 5.130％。依据其构成成分特征，可以分为谓词单独作主语、谓词性短语作主语两类。具体分布情况见表 5－3：

表 5－3　新时期《人民日报》标题中谓词性主语分布情况

谓词性主语	类别	数量（条）	占谓词性主语标题的比例（％）
谓词性成分单独作主语（206 条）	动词	173	13.066
	形容词	32	2.417
	其他	1	0.076

续表5－3

谓词性主语	类别	数量（条）	占谓词性主语标题的比例（%）
谓词性短语作主语（1118条）	主谓短语	495	37.387
	动宾短语	361	27.266
	状中短语	153	11.556
	谓词性联合短语	80	6.042
	连谓短语	14	1.057
	中补短语	11	0.831
	其他	4	0.302
合计：1324			

1）谓词性成分单独作主语

谓词性成分单独作主语的标题只有206条，主要为动词、形容词，还有个别其他类。

①动词单独作主语

（82）罚款换不来“合法权”（《人民日报》，19890720－001）

（83）“网恋”不值得炒作（《人民日报》，20050913－015）

（84）发展是硬道理（《人民日报》，19930320－002）

（85）援助需要诚意和远见（《人民日报》，20030513－003）

（86）创新，要宽容失败（《人民日报》，20060215－004）

动词单独作主语的标题一般多属于评论性体裁的标题，与消息标题追求新闻内容的概括性不同，这类标题重在对主题的概括，并直接反映标题制作者对新闻事件的立场、态度和主张等，或反对，或支持，在标题中一目了然。例（82）明确反对以罚款的方式来换取合法权的行为，例（83）则对部分人借网恋来炒作的行为予以否定。例（84）至例（86）分别表达了作者对发展这个命题的坚定赞同、对有诚意和远见的援助的呼吁、对创新中的失败持宽容态度的主张。这与消息类标题中侧重于对新闻内容的概括性写法明显不同。

②形容词单独作主语

（87）公正源于客观（《人民日报》，20021207—003）

（88）健康才是时尚（《人民日报》，20030530—011）

（89）幸福是一种健康向上的心态（《人民日报》，20100420—004）

（90）朴素原来最有力量（《人民日报》，20140606—005）

（91）腐败不是发展的“润滑剂”（《人民日报》，20150311—004）

形容词单独作主语的标题和动词单独作主语的标题相同，也多倾向于评论性体裁的标题。或支持，或反对，或赞许，或批评，作者态度鲜明，不含糊。且从标题与所评论内容来看，多采用论断式的方式。

③其他

（92）“呵呵”为何如此伤人（《人民日报》，20140606—005）

“呵呵”本来为拟声词，因其他类标题数量比较少，本书暂将其归为谓词。

2）谓词性短语作主语

谓词性短语作主语的标题数量也不多，一共只有1118条。在语法结构上，主要有主谓短语、动宾短语、状中短语、谓词性联合短语、连谓短语、中补短语等。

①主谓短语作主语

谓词性短语作主语的标题中，主谓短语作主语的标题在数量上最多，有495条。如：

(93) 盱眙县以法禁赌见成效（《人民日报》，19860407－004）

(94) 越剧“滑坡”令人忧（《人民日报》，20040409－009）

(95) 美国军火走俏加剧地区安全困境（《人民日报》，20120228－003）

(96) 美国在埃及“骑墙”陷尴尬（《人民日报》，20130719－023）

(97) 印度叫停“软件打车”引争议（《人民日报》，20150113－022）

标题中主谓短语作主语比独词或其他短语作主语所涵盖的信息量要大，这类主语一般是陈述或说明某个事实。如例（93）主语部分陈述了“盱眙县以法禁赌”这样一件事情，标题的谓语部分是主语所导致的结果，即“见成效”。例（94）的主语说明“越剧滑坡”这样的现实，谓语则是现实所产生的结果，“让人忧”。其余各例以此类推。

②动宾短语作主语

动宾短语作主语的标题有361条。与动词、形容词单独作主语的情况类似，标题中动宾短语作主语的标题也多倾向于评论性体裁的标题，重在表明态度、立场，亮明观点，提出意见或建议等。如：

(98) 搞霸权不得人心（《人民日报》，19781227－006）

(99) 评奖不能“剃平头”（《人民日报》，19781227－003）

(100) 抓企业管理是当务之急（《人民日报》，19870311－002）

(101) 抗击非典需群防群控（《人民日报》，20030507－001）

(102) 建“新村”不容侵民利（《人民日报》，20110921－009）

③状中短语作主语

状中短语作主语的标题有153条。如：

(103) 乱涨价是“社会公害”（《人民日报》，19830721－002）

(104) 回头看不是走回头路（《人民日报》，19860425－002）

(105) 提前供暖体现“责任回归”（《人民日报》，20091102－001）

(106) 拿孩子搞笑要不得（《人民日报》，20021227－012）

(107) 网上拜年成为时尚（《人民日报》，20000215－011）

例（103）至例（105）为谓词状语，例（106）至例（107）为介宾短语状语，其中例（107）实际上为“在网上”，省略了介词“在”。状中短语作主语的标题多用于评论性体裁的标题中，表明作者的态度、主张等，如例（103）至例（106），也可用于消息体裁的标题中，如例（107）。

④谓词性联合短语作主语

谓词性联合短语作主语的标题有 80 条。从词性方面来看，有动词性联合、形容词性联合，还有少数例子为不同词性的联合。

A. 动词性联合短语

(108) 用汇和创汇大有学问（《人民日报》，19850503－001）

(109) 售“黄”卖淫怎无人管（《人民日报》，19950118－008）

(110) 公推公选让优秀干部走上前台（《人民日报》，20030513－013）

(111) 同步化、特色化、人本化支撑新型城镇化（《人民日报》，20130113－005）

(112) 互联互通　成就通衢之势（《人民日报》，20141228－007）

B. 形容词性联合短语

(113) 平实潇洒方为佳品（《人民日报》，19890705－008）

(114) 积极谨慎（主题）——德国对美德“特殊关系”的态度（副题）（《人民日报》，19940809－006）

(115) 通俗与低速，界限在哪里（《人民日报》，20110901－014）

(116) 科学民主打造“阳光立法”（《人民日报》，20141224－005）

C. 不同词性的联合短语

(117) 反恐与恐怖主义同时升级（《人民日报》，

20021219－007）

（118）干事、干净，最基本的为政之道（《人民日报》，20100409－011）

以上三类谓词性联合短语中，动词性联合短语有74条，形容词性联合短语有4条，另外2条属不同词性的联合。联合项之间多表示并列关系，且联合项最多为3项，如例（111）。在不同词性的联合短语中，例（117）为动词与名词的联合，例（118）为动词与形容词的联合。

⑤连谓短语作主语

连谓短语作主语的标题数量比较少，只有14条。如：

（119）写一点文章参加学术讨论这样难（《人民日报》，19840628－007）

（120）挤走“差等生”大收插班生这是为什么？（《人民日报》，19861023－007）

（121）撕人民币辨真伪不可取（《人民日报》，19980415－010）

（122）出国留学要知己知彼（《人民日报》，20060802－005）

（123）“带回去研究”得有下文（《人民日报》，20150320－001）

⑥中补短语作主语

中补短语作主语的标题只有11条，其补语有方位词、趋向性动词、形容词等。如：

（124）坚持到最后就是胜利（《人民日报》，19861005－003）

（125）“走出去”：提高对外开放水平的重大战略（《人

民日报》，20000822－009）

（126）食用果糖过多　会增加患高血压风险（《人民日报》，20091102－014）

（127）贴得近才会更远（《人民日报》，20110901－004）

（128）改到深处是利益（《人民日报》，20140617－006）

⑦其他

主语为其他谓词类的标题有4条，如：

（129）“说而又明”才好（《人民日报》，19861008－005）

（130）来而不往亦有理（《人民日报》，19870907－001）

（131）“当官越来越难”好（《人民日报》，20020613－010）

（132）“抱抱”就能传递温暖？（《人民日报》，20070116－010）

例（129）至例（131）为复句结构作主语，其中例（129）“说而又明”表递进关系，例（130）“来而不往”表转折关系，例（131）“当官越来越难”采用了“越……越……”的紧缩结构，表递进关系，例（132）为动词“抱”的重叠形式。

3. 主语构成材料小结

根据以上对主谓结构标题中主语构成材料的分析，新时期《人民日报》标题中的主语由体词性主语和谓词性主语构成。以体词性成分类主语为绝对主体，这类标题达到了24483条，占所有主谓结构类标题的94.870％。在体词性主语中，按句法单位的大小，又可分为名词性成分单独作主语、名词性短语作主语两大类，其中前者的标题数量为7816条，占体词性主语标题的31.924％；后者的标题数量为16667条，占体词性主语标题的

68.076%。在名词性成分单独作主语的标题中，人物名词（特别是表人名词）和方所名词（特别是处所名词）占绝对优势，累计标题数达到了7749条，占名词性成分单独作主语类标题的99.143%。名词性成分单独作主语的情况下，表人名词和处所名词的主语较多，这与新闻标题的特征有密切的关系。新闻标题六要素中的何人、何地是标题制作者不可忽视的两大要素。加之标题中绝大多数处所名词在语用上突破了仅限于表地点因素的限制，而是借地点指代相关的行为主体（一般为集体），因此这就进一步增加了处所名词作主语的可能。而时间名词、数词等则缺乏这方面的条件，因此较少作主语。

名词性短语作主语的标题中，定中短语作主语构成的标题达到了14262条，占名词性短语作主语标题的85.570%，占体词性主语标题的58.253%。从中心语性质来看，名词性中心语在标题数量上占优势，谓词性中心语类标题数量较少。并且，所有定中短语作主语的标题中，仅有2.300%的定中结构中修饰语与中心语之间的助词“的”保留。研究还发现，少数定中短语作主语的标题甚至因助词“的”的省略，在句法上存在歧义。标题中定中结构内的助词“的”多倾向于省略的现象，主要是为了满足标题求简的需要，但是这种简省应该以不影响理解为前提。名词性短语作主语的标题中，除定中短语外，数量相对较多的是同位短语和名词性联合短语，分别达到了1230条、1055条。同位短语中表人的情况最多，但一些知名度比较高的表人名词多倾向于不用同位结构来表达，这依然是服务于新闻标题求简的需要。名词性联合短语作主语的标题中，前后项之间多为并列关系，且多为处所名词、人名、机构团体名称。其余方位短语、“的”字短语、数量短语作主语类的标题数量比较少。

主谓结构标题中，有1324条标题的主语由谓词性成分构成，仅占所有主谓结构类标题的5.130%。其中谓词单独作主语的标题有206条，谓词性短语作主语的标题有1118条。在谓词单独作主语的标题中，以动词独用和形容词独用为主，其所组成的主语结构标题多用于评论性体裁标题中，与消息类标题注重新闻内容的概括性不同，评论类体裁的标题多侧重于对主题的概括，标题制作者的态度、观点、立场等一览无余。谓词性短语作主语的标题中，主谓短语、动宾短语、状中短语类标题数量相对较多。其中主谓短语作主语的标题信息量比较大，主语多为陈述或说明某个事实，谓语是主语所导致的结果。动宾短语、状中短语作主语的标题以评论性体裁的标题为主，侧重于对主题的概括。其余谓词性联合短语、连谓短语、中补短语等作主语的标题数量比较少。

（二）谓语构成材料

主谓结构标题中，谓语主要由动词性谓语、主谓谓语、形容词性谓语、名词性谓语四种类型构成，其标题分布情况见表5—4：

表5—4 新时期《人民日报》主谓结构标题中谓语的构成情况

谓语构成材料	标题数量（条）	占主谓结构标题的比例（%）
动词性谓语	24239	93.924
主谓谓语	736	2.852
形容词性谓语	481	1.864
名词性谓语	351	1.360
合计	25807	100

由表5—4可知，主谓结构标题中，谓语多由谓词性成分充

当，名词性谓语类标题数量较少。

1. 动词性谓语

1）光杆动词谓语结构

主谓结构标题的谓语中，谓语动词前后不带任何句法成分或虚词性成分的结构属于光杆动词谓语结构。日常语言运用中，光杆动词作谓语构成的主谓句比较少，范晓（1998）将这种特殊的主谓句使用场合归纳为以下两种情况：第一，对比句或者并列句中；第二，标题句中。[①] 本节光杆动词谓语结构属于标题句范畴。

经考察，《人民日报》主谓结构标题中，光杆动词谓语结构类标题并不少见。依据谓语动词的特征，主要有以下几类：

①谓语动词为不及物动词

（133）墨西哥民航职工罢工（《人民日报》，19791105－005）

（134）第一届亚洲摔跤锦标赛闭幕（《人民日报》，19791113－005）

（135）北京华都饭店开业（《人民日报》，19820802－002）

（136）于甦逝世（《人民日报》，19901201－004）

（137）上半年各类商标违法案件上升（《人民日报》，20000807－002）

（138）纽约汇市美元比价走低（《人民日报》，20030507－007）

光杆动词作谓语时，谓语多由不及物动词充当。以上各例中

① 范晓：《汉语的句子类型》，太原：书海出版社，1998年版，第29页。

的“罢工”“闭幕”“开业”“逝世”“上升”“走低”等均为不及物动词。从以上各不及物动词的表意特征来看，可细分成两小类：一类为不及物的动作动词，如例（133）至例（135）中的谓语动词“罢工”“闭幕”“开业”，这些动词在构成方式上属于动宾式的合成词；另一类是状态动词，其中例（136）的“逝世”表示人的存在状态，例（137）、例（138）中的谓语动词“上升”“走低”属于事物状态的发展变化。

新时期《人民日报》标题中光杆动词作谓语的不及物动词还有丰收、开张、竣工、开幕、问世、开播、鸣金、首发、揭晓、颁奖、开机、开馆、开园、选登、休会、创刊、启程、增收、见效、奠基、开学、签字、上市、动工、面市、下降、开赛、攀升、挂牌、揭幕、出发、完工、开工、被捕、揭牌、领先、落成、投产、诞生、就职、下线、骂街、就职、面世、罢教、复苏等。

②谓语动词为及物动词

（139）《艾滋病追踪》录像片出版（《人民日报》，19921005－003）

（140）金宇房地产发展有限公司成立（《人民日报》，19921030－002）

（141）藏文编码标准发布（《人民日报》，19971110－002）

（142）“牡丹—方正电脑”联名卡推出（《人民日报》，20000822－002）

（143）中俄银企座谈会召开（《人民日报》，20020603－009）

（144）公共安全产品博览会举办（《人民日报》，20031103－010）

光杆动词作谓语时，有少数及物动词在满足一定条件的情况下也可以构成光杆动词谓语句，这在标题句中尤其突出。从以上各例不难发现，主语都是谓语动词的受事，施事隐含了。如例（139），常见的语序应该是“××出版了《艾滋病追踪》录像片”，例（140）的语序为“××成立了金宇房地产发展有限公司”，其余例句均可类推。

《人民日报》中类似用法的及物动词还有制成、建成、扩大、启动、施行、开通、评出、展开、建立、确定、公布、举行、运行等。

标题句中，光杆动词作谓语时，不管谓语动词是由不及物动词充当还是由及物动词充当，这类主谓结构的标题在形式上都非常简洁，主语都由体词性成分充当，由名词独自作主语，如例（136），不过绝大多数情况下为定中短语作主语。谓语部分的谓语动词前无任何修饰性成分，谓语动词后的完句成分如动态助词等也省略了。

在正常语境下，标题中光杆动词作谓语现象是语言运用不规范的体现，但在标题语境中却完全没问题。从以上各例来看，这类标题句一般叙述某个刚刚发生的事情，即便谓语动词前后没有任何附加成分，但读者一般可以根据正文顺利理解。如果在谓语动词后添加动态助词“了”，则全句的标题色彩下降，与正文的区分度不高。

2）动宾谓语结构

主谓结构中，动宾结构作谓语非常常见。在此选择几类颇有标题特色的动宾谓语结构展开探讨。

（1）动宾式动词带宾语

（145）高通 CDMA 中心落户中国（《人民日报》，20010716-012）

（146）巴西队亮相西归浦（《人民日报》，20020608－004）

（147）上千位艺术家放歌北京音乐节（《人民日报》，20050913－015）

（148）大连千家私企牵手万名下岗职工（《人民日报》，20020603－002）

（149）布什6月初会晤普京（《人民日报》，20030507－003）

（150）民企正泰握手通用电气（《人民日报》，20050321－015）

（151）中国女足加强训练备战世界杯（《人民日报》，20030529－008）

（152）淮阴军分区造福百村群众（《人民日报》，19980415－003）

（153）世界著名商学院钟情联想集团（《人民日报》，19980423－011）

（154）转型变革需扎根现实（《人民日报》，20130719－023）

动宾式动词带宾语现象为近年来汉语语法中的新现象，《人民日报》主谓结构标题中也不乏这类用例。例（145）、例（146）中动宾式动词后接的处所宾语在自然语序中作状语，如“在中国落户”“在西归浦亮相”；例（147）中动宾式动词后接的时间短语在自然语序中为“在北京音乐节放歌”；例（148）至例（150）中动词后接的与事宾语在自然语序中也位于动词前的状语部分，如“与万名下岗职工牵手”“与普京会晤”“与通用电气握手”；例（151）、例（152）动词后的对象宾语在自然语序中作目的状语，如“为世界杯备战”“为百村群众造福”；例（153）、例

（154）中动词后的宾语在通常用法中作补语，如“钟情于联想集团”“扎根于现实”，在标题中省略其中的介词“于”，直接变成宾语。

这类常式结构用于篇章正文的话，语义明白晓畅，但若用于标题，则不符合标题求简求新的需求，且标题与正文的界限不够清晰。将常式句中状语成分置于动宾式动词后作宾语，或省略动词后补语中的介词“于”直接作动宾式动词的宾语，在满足标题求简求新及其与正文要界限清晰的同时，也能够突出并强调宾语。

《人民日报》标题中类似用法的动宾式动词还有安家、加盟、抢滩、续约、对话、联姻、护航、叫板、问责、出台、探秘、曝光、进军、献身、无缘、扎堆、做客、献演、扬帆、投资、聚首等。

②及物动词带特殊宾语

（155）我钢铁工业代表团结束访英（《人民日报》，19780605－005）

（156）中共干部代表团结束访问越南（《人民日报》，19920407－006）

（157）澳门特区全国人大代表结束视察黑龙江（《人民日报》，20000804－004）

（158）汤加王国王储结束访华（《人民日报》，20010123－002）

动词“结束”所带的宾语一般为名词性成分，如“结束这段感情”；或为动词，如“结束谈话”“结束采访”等，后一般不接动宾结构的宾语。但在标题语境下，动词“结束”带动宾结构类的宾语非常常见，成为及物动词带特殊宾语的一个典型案例。以上例句在语篇中一般表述为，“结束对英国的访问”“结束对越南的访问”“结束对黑龙江的视察”“结束对华的访问”，但在标题中“结束”后直接接动宾结构的宾语。与在语篇中的常规表述相比，标题中“结束”的这类特殊用法简洁新颖。

3）动补谓语结构

在《人民日报》标题中，依据补语的语义特征，动补谓语结构有结果补语、情状补语、趋向补语、数量补语、程度补语、时地补语。如：

①结果补语

（159）电视剧，你走好！（《人民日报》，19980410－009）

（160）10个省份县乡人大换届选举进展顺利（《人民日报》，20070105－001）

②情状补语

（161）这件事办得好！（《人民日报》，19801030－001）

（162）老崔头笑得多甜！（《人民日报》，19810913－002）

（163）经济要抓得很紧很紧（《人民日报》，19830127－001）

③趋向补语

（164）南京科技人员交流为何“冻”了起来？（《人民日报》，19840606－005）

（165）广东农村文化站星罗棋布办起来（《人民日报》，19890724－004）

（166）微山湖，动人的歌谣响起来（《人民日报》，

19970505－012）

④数量补语

（167）铁路电务系统安全行车一千天（《人民日报》，19940201－002）

（168）西安客运段安全生产四千五百天（《人民日报》，19971120－002）

（169）《中国画报》走过15年（《人民日报》，20070105－008）

⑤程度补语

（170）新闻工作者的思想也要解放一点（《人民日报》，19781227－003）

（171）“今日休息”之类的牌子能否少挂一些？（《人民日报》，19840623－005）

（172）湖南定购粮入库早（《人民日报》，19940813－001）

⑥时地补语

（173）南京支部建在楼幢里（《人民日报》，20030513－013）

（174）美国“发现”号航天飞机飞往肯尼迪航天中心33号跑道（《人民日报》，19950724－007）

（175）西藏军区某汽车团驰骋在雪域高原（《人民日报》，20110924－005）

这类动补谓语结构多用于消息和通讯体裁类的标题中。范晓（1998）将动补谓语句述题的语用意义分成三类：描记性述题、叙述性述题和评议性述题。[1] 标题中动补谓语结构的语用意义主要体现在描记性述题和叙述性述题两个方面，其中时地补语、数量补语属于叙述性述题，其余补语类型主要为描记性述题。

4）连动谓语结构

（176）金日成离开平壤前往苏联访问（《人民日报》，19861023－006）

（177）清丰农业科技落地开花（《人民日报》，20000217－002）

（178）赵总理乘坐高速火车前往里昂（《人民日报》，19840601－006）

（179）苗族女吹着芦笙迎客人（《人民日报》，19940211－006）

（180）布赫前往孟加拉国驻华使馆吊唁乔杜里逝世（《人民日报》，20010715－002）

（181）济南军区某集团军机关干部下连队当兵赢信赖（《人民日报》，20050918－004）

（182）苏部长会议主席遇车祸受轻伤（《人民日报》，19900601－004）

连动谓语结构中，前后两个动词在语义关系上比较丰富，有表动作的先后关系的，如例（176）、例（177）；有前一动作说明后一动作的方式的，如例（178）、例（179）；有后一动作是前一动作的目的的，如例（180）、例（181）；有前后两个动作存在因果关系的，如例（182）。依据语言类型学理论可知，缺少形态变化的语言连动式较多。汉语作为缺乏时态标记的语言，格标记取

① 范晓：《汉语的句子类型》，太原：书海出版社，1998年版，第66～67页。

消了，时间词也取消了，因此连动式比较受青睐。再加之连动谓语内部紧凑，形式简练，也非常适合在标题语境中使用。

5）状中谓语结构

状中谓语结构在主谓结构标题中非常常见，时间名词、处所名词、形容词、能愿动词等都可以充当状语的构成材料，在语义上或限制或描写，在位置上可以置于主语之后，也可以置于主语之前。本小节将主要选择一类有标题特征的状中谓语结构展开分析。如：

（183）夏利 2000 北京上市（《人民日报》，20010123－005）

（184）法国著名青少年足球专家贵阳执教（《人民日报》，20040412－012）

（185）航空公司（肩题）　蓝天上与时间赛跑（主题）（《人民日报》，20080602－015）

（186）海尔全球第 1 亿台冰箱意大利下线（《人民日报》，20101011－019）

（187）伦敦文化街头寻（《人民日报》，20120809－019）

以上例句中，谓语部分通常的语序为“在北京上市”“在贵阳执教”“在蓝天上与时间赛跑”“在意大利下线”“在街头寻(找)”。处所状语前的介词“在”均省略了。处所名词前的介词省略现象在非主谓结构的标题中也较为常见，如：

（188）草原遇雨（《人民日报》，19910510－008）

（189）水上观社戏（《人民日报》，19910510－008）

（190）黄河岸边写忠诚（《人民日报》，19980415－003）

（191）金字塔前演名剧（《人民日报》，19981014－007）

（192）雪乡看雪（《人民日报》，20150124－005）

非主谓结构中的这类标题形式将在后文探讨。总之，标题中介词的省略，节省了标题空间，同时也增强了标题的节奏感。不过标题中介词的省略也有一定的条件限制，即介词后的处所名词在音节数上至少为双音节，一般单音节处所名词前的介词不省略，如：

（193）世界第一所竞走运动学校在辽成立（《人民日报》，19861011－003）

（194）子午线轮胎专业企业在穗投产（《人民日报》，19920413－002）

（195）“太平洋机电”在沪成立（《人民日报》，19940813－001）

（196）“希拉克基金会”在法正式启动（《人民日报》，20080610－011）

（197）“十一五”重大科技成就展在京展开（《人民日报》，20110309－002）

以上标题中，处所名词均为单音节形式，其前的介词“在”均保留。

6）兼语谓语结构

（198）泰国总理鼓励政府支持泰企业家到国外投资（《人民日报》，19960610－007）

（199）校车安全，让人不安（《人民日报》，20100415－012）

（200）尼迈里称赞武装部队突袭不法分子救出5名外国人（《人民日报》，19830712－006）

（201）英国感谢中国援借大熊猫（《人民日报》，19911128－004）

（202）湖南省益阳县农村有百余名盲人在1987年经免费治疗重见光明（《人民日报》，19880224－003）

（203）我国又有两人达到奥运会射击赛标准（《人民日报》，19910526－004）

以上例子中，按照兼语前动词的语义特征，有使令式，如例（198）、例（199）；有爱恨式，如例（200）、例（201）；有“有”字式，如例（202）、例（203）。

2. 主谓谓语

主谓谓语类标题数量相对不多，累计有736条，占主谓结构标题总数的2.852%。依据黄伯荣、廖序东（2007）对主谓谓语句的分类[①]可知，《人民日报》标题中主谓谓语结构的下属类别均有体现，但标题数量差别比较大。

1）受事成分作大主语，施事成分作小主语

（204）这份遗产谁继承？（《人民日报》，19840611－004）

（205）15亿件衬衫谁来穿？（《人民日报》，19961202－002）

（206）电视数字化：我们如何应对（《人民日报》，19971104－010）

（207）高价电农民吃不消（《人民日报》，20060207－013）

（208）《与妻书》，我们都看懂了吗（《人民日报》，20110325－024）

---

① 黄伯荣、廖序东：《现代汉语》（增订四版，下册），北京：高等教育出版社，2007年版，第84～86页。

2）施事成分作大主语，受事成分作小主语

（209）主客秋色平分（《人民日报》，19960610－008）

3）大主语与小主语之间存在广义的领属关系

（210）新式的礼炮弹声音浑厚（《人民日报》，19861014－001）

（211）银川市危房改造成绩突出（《人民日报》，19920413－002）

（212）昆明交易会成果丰硕（《人民日报》，19940817－001）

（213）海南省旅游淡季不淡（《人民日报》，20000802－002）

（214）一次化验苦恼多（《人民日报》，20040401－015）

4）谓语里含大主语的复指成分

（215）买化肥搭换锺这是什么规矩？（《人民日报》，19801013－002）

（216）AB 两组谁能出线（《人民日报》，19961210－008）

（217）熊永兰——“知心姐姐”心系工友（《人民日报》，20120824－008）

（218）洋记者——我读出了中国自信（《人民日报》，20150315－008）

5）大主语相当于省略了介词的句首状语

（219）马德里爆炸案　政府承认“埃塔”非元凶（《人民日报》，20040401－003）

（220）绿色消费政府要作领头雁（《人民日报》，

20050331－016）

（221）环岛赛第七赛段（肩题） 中国队力保蓝衫（主题）（《人民日报》，20091118－015）

（222）海南“豇豆事件”（肩题） 13名相关责任人被问责（主题）（《人民日报》，20100409－009）

（223）村里大事咱们说了算（《人民日报》，20110325－011）

标题主谓谓语结构下属的五种类别中，第5类和第3类中标题数量最多，分别达到384条、334条，其次是第1类13条，第4类4条，第2类1条。

此外，标题主谓谓语结构中，最引人注意的是主语和谓语均为主谓结构的双主谓结构，这类标题累计有63条。如：

（224）英国和丹麦爆发捕鱼战气氛紧张（《人民日报》，19830103－006）

（225）武清农村建信报收投网效果显著（《人民日报》，19851129－002）

（226）冬煤公司坚持地上造林成效大（《人民日报》，19920413－002）

（227）汕头特区在京举办展示会成果丰硕（《人民日报》，19940809－002）

（228）邹城市法院反腐倡廉成绩斐然（《人民日报》，19940220－003）

以上各例的大主语均陈述某件事，大谓语内部都用形容词性成分充当小谓语，如“紧张”“显著”“大”“丰硕”“斐然”，且双主谓结构之间表示限制关系。以上各例可以变换为：

（224′）英国和丹麦爆发捕鱼战（的）气氛（很）紧张

（225′）武清农村建信报收投网（的）效果（非常）显著

（226′）冬煤公司坚持地上造林（的）成效（很）大

（227′）汕头特区在京举办展示会（的）成果（非常）丰硕

（228′）邹城市法院反腐倡廉（的）成绩（的确）斐然（*）

变换后的各例，除了（228′）这一句因“斐然”的书面语色彩太浓不常用外，其余各例均可在正常行文中使用，且在表意上与原标题未变换前的各例并无明显差别。但从结构形式上看，双主谓句结构较为紧凑，且形式简练，比普通主谓结构所包含的信息量要丰富而复杂得多，在标题中适当采用这类结构形式可以增强表达效果。

3. 形容词性谓语

《人民日报》标题中，形容词性谓语数量也不多，累计有481条，占所有主谓结构标题的1.864%。依据谓语构成情况，本书将标题中形容词性谓语的句法结构类型细分为以下类别：

1）形容词单独作谓语

形容词单独作谓语的标题有187例。依据形容词的性质，又可分成性质形容词单独作谓语、状态形容词单独作谓语两个小类。

①性质形容词单独作谓语

（229）四川各地城乡集市贸易活跃（《人民日报》，19870306－002）

（230）“电视儿童”语言阅读能力差（《人民日报》，20010123－007）

（231）动一下“铁板凳”好（《人民日报》，19861014－005）

（232）设“奖教金”好（《人民日报》，19940813－001）

（233）不搞通车典礼好（《人民日报》，20041008－010）

以上各例均为性质形容词单独作谓语，主要是对主语进行论断或评价。其中，例（229）、例（230）中的主语均为名词性成分，谓语分别为“活跃”“差”。例（231）、例（233）的主语都为动宾短语，谓语均为形容词“好”。这类标题多属于论断式，是对主语所表示行为的肯定或否定。

范晓（2008）认为，形容词作谓语的句子中，“除了作谓语的是性质形容词外，充当主语的多为名词性词语”。且性质形容词单独作谓语时有一定的条件，如：用在对比句中，用在前有先行句的后续句中，用在后有后续句的始发句中，用在问答句中。[①] 但从本研究各光杆形容词单独作谓语的标题来看，充当主语的成分不限于名词性成分，动词性成分也可以。此外，性质形容词单独作谓语的四种条件在标题中也都不存在。这说明，与普通语境相比，标题语境中，性质形容词单独作谓语所受的条件限制明显要少得多，这客观上提高了性质形容词作谓语的概率。

②状态形容词单独作谓语

（234）杏儿甜蜜蜜（《人民日报》，19820201－007）

（235）京西宾馆静悄悄……（《人民日报》，19930314－001）

（236）特殊家庭乐融融（《人民日报》，19940211－002）

（237）创新成果沉甸甸（《人民日报》，20060209－013）

---

① 范晓：《汉语的句子类型》，太原：书海出版社，1998年版，第94～95页。

(238) 逛院卖　乐淘淘(《人民日报》,20110325—023)

以上各例均为状态形容词单独作谓语,如“甜蜜蜜”“静悄悄”“乐融融”“沉甸甸”“乐淘淘”,分别对主语“杏儿”“京西宾馆”“特殊家庭”“创新成果”“逛院卖”进行描写。

在以上两小类单独作谓语的形容词中,有少部分句法功能相当于形容词的四字格形式,如:

(239) 中国爱乐乐团新年音乐会多姿多彩(《人民日报》,20021224—012)

(240) 程砚秋先生诞辰100周年纪念活动异彩纷呈(《人民日报》,20031122—007)

(241) 济南“环保殡葬”冷冷清清(《人民日报》,20040409—005)

(242) 农业精品琳琅满目(《人民日报》,20060824—006)

(243) 奥尔默特执政地位岌岌可危(《人民日报》,20080602—003)

以上各例除例(241)为性质形容词“冷清”的重叠形式外,其余4例均为四字格成语,语法功能相当于状态形容词,作谓语,对主语进行描写。

此外,在形容词单独作谓语的标题中,有9例比较特殊,如:

(244) 北大荒的小麦熟了(《人民日报》,19870901—008)

(245) 村口树绿了(《人民日报》,19920407—008)

(246) 延安苹果红了(《人民日报》,19930928—002)

(247) 阿根廷人踏实了(《人民日报》,20020603—007)

(248) 这样搞建设行吗?(《人民日报》,19810314—004)

（249）这样做对吗？（《人民日报》，19940809－005）

例（244）至例（247）句末有完句成分“了”，最后两例末尾有语气词“吗”。上文曾探讨过光杆动词作谓语时“了”的省略现象，在报道性标题中“了”一般不用，但在特殊情况下“了”不能省，如例（244）至例（247）。这类标题口语色彩比较浓，描写人或事物由状态A到状态B的变化。如例（244）北大荒的小麦由不熟到熟，例（245）村口的树由发芽到变绿，例（246）延安的苹果由青逐渐变红了，例（247）阿根廷人的心逐渐由不踏实转为踏实了。如果删除末尾的完句成分“了”，则句子或者不成立，如例（244）、例（245），或者表意发生了变化，如例（246）、例（247）。例（248）、例（249）中的句末疑问语气词“吗”也不能省，否则与原标题的语义不符。

2）形容词短语作谓语

在句法上，形容词短语作谓语主要有并列结构、状中结构、形补结构、形宾结构、形容词的使动用法等类别，累计有294例。

①并列结构作谓语

形容词并列形式作谓语，有16例。如：

（250）哨所茶水香又醇（《人民日报》，19940809－001）

（251）台湾元宵节：浪漫又惊险（《人民日报》，20060215－010）

（252）上海现代儿童想象画展神奇新颖（《人民日报》，19940804－008）

（253）墨京地铁：快捷方便经济（《人民日报》，19950127－007）

（254）去年上任的“大学生村官”王志斌：累并快乐着

（《人民日报》，20060209－010）

例（250）、例（251）中两个并列形容词之间均用“又”连接，例（252）、例（253）均为形容词直接并列，其中例（253）有三个形容词并列。例（254）两个形容词之间用连词“并”连接，末尾还用动态助词“着”收尾，表示一种持续的状态。

②状中结构作谓语

状中结构作谓语的标题累计有216例。依据状语成分的性质，又可分为以下小类：

A. 状语由副词充当

a. 程度副词作状语

（255）科索沃局势相当严峻（《人民日报》，19981011－002）

（256）国产西服更实惠（《人民日报》，20010112－009）

（257）近千吨钢材真可惜（《人民日报》，19990320－005）

（258）成都人好惬意（《人民日报》，19950107－004）

b. 肯定、否定副词作状语

（259）海口中小学生寒假不轻松（《人民日报》，20000217－005）

（260）“战利品”的提法不妥（《人民日报》，20020621－012）

（261）广告内容必须真实（《人民日报》，19930928－005）

（262）文艺批评必须真切（《人民日报》，19830119－005）

c. 时间、频率副词作状语

(263) 中篇小说日益兴旺(《人民日报》,19810314－008)

(264) 李官乡道路已畅通(《人民日报》,19940813－005)

(265) 八一军旗　永远年轻(《人民日报》,20070728－008)

(266) 黎巴嫩难民营局势仍然危急(《人民日报》,19870315－006)

d. 情态、方式副词作状语

(267)“垂直门户”悄然走俏(《人民日报》,20000813－004)

e. 范围副词作状语

(268) 三峡工程资金管理总体较好(《人民日报》,20070702－006)

(269) 粒粒皆辛苦(《人民日报》,19890704－005)

f. 语气副词作状语

(270)“帝王将相”何其多(《人民日报》,19980410－009)

(271) 李鬼何其多(《人民日报》,19841230－002)

(272) 伊拉克偿还外债何其难(《人民日报》,20030507－003)

(273) 持枪抢劫何其多(《人民日报》,19830708－007)

B. 状语由能愿动词充当

（274）医生的血不能冷（《人民日报》，20110317－019）

（275）长途客车播音要文明（《人民日报》，200608029－013）

（276）少年作家当清醒（《人民日报》，20010731－012）

（277）报纸标题应规范（《人民日报》，20031112－009）

C. 状语由代词充当

（278）写一点文章参加学术讨论这样难（《人民日报》，19840628－007）

（279）打场室内篮球咋这么难（《人民日报》，20150111－008）

（280）空运为何如此慢？（《人民日报》，19830119－008）

（281）莫斯科为什么这样神经衰弱？（《人民日报》，19791105－005）

D. 状语由介宾短语充当

（282）祖国，我为你骄傲！（《人民日报》，20010715－001）

（283）报纸比早餐早（《人民日报》，19930314－001）

（284）雪比冰“热”（《人民日报》，19940220－004）

（285）“革命”结果与期待迥异（《人民日报》，20130125－023）

E. 多层状语

（286）三K党在美国南部再次活跃（《人民日报》，19791113－006）

(287) 生物燃料对环境应更友好(《人民日报》,20130130-022)

(288) 疏导比禁止更可行(《人民日报》,20100409-020)

(289) 公民在法律面前一律平等(《人民日报》,19820806-005)

以上小类中,状语由副词,特别是程度副词充当的标题数量最多。

③形补结构作谓语

这类标题有25例。如:

(290) 她朴实得像棵小草(《人民日报》,19860422-005)

(291) 凉透了,阿根廷人的心(《人民日报》,20020613-008)

(292) 这些文化衫"时尚"过了头(《人民日报》,20031107-016)

(293) 酸枣汁含VC高于苹果一百倍(《人民日报》,19870907-001)

(294) "看病难"还难多少年(《人民日报》,20000804-010)

(295) "红色之旅"火起来(《人民日报》,20000804-001)

(296) "硬道理"还要硬下去(《人民日报》,20010123-009)

(297) "牛背商店"活跃在青海草原(《人民日报》,19860407-002)

(298) 通县十八所“庄稼医院”活跃在乡村(《人民日报》，19910523－002)

从补语的语义类别来看，例(290)为情状补语；例(291)、例(292)为程度补语，其中例(291)语序颠倒，自然语序应为“阿根廷人的心，凉透了”；例(293)、例(294)为数量补语；例(295)、例(296)为趋向补语；例(297)、例(298)为处所补语。

④形宾结构作谓语

形容词一般不能带宾语，但处所名词例外。这类结构的标题有23例。如：

(299) 电脑租赁缘何走红京城? (《人民日报》，19980423－011)

(300) 会前学法热京城(《人民日报》，20000802－010)

(301) 科技大集火中原(《人民日报》，20010123－011)

(302) 文化生活红社区(《人民日报》，20050913－015)

以上例句中，形容词后直接带处所名词，这类结构属于文言用法，简单凝练且语义完整，在标题中很受欢迎。与上文探讨的动词直接带处所名词结构(如“雷锋扎堆福利院”)用法相同。

⑤形容词的使动用法

这类标题有14例。如：

(303) 大棚蔬菜富白朗(《人民日报》，20020621－001)

(304) 良种工程乐农家(《人民日报》，19990920－009)

(305) 特色农业富新疆(《人民日报》，20010716－009)

(306) 庐山“社区文化超市”活跃群众生活(《人民日报》，20040401－010)

(307) 控枪纠结美国社会(《人民日报》，20130121－

023）

形容词的使动用法历史悠久，如《史记·廉颇蔺相如列传》“大王必欲急臣”中的“急臣”实为“使臣急”。以上各例即为文言用法在标题中的体现。相比于常规语序，这类使动用法形式简洁，语义丰富，非常适合标题语境。

4. 名词性谓语

主谓结构标题中，名词性谓语一共有 351 例，仅占 1.360%。根据谓语的句法结构特征，可分为以下几类：

①名词性成分单独作谓语

名词性成分单独作谓语，累计有 68 例。按名词的语义类，有以下几种情况：

(1) 表人专名作谓语

这类标题有 35 例。如：

(308)“副业通”——谈伯兴（《人民日报》，19810913—002）

(309) 卓越的民族工作领导人——乌兰夫（《人民日报》，19890126—005）

(310) “业余警察”——赵东海（《人民日报》，19900601—005）

(311) 美国青年喜爱的歌星（主题）——珍妮·杰克逊（副题）（《人民日报》，19900628—007）

(312) 中国新音乐的开路先锋（肩题） 聂耳（主题）（《人民日报》，20110321—005）

②方所名词作谓语

这类标题有 12 例。如：

（313）新开辟的旅游地——涿县（《人民日报》，19801013－003）

（314）吕梁山区繁荣的小镇——西坡（《人民日报》，19820220－004）

（315）中国第一个民族自治地方（肩题）——内蒙古自治区（主题）（《人民日报》，20000817－012）

（316）奥运火炬传递城市（肩题） 荆州市（主题）（《人民日报》，20080602－009）

（317）“巴黎之魂”——香街（《人民日报》，20101008－022）

③表物名词作谓语

这类标题有21例。如：

（318）肴中佳品——竹荪（《人民日报》，19810919－002）

（319）昆仑山下的珍果——巴旦杏（《人民日报》，19861023－005）

（320）洁净消毒剂——臭氧（《人民日报》，19900609－007）

（321）西藏的围棋——密芒（《人民日报》，19911117－008）

（322）比利时安特卫普的护城神——巴拉勃（《人民日报》，19950709－003）

以上三小类标题在结构、形式等方面存在诸多共同之处，是一种较为特殊的标题形式。从形式上看，主语与谓语之间均用连线或空格隔开，前后两个成分之间存在等同关系，位置可以互换。如果将其中的连线或空格删掉的话，前后两个部分可以构成一个同位短语，如表人专名单独作谓语类标题均可变换为："'副业通'谈伯兴""卓越的民族工作领导人乌兰夫""'业余警察'赵东海""美国青年喜爱的歌星珍妮·杰克逊""中国新音乐的开路先锋聂耳"。其余各例均同。在语义上，这类结构的主语与谓语之间表示某个判断命题，即"A是B"。这类结构形式多用于通讯类体裁或副刊文章的标题中。

实际上，如果将调查对象扩大，会发现名词性谓语类的标题中，主语与谓语之间存在等同关系的标题数量达到了263条，占所有名词谓语类标题的74.929%。这说明，当编辑在制作名词性谓语类标题时，特别倾向于选择主语与谓语具有等同关系的结构形式。这类等同关系的标题形式，表面上看似乎是语言要素的重复叠加，这与语言的经济性原则相悖，但在语用上可以强调并突出新闻主题，在某些新闻体裁如通讯的标题中不失为一个好的选择。

2）名词性短语作谓语

名词性短语作谓语类标题累计有283例。依据短语的句法功能，有定中短语、数量短语、名词性联合短语、同位短语四个小类。

①定中短语作谓语

在所有名词性谓语结构中，定中短语作谓语类标题数量最多，累计有248例。从主语与谓语之间的语义关系来看，有以下类别：

A. 属性义

（323）一个单元一"家"人（《人民日报》，20070105－005）

（324）科学发展观（肩题）——应对国际金融危机的强大思想武器（主题）（《人民日报》，20091102－007）

(325) 科技创新：民族兴旺发达的决定性因素(《人民日报》，20020613－009)

(326) 电脑教育——一种新兴的文化(《人民日报》，19920405－008)

(327) 法治：产品质量的生命线(《人民日报》，19980415－010)

B. 处所义

(328) 我国的百慕大——鄱阳湖西部(《人民日报》，19911117－008)

(329) 国家历史文化名城——山西平遥(《人民日报》，19960621－012)

(330) 冠军摇篮——北京体育运动学校(《人民日报》，19880814－003)

(331) 大阪湾中的“航空母舰”(主题)——建设中的日本关西国际机场(副题)(《人民日报》，19930320－007)

(332) 四川省阿坝藏族自治州的最高学府——师范专科学校(《人民日报》，19861005－004)

C. 时间义

(333) 9月8日：第40个国际扫盲日(《人民日报》，20050908－005)

(334) 四月七日(肩题)——“世界无危险生育日”(主题)(《人民日报》，19980407－007)

(335) 三十年儿童文学(肩题)　盎然新意又一春(主题)(《人民日报》，20081227－008)

D. 数量义

（336）一个“孩子”几个“娘”　（《人民日报》，19830119－002）

（337）一亩黑土多少钱？（《人民日报》，20110320－005）

E. 存在义

（338）渝中老城，亮丽新景（《人民日报》，20120829－006）

（339）《福布斯》排行榜：中国最适宜开设工厂的20个城市（《人民日报》，20050912－015）

以上类别中，前两类标题数量相对较多。

②数量短语作谓语

数量短语作谓语类标题有22条。如：

（340）全国去年投产发电装机容量198万千瓦（《人民日报》，19830103－002）

（341）世界艾滋病总人数16.7万（《人民日报》，19890720－007）

（342）台地区人口近两千万（《人民日报》，19880817－004）

（343）我国外出务工农民：9400多万（《人民日报》，20031109－006）

（344）云南亿元乡镇四十九个（《人民日报》，19940801－001）

③名词性联合短语作谓语

名词性联合短语作谓语类标题有7例。如：

(345) 吉布提——美丽的传说和祖国的恋歌(《人民日报》,19810919－007)

(346) 银行业务变革方向:水泥加鼠标(《人民日报》,20010716－010)

(347) 大拆大建 城市的伤痛与遗憾(《人民日报》,20050923－016)

(348) 温暖的列车组:"姜涛班组"和"百宝箱"(《人民日报》,20120210－007)

(349) 重庆 新起点新征程(《人民日报》,20120829－005)

④同位短语作谓语

同位短语作谓语类标题有6例。如:

(350) 两项长跑世界纪录创造者——肯尼亚选手罗诺(《人民日报》,19780607－005)

(351) 大地的儿子(主题)——匈牙利无产阶级诗人尤若夫(副题)(《人民日报》,19800407－007)

(352) 业内精英 三星电子总裁尹钟龙(《人民日报》,20000217－007)

(353) 美丽的哈萨克"童话"(主题)——散文集《永生羊》(副题)(《人民日报》,20041019－014)

(354) 来自伟人的感动(主题)——电视连续剧《诺尔曼·白求恩》(副题)(《人民日报》,20060824－009)

总体上来看,名词性谓语类标题数量不多,但可构成谓语的材料比较丰富,名词中的方所名词、表人名词、表物名词都可单独作谓语,并且在主语与谓语之间的关系上不同类别存在较大的共性。名词谓语句还可由体词性短语构成,如定中短语、数量短语、联合短语、同位短语都可充当名词性谓语，其中定中短语作谓语现象最普遍，且语义类型比较丰富。标题中适当采用名词谓语类结构形式，尤其是主语与谓语具有等同关系的名词谓语结构，有利于强调并突出新闻主题，具有较好的表达效果。

5. 谓语构成材料小结

主谓结构标题中，谓语由动词性谓语、主谓谓语、形容词性谓语、名词性谓语四大类构成，其中动词性谓语类标题数量占绝对优势。

动词性谓语的标题，根据动词性成分的大小及句法结构关系，又可分为光杆动词谓语结构、动宾谓语结构、动补谓语结构、连动谓语结构、兼语谓语结构、状中谓语结构等类别。从各次类的特征来看，部分结构形式存在汉语词类句法功能扩大、句法成分的隐含与省略现象等。

主谓谓语结构的标题，依据大主语与小主语等的关系，存在五种下属类别，其中广义领属关系和暗含介词的句首状语两种类型下的标题数量最多。另外，标题主谓谓语结构中，还存在少量主语和谓语均为主谓结构的双主谓结构，因其形式简单，结构紧凑，比较适合在标题语境中使用。

形容词性谓语的标题，分为形容词单独作谓语和形容词性短语作谓语两种情况，其中后者所分布的标题数量最多。形容词单独作谓语时，性质形容词和状态形容词均可单独作谓语。并且，与普通语境相比，在标题语境中，性质形容词单独作谓语所受的条件限制明显要少得多。形容词性短语作谓语时，有形容词并列结构、状中结构、形补结构、形宾结构、形容词的使动用法等类别，其中状中结构类标题数量相对较多。

名词性谓语的标题，同样也有名词性成分单独作谓语和名词性短语作谓语两种情况，其中后者所分布的标题数量最多。名词性成分单独作谓语时，方所名词、表人名词、表物名词均可充当谓语的材料，并且各个小类之间存在明显的共性。名词性短语作谓语时，其下属类型有定中短语、数量短语、联合短语、同位短语，其中定中短语作谓语现象最普遍，且语义类型比较丰富。另外，从主语与谓语之间的关系来看，标题中适当采用名词谓语类结构形式，尤其是主语与谓语具有等同关系的名词谓语结构，有利于强调并突出新闻主题，具有较好的表达效果。

二、非主谓结构标题

新时期《人民日报》单句结构标题中，除了主谓结构标题之外，还有 7931 条非主谓结构标题。从句法结构上看，可分为如下小类：定中结构、动宾结构、状中结构、并列结构、连谓结构、动补结构、同位结构、无主兼语结构、独词结构。各小类下的标题分布情况见表 5—5：

表 5—5 新时期《人民日报》非主谓结构标题分布情况

句法类型	标题数量（条）	占非主谓结构标题比例（%）	句法类型	标题数量（条）	占非主谓结构标题比例（%）
定中结构	3768	47.510	连谓结构	306	3.858
动宾结构	2111	26.617	无主兼语结构	190	2.396
状中结构	516	6.506	同位结构	120	1.513
并列结构	517	6.519	动补结构	30	0.378
独词结构	373	4.703			
合计：7931（条）					

由表 5—5 可知，非主谓结构类标题在句法类型上分布较广，涉及九个小类，小到单个的词语可以作标题，大到省略主语的特

定句式也可以作标题。在所有非主谓结构下属类型中，定中结构和动宾结构类标题数量最多，二者合计占非主谓结构标题总数的74.127%。

（一）定中结构

在非主谓结构标题中，定中结构类标题数量最多，达到了3768条，占47.510%。根据这类结构的特点，结合标题语境，本书从以下几个方面展开探讨。

1. 句法功能特征

句法功能是定中结构最突出的特征。根据中心语的句法功能，有名词性中心语和谓词性中心语两种情况。

1）名词性中心语

（355）人类记忆之谜（《人民日报》，19920418－007）

（356）一座城市的红色名片（《人民日报》，20091110－017）

（357）文明的远歌（《人民日报》，20110329－020）

（358）我眼中的老龙湾（《人民日报》，20130130－024）

（359）音乐的魅力（《人民日报》，20130703－024）

2）谓词性中心语

（360）美的欣赏（《人民日报》，19830127－008）

（361）高产穷县的变迁（《人民日报》，19950728－010）

（362）中医药对精神病的治疗（《人民日报》，19980415－011）

（363）血脉的交融（《人民日报》，20070705－009）

（364）“专任教授”的骄傲（《人民日报》，20070116－016）

两类不同性质的中心语中，名词性中心语类的定中结构标题数量总体上多于谓词性中心语。但不管是什么性质的中心语，定中结构在句法上均为名词性。

2. 定语与中心语之间的特殊搭配

定语与中心语的特殊搭配属于词语的超常搭配形式，是语言运用追求创新与新异的体现，标题语境也不例外。在内部语义关系方面，可分为以下几类：

1）定语中隐含了相关动词的定中组合

(365) 岁月马晓伟（《人民日报》，19950112－011）

(366) 指尖上的世界杯（《人民日报》，20140625－013）

(367) 盛装“热伴节”（《人民日报》，20150302－011）

(368) 时光里的白马寨（《人民日报》，20150124－012）

以上例句，依据原文可知，定语中均隐含了相关动词，如“岁月马晓伟”指“经历岁月磨砺的马晓伟”，“指尖上的世界杯”指“画在指尖上的世界杯（图案）”，“盛装‘热伴节’”指“穿着节日盛装庆祝的‘热伴节’”，“时光里的白马寨”指“被时光浸染的白马寨”。《人民日报》中类似组合的标题还有“马路上的除夕（20060206－010）”“柑桔夫妻（19980415－011）”“水晶夫妻（19980407－009）”“激情岁月（20070713－012）”“耻辱戒指（19911117－008）”“风筝情怀（19950712－011）”等。

2）使用了修辞手法的定中组合

(369) 悬崖“裁缝”（《人民日报》，20120213－014）

(370) 庭院的眼睛（《人民日报》，20100409－023）

(371) 森林家族（《人民日报》，20110321－020）

(372) 悲壮的土地（《人民日报》，19840617－007）

这类例句的定语与中心语之间存在修辞关系，如“悬崖‘裁缝’”中的“裁缝”是比喻，表示维护、加固（补缀）悬崖的工人，意思就是“道旁悬崖的维护者”；“庭院的眼睛”中的“眼睛”指澳大利亚私家庭院宽敞明亮的阳台，这里将私家阳台比喻为眼睛；“森林家族”中的“家族”是拟人用法，指森林中的各种植物；同样，“悲壮的土地”中的“土地”本为无生命名词，无所谓悲壮，这里土地被赋予了生命。《人民日报》中类似的存在修辞关系的定中组合类标题还有“幸福的身影（19950127－009)”“美丽的扫帚（19971126－012)”“六十岁的爱情（19810916－008)”“流蜜的青春（19810928－008)”“冬天里的夏天（19900620－008)”“一册流云（20041021－011）等。

3. 含标题标记词的定中结构

前文曾讨论过标题标记词是标题区别于篇章的重要形式依据。在定中结构类标题中，中心语由标题标记词充当的现象比较常见，依据充当中心语的标题标记词的语法性质，其有以下表现：

1）中心语由标题名词充当

(373) 买书难问题面面观（《人民日报》，19841220－008)

(374) 曹聚仁趣事（《人民日报》，19880209－008)

(375) 名著改编小议（《人民日报》，19880205－008)

(376) 中华人民共和国乡村集体所有制企业条例（《人民日报》，19900611－002)

(377) 中华人民共和国和阿拉伯埃及共和国关于建立全面战略伙伴关系的联合声明（《人民日报》，20141224－003)

以上例句中，“面面观”“趣事”“小议”“条例”“联合声明”

均为名词性标题标记词（其中“小议”为后置词），在标题中作中心语。其中“条例”“联合声明”又属于公文语体标题专用词，因《人民日报》中共中央机关报的属性，这类标题标记词在定中结构标题中非常常见，类似的还有决议、令、公告、决定、通告、章程、联合公报、联合新闻公报、暂行办法、暂行规定、意见、管理规定等。在标题格式上往往为：（发文机关）＋（关于）＋事由＋文种，如例（377）各要素齐全，也可采用最简形式，省略发文机关，只保留事由和文种，如例（376）。

在定中结构标题中，除了公文语体标题标记词外，其余作中心语的名词性标题标记词还有序、随想曲、速写、说、诗笺、简评、闲话（名词）、记（名词）、启事、二三事、一角、一瞥、小记、小考、小启、小窍门、小集、历程、简历、杂感、新篇、一席谈、花絮等。

2）中心语由标题动词充当

（378）关于“嫉妒”的质疑（《人民日报》，19850506－008）

（379）北京外汇黑市调查有感（《人民日报》，19870901－002）

（380）“热锭冷砸”的思考（《人民日报》，19980407－009）

（381）澳大利亚大选初析（《人民日报》，19981005－006）

（382）“杭越”闯上海的启示（《人民日报》，20120223－024）

以上各例句中，“质疑”“有感”“思考”“初析”“启示”均为标题动词，在标题中作中心语，整个结构为名词性的。标题动词作中心语构成的定中结构标题，客观上提高了标题的标记性和可识别性，也是标题称名性的需求。

《人民日报》定中结构标题中，类似用法的标题动词还有评介、趣谈、综述、大家谈、预报、评价、评述、初析、初探、即景、述要、呼唤、欣赏、往来、浅析、浅谈、拾零、拾穗、荟萃、研究等。

4. 特殊的“4+3”式定中结构

在定中结构标题中，有少数标题在结构形式上比较特殊，整体上呈现出“4+3”式的音节模式，其中“4”为定语部分，“3”多为名词性中心语。如：

1）定语为方所名词短语

（383）卫运河畔一农家（《人民日报》，19841228—002）

（384）“秀才山庄”女功臣（《人民日报》，19950715—005）

（385）不毛之地播绿人（《人民日报》，20020618—007）

（386）西梁山上新愚公（《人民日报》，20020618—007）

（387）卫水河畔鱼水情（《人民日报》，20020613—006）

2）定语为谓词性短语

（388）四通八达多伦多（《人民日报》，19870920—007）

（389）英姿飒爽女英雄（《人民日报》，19981014—012）

（390）治沙致富女能人（《人民日报》，20020618—007）

（391）治沙治穷带头人（《人民日报》，20020618—007）

（392）砥砺前行山城人（《人民日报》，20120829—008）

以上两类“4+3”式定中结构，结构形式相同，均省略了助词“的”，倘若在定语与中心语之间添加“的”均成立，如第1

组："卫运河畔的一农家""'秀才山庄'的女功臣"等；第2组："四通八达的多伦多""英姿飒爽的女英雄"等。并且，这类"4+3"式定中结构可以通过移位或补充转换等手段变换为叙述关系的主谓结构类标题，如第1组各例可依次变换为："一农家在卫运河畔""女功臣在秀才山庄""播绿人在不毛之地""新愚公在西梁山上""鱼水情在卫水河畔"，第2组各例可变换为："多伦多四通八达""女英雄英姿飒爽""女能人治沙致富""带头人治沙治穷""山城人砥砺前行"。不过，相比而言，当中心语为行为主体的时候，变换后的句式可接受度更高。

标题中这类七音节结构模式，不仅存在于定中结构标题中，也存在于主谓结构、状中结构、同位结构、并列结构、动宾结构等句法结构类的标题中。不过相比而言，在体词性结构标题中更为常见。它是汉语古体诗写作传统的继承与发展，在标题中恰当使用这类结构模式可以增强标题的节奏感和文学韵味。

（二）动宾结构

非主谓结构的单句型标题中，动宾结构标题有2111条，仅次于定中结构标题的数量。与上文探讨的动宾短语作谓语的标题相比，这类标题形式主语隐含了，因此在形式上更趋简化。

在动宾结构中，动词与宾语之间存在支配与被支配的关系，其宾语可以由词或短语构成，且不限于体词性宾语，谓词性成分也可以充当宾语。对此，前人已作过很多研究，不再赘述。本节将结合标题语境从以下几个方面探讨标题中的动宾结构特征。

1. 动宾结构的超常搭配

动宾结构的超常搭配指动词与宾语之间的搭配超过了常规用法，这类搭配新颖别致，吸引眼球，具有非常好的表达效果。如：

(393) 触摸北京文化（《人民日报》，20020621－002）

(394) 触摸历史（《人民日报》，20040406－007）

(395) 品饮人生（《人民日报》，20060207－016）

(396) 倾听庐山（《人民日报》，20110321－020）

(397) 感受红旗渠精神（《人民日报》，20041011－004）

通常情况下，“触摸”“品饮”等动词一般后接较为具体、实在的名词性宾语，如“触摸伤口”“品饮茶水”；“倾听”后可接意见、建议、故事等宾语，如“倾听教诲”“倾听意见”等；“感受”后可接温度、感情相关的名词，如“感受严寒”“感受亲情”等。但以上例句中动词所带的宾语语义类型均超出了常规用法，“北京文化”“历史”“人生”均为抽象名词，“庐山”则为处所名词，“红旗渠精神”属抽象名词，与以上动词所带的常规宾语差别很大。这类超常搭配结构，有时可以改变动词的语义特征，如“触摸北京文化（历史）”实际上是“了解/感受/体验北京文化（历史）”，“品饮人生”是“认真并仔细地思考/体会/理解人生”；有时则改变宾语的语义所指，如“倾听庐山”，依据原文可知，作者将庐山比作一位胸中有故事的老者，因此要“倾听关于庐山的故事”。

《人民日报》标题中类似的动宾超常搭配形式还有“感悟太行水乡（20041003－004）”“感悟创新之魂（20110901－015）”“卖‘梦’（19980407－012）”“读山（19940809－008）”等。

2. 不及物动词带宾语

这类搭配形式与上文主谓结构标题中动宾式动词带宾语的情况类似。如：

(398) 观“潮”郑州站（《人民日报》，19950112－004）

(399) 欢聚洛杉矶（《人民日报》，19971104－006）

(400) 备战“黄金周”(《人民日报》，20050923-006)

(401) “护航”航空食品(《人民日报》，20140619-009)

(402) 对话蒙克洛瓦宫(《人民日报》，20070702-003)

(403) 聚焦投洽会(《人民日报》，20050908-013)

自然语序中，例句(398)、例(399)中的处所名词应该位于动词前作状语，如“在郑州站观‘潮’”“在洛杉矶欢聚”。例(400)、例(401)中的对象宾语应该位于动词前作目的状语，如“为‘黄金周’备战”“为航空食品‘护航’”。例(402)的与事宾语应该位于动词前作状语，如“与蒙克洛瓦宫”对话。例(403)的宾语“投洽会”应该作补语，如“聚焦于投洽会”。标题中这类本作状语或补语的成分省略相关附加成分后，语法功能发生了变化，结构形式也趋于简化，客观上增加了标题的可识别度和新颖性，并凸显了主题。

3. 含标题动词的动宾结构标题

上节探讨了在定中结构标题中，有部分标题动词作中心语，构成名词性的可识别标题。同样，在动宾结构中，也有一部分标题动词带宾语结构的标题。由于标题动词在标题中多倾向于后置，相对而言，动宾结构的可识别标题中，动词一般为前置标题动词或双置标题动词。[①] 如：

1) 前置标题动词带宾语

(404) 斥黎某反华(《人民日报》，19791128-005)

---

① 前置标题动词、后置标题动词、双置标题动词的界定请参看尹世超著《标题语法》(商务印书馆，2001年版，第22~25页)。此外，本章所探讨的标题动词的前置或后置或双置，均依据尹世超编写的《标题用语词典》(商务印书馆，2007年版)。

(405)且看来年如何?(《人民日报》,19911102－002)

(406)话说评“劳模”(《人民日报》,19961202－009)

(407)纵论中加友好合作(《人民日报》,19971130－002)

(408)细说高考新变化(《人民日报》,20030530－008)

2)双置标题动词带宾语

(409)回忆鲁迅二三事(《人民日报》,19810919－005)

(410)追念彭大将军(《人民日报》,19981027－011)

(411)点击“法律六进”(《人民日报》,20081203－016)

(412)探访“最后的狩猎部落”(《人民日报》,20110921－005)

(413)追问躲在“临时工”背后的人(《人民日报》,20130703－017)

这两组标题中,第1组中的“斥”“且看”“话说”“纵论”“细说”均为前置标题动词,第2组中的“回忆”“追念”“点击”“探访”“追问”均为双置标题动词。

《人民日报》动宾结构标题中类似用法的标题动词还有致、论、回眸、谈、谈谈、再谈、也谈、议、小议、题、哭、闲话、序、夜访、浅议、浅谈、试论、拯救、有感于、也谈、忆、读、聚焦、说、漫说、也说、悼、呼唤等。

4. 特殊结构形式的动宾结构标题

《人民日报》标题中,这类特殊的动宾结构标题数量极少,但值得关注,如:

(414)刮目相看个体户(《人民日报》,19970528－001)

(415) 神牵梦绕唐布拉(《人民日报》,20021227－012)

从音节形式上看,以上两例构成了“4+3”式动宾结构,其中“4”作动词,“3”作宾语成分。与普通动宾结构不同的是,这类动宾结构中的动词往往是不及物性的,如“刮目相看”一般构成“××令人刮目相看”,“神牵梦绕”一般可说“××让人神牵梦绕”或“神牵梦绕的××”,均不能带宾语。在标题中临时借用“4”中的某一个或两个动词性语素,如“刮目相看”中的“看”,“神牵梦绕”中的“牵、绕”,这类动词性语素带了宾语。这类特殊的七音节标题结构依然是对古诗词格律传统的继承与发展,使得标题富于节奏感和韵律感,增强了标题的文学意味。

(三)状中结构

《人民日报》标题中,状中结构标题累计有515条,数量虽少,但标题形式非常鲜明,很有标题特点。下面分别从几个方面展开探讨。

1. 省略了介词或动词的名词性成分直接修饰动词作状语

自然语序中,状语中的介词或动词通常情况下需要保留,这在标题中也不例外。如:

(416) 在北京看法国乐器(《人民日报》,19790512－006)

(417) 在傣家做客(《人民日报》,19860427－002)

(418) 在西柏坡见到毛主席(《人民日报》,19940220－005)

(419) 在泰晤士河畔“为中国喝彩”(《人民日报》,20000819－005)

（420）从书中获取灵感（《人民日报》，20100420－020）

以上状语成分前的介词“在”均保留，符合常规用法。但在状中结构标题中，更多情况下，状语前的介词或动词倾向于省略。这类现象在《人民日报》状中结构标题中非常普遍，并且根据音节结构特点，可以分成不同的类型：

1）四音节状中结构标题

（421）草原遇雨（《人民日报》，19910510－008）
（422）荒原寻路（《人民日报》，19940211－004）
（423）沙里淘金（《人民日报》，20020618－007）
（424）水中舞龙（《人民日报》，20050908－012）
（425）雪乡看雪（《人民日报》，20150124－005）

《人民日报》四音节状中结构标题中，类似的还有“荒原钻塔（19930301－008）”“古城抒怀（20091114－008）”“巧中取富（19810326－008）”“新年说新（19830103－007）”“边疆夜宿（19820205－008）”“门前怒射（19820220－008）”“淮北说农（20120829－024）”“海口论价（19890729－002）”“荷塘戏鸭（19861011－008）”“峡谷拾珍（20041021－011）”“兰州吃面（20041021－011）”“海上救难（19950728－004）”“西部放歌（20010123－011）”“西湖观鱼（20070116－016）”“龙江起舞（20120809－011）”“田头取经（19970513－004）”等。

2）五音节状中结构标题

（426）天涯遇知己（《人民日报》，19901230－007）
（427）水上观社戏（《人民日报》，19910510－008）
（428）鲜血写壮歌（《人民日报》，19940813－005）
（429）假日逛书市（《人民日报》，19981005－004）
（430）花灯迎元宵（《人民日报》，20150302－004）

《人民日报》五音节状中结构标题中，类似的还有“七月走关东（19830716—008）”“大陈岛抒情（19850530—008）”“沙海荡‘绿舟’（19870930—002）”“高标准服务（19940226—001）”“深山访劳模（19960604—004）”“张家界读树（19970528—012）”“南山看‘硬件’（19970505—005）”“千岛湖揽胜（20021227—010）”“蜡烛慰冤魂（20040406—003）”“烽火台遐想（20091114—008）”“巧手迎世博（20100407—004）”“江宁看‘动’‘静’（20120829—001）”等。

3）六音节状中结构标题

（431）杂技中见绿色（《人民日报》，20021224—012）

（432）浮梁县衙怀古（《人民日报》，20040410—008）

（433）小镇邂逅大师（《人民日报》，20110918—008）

本研究的语料中，六音节状中结构标题数量比较少，仅见以上3例。

4）七音节状中结构标题

（434）黄河岸边写忠诚（《人民日报》，19980415—003）

（435）金字塔前演名剧（《人民日报》，19981014—007）

（436）澳门街头见老乡（《人民日报》，19990309—012）

（437）“三个层面”话节约（《人民日报》，20050912—004）

（438）“破”“立”之间看融合（《人民日报》，20141227—011）

《人民日报》中，七音节状中结构标题比较多，类似的还有：“白宫一角话沉浮（19810302—007）”“广州街头‘猜’广告（19870319—003）”“清茶一杯话今昔（19890114—005）”“新兵连里度周末（19940813—008）”“勤绩之中看德才（19950712—

003）”“盐碱洼里写春秋（19950704－005）”“南伊沟里访珞巴（19960622－005）”“灾后五年看安徽（19961207－001）”“南宫农家看两会（19990314－002）”“攻坚之年话作风（20000221－004）”“欢声笑声迎新春（20010127－003）”“‘百报长廊’看世界（20010112－004）”“一年纷纭看世界（20021219－007）”“危难之中见能力（20030529－009）”“非常时期看作风（20030518－005）”“方方面面看加息（20041030－005）”“欢歌劲舞庆十岁（20040428－003）”“天山深处祭英魂（20060802－004）”“熙春台上‘看气球’（20060226－001）”“博物馆里学知识（20060802－003）”“痛定思痛说防震（20090509－008）”“三十年后看矛盾（20110329－024）”“辛亥百年说机遇（20110920－004）”“新年伊始说文明（20130101－008）”“牢骚声里辨民意（20130715－007）”“汨罗江上读《离骚》（20140602－008）”“新常态下惠民生（20141211－006）”“秋风桐槐说项羽（20150121－024）”等。

5）八音节状中结构标题

（439）野三关夜观撒尔嗬（《人民日报》，19911105－008）

（440）竞技场上风起云涌（《人民日报》，20021224－008）

（441）休渔期间违禁捕捞（《人民日报》，20050913－013）

（442）另一种眼光读西藏（《人民日报》，20060806－008）

（443）就业路上免费充电（《人民日报》，20100415－013）

《人民日报》中，八音节状中结构标题数量比较少，仅见以上5例。

6）九音节（含）以上状中结构标题

（444）决战前夕话棋坛风云（《人民日报》，19851119－003）

（445）炒米胡同里面看夕阳（《人民日报》，19880207－005）

（446）南非和解日看种族和解（《人民日报》，20010108－003）

从以上按音节归类的状中结构标题中，不难发现，不同音节形式下，这类状中结构标题在结构形式上存在明显的共性，即动词前状语成分中的介词或动词均省略了，并且绝大多数情况下，状语由处所、时间类名词性成分充当，所以这类省略了介词或动词的状语多为处所状语、时间状语，表示动作发生的地点、时间。也有少数为方式或工具状语，如例（428）“鲜血写壮歌”，例（430）“花灯迎元宵”，例（442）“另一种眼光读西藏”等。相比而言，这类状语成分不是省略了介词“从”或“在”，也不是动词“到”，而是动词“用”，即“用鲜血写壮歌”“用花灯迎元宵”“用另一种眼光读西藏”。

此外，从不同音节形式下的标题数量来看，这类特殊形式的状中结构标题多集中于四音节、五音节和七音节，其中七音节标题数量最多，其余六音节、八音节（含）以上标题数量明显比较少。并且，有的时候为了照顾标题的音节数，宁愿牺牲标题求简的需求。如：

（447）于细微处见精神（《人民日报》，19861011－004）

（448）在阿拉木图“打的”（《人民日报》，19940817－007）

按照本小节探讨的省略原则，这两例状语前的介词“于”“在”均可省略，构成“细微处见精神”“阿拉木图‘打的’”这样的六音节标题也未尝不可，但作者宁愿保留这些本可以省略的语言单位，依然选择七音节结构形式，这不能不说没有考虑到韵律因素。

值得注意的是，此处所探讨的七音节标题，与上节定中结构和动宾结构中特殊的七音节标题在节奏上并不完全一致，前两类中的七音节标题属于“4+3”式，而本小节所探讨的七音节标题则为“4+1+2”式，其中“4”作状语，“1”为单音节动词，并且多由“话”“说”“看”等动词充当，“2”为对象宾语。

标题中特殊类型的状中结构标题音节结构形式上的特征与汉语古诗词格律有密切的关系。一般来说，汉语古诗词在字数上多为四言诗、五言诗、七言诗，其中七言诗因其音节形式较长，可承载的信息量更丰富，因此备受推崇，相继产生了七言古诗、七言律诗、七言绝句。状中结构标题中，状语前介词或动词的省略现象多集中于四字结构、五字结构、七字结构，并以七字结构为主体，这是汉语古诗词传统的真实再现，是作者在标题制作过程中有意追求节奏、韵律的体现。

状中结构标题中这类有韵律特点的句法格式，实现了标题求简的内在需求，同时也增加了标题的古典韵味，提高了标题的可识别度，为人们快速识别标题打开了方便之门。

2. 动词中心语后的宾语缺位

(449) 从布袋和尚说起（《人民日报》，19820209—008）

(450) 从《鲁迅藏汉画像》谈起（《人民日报》，19870306—008）

(451) 从《庄子》的后现代意义说起（《人民日报》，20090505—007）

（452）从孔子的一段话说起（《人民日报》，20101016－007）

（453）从法制课遇到“三笑”谈起（《人民日报》，20141211－018）

以上例句的共同之处在于采用了一种较为常见的标题格式，即“从……说起”或“从……谈起”，作中心语的“说起”或“谈起”的对象在标题中均被省略，具体信息需借助于新闻原文方可知晓。如例（449）以布袋和尚的故事作为引子，提倡在人民内部务必要坚持说真话，杜绝言之有罪、闻者不戒的歪风邪气。例（450）通过《鲁迅藏汉画像》回顾了鲁迅先生一生对民族文化传承的重视和其间所经历的艰辛历程。例（451）结合《庄子》原文分析该作品中蕴含的后现代意义，呼吁学界在学习经典作品时要“反复沉潜爬梳”，不可牵强附会。例（452）从孔子“吾十有五而志于学，三十而立，四十不惑……七十而从心所欲，不逾矩”这段话入手，结合实例分析了人的实践和习惯对思维的干扰，提醒人们不可机械地理解圣人的言论。例（453）谈起的对象是中学法制课的重要地位与其不受教师、学生、家长重视的矛盾局面，呼吁全社会重视中学法制教育。因此，从语法结构上看，这类标题格式实际上是省略了动词中心语后的长宾语，读者若想知道宾语的具体所指，需要阅读新闻原文。这类标题格式常用于评论性文章，其中的状语成分就是将要展开的话题。

与之类似的标题格式还有“从……说开去”，这在本研究的标题语料中也有例句，如：

（454）从引用革委会文件说开去（《人民日报》，19950118－010）

（455）从“判若两人”说开去（《人民日报》，20110905

—020）

尹世超（2001）将这三类标题格式合并为“由/从……说/谈起/开去”。[①] 实际上，“从……说/谈起”与“从……说/谈开去”并不完全相同，虽然这两个结构均为状中结构，并且常用于评论性体裁的标题，但“从……说/谈起”中“说起”或“谈起”后省略的成分是该动词的宾语，而“从……说/谈开去”中的中心语后并没有省略相关语法成分。

《人民日报》标题中类似的还有“从人类不能进行光合作用说起（20150302—023）”“从一则广告谈起（19901214—002）”“从甲级队‘扩军’说起（19961207—004）”“从劳模要带徒弟说起（19971107—009）”“从美国命名‘海尔路’说起（20010715—007）”“从‘病猪过关’说起（20020602—006）”等。

（四）并列结构

并列结构标题是一种颇有标题特点的标题格式，本研究的语料中累计有 517 例。这类标题有以下几个方面的特点：

1. 并列各项组成形式

结构形式上，前后并列项有多种组成方式，如：

1）用并列连词

（456）大象与苍蝇（《人民日报》，19780618—003）

（457）眼界与读书（《人民日报》，20110329—020）

（458）日元国际化和日本金融市场自由化（《人民日报》，19840623—007）

（459）岳父和他的棋友们（《人民日报》，19890120—

① 尹世超：《标题语法》，北京：商务印书馆，2001 年版，第 103 页。

008)

(460) 蛙声狐声及其他声(《人民日报》，19890120－008)

2) 用符号

(461) 雷暴·龙卷风·厄尔尼诺(《人民日报》，19870315－008)

(462) 谁的阳光、微笑、家庭……(《人民日报》，19790515－006)

(463) 椰子树——海南人(《人民日报》，19950724－012)

(464) 茅台·咖啡·礼品书(《人民日报》，20000218－012)

(465) 社会前途青春(《人民日报》，19790512－006)

3) 连词加符号

(466) 信息化、城市化与工业化(《人民日报》，20010721－005)

(467) 译者的眼光、出版社的气魄及其他(《人民日报》，19841205－008)

(468) 邹容、“苏报案”及《革命军》(《人民日报》，19810922－005)

(469) “大腕”“老二”与三部戏(《人民日报》，19920418－008)

(470) 法定代理人、指定代理人和委托代理人(《人民日报》，19820205－005)

4）直接组合

（471）异国血统中国心（《人民日报》，19930326—004）

（472）雪情旧意（《人民日报》，19971130—004）

（473）网球野营滑雪（《人民日报》，19990305—008）

（474）海品海味（《人民日报》，20150124—012）

前后并列项各种联合方式中，用并列连词组成的标题数量最多，这类并列连词主要有“与”“和”“及”。此外，连词加符号组成的并列结构一般并列项在三项及以上。

2. 并列各项的词性

一般而言，并列结构中并列各项的词性倾向于相同，但也有相异的情况。下面对并列各项的词性特征作相关归纳，具体分类时，本书将谓词作中心语的定中结构并列项归入名词类中，将主谓结构并列项归入其他类中。

1）词性相同

①名名并列

（475）计划调节与市场调节（《人民日报》，19801013—005）

（476）高层建筑与风患（《人民日报》，19850518—007）

（477）风庐主人与童话（《人民日报》，19860422—007）

（478）诗的特质与大众性（《人民日报》，19961226—010）

②动动并列

（479）期待与惊讶（《人民日报》，19800419—008）

（480）“写中心”与“写人心”（《人民日报》，19841203—007）

（481）现场办公与“现场办吃”（《人民日报》，19870321—005）

（482）信息化、城市化与工业化（《人民日报》，20010721—005）

③形形并列

（483）短与长（《人民日报》，19830111—006）

（484）浮躁与清寂（《人民日报》，19930928—008）

（485）“著名”和“大型”（《人民日报》，19971130—004）

（486）健康·快乐·便利（《人民日报》，20101019—015）

④其他

（487）日元国际化和日本金融市场自由化（《人民日报》，19840623—007）

2）词性相异

①动名并列

（488）写信·我的周末（《人民日报》，19930320—008）

（489）得与德（《人民日报》，19961218—004）

（490）放平心态与水平高低（《人民日报》，20070717—012）

（491）为猪“平反”与百姓饭碗（《人民日报》，20090507—005）

②动形并列

（492）失业和“平等”（《人民日报》，19810910—006）

③名动并列

(493)家长制与制家长(《人民日报》,19801003—008)

(494)领导改革与改革领导(《人民日报》,19861031—002)

(495)爱国主义与对外开放(《人民日报》,19950112—009)

(496)人才思想与转变经济增长方式(《人民日报》,19971120—009)

④名形并列

(497)刹那与永恒(《人民日报》,20010712—012)

(498)"数字"与忠诚(《人民日报》,20070110—004)

⑤形名并列

(499)困惑和愿望(《人民日报》,19890111—005)

⑥其他

(500)密特朗访美与贸易争端(《人民日报》,19930309—006)

(501)戴尔让贤与百年企业(《人民日报》,20040412—015)

(502)大学生就业难与选择性失业(《人民日报》,20041021—009)

(503)增长动力趋减与下行压力(《人民日报》,20130124—016)

并列结构各项词性分布中,词性相同的并列结构有473条,占并列结构标题的91.489%,其中相同词性的并列结构中,名词性并列结构的标题占绝对优势，达到了382条，占相同词性并列结构的80.761%。

3. 并列项的语义关系

并列结构标题中，有前后并列项属于同一内容或形式的同类并列项，如：

(504) 蛙声狐声及其他声（《人民日报》，19890120－008）

(505) 李乔与徐迟（《人民日报》，19970505－012）

(506)“平时争”与“评时争”（《人民日报》，20101008－004）

(507) 集中和分散（《人民日报》，19791109－003）

(508) 过去　现在　将来（《人民日报》，20140625－013）

这类并列结构标题，或者表示某个同类的事物，如例（504）表示不同物体的声音；或者表示某两个人，如例（505）；或者表示两种行为的比较，如例（506）、例（507）；或者表示某个时间顺序，如例（508）。这类并列结构标题的并列项均处于同一语义场，因此语义关系相对比较简单。

并列结构标题中，还有一类并列项不在同一语义场的特殊类型的并列形式，因并列项不在同一语义场，并列成分之间的语义关系比较复杂，主要有以下几类：

1）施受关系

(509) 于夫和抗癌中药“天箭丸”（《人民日报》，19940201－011）

(510) 樊代明与胃癌诊断（《人民日报》，19950110－005）

（511）鲁迅与学校体育（《人民日报》，19820814—008）

（512）李治华、铎尔孟和红楼梦（《人民日报》，20140606—024）

依据新闻原文可知，例（509）讲述了于夫发明抗癌中药“田箭丸”的故事，例（510）讲述了樊代明院士挑战胃癌的事迹，例（511）讲述了鲁迅先生一生重视体育运动的事迹，例（512）回忆了李治华与铎尔孟合作翻译法文版《红楼梦》的经过。

2）施事与处所关系

（513）巴金与个旧（《人民日报》，20120829—024）

（514）马克思与图书馆（《人民日报》，19800407—007）

（515）中国作家与巴基斯坦（《人民日报》，19901230—007）

（516）普希金与莫斯科（《人民日报》，19940813—007）

施事与处所类的并列结构标题多围绕当事人在某个地方的活动展开，如例（513）“巴金与个旧”，讲述了著名作家巴金在小说创作过程中与个旧结下的不解之缘；例（514）回顾了革命导师马克思生前对图书馆藏书非常关心，将其看作革命斗争的重要武器；例（515）概述了中国作家及其作品在巴基斯坦的传播情况；例（516）讲述了诗人普希金对莫斯科的深厚感情，以及莫斯科城对诗人的深情缅怀。

3）领属关系

（517）李同彦和他的三厘房头地（《人民日报》，19830127—002）

（518）查阿春和他的联合体（《人民日报》，19851113—002）

(519) 王玉梅与她的绿色兔业(《人民日报》,19990309—010)

(520) 母亲与照片(《人民日报》,20101027—024)

例(517)至例(519)中领有关系词前有标志词“他的”“她的”,因此领属关系较为明显。例(520)中虽没有标志词,但依据原文可知,作者实际上是围绕母亲年轻时的一张照片展开叙述与想象,即“母亲的照片”。

4)依存关系

(521) 经济责任制与主人翁责任感(《人民日报》,19810919—001)

(522) “补脑子”和扶贫(《人民日报》,19950724—010)

(523) “五C梦”与“五C精神”(《人民日报》,19961202—007)

(524) 议员之死与种姓政治(《人民日报》,20010731—007)

依存关系,顾名思义,是并列项之间彼此依存、相互影响的关系。如例(521)作者认为,经济责任制是提高职工主人翁责任感的经济动力,而主人翁责任感又使经济责任制更加完善;例(522)作者认为相关部门出资选送农民上大学“补脑子”才能更好地实现扶贫目标,而要实现扶贫目标必须给农民“补脑子”;例(523)“五C梦”代表新加坡年轻人对较高物质生活的追求,“五C精神”代表新加坡政府对国民精神生活的强调,两者属于物质文明与精神文明的关系,相互依存,缺一不可;例(524)分析了印度国会一女议员被暗杀反映了印度种姓政治的根深蒂固,是种姓政治导致了女议员的死亡。

5）目的关系

（525）核裁军与无核武器世界（《人民日报》，20090515—006）

（526）为猪“平反”与百姓饭碗（《人民日报》，20090507—005）

（527）印日靠近与核能合作（《人民日报》，20101027—002）

目的关系中，并列前项的行为是为了实现后项这一结果。如依据新闻原文可知，例（525）各国政府核裁军的目的是实现无核武器的和平世界；例（526）在“猪流感”给国人带来恐慌心理的时刻，为猪“平反”的目的是“既让百姓吃上放心肉，也为养猪农民铺平小康路”，从而保障百姓饭碗这个最大的民生问题；例（527）印日两国密切合作的最终目的是实现核能合作。

6）其他

（528）老舍与推广普通话（《人民日报》，19990305—010）

（529）老鼠屎·靓汤·靖国神社（《人民日报》，20060206—003）

（530）阳光与忠诚（《人民日报》，20110905—020）

（531）扣子、鞋子和膀子（《人民日报》，20150317—019）

还有些并列结构标题，并列项之间存在其他类型的语义关系，如例（528）前后并列项为施事与动作的关系；例（529）比较特殊，作者将日本左翼领导人参拜靖国神社的行为比作一颗老鼠屎搅坏了一锅靓汤，因此这里存在类比、施受、施事与处所等关系；例（530）作者讲述了一群可敬的士兵在长期不见阳光的阵地上依然忠心坚守着岗位，并在退伍后积极展现灿烂人生的故事，原文结尾处说："只要生命里有一份忠诚和执著，人生的天空就会时时有灿烂的阳光照耀……"因此标题"阳光与忠诚"实际上是一种反向条件关系，即因为忠诚，才有阳光；例（531）三个并列项均为类比，其中扣子代表价值观，鞋子代表中国社会的发展道路，膀子代表一种态度、决心，这三个词语并列在一起，表明作者希望当今中国青年一代树立正确的价值观和人生观，选择适合自己的发展道路，甩开膀子奋勇拼搏。

并列结构标题中，一些并列项不在同一语义场中的特殊并列结构语义类型比较丰富，也非常有标题特色，值得关注。

（五）同位结构

同位结构标题累计有120条。如：

（532）鹅乡兴化（《人民日报》，19940817－001）

（533）中国"保尔"张海迪（《人民日报》，20091102－005）

（534）"草帽书记"黄成模（《人民日报》，20060807－008）

（535）早熟水蜜桃"雨花露"（《人民日报》，19830115－002）

（536）杰出的红军将领、军事家黄公略（《人民日报》，20050305－002）

（537）大型儿童文学总集《中国幼儿文学集成》（《人民日报》，19910504－008）

（538）公务员考核重点"德"和"绩"（《人民日报》，20091106－005）

这类同位结构标题前后均由两项组成，绝大多数是表人、处所，少数言及其他。作身份的前项有时候也可以是双重的，如例（536）身份为“红军将领”和“军事家”；同样，同位的后项也可以不只一项，如例（538）中的“德”和“绩”。与名谓结构中主语与谓语具有等同关系的标题功能类似，同位结构作标题有利于强调并突出报道主题。

另外，从结构形式上看，同位结构标题中引人关注的依然是音节形式。据统计，120条标题中，有46条标题为7音节形式，均为“4+3”式，如例（533）、例（534）。甚至有的时候为了追求7音节效果，有意增加个别语素，如“京郊明珠怀柔城（19950724—004）”中的语素“城”本可以省略。关于标题中7音节标题盛行的原因及效果，前文已探讨，此不赘述。

（六）连谓结构

连谓结构标题有306条。如：

（539）走街串巷收购木耳（《人民日报》，19830727—002）

（540）迎风冒雪访雪芹（《人民日报》，20070113—007）

（541）走进“陶吧”寄闲情（《人民日报》，19990301—011）

（542）到吴桥看杂技（《人民日报》，19851123—008）

（543）有闲随手种黄花（《人民日报》，19830123—002）

（544）用实际行动迎接党的十四大召开（《人民日报》，19921005—001）

（545）用智慧之光破解“三农”难题（《人民日报》，20090509—005）

（546）辞官进村养香猪带富农民400户（《人民日报》，

19990320－008）

连谓结构标题涉及两个及两个以上谓词性动作。前后谓词之间有不同的语义关系，如例（539）、例（540）中前一动作是说明后一动作的方式；例（541）、例（542）前后动作之间是动作与目的关系；例（543）为“有”字连谓结构，前一动作是后一动作实现的条件；例（544）、例（545）前一动作是后一动作所凭借的方式或手段；例（546）涉及多个动作行为，表动作的先后关系。

连谓结构内部不同动作之间的停顿取消了，加之行为主体也省略，因此相比于连贯复句等表达方式，连谓结构更加适合标题语境。

（七）无主兼语结构

无主兼语结构即省略了主语的兼语结构。这类标题有 190 条。如：

（547）让稀缺之水浇灌和平（《人民日报》，20100409－021）

（548）让“白芳礼”微笑到底（《人民日报》，20120210－012）

（549）让“海上战神”重振雄风（《人民日报》，20130113－006）

（550）别让敬烟毁了风气（《人民日报》，20150302－005）

（551）鼓励非国有企业跨国经营（《人民日报》，19990305－005）

（552）推进慈善事业又好又快发展（《人民日报》，

20141219－015）

（553）又有两名同胞在南非遇害（《人民日报》，20041019－003）

（554）没有人可以打败趋势（《人民日报》，20150105－010）

从兼语前一动词的语义来看，除少数标题为“有”字式外，如例（553）、例（554），绝大多数情况采用了使令式动词，如例（547）至例（552），这其中又以动词“让”组成的标题数量最多，形式上可肯定，可否定。“让”字标题结构在语义上多表号召、倡议，作者肯定什么，否定什么，态度非常清楚明白，适合于评论体裁的标题。

（八）动补结构

动补结构标题数量比较少，仅有30条，主要为趋向补语、时地补语、数量补语。如：

（555）行走在京味文化中（《人民日报》，20070705－013）

（556）莫陷“友军”于不利（《人民日报》，19840619－005）

（557）摊派到了小学生头上（《人民日报》，19851104－001）

（558）隔离168小时（《人民日报》，20090515－014）

（559）奉养鳏老14载（《人民日报》，19940217－003）

（九）独词结构

独词结构标题有373条，其中体词性独词标题214条，动词标题150条，形容词标题9条。如：

1. 体词

（560）渔女（《人民日报》，19880808—008）

（561）士兵（《人民日报》，20080602—016）

（562）背包客（《人民日报》，20091102—020）

（563）祖屋（《人民日报》，20130713—012）

（564）会场（《人民日报》，20150311—006）

2. 动词

（565）渴望（《人民日报》，19910504—005）

（566）赛车（《人民日报》，19940813—008）

（567）逐浪（《人民日报》，20060824—012）

（568）选择（《人民日报》，20070105—012）

（569）守护（《人民日报》，20141219—011）

3. 形容词

（570）暖洋洋（《人民日报》，19870905—008）

（571）空前冷清（《人民日报》，19921020—005）

（572）悠闲（《人民日报》，19950709—004）

（573）专注（《人民日报》，20120213—003）

（574）细致（《人民日报》，20141224—010）

独词结构标题主要用于非新闻类的副刊作品以及图片新闻或少数短新闻标题中。无论是哪种体裁的独词结构标题，实际上仅仅相当于引出一个话题，详细的陈述部分均被隐含。如名词性独词结构标题，其独词成分或者为行为主体，如例（560）至例（562）；或者为事件发生的场所，如例（563）、例（564）；还可以为时间、工具、对象等，谓词性成分均被隐含。对于谓词性独词结构标题，则一般仅陈述或描写了某个动作或神情，至于行为主体、事件发生的时间、场所、工具等成分均被隐含。这是一种最简形式的标题结构，标题的可识别度比较高。

（十）非主谓结构标题小结

新时期《人民日报》标题中非主谓结构标题数量不多，仅占单句标题的 23.508%，占全部标题的 15.571%，但其标题特色却非常鲜明，这非常突出地体现在定中结构、状中结构、动宾结构、同位结构、并列结构、独词结构、无主兼语结构等下位类型中。或者标题标记词大量出现，如定中结构与动宾结构标题；或者音节形式节奏感强，如不同结构标题中七音节标题突出；或者在行为主体或谓词性成分已经省略的情况下，继续简省或转移状语或宾语中的相关成分，如状中结构、动宾结构标题；或者将不同语义场中的词语并列在一起，并列项之间蕴含丰富而复杂的语义内容，如并列结构标题；或者将行为主体省略，保留谓词性成分，如各种谓词性结构的标题；或者干脆以独词形式作标题，谓词性成分或行为主体等成分全部省略。

非主谓结构标题的鲜明特色既是标题求简的体现，也是标题特征的需求。对此将在后文详细探讨。

第三节　复句型标题的语法特点

复句型结构标题是由两个（含）以上意义上有关联，结构上彼此不作句法成分的分句构成的标题形式。新时期《人民日报》标题，尤其是新闻标题在以单式题为主的报道形式下，根据新闻报道的需要，还采用了大量复式题结构，如肩题＋主题、主题＋副题、肩题＋主题＋副题等，这其中有相当大一部分为复句结构，客观上增加了复句标题的数量。据统计，《人民日报》标题中复句型标题累计有16962条，占全部标题的33.302%。

一、复句的意义类型

在借鉴黄伯荣、廖序东（2007）有关现代汉语复句分类①的基础上，本书依据复句形式的单式题内部语义关系，复式题中肩题与主题、主题与副题，以及肩题与主题和副题之间的逻辑语义关系，将复句型标题意义分为以下类型：

（一）联合关系

联合关系复句内部又可分为并列关系、顺承关系、解说关系、选择关系、递进关系等小类。

1. 并列关系

并列关系复句是复句中的小分句围绕几个相关事件、相关情况或同一事件或情况的几个不同方面展开的句法结构形式，分句内部各小分句之间地位平等，不分主次，且极少用关联词语，多采用意合法。如：

1）并举式

（575）风筝传友谊　春满潍坊城（《人民日报》，19860402－003）

（576）湖北荆门市公安局推行"四季问安"（肩题）警务改革　请群众"指南"（主题）（《人民日报》，20150121－013）

（577）"中国制造"在欧盟（肩题）——挑战即是促进

① 黄伯荣、廖序东：《现代汉语》（增订四版）（下册），北京：高等教育出版社，2007年版，第123～133页。

（主题）（《人民日报》，20080606－010）

（578）中职篮常规赛（肩题）辽宁十三连胜（主题）山西队大胜北京队（副题）（《人民日报》，20141201－008）

（579）肯尼亚总统赞扬中国承包工程质量（肩题）希望肯中两国加强合作（主题）（《人民日报》，19921014－007）

（580）既要“急事快办” 又忌“急功近利”（《人民日报》，20081201－010）

并举式复句中，各分句之间是并存的关系，或者说明几件有关联的事情，如例（575）、例（576）；或一件事情的几个方面，如例（577）至例（580）。

2）对举式

（581）要“鱼水”，不要“蛙水” （《人民日报》，20110321－024）

（582）发扬正气 批评歪风（《人民日报》，19810314－003）

（583）珍爱生命 拒绝毒品（《人民日报》，20020626－011）

（584）少一点抱怨 多一点宁静（《人民日报》，20101014－004）

（585）百姓过年 公仆站岗（《人民日报》，19940211－002）

（586）张丹/张昊获冬奥会花样滑冰双人滑银牌（主题）申雪/赵宏博获铜牌（副题）（《人民日报》，20060215－001）

对举式复句中，前后分句在表意上对立。对举式标题极少用关联词，一般用意合法。这种表意上的对立可以用相反或相对的词语表示，如例（581）至例（584）；也可以借助于标题语境，将本没有对立或相反色彩的词语临时赋予对立的含义，如例（585）中的“过年”与“站岗”、例（586）中的“银牌”与“铜牌”均因标题语境而被临时赋予了对立色彩意义。多数对举式复句主观色彩较为明显，作者肯定什么，否定什么，态度非常鲜明。这类标题比较适合评论性文章。

2. 顺承关系

（587）北京协和医院眼库成立（主题） 邓朴方等千余人愿辞世后献眼球（副题）（《人民日报》，19900624－001）

（588）克林顿会见俄外长（主题） 科尔重申支持叶利钦（副题）（《人民日报》，19930326－006）

（589）全国第三次邓小平建设有中国特色社会主义理论研讨会开幕（主题） 刘华清出席 胡锦涛作重要讲话（副题）（《人民日报》，19961218－001）

（590）和平号 刚换上太阳能电池 又发现过渡舱漏气（《人民日报》，19971110－007）

（591）孔令辉正式迎来执教生涯（主题） 郭跃等成为其首批弟子（副题）（《人民日报》，20070108－012）

（592）中国乒乓球队结束备战 今日赴巴黎参加世乒赛（《人民日报》，20030513－016）

（593）兰新铁路发生两火车相撞事故（主题） 未造成旅客伤亡 目前上行线已恢复通车（副题）（《人民日报》，20070725－005）

《人民日报》标题中，顺承关系复句中的分句主要在时间、事理上有先后关系，因此复句中分句之间的顺序不能随便颠倒。标题制作中，这类复句形式非常适合叙述新闻事件发生发展的过程、结果或趋势等。

3. 解说关系

解说关系复句的分句之间是一种解释说明的关系。如：

（594）陕西省代表团畅谈学习报告的感受（肩题） 解放思想促进经济快上（主题） （《人民日报》，19921014－004）

（595）复旦上海交大招生遇"小年"（主题） 所在地文科线为历年最低（副题）（《人民日报》，20070713－011）

（596）西欧国家对共同体限制利外交人员态度不一（主题） 西德法国比利时照办 希腊保持距离奥地利不参加（副题）（《人民日报》，19860425－006）

（597）上海为教师办三件实事（主题）成立教育电视台、教育发展基金会，推出共同基金3亿元（副题）（《人民日报》，19930909－002）

（598）让阳光照亮青春（主题）——写在第八届大运会开幕之际（副题）（《人民日报》，20070717－012）

（599）新荷一枝带露浓（主题）——访四季青幼儿音乐学校（副题）（《人民日报》，19900609－005）

解说关系复句的后一分句多对前一分句进行解释说明，分句之间可以用"即、也就是说、例如"等关联词。不过，新闻标题中这类关联词多被省略，而采用各类符号，如连接号、冒号、空格等代替，但前后分句之间的解释说明关系可从表意上分辨出来。如例（594）主题围绕肩题中的"学习报告的感受"进行说明，例（595）中副题围绕主题"遇'小年'"进行补充说明，例（596）中副题围绕"态度不一"展开说明，例（597）中副题则对主题中的"三件实事"进行说明。与前面各例不同，例

(598)、例(599)中副题含标题标记词，如“写在……之际”“访”，标题可识别度高。注释关系复句标题中，这类标题结构比较常见。

解说关系的复句标题中，前后分句还可互换位置，解释说明成分在前，被解释说明成分在后，这类结构多是为了强调突出前一分句。如：

(600)从穷乡僻壤到开放前沿 从贫困落后到总体小康(肩题)广西经济社会实现跨越发展(主题)(《人民日报》，20081203－004)

(601)海风椰影 碧水白沙(肩题) 图瓦卢尽展岛国风情(主题)(《人民日报》，20101016－005)

(602)插队少 鸣笛少 闪大灯少(肩题) 香港开车有“三少”(主题)(《人民日报》，20130121－017)

(603)个人医疗负担重 上大医院看病难 异地报销不方便(肩题) 群众看病还须过“三关”(主题)(《人民日报》，20130130－020)

以上各例的前一分句均作肩题，后一分句都为主题。其中肩题作解释说明成分，主题作被解释说明成分。其中例(600)、例(601)的肩题比较特殊，例(600)的肩题由两个并列关系的介词短语组成，内部构成对比关系；例(601)的肩题则为两个并列的名词性短语，描绘了四幅自然景观：海风、椰影、碧水、白沙，画面感非常强。例(602)、例(603)的肩题叙述了三件内部有关联的不同事情。解说关系复句中，解释说明成分提前，多是为了强调、突出主题。如例(602)的肩题中，作者罗列了香港驾驶员开车的三种表现，意在与内地交通现状进行对比。倘若将肩题与主题位置互换，则强调的效果明显趋弱。

此外，还有一类比较特殊的注释关系复句，如：

（604）如果说“春晖行动”是为老奥迪A6画上圆满句号，还不如说，是为新A6称霸高级车市场扫清道路（肩题）——奥迪A6市场攻略（主题）（《人民日报》，20050321—016）

该例句中，连接号前的肩题表示补充说明，连接号后的主题为被补充说明成分。肩题又由关联词“如果……还不如”引导，是典型的假设关系复句。整个标题的意思可以简单概括为，“‘春晖行动’实际上是为新奥迪A6称霸高级车市场扫清道路——奥迪A6市场攻略”，很明显，变换语序后则成为注释类复句。

4. 选择关系

选择关系复句根据选择项之间的语义关系，有如下两种情况：

1）不定选择

（605）“真青春”还是“伪理想”（主题）　“大数据”时代的“小时代”数据（副题）（《人民日报》，20130704—024）

（606）骑华尔街铜牛拍照：牛人还是丢人（《人民日报》，20150317—020）

（607）健身器：好？没用？骗人？（《人民日报》，19980410—010）

这类复句的选择结果不确定。选择项一般为两项，如例（605）、例（606）；也可为多项，如例（607）。其中例（605）陈述的主题与选择项互换了位置。标题中这类不定选择复句，其最终选择结果往往需要借助于语篇才能知晓。不过，也有表面上为不定选择，其实选择结果早已明确的情况，如例（606），读者根据常识基本都能明白作者的选择态度。

2）已定选择

（608）虚争空言　不如试之（《人民日报》，19971107－004）

（609）美欧不应做“叶公”（主题）　与其限制中国纺织品　不如扬长避短来竞争（副题）（《人民日报》，20050321－003）

（610）推倒重来，不如落实初衷（《人民日报》，20100407－013）

已定选择复句的选择结果已明确。如以上各例的选择结果均在后分句。

总之，标题中选择类复句一般多由关联词语连接。

5. 递进关系

（611）苏联同阿富汗签订条约发展军事“合作”（主题）　并规定要促进建立“亚洲安全体系”（副题）（《人民日报》，19781207－005）

（612）李克强将访问哈萨克斯坦和塞尔维亚（主题）并出席上合组织总理会议、中国—中东欧国家领导人会晤、赴泰国出席大湄公河次区域经济合作领导人会议（副题）（《人民日报》，20141211－003）

（613）受灾区安度春荒（主题）　未发生人口大量外流等不正常情况（副题）（《人民日报》，19890729－002）

（614）《分子植物》影响因子首破6分（主题）　位列同领域期刊第十（副题）（《人民日报》，20130703－012）

（615）“十一”黄金周市场繁荣出行顺畅（《人民日报》，20101008－001）

并列复句标题中成对关联词很少使用，但关联词“并”独用情况比较多，如例（611）、例（612）；此外，多数标题采用意合法形式表递进关系，如例（613）至例（615）。

（二）偏正关系

标题中的偏正关系复句，内部可分为条件关系、假设关系、因果关系、目的关系、转折关系等小类。

1. 条件关系

（616）投靠越紧　暴露越快（《人民日报》，19781226－006）

（617）吏风正才能事业兴（《人民日报》，19981027－009）

（618）早调整　早主动（《人民日报》，19970515－002）

（619）心态好　状态归（《人民日报》，20120221－015）

（620）选得良种方成参天树（《人民日报》，20041019－013）

（621）无论变冷变暖全力抗御“极端”（《人民日报》，20120223－020）

条件关系复句中，前一分句是条件，后一分句是结果，内部又分充足条件关系，如例（616）；必要条件关系，如例（617）至例（620）；无条件关系，如例（621）。

此外，条件关系复句标题中还有紧缩复句形式，如：

（622）招牌越大越好吗？（《人民日报》，19820814－003）

（623）非得有“批示”才办吗？（《人民日报》，19830731－001）

(624)非豪华不可吗?(《人民日报》,19870311－001)

(625)非宴会不可吗?(《人民日报》,19870918－001)

这类条件关系复句形式简洁,采用了关联词语,如"越……越""非……才""非……不"等。

2. 假设关系

(626)国际金融危机阴影不去 世界石油市场低谷难去(《人民日报》,19981027－007)

(627)首都机场(肩题) 航班正点率高 将获运行优惠(主题)(《人民日报》,20060804－006)

(628)投资创业板 风险不能忘(《人民日报》,20091102－018)

(629)预期寿命增1岁 方方面面须努力(《人民日报》,20110312－007)

(630)游客不至上,宰客风难止(《人民日报》,20120210－005)

(631)再富也要"穷"孩子(《人民日报》,20030530－016)

这类假设关系复句,虽然关联词语多被省略,但可以根据意合方法补充完整。如例(626)至例(630)中可以添加"如果……那么"等关联词,偏句表示假设,正句为结果,前后语义关系一致。例(631)实际上隐含了"就算……也"等关联词,偏句表示一种让步关系,正句则不因偏句的让步而改变结论,前后分句之间实为相背关系。

此外,假设关系复句标题中,还有少数特殊的紧缩复句形式,如:

(632)无伤病不世界杯(《人民日报》,20140606－015)

该例是模仿阿迪达斯的广告语“无兄弟不篮球”形成的“无……不……”格式，语义上隐含了“如果……就”假设关系。目前，该结构在标题中流行范围很广，已产生了一系列如“无兄弟不摇滚、无跟帖不新闻、无创意不生活、无生活不语文、无奋斗不青春”等用例。

3. 因果关系

（633）腐败现象令人深恶痛绝（肩题） 中国足协决意加大打击力度（主题）（《人民日报》，19990305－008）

（634）侵犯网络游戏著作权（肩题） 新疆“天山传奇”网络被查封（主题）（《人民日报》，20060807－002）

（635）高失业状态下，许多以数字技能为支撑的岗位却无人胜任（肩题） 数字化时代，欧盟“扫盲”任务艰巨（主题）（《人民日报》，20140606－022）

（636）因非法添加、使用违禁物质（肩题） 保健食品化妆品行业去年85家企业被停产（主题）（《人民日报》，20120223－023）

（637）因对裁判判罚不满而罢赛（肩题） 黑龙江女篮被禁赛一年（主题）（《人民日报》，20141216－023）

（638）既然离不开群众 何不多一点“透明”（《人民日报》，19890102－003）

因果关系复句的标题多采用意合法形式，也可只在偏句采用关联词，正句部分省略关联词，如例（636）至例（638）。在表意上，既可为说明关系，如例（633）至例（637）；也可为推论关系，如例（638）。此外，在前因后果的结构形式上，也可根据表达需要变换语序，如：

（639）特洛伊之战并非子虚 《伊利亚特》史实有据

(《人民日报》，19930309-007)

(640) 减少电视播放时间　集中供暖限在早晚（肩题）能源短缺困扰乌克兰（主题）（《人民日报》，19950110-007）

以上两例，正句在前，偏句在后，正句得以强调并突出。

4. 目的关系

(641) 社科学术期刊界制定自律公约（肩题）　反对学术腐败捍卫学术尊严（主题）（《人民日报》，20050913-011）

(642) 拦截落水集装箱　确保长江大桥安全（《人民日报》，20060807-002）

目的关系复句中，偏句表行为动作，正句表目的，如例(641)、例(642)。但在标题语境中，越来越多的目的关系复句的偏句与正句位置发生了变换，表目的的正句在前，表行为的偏句在后。如：

(643) 庆祝中华人民共和国成立三十七周年（肩题）我国驻外使节举行国庆招待会（主题）（《人民日报》，19861008-007）

(644) 寻找越战中失踪的美军人员（肩题）　美总统特使第6次赴越（主题）（《人民日报》，19921017-006）

(645) 促进国家助学金及时、真实、准确发放（肩题）中职生将用上电子资助卡（主题）　（《人民日报》，20101014-015）

(646) 为保证联合国救援工作正常进行（肩题）　索马里全国运动同意部署联合国部队（主题）（《人民日报》，19921020-006）

（647）为纪念胡亚雷斯诞生一百七十五周年（肩题） 墨西哥驻华大使举行纪念会（主题）（《人民日报》，19810322－004）

例（643）至例（647）表目的关系的关联词可省略，如例（643）至例（645）；也可在正句中使用关联词“为”，如例（646）至例（647）。目的关系复句中，正句提前，同样也是为了强调并突出正句。

5. 转折关系

（648）尽管半年前人们就担心出现“蚕茧大战”；尽管6月6日国务院发出防止抬价抢购蚕茧的通知；尽管一些主产区采取了种种防范措施，但是，夏秋之间还是出现了（肩题）——一场防而未止的大战（主题）（《人民日报》，19880827－002）

（649）去年非洲经济增幅较大（主题） 但因人口增长率高人均收入反而下降（副题）（《人民日报》，19890126－007）

（650）广东东莞市一电子厂（肩题） 节日让加班 不给加班费（主题）（《人民日报》，20041019－015）

（651）大师业已辞世 精神财富长存（《人民日报》，20091102－011）

（652）不来梅市（肩题）没有私家车 出行也方便（主题）（《人民日报》，20101019－005）

（653）工业增速放缓了，质量上升了（《人民日报》，20130124－010）

标题中，转折关系复句中的关联词语一般很少配对使用，或只在正句中单用一个关联词语，如例（649）；或采用意合法表达转折关系，如例（650）至例（653），这两类转折关系多为轻转。但在少数情况下，为了强调、突出某个主题，会出现关联词成对使用的情况，语义上为重转，如例（648）。该例肩题部分连续用了三个“尽管”递进小分句，与主题部分构成非常强烈的转折关系，说话人极其强烈的个人主观感情色彩跃然纸上。

以上对《人民日报》复句型标题的语义关系进行了初步探讨。实际上，因为复句型标题的大量存在，其内部的语义关系往往比较复杂，这在上文部分例句中已有体现，下面再举几例。

①主题+副题

(654) 5项社保基金结余1.87万亿（主题） 基金总体安全，但管理不规范比较普遍（副题）（《人民日报》，20100409－015）

(655) 心急吃不得热豆腐（主题） 甭管是瓷饭碗还是铁饭碗，都要十分珍惜（副题）（《人民日报》，20110321－017）

以上两例属于“主题+副题”结构，其中例（654）第一层为因果关系，第二层为转折关系；例（655）第一层为因果关系，第二层为条件关系。

②肩题+主题

(656) 2004年，狗不理集团公司不论是营业收入，还是实现税收，都取得了理想的业绩（肩题）——狗不理为什么“卖”了（《人民日报》，20050301－007）

(657) 物价上涨冲击了不少中低收入者，却也为加快转变经济发展方式带来契机（肩题） 客观看待物价上涨的危与机（主题）（《人民日报》，20110901－010）

以上两例为“肩题+主题”结构，其中例（656）第一层为转折关系，第二层为条件关系；例（657）第一层为因果关系，第二层为转折关系。

③肩题+主题+副题

（658）农村水利改革瞄准“最后一公里”（肩题） 基层水利服务体系明年全覆盖（主题） 让农民用水更便利（副题）（《人民日报》，20120819—001）

（659）连续强降雨致地质灾害隐患点增加（肩题） 雅安地质灾害为常年同期10倍以上（主题） 当地加强监测和转移避险（副题）（《人民日报》，20130719—009）

以上两例为“肩题+主题+副题”结构，这是标题类型中最全的一种标题形式，一般用来叙述比较重要或复杂的新闻事件。其中例（658）第一层为顺承关系，第二层为目的关系；例（659）第一层为解说关系，第二层为因果关系。

二、特殊结构类型的复句标题

新时期《人民日报》复句标题中，存在大量结构形式对称的复句标题，这类标题结构上相同或相似，形式上较为整齐匀称，非常引人注意。从手法上看，这些对称式复句标题多用对偶的方式表现。为此，本节将以对偶标题为例①，从语义和句法两方面探讨对称的复句标题。

① 由对偶与非对偶形式构成的复式标题暂不纳入讨论范围，如“调整投资结构 开发就业岗位（肩题） 沈阳半数支出投向民生（主题）（《人民日报》，20081227—001）”。另外，考虑到标题形式的对称性，本部分没有一一注明“肩题”或“副题”。

（一）对偶复句标题的语义类型

对偶是一种将两个字数相等、结构相同或相似、前后语义有密切关系的短语或句子排列在一起的常见的修辞手法。这种修辞手法起源很早，春秋时期《尚书·尧典》中便有“诗言志，歌永言；声依永，律和声”的记载。刘勰在《文心雕龙》中所言的“丽辞”即对偶。《人民日报》复句标题中对偶方式的标题非常常见，从语义上看，有正对、反对、串对三种情况。

1. 正对复句标题

正对复句标题，即前后分句从不同角度说明同一件事情或同一个道理，表示某个相似或相关的关系，并且在内容上多为补充关系的对偶复句标题，此类标题多为并举关系的并列复句。如：

（660）追根究底 穷追猛打（《人民日报》，19950110－003）

（661）蜂蜜酿美酒 特产得妙用（《人民日报》，19820220－003）

（662）严查“户多多”，莫忘“户漏漏”（《人民日报》，20130130－017）

（663）“永久”驰向农家 粮食涌入粮站（《人民日报》，19900628－002）

（664）“心热”但不“头晕” “手快”更要“眼明”（《人民日报》，20081211－010）

（665）春回大地百花艳 气荡天宇万象新（《人民日报》，19940211－002）

以上例句中，前后分句均从两个不同角度说明同一件事情，如例（660）说明遇到问题时万般执着的态度；例（661）说明蜂蜜的奇妙用途；例（662）表明对待不良社会行为的坚定态度，并根据新词“户多多”仿造了词语“户漏漏”，形象而生动；例（663）说明社会发展、进步的表现；例（664）说明在经济建设中所应坚持的正确态度；例（665）说明春天到来时的新气象。其中，例（660）、例（664）比较特殊，属于当句对，如例（660）中“追根”与“究底”对，“穷追”与“猛打”对；例（664）中“心热”与“头晕”对，“手快”与“眼明”对。其他各例均为单句对。

2. 反对复句标题

反对复句标题，即前后分句从两个相反的方面说明事物的矛盾对立的对偶复句标题。这类标题在对举关系的并列复句中比较常见，如：

（666）压服行不通　说服受欢迎（《人民日报》，19791128－003）

（667）少讲空话　多干实事（《人民日报》，19850522－001）

（668）从前手爬岩　今有便民桥（《人民日报》，19940226－005）

（669）信鬼神白花钱财　信科学药到病除（《人民日报》，19830107－003）

（670）德国队势如破竹　沙特队破罐破摔（《人民日报》，20020602－008）

（671）喀麦隆应变迟钝　爱尔兰后发制人（《人民日报》，20020602－008）

以上例句的前后分句之间均形成了鲜明的对比。例（666）用“压服”与“说服”、“行不通”与“受欢迎”的对立，说明待人接物的正确方法；例（667）通过“少”与“多”、“空话”与“实事”的对立，表达一种主张和要求；例（668）通过时间词“从前”与“今”相对，“手爬岩”与“便民桥”相对，表现了人民生活状况的改善；例（669）通过“鬼神”与“科学”、“白花钱财”与“药到病除”的对立，揭示科学与鬼神的对立；例（670）、例（671）分别通过“势如破竹”与“破罐破摔”、“应变迟钝”与“后发制人”的对立，描写了体育比赛中两种不同的反应态度或结果。

3. 串对复句标题

串对复句标题，即前后分句之间在语义上存在顺承关系、因果关系、条件关系、假设关系、转折关系、目的关系、解说关系、递进关系、选择关系等不同语义关系的复句标题。学界一般将具有串对关系的对偶句称为流水对。

1）顺承关系

（672）一方有困难　八方来相助（《人民日报》，19800416-002）

（673）美国打喷嚏　日本受影响（《人民日报》，20010117-007）

（674）寒流来塞北　秋雪飘京华（《人民日报》，20091102-004）

（675）浒苔乘风来　海滨成“草原”（《人民日报》，20130703-012）

（676）向上要钱窍门多　向下拨钱看关系（《人民日报》，19890114-005）

（677）中国游客发急病　驻泰使馆忙救援（《人民日报》，20130125-003）

2）因果关系

（678）矛盾隐伏　前途坎坷（《人民日报》，19970528－006）

（679）四月雪罕见　感冒人很多（《人民日报》，19860425－007）

（680）湘江水变清　龟豚又重现（《人民日报》，19900624－002）

（681）钢厂违规占地　村民无家可归（《人民日报》，20040411－006）

（682）青年导演挑大梁　台庆晚会获好评（《人民日报》，19930915－008）

（683）农场强行收瓜菜　菜农流泪拔瓜苗（《人民日报》，20021225－005）

3）条件关系

（684）辨美丑　立人生（《人民日报》，20060807－009）

（685）积小流，成江海（《人民日报》，20101008－006）

（686）心态好　状态归（《人民日报》，20120221－015）

（687）政府有决心　事情就好办（《人民日报》，19940226－005）

（688）百姓萦怀　万事不难（《人民日报》，20130101－004）

（689）文明上蓝天　安全才落地（《人民日报》，20150124－005）

4）假设关系

（690）没有健康　哪有小康（《人民日报》，19940226－005）

（691）不送烟酒肉　不让装满货（《人民日报》，19850518－005）

（692）游客不至上，宰客风难止（《人民日报》，20120210－005）

（693）古村若不存，乡愁何处寻（《人民日报》，20150317－005）

（694）解决环境问题　节约资源优先（《人民日报》，20130713－010）

（695）酒后代驾出事故　代驾公司难逃责（《人民日报》，20150121－019）

5）转折关系

（696）可以消费，不能浪费（《人民日报》，20050921－001）

（697）月饼已瘦身　名酒仍奢华（《人民日报》，20050912－013）

（698）比赛有胜负　挑战无止境（《人民日报》，20060207－012）

（699）毛峰尚在枝头　假茶已经叫卖（《人民日报》，20050331－006）

（700）大师业已辞世　精神财富长存（《人民日报》，20091102－011）

（701）劫机犯强词夺理　英法庭照判不误（《人民日报》，19971107－007）

6）目的关系

（702）罚父亲　刹赌风（《人民日报》，19810322－003）

（703）染发断酒　志在决赛（《人民日报》，19851119－

003）

（704）组织起来　战胜癌魔（《人民日报》，19870315－007）

（705）躲避战火　告别家乡（《人民日报》，19950107－006）

（706）加强科普宣传　防止伤亡事故（《人民日报》，19880817－005）

（707）规范麦收价格管理　谨防“机头”欺农坑农（《人民日报》，20080606－013）

7）解说关系

（708）桂西山区出新闻　农忙可聘“帮田妹”（《人民日报》，19870901－002）

（709）礼宾工作有改革　国宴不用茅台酒（《人民日报》，19880827－001）

（710）瑞典养廉有新招　卫星监控公务车（《人民日报》，19930911－007）

（711）广州出台楼市“限购令”　每户限购一套商品房（《人民日报》，20101016－004）

（712）两部委下达投资计划　350亿支持新建廉租房（《人民日报》，20110317－002）

8）递进关系

（713）争得有理　争得有力（《人民日报》，19801003－001）

（714）往深处做　往实处做（《人民日报》，20041027－004）

（715）政治上关心　生活上帮助（《人民日报》，

20000215－009)

(716) 集中出行公路拥堵　机票价格高出数倍(《人民日报》, 20130125－009)

(717) 上海成立首支冰壶队　队员全部为在校学生(《人民日报》, 20120210－016)

9) 选择关系

(718) "用兵"乎? "误国"乎? (《人民日报》, 19840606－005)

(719) 虚争空言　不如试之(《人民日报》, 19971107－004)

以上分析显示,《人民日报》标题中对偶复句标题语义内容多样,有正对、反对、串对三种情况,其中串对内部又存在丰富的语义关系,在这些语义关系中,除了选择关系的对偶复句标题数量相对较少外。其余语义关系的标题均非常常见。

(二) 对偶复句标题的句法结构

对偶要求前后两个成分在句法结构上相同或相似。《人民日报》标题中,对偶关系的复句标题前后两个分句在句法结构上有如下表现:

1. 相同或相近的句法结构相对

从句法结构的大小来看,可分为短语与短语相对、复句与复句相对两种。

1) 短语与短语相对

①定中结构与定中结构相对

(720) 百年风云　鲜活人物(《人民日报》, 19961226－

010）

（721）海防屏障　生态长廊（《人民日报》，20120228－006）

（722）醇香伏特加　精深酒文化（《人民日报》，200608029－007）

（723）小地方　大地名（《人民日报》，19780605－006）

（724）一颗红心　两种准备（《人民日报》，19790518－003）

（725）昔日军事基地　今日居民小区（《人民日报》，19950118－007）

以上各例均为定中结构对定中结构复句，这类标题描写性比较强。其中例（720）至例（722）在语义内容上为正对；例（723）至例（725）为反对，如例（723）可理解为“虽然是个小地方，但却有个大地名”。其他各例依次类推。

②状中结构与状中结构相对

（726）积极发展　专业服务（《人民日报》，19901203－002）

（727）合理布局　精心规划（《人民日报》，19981030－002）

（728）适度多元　共同发展（《人民日报》，20141211－006）

（729）政治上关心　生活上帮助（《人民日报》，20000215－009）

（730）为人民点赞　温暖中跨年（《人民日报》，20150101－004）

（731）认真查处违法案件　努力维护军民关系（《人民

日报》，19890111－005）

以上例句为状中结构对状中结构复句。其中例（726）至例（730）在语义内容上为正对，例（731）为串对，前后分句之间表顺承关系。

③动宾结构与动宾结构相对

（732）少些省长批示，多些部门负责（《人民日报》，20060804－010）

（733）收复失地　重建家园（《人民日报》，20010112－003）

（734）放眼明天　寄予厚望（《人民日报》，20050313－005）

（735）创宽松环境　育合格人才（《人民日报》，20000221－005）

（736）架起友谊桥梁　感受汉语魅力（《人民日报》，20080610－011）

（737）认识贫困地区特点　探索扶贫工作规律（《人民日报》，19961226－009）

以上例句为动宾结构对动宾结构复句。其中例（732）在语义内容上表反对；例（733）至例（737）为串对，表顺承关系。

④主谓结构与主谓结构相对

（738）史诗卷卷传忠烈　丰碑座座铸辉煌（《人民日报》，20010712－005）

（739）湖人无奈出局　马刺星光闪耀（《人民日报》，20030517－008）

（740）风起南方　潮涌珠江（《人民日报》，20120824－007）

(741)踢踏舞王刚走　探戈女郎要来(《人民日报》,20031107—016)

(742)不法分子割网破坏　养鱼农户含泪停产(《人民日报》,19890729—006)

(743)工商局长违规行政　集体资产顷刻变私(《人民日报》,20010118—004)

以上例句为主谓结构对主谓结构。其中例(738)在语义上为正对,例(739)为反对;例(740)至例(743)为串对,其中例(740)、例(741)表顺承关系,例(742)至例(743)为因果关系。

⑤其他结构类型相对

(744)争得有理　争得有力(《人民日报》,19801003—001)

(745)假停业偷逃税款　断生意主动认错(《人民日报》,20030518—005)

(746)让百姓当明白人　让干警做清白事(《人民日报》,20021219—011)

以上例句中,例(744)为动补结构对动补结构,语义上为串对,表递进关系;例(745)为连动结构对连动结构,语义上为串对,表转折关系;例(746)为省略主语的兼语结构相对,语义上为正对。

以上相对的短语类型中,主谓结构对主谓结构类标题数量最多,其次为动宾结构、状中结构、定中结构,其他结构相对的标题数量非常少。

2)复句与复句相对

(747)有话宜短　无话则免(《人民日报》,19810904—

005）

（748）退耕还林　山青水绿（《人民日报》，19990320－005）

（749）不知则问　不能则学（《人民日报》，20100420－017）

（750）根深叶茂　本固枝荣（《人民日报》，20120819－008）

（751）要生存先把泪擦干　走过去前面是个天（《人民日报》，19980415－012）

（752）近在咫尺不往来　人死六周无人知（《人民日报》，19860425－007）

以上例句为复句与复句相对。其中例（747）在语义上为反对，两个小分句内部均为假设关系；例（748）为串对，表顺承关系，两个小分句内部分别为顺承关系、并列关系；例（749）为正对，两个小分句内部均为假设关系；例（750）为正对，当句对，分句内均为并列关系；例（751）为正对，前一分句为假设关系，后一分句为顺承关系；例（752）为串对，表因果关系，前后分句内部均为转折关系。

2. 其他相对情况

对偶复句标题中，尽管分句之间在句法结构上多相同或相似，但依然有部分例外情况，这在串对复句中尤其明显。如：

（753）飞鸟撞机　机毁人亡（《人民日报》，19950122－007）

（754）光辉四十年　春色满人间（《人民日报》，19921005－003）

（755）走村问苦乐　务实惠民生（《人民日报》，

20120829－010）

（756）交流促发展　携手创未来（《人民日报》，20060802－010）

（757）转出两封来信　问题得到解决（《人民日报》，19930911－005）

（758）心向祖国心向党　祝愿国家更富强（《人民日报》，20010712－005）

以上例句中，前后分句的句法结构并不完全相同或相似。如例（753）由主谓结构＋串对复句构成，语义内容为串对，表因果关系或顺承关系；例（754）由中补结构＋主谓结构构成，语义内容为串对，表因果关系；例（755）由连动结构＋状中结构构成，语义内容为串对，表顺承关系；例（756）由主谓结构＋连动结构构成，语义内容为串对，表顺承关系；例（757）由动宾结构＋主谓结构构成，语义内容为串对，表顺承关系；例（758）由正对复句＋动宾结构构成，语义内容为串对，表递进关系。

（三）对偶复句标题的作用

复句标题中采用对偶的形式，将日常语言中用散句表达的方式改用整句的形式表达，对标题语境而言，具有非常重要的意义。

1. 满足了标题对美的追求

作为特殊言语成品的标题，在追求尽可能概括篇章内容的同时，也有追求美的渴望。对偶是中国古典文学的优良传统。刘勰曾在《文心雕龙·丽辞》篇中说：“造化赋形，支体必双；神理为用，事不孤立。夫心生文辞，运裁百虑，高下相须，自然成对。”标题中对偶手法的运用，是对中国古典文学传统的继承和发扬，为标题赋予了浓郁的古典文学气息。加之对偶形式的标题字数相等、句法结构相同或相似，在形式上增强了标题的对称之美。如：

(759) 史诗卷卷传忠烈　丰碑座座铸辉煌（《人民日报》，20010712－005）

(760) 村民　状告政府
市长　出庭应诉（《人民日报》，19990901－011）

(761) 辞旧岁　欢乐祥和
迎新春　廉洁节俭（《人民日报》，19950118－004）

例（759）中，“史诗”与“丰碑”相对，量词“卷卷”与“座座”相对，“传忠烈”与“铸辉煌”相对，前后整齐匀称，形象地描绘了英雄人物为国争光的光辉业绩；例（760）村民与市长两个不同角色及行为相对，反映了新时期民众法律意识的提高；例（761）“辞旧岁”与“迎新春”相对，“欢乐祥和”与“廉洁节俭”相对，表达了回顾过去，展望未来的主题。

此外，为配合对偶的效果，各种修辞手法也出现在对偶标题中，大大增加了标题的表达效果。如：

(762) 围绕经济抓党建　抓好党建促经济（《人民日报》，19950704－009）

(763) 姚迈双星闪耀　火箭“射落”太阳（《人民日报》，20050313－011）

例（762）在对偶的同时采用了回环的修辞手法，前后分句循环往复，表明经济与党建之间的密切关系；例（763）将篮球运动比赛中火箭队打败太阳队这一动作比作“射落”，巧妙地借用了这两个篮球队的名称，形象生动，给人深刻的印象。

2. 提高了标题的可识别性

标题，在本质上是篇章的名称，是一种代号。因此，标题制作者在拟定标题时，都会尽可能地将标题与篇章区分开来。对偶复句标题，从音节结构形式上看，多采用4个音节至8个音节的形式，正是这些形式短小的标题，能将前后语义有密切关系的事理浓缩在不到20个字的标题中，正可谓“辞约而旨丰，事近而喻远”。另外，这些形式短小、音节匀称的对偶标题，与以散句为绝对主体的篇章构成了鲜明的对比，因此，客观上提高了标题的可识别性。如：

（764）国投激活社会资本　一块钱撬动三块钱（《人民日报》，20140606－002）

例（764）中的标题在新闻原文中是这样表达的：

没有产业属性和行业情结，也不追求资源垄断，是国投公司的一大特征。截至目前，国投控股的三级企业中，除部分前期项目公司和特殊目的公司外，近80％的项目都是投资主体多元化的企业，其中的混合所有制企业又占80％，并拥有7家控股上市公司。据初步统计，国投公司每投1块钱，可以引领、聚集各类社会资金3.2元，有效发挥了国有资本的放大作用。（《人民日报》，20140606－002）

通过标题与篇章的对比不难发现，对偶形式的标题字数少、结构匀称、形式简单、逻辑语义丰富，与篇章中的散句构成了鲜明的对比，标题的身份得到了加强，可识别性也随之提高。

三、复句型标题小结

新时期《人民日报》标题中，有 33.302%的复句型标题。这些复句标题语义类型丰富，涵盖了并列复句和偏正复句两大类中的每一个小类。同时，有相当多的复句标题多采用对偶的形式来创造对称效果，这类对偶复句在语义类型上有正对、反对、串对，其中串对内部又有顺承关系、因果关系、假设关系、条件关系、转折关系等；在句法结构上，有短语与短语相对、复句与复句相对，还有少数句法结构不相同的相对类型。复句标题采用对偶的形式，将篇章中用散句形式表达的内容用整句的方式表达出来，一方面满足了标题对美的追求，另一方面也提高了标题的可识别性。

第四节 其他类型标题的语法结构特点

尹世超（2001）曾列举了一组语法上不具有自足性、语义也不完整，但可以单独作标题的特殊结构类型的标题，并称其为粘着结构。因其常出现在标题中，已成为一种常见的标题格式，主要有三类：介词结构、方位结构、连词结构。[①] 这种特殊类型的标题格式在本研究的语料中也有体现。此外，还有少数其他特殊情况的标题，在此一并讨论。

① 尹世超：《标题语法》，北京：商务印书馆，2001 年版，第 44～46 页。

一、粘着结构标题

（一）介词结构

（765）当国产过亿影片集体崛起（《人民日报》，20141211－005）

（766）从开罗到特拉维夫（《人民日报》，20070708－003）

（767）为了心中的那一片红（《人民日报》，20110905－020）

（768）在为上海迪士尼叫好的同时……（《人民日报》，20091106－006）

（769）在新村的阳台上（《人民日报》，19840601－008）

（770）理财教育在国外（《人民日报》，19970523－007）

汉语语法中，介词结构一般不能单独使用，常置于句首或段首作状语，然而在标题语境中是例外。以上例句均由介词结构单独作标题，语义上均不完整，句子的主干成分被省略。如例（765）原文写道，国产过亿影片崛起，“印证了中国电影产业的进步”，表现在“电影产业规模的扩容”“电影人才的层出不穷”“电影产业结构在不断优化”。例（766）从原文可知，开罗到特拉维夫虽然只有一个小时的行程，“但跨越这短暂的空中距离并非易事，中间隔着不小的心理障碍”。例（767）从原文可知，为了实现入党的愿望，王延周老人追寻了65年，终于如愿以偿。例（768）原文中说“在为迪士尼落户上海叫好的同时，我们也期待该项目的建设、管理与最终受益，都能不负公众的期待，让乐园成为‘民生工程’”。例（769）原文写道，在新村的阳台上，可以看到鲜花、阳光、爱情、希望、温暖……例（770）从句法表层看是主谓结构，实际上是介词结构，此处的“在”是介词，而不是动词，这类“……在……”的结构其后省略了中心成分“……的情况”，因此例（770）实为“理财教育在国外中小学的实施情况”。

除了以上介词结构外，“朝着……”“面对……”“沿着……”“循着……”“除了……”等均可构成这类单独作标题的粘着结构。

（二）方位结构

（771）砸了铁饭碗之后（《人民日报》，20130709－015）

（772）中国公民棉兰遇难后（《人民日报》，20050908－007）

（773）申办成功之后（《人民日报》，20010715－006）

（774）缺了一份人民日报后……（《人民日报》，19980423－001）

（775）领导班子有了科技人员以后（《人民日报》，19801026－003）

（776）屈原塑像前（《人民日报》，19840628－008）

以上例句中的方位结构在通常情况下也主要用在句首或段首，作状语。但在标题语境中，常可单独使用，主要表时间，如例（771）至例（775）；也可表处所，如例（776）。在语义上，方位结构后同样省略了主干成分，如例（771）依据原文可知：当中国足球队主教练相继下课后，中国足球的命运并没有太多改观。例（772）原文写道，中国公民在棉兰遇难以后，中国驻印尼使馆的官员第一时间赶赴棉兰处理相关事宜。例（773）原文开篇就有这么一段话：“北京申奥成功之后，当天晚上中国驻俄罗斯大使馆举行了庆祝活动，当地华人华侨也以不同形式举行了庆祝活动。莫斯科当地的媒体对此也进行了比较充分的报道。”例（774）依据原文可知，尽管已退休且平时性格随和，但张恩龙主任在面对少了一份《人民日报》后，依然坚决要求“我”补齐这份报纸。其他各例省略的成分均可依据原文补出。

（三）连词结构

（777）“躺地医生”不仅需要点赞（《人民日报》，20140625—015）

（778）贷款，给予的不仅是资助（《人民日报》，20060824—013）

（779）不单是“告别之旅”（《人民日报》，20080612—003）

（780）因为我们是人民教师（《人民日报》，20050301—015）

（781）假如省长不在场呢？（《人民日报》，19841228—004）

（782）该告别的不是三峡（《人民日报》，19980413—002）

这类连词结构的标题实际上是复句中主分句的隐含现象。如例（777）至例（779）省略了递进关系复句的正句部分，例（780）省略了因果关系复句的正句部分，例（781）省略了假设关系复句的正句部分，例（782）省略了并列关系复句的后一分句。依据新闻原文，可以把这些省略的分句补充完整，如例（777）省略的分句应该为“还必须依靠深化医改”。例（778）原文中说“国家助学贷款不仅仅是一种资助政策，而且是一种教育机制”。例（779）原文中有：“世界舆论多将布什此行定义为‘告别之旅’，然而，布什此行并非仅仅叙旧话别。事实上，布什重任在肩。”例（780）从原文可知，因为我们是教师，所以在面对毒气扩散随时危及生命且饥饿严寒袭扰时，我们只能舍小家为大家。其他各例省略情况均可依据原文补出。

以上粘着结构性质的标题在《人民日报》标题中数量虽不多，但结构形式特别，标题身份突出。这些粘着结构性质的标题格式虚实结合，粘着性强，语义意犹未尽，省略的主干内容隐藏在正文中，因此，这类标题相当于有意设置悬念，吸引读者阅读下文。

此外，尹世超（2001）认为这些粘着结构的标题格式因结构或用词上的严格限制，往往不可随意用同义结构替换。如标题中“从……到……”的格式不能由“从……至……” “自……至……”“打……到……”“由……到……”等同义格式替换。同样，“……之后”往往不能用“……后”替换。[①] 不过，笔者在《人民日报》标题语料中也找到了几例同义结构替换的例句，如：

（783）由钱从哪里来，到钱往哪里投（《人民日报》，20100412－019）

（784）“黑旋风”获金牌后（《人民日报》，19870920－007）

（785）欠税企业破产后（《人民日报》，19960604－010）

（786）妻子下岗后……（《人民日报》，19970505－009）

（787）缺了一份人民日报后……（《人民日报》，19980423－001）

（788）中国公民棉兰遇难后（《人民日报》，20050908－007）

以上各例均属于“从……到……”格式被替换为同义结构“由……到……”，“……之后”格式被替换为“……后”的实例，

① 尹世超：《标题语法》，北京：商务印书馆，2001年版，第47页。

并且替换后的结构与替换前的结构具有相同的表达效果。

二、其他语义未完的省略结构标题

（789）比球技更重要的……（《人民日报》，20120213－023）

（790）让非典教会我们……（《人民日报》，20030513－010）

（791）有的人……（《人民日报》，20030529－004）

（792）电子音乐以外的……（《人民日报》，19851104－002）

（793）离不开……（《人民日报》，19851119－003）

（794）北海，北海呵……（《人民日报》，19920407－008）

（795）红果，白果……（《人民日报》，19940217－002）

以上标题的共同之处在于，标题中均用省略号收尾，语义未完。有省略谓词性成分，如例（789）、例（791）、例（792）；有省略宾语成分，如例（790）、例（793）；还有仅提出话题，而相关陈述性内容被省略了，如例（794）、例（795）。这些省略的成分均可依据原文补出。如依据原文可知，例（789）省略的内容为“是毅力、坚持、拼搏”；例（790）省略的内容为“应提早制定并及时完善相关法律法规，让人们时刻保持警惕，明确自身职责”；例（791）模仿诗人臧克家的名篇《有的人》中的诗句结构，生动表现了两类人在“非典”面前截然不同的人生选择；例（792）从原文可知，作者希望电子商品在演奏外国音乐的同时，也能适当播放本国歌曲；例（793）省略的内容为“很多人的帮助和付出”。其他各例均可依据原文补出省略的内容。

三、符号、公式标题

(796) 口+爱、爱、爱=嗳!(《人民日报》,19910510-008)

(797) 特色+规模=效益(《人民日报》,19950724-002)

(798)"民二代"≠"边缘人"(《人民日报》,20101014-017)

(799) 签字≠落实(《人民日报》,20101019-018)

(800) 巴西 足球+桑巴=生活(《人民日报》,20070713-007)

这类标题的共同特征在于,都用符号、公式的形式作标题。语义比较明确,只是表达形式突破了常规。这类标题形式简洁,省略了修饰性、限定性成分,只保留了标题的主干成分,与以上各类明显不相同。

四、其他类型标题小结

新时期《人民日报》标题中其他类型标题数量非常少,但标题结构与形式比较有特色,主要有三类:粘着结构标题、其他语义未完的省略结构标题、符号公式标题。实际上这三类都属于标题的省略现象,前两类省略了句子的主干成分,后一类省略了句子的修饰、限定成分,体现了标题求简的追求。

第五节　本章小结

本章对新时期《人民日报》50934条标题的语法结构进行了定量研究。新时期《人民日报》标题由单句型标题、复句型标题、其他类型标题三部分构成，三者依次占比66.239%、33.302%、0.459%，说明《人民日报》标题在句法结构上单句型标题占优势，但复句标题数量也很可观。

单句型标题中，主谓结构标题数量最多，占单句标题的76.492%，占所有标题的50.668%。其中体词性主语占绝对优势（94.870%），特别是表人名词、处所名词单独作主语和省略助词“的”的定中短语作主语类现象最普遍。主谓结构标题的谓语则由动词性谓语、主谓谓语、形容词性谓语、名词性谓语四大类组成，其中动词性谓语占绝对优势（93.924%）。各类谓语构成的标题在数量上虽然有别，但均存在与标题语境相关的鲜明的句法特征，是标题体特征的体现。

非主谓结构标题数量虽少，但其中标题标记词的大量出现、音节节奏感强、句法成分简省与隐含等现象尤其突出，标题特征非常明显。

复句型标题的分句之间语义类型丰富，几乎涵盖了并列复句与偏正复句中的每一个小类。其中，一部分对偶标题语义内容广，包括正对、反对、串对三个类别，并且串对标题内部又包含了各种类型的语义关系；句法结构上，有短语对短语、复句对复句，以及不同句法结构相对等情况。

其他类型标题数量比较少，但比较有标题特征，集中体现了标题求简的追求。

新时期《人民日报》标题在语法结构上的特征是报纸标题特

征的局部体现。其中主谓结构标题占总标题的50.668%，这是标题完整性的体现，根据“主谓标题大都是报道性标题，少数是称名性标题”[①]的特征，可以初步判断《人民日报》有半数左右的标题呈现出强报道性、弱称名性的特征。

此外，《人民日报》标题句法结构中另一个大类是复句型标题，占总标题数的33.302%。这些复句型标题在结构形式上有单式题和复式题之分，复式题中，有肩题+主题、主题+副题、肩题+主题+副题三小类。这些复句型标题中，也不乏具有强报道性特征的主谓结构分句。这进一步增加了《人民日报》标题的强报道性。

《人民日报》中，累计占总标题数83.969%的主谓结构标题和复句型标题的句法结构特征共同显示，新时期《人民日报》标题总体上呈现出强报道性、弱称名性的特征。这是由标题次语体所决定的，作为报纸标题，其首要任务是新闻性，向社会及时报道最新发生的事情或事件，是报纸的本质工作。因此，在标题的制作过程中，编辑多采用比较完整的句法结构形式将新闻事件的六要素尽可能地展现出来，这自然提高了标题报道性的可能。

不过，作为一种标题体，《人民日报》标题在句法结构上也体现了所有标题的共同追求，即称名性和简省性。这在非主谓结构标题以及其他类型标题中表现得尤其突出，乃至在强报道性的主谓结构标题和复句结构标题中也有不同程度的体现。这是标题体根本属性的表现。此外，在标题语法结构探讨中，笔者也发现，动宾式动词带宾语、不及物动词带宾语等新语法现象均在《人民日报》标题中有体现，这是党报语言变迁的表现。有关标题体和语言变迁的问题将在后文分专节深入探讨。

---

① 尹世超：《标题语法》，北京：商务印书馆，2001年版，第113页。

第六章　新时期《人民日报》标题语言个案研究——以元旦社论标题为例

新闻按体裁来划分，常见的有消息、通讯、调查报告、新闻评论等类别。本书前面各章标题语言研究均不分体裁，将各种体裁的标题作为整体来探讨。考虑到不同新闻体裁在语言运用上会有异同，标题也不例外，因此，本章将有针对性地选择新闻评论体裁标题展开研究。具体语料方面，本书没有将标题语料中的所有评论类标题都纳入研究范围，而是有针对性地选择新时期《人民日报》元旦社论标题作为研究样本。原因在于：第一，时间上有较好的延续性。《人民日报》元旦社论自中华人民共和国成立以来从没有中断过，每年元旦日都会在《人民日报》重要版面[①]发表一篇社论。第二，内容的高度一致性。作为节庆社论之一，《人民日报》元旦社论在内容上一般为回顾过去一年所取得的成就，并展望未来的发展方向和目标任务等。第三，《人民日报》元旦社论本身在社会上较高的影响性。《人民日报》元旦社论代表了党中央在新年之际面向全国乃至全世界人民总结过去一年所取得的经验与成绩，并展望未来一年我党的路线、方针、政策等，因此，历来备受国内外舆论的广泛关注。

① 主要为第一、二版，少数年份分布在第四版，如 2007—2009 年、2014—2015 年元旦社论。

本章将立足新时期《人民日报》元旦社论38条标题，从元旦社论标题的语言特征、标题的语用功能特征、标题语言的程式化与变迁等方面展开相关探讨。

第一节　社论标题的语言特征

针对元旦社论38条标题的实际情况，本节将从词汇、句法、语义三方面分别进行探讨。

一、社论标题的词汇特征

（一）词汇常用性比较强

一般而言，因报纸涉及的内容比较广泛，政治、经济、文化、教育、科技、思想等各方面信息均有覆盖，因此，为满足新闻报道的需要，在用词用语上不可避免地会出现一些专业性强、生僻罕见的词语。但新时期《人民日报》元旦社论38条标题所用词汇均比较常见，无专业性词汇，无生僻词汇。这里有人们常用来描写事物性状的“新、伟大、小康、长青、好、辉煌、巨大、科学、宽广、美、满、稳定、全面、安定团结”等，有描写动作、行为的“迎接、把握、建设、迈出、保证、创造、夺取、发展、搞好、坚持、改革、发展、调整、奋斗、生产、前进、搞、描绘”等，有表示人和事物的“中华民族、我们、愚公、精神、社会、道路、国民经济、基础、机遇、精力、梦想、任务、十五大、事业、四化、四项基本原则、图画、业绩”等，有事情发生的时间“世纪、年代、元旦、明天、今年、今天、去年、未来、新年、一九八八年、一九八九年”等。这些词语在日常书面语或口头文本中均比较常见，通行范围广，专业度比较低，稍有文化知识的人理解起来基本没有什么障碍。

（二）词汇构成成分相对简单

作为一种报道性语言，新闻语言在向读者传播新闻信息、发布新闻评论时，为了提高读者的阅读兴趣、吸引读者关注的目光，往往会精心制作标题，在标题中适当选用一些外来词、方言词、新词语、古语词等，借此提高新闻报道的传播效果。但新时期《人民日报》元旦社论 38 条标题词汇构成成分相对比较简单，外来词、方言词、古语词的痕迹不明显，除少数涉及国家大政方针的新词语如“开局、铺路、四化、四项基本原则、小康社会”在元旦社论标题中有使用外，词汇构成成分整体上相对比较简单。

（三）词语色彩意义较为突出

词汇意义在理性意义、语法意义之外，还有色彩意义。词汇色彩意义的正确运用，可以提高交际和表达效果，因此历来深受言语交际者的重视。在本章所依据的为数不多的 38 条元旦社论标题中，富有时代色彩、形象色彩、感情色彩、民族色彩、书面语体色彩等色彩意义的词语在标题中交相辉映，共同构成了新时期元旦社论标题的主基调。这些富有色彩意义的词语有：

时代色彩：四化、改革、开放、发展、复兴、建设、四项基本原则、小康。

形象色彩：基础、曙光、光辉灿烂、铺路、长青、步伐、图画、巨大、宽广、满。

感情色彩：新、伟大、好、辉煌、科学、美、稳定、全面、安定团结、同心同德、团结、艰苦奋斗、满怀信心、大有作为、奋发有为、和衷共济、开拓前进、再接再厉。

民族色彩：中华民族、愚公、神州。

以上色彩意义中，形象色彩和感情色彩为内蕴色彩，时代色彩和民族色彩为外围色彩。[①] 从各色彩意义下属的词语分布来看，元旦社论标题词语在色彩意义上偏重于选择富有内蕴色彩的词语，尤其是感情色彩类词语，其次为外围色彩类词语。其中分布数量最多的是感情色彩类词语，这些词语充分表现了言语交际者发自内心的喜悦、赞美、肯定等积极向上的感情倾向，给读者带来满满的正能量。富有时代色彩的词语概括了新时期中国社会所经历的复杂变迁、任务、目标、原则等，如四化建设、改革开放、社会发展、民族复兴、小康社会、四项基本原则。形象色彩类词语多能引起读者丰富的联想，如"铺路"涉及对行为主体动作行为的联想，"基础、曙光、光辉灿烂、长青、步伐、图画、满、巨大、宽广"等涉及对事物的形状与样态的联想。民族色彩类词语，顾名思义，或蕴含丰富的民族感情，或具有强烈的民族特色。如"中华民族、愚公"蕴含着中国人民勤劳、善良、朴实、勇敢的文化传统，"神州"代表了广袤的中国大地。

此外，以上词语中还存在同一个词语有多重色彩意义的情况，如"光辉灿烂、曙光、长青、步伐、巨大、宽广"等不仅有形象色彩，还有书面语体色彩，其他色彩类别中也不乏鲜明的书面语体色彩的词语。

除以上蕴含色彩意义的词语之外，标题中还有一部分被临时赋予色彩意义的词语，这些词语本身并没有什么内蕴或外围色彩，但在句法结构中，因受临近有色彩意义词语的感染、制约而被临时赋予了某种色彩意义。这在偏正结构中非常常见，如：

① 杨振兰：《论新时期新词语的色彩意义》，载于《山东大学学报》（哲学社会科学版），2009 年第 2 期。

（1）迎接大有作为的年代（1980①）

（2）迈进光辉灿烂的新世纪（主题）——元旦献词（副题）（2001）

（3）迎接更加光辉灿烂的未来（主题）——元旦献词（副题）（2003）

（4）喜迎伟大的二〇〇八年（主题）——元旦献词（副题）（2008）

（5）描绘更新更美的图画（主题）——元旦献词（副题）（2009）

（6）迎接奋发有为的二〇一〇年（主题）——元旦献词（副题）（2010）

（7）为明天共筑长青基业（主题）——元旦献词（副题）（2015）

例（1）中，“年代”本为中性词，但因受富含感情色彩的“大有作为”的修饰，因此也感染上了这种色彩意义而临时拥有了感情色彩。其余各例均可以此类推。词语色彩意义上的临时感染现象与词义的组合感染现象有相同之处。例如词义感染中的一个经典例子，“夏”本义为“大”，因在“夏屋”中感染了“屋”的意思，“夏”的词义就变成了“大屋”。两种感染现象均造成了其中一种本无某种色彩意义或词汇意义的语言单位拥有了这种色彩意义或词汇意义。但不同的是，词义的组合感染的结果是一个词代替了整个结构的意义，而词语色彩意义的临时感染首先是一种临时的修辞手法，并且它只是临时获得修饰成分而不是整个结构的色彩意义。

新时期《人民日报》元旦社论标题中部分词语在色彩意义上

① 表示《人民日报》1980年元旦社论标题。下同。

的突出表现，从语用学上讲属于一种交际策略。因《人民日报》的特殊地位，元旦社论实际上代表了党的意志，其与读者之间构成了一种上下级之间的交际关系，其交际的最终目的在于：在送去新年祝福的同时，为新的一年取得更大的进步而鼓舞斗志、提升士气。在这种情况下，社论标题制作者会尽可能地选择那些能顺利实现交际目的的词语，因此自然会舍弃与节庆气氛不吻合的消极词语，而尽可能选用一些能创造出某种积极、乐观、喜庆主基调的词汇。这样，各类富含肯定、喜悦、赞美等感情倾向的词语自然就成为社论标题制作者首选的目标。与此同时，为提升交际效果，也要恰当地选择部分有时代感、形象感、民族感等感官色彩的词语。作为交际对象的受众，在新年之际，收到来自上级领导新年祝福的同时，也收到了赞扬、鼓舞、号召。当交际对象积极响应这种鼓舞、号召时，交际目的基本就达到了；否则，交际目的就无法完成。

二、社论标题的语法特征

（一）词类分布倾向

元旦社论标题在词类分布上[①]涵盖了名词、动词、形容词、副词、数词、介词、代词、助词几大类，总词种数为141个。其中动词和名词分布数量最多，分别达到52个（36.879%）、43个（30.496%）。其中动词有：

是、指引、调整、生产、再接再厉、艰苦奋斗、和衷共济、光辉灿烂、奋发有为、大有作为、前进、铺路、迈进、叫、奋进、奋斗、创、走、总揽、筑、增添、勇于、迎接、喜迎、团

① 仅指排除专有词语后的语文词语。

结、实现、胜利、胜、让、描绘、满怀信心、迈向、迈出、来、开拓前进、开放、开创、建设、坚持、集中、搞好、搞、改革、复兴、发展、夺取、到、创造、充满、成就、保证、把握。

名词有：

中华民族、中、征程、元旦、业绩、献词、下、希望、图画、四项基本原则、四化、曙光、事业、世纪、十五大、神州、社会、上、任务、全局、去年、年代、年、明天、梦想、开局、局面、精神、精力、基业、基础、机遇、国民经济、光明、光彩、根本、道路、大局、步伐、新年、未来、今天、今年。

前文曾对新时期《人民日报》新闻报道类标题语文词语词类分布情况进行了统计，结果发现，《人民日报》新闻标题语文词语词类分布上名词、动词占绝对优势，二者分别占语文词语总数的55.100%、33.583%。与新闻报道标题词类整体分布情况相比，元旦社论标题词类分布上动词明显偏多，名词偏少。

新闻报道标题与社论标题词类分布上的差异与体裁有密切的关系。前者多为消息、通讯类体裁标题，后者全部为评论性体裁标题，新闻次语体不同，交际目的有别，对语言表达方式必然会产生明显的影响。消息、通讯类体裁一般侧重于对新近发生的事件的报道，由于事件的发生往往还有一些伴随条件，比如时间、地点、方位、工具、目的、对象等，因此，标题的陈述性比较强，句中语言各要素比较齐全。而评论性体裁侧重于对热点或重大事件、问题发表相关评论、意见、建议等，因此论说性强于报道性，句中语言要素相对简单，省略极为常见。有关社论标题中的省略现象，将在后面标题句类中详细探讨，此不赘述。

（二）句法结构

社论标题在句法结构上可分为单句型标题和复句型标题

两类。

1. 单句型标题

单句型标题累计有7条。依据其内部句法结构特征，可分为以下小类：

1）定中结构

（8）光明的中国（1978）

2）动宾结构

（9）迎接大有作为的年代（1980）

（10）勇于开创新局面（1984）

3）状中结构

（11）把主要精力集中到生产建设上来（1979）

（12）在安定团结的基础上，实现国民经济调整的巨大任务（1981）

（13）为我们的伟大事业增添新的光彩（1983）

（14）满怀信心迎接九十年代（1990）

2. 复句型标题

复句型标题有31条。从分句间的语义关系来看有以下两类：

1）并列关系

（15）一年更比一年好　定叫今年胜去年（1982）

2）解说关系

（16）和衷共济搞四化（主题）——一九八五年元旦献词（副题）（1985）

（17）让愚公精神满神州（主题）——一九八六年元旦

献词（副题）(1986)

(18) 坚持四项基本原则是搞好改革、开放的根本保证（主题）——一九八七年元旦献词（副题）(1987)

(19) 团结奋斗　创造新业绩（主题）——元旦献词（副题）(1999)

(20) 迈出中华民族伟大复兴的新步伐（主题）——元旦献词（副题）(2002)

(21) 在把握机遇中迎接下一个十年（主题）——元旦献词（副题）(2011)

在语义关系上，复句型标题分句间除了例（15）为并列关系外，其余30例均为解说关系，且在标题形式上多为“主题+副题”结构，其中副题均采用了“××年元旦献词”，如例（16）至例（18），或省略了具体年份的“元旦献词”，如例（19）至例（21）。

以上分析显示，新时期《人民日报》元旦社论标题在语法结构上有单句型标题和复句型标题两类，其分布比例分别为18.421%、81.579%。这与前文分析的《人民日报》标题句法结构以主谓结构为主、复句结构为辅的总体特征不完全一致。

元旦社论标题在语法结构上的分布特征与新闻体裁有密切的关系。一般而言，消息体裁标题为了向读者报道“谁/什么怎么样”，标题制作者比较青睐主谓结构类标题。而本章使用的语料属于重要节日社论标题，为了向读者凸显标题的特殊身份，多在主题之外添加相近内容的副题以示补充说明，提高标题的标记性。

（三）句类特征

1. 句类分布概况

句子按照语气或功能一般可分为陈述句、疑问句、祈使句、感叹句四大类。下面将对社论单复句标题中主标题的句类分布情况进行分析。[①]

从句类上看，主标题全部由陈述句和祈使句两种句类构成，二者所占比例分别为10.526％（4条）、89.474％（34条），说明新时期《人民日报》元旦社论主标题中祈使句占绝对优势。如：

1）陈述句标题

（22）光明的中国（1978）

（23）坚持四项基本原则是搞好改革、开放的根本保证（主题）——一九八七年元旦献词（副题）（1987）

（24）伟大的开局之年（主题）——元旦献词（副题）（2006）

（25）科学发展的道路越走越宽广（主题）——元旦献词（副题）（2007）

2）祈使句标题

（26）把主要精力集中到生产建设上来（1979）

（27）把握大局　再接再厉　同心同德　开拓前进（主题）——元旦献词（副题）（1997）

（28）迎接更加光辉灿烂的未来（主题）——元旦献词

---

① 因社论“主题+副题”形式的复句标题中副题在内容和形式上多接近，故只分析其主题部分。

（副题）（2003）

（29）让我们一起成就梦想（主题）——元旦献词（副题）（2013）

依据陈述句、祈使句的功能特征可知，陈述句在语用上主要表叙述功能，祈使句则是“传达说话者要听话者做某事或不做某事，或者说话者要听话者与说话者共同做某事或不做某事的指令行为”[①]的句子。因此，两种句子功能特征提示我们，依据句类分析结果，新时期《人民日报》元旦社论标题较多采用祈使句的形式发布某种指令性行为。正如上文所分析的，元旦社论标题制作者对祈使句的偏好与《人民日报》社论的本质属性以及元旦社论的写作目的有密切的关系。《人民日报》社论代表党中央的立场和态度，在辞旧迎新之际，报社代表党中央为全国乃至全世界读者送去新年祝福，同时提出党的要求或命令、建议等。而祈使句的功能特征最适合完成这类交际任务，因此受标题制作者青睐也就不足为奇了。此外，从宣传效果来看，祈使句是“显示作者正在跟读者互动”[②]的一种语言表达方式，是说话者有意拉近交际双方心理距离的一种语言努力。

2. 元旦社论主标题祈使句研究

1）主标题中祈使句的结构特征

从元旦社论主标题中祈使句的句法结构特征来看，所有祈使句标题均呈现出一个总特征：成分缺省。这体现在多方面，如零主语形式，动词前没有“给我”“应当、要、应该、应”“必须、

① 方霁：《现代汉语祈使句的语用研究（上）》，载于《语文研究》，1999年第4期。

② 徐赳赳：《关于元话语的范围和分类》，载于《当代语言学》，2006年第4期。

务必、千万、一定”等强调标记，也无“别、甭、不许、不得、不能”等任何否定标记或“请、麻烦、烦请、烦劳”等礼貌标记，并且句末无语气词等。

以零主语为例。祈使句一般可用“你、您、你们、我们、咱们”等代词充当主语，如“你帮帮我吧”“我们走吧”“你们下午三点前要把初稿完成”等。有时候，在不影响表意的情况下，也可省略主语。元旦社论祈使句标题中省略的主语可以依据语境补充完整，如：

(30) 把主要精力集中到生产建设上来（1979）——（我们）（要）把主要精力集中到生产建设上来

(31) 满怀信心，迎接九十年代（1990）——（我们）（要）满怀信心 迎接九十年代

(32) 让今天的改革为明天铺路（2014）——（我们）（要）让今天的改革为明天铺路

即便是由多个联合祈使分句组成的大祈使句标题中，主语依然为零形式。如：

(33) 把握大局 再接再厉 同心同德 开拓前进（1997）

这个主标题内含四个联合祈使小分句，是《人民日报》元旦社论标题中包含祈使小分句最多的标题，缺省的主语依然可以补出，并丝毫不影响其表意。如：

(34)（我们）（要）把握大局 再接再厉 同心同德 开拓前进（1997）

该标题中主语之所以依然采用零形式，语义却不受影响，主要原因在于各分句主语相同，不会造成歧解。试想，若标题类似

于以下：

（35）这次会议分工如下：我联系有关参会人员，小赵布置会场，小张负责采购。（自拟）

例（35）中，因涉及任务分配，小分句中的主语“我”“小赵”“小张”都不能缺省，否则会造成信息的误解，让读者误以为所有主语都相同。这类祈使句主语必须强制性出现。《人民日报》元旦社论祈使句标题中主语缺省而语义不受影响，这一方面受标题求简、求省及报纸空间因素等制约；另一方面，是由元旦社论祈使句标题的结构特征所决定的。依据张则顺（2011）对祈使句主语隐现条件的研究，可知祈使句隐现受句法、语义、语境等因素制约。[①] 元旦社论祈使句标题中，并列分句组成的祈使句主语均同指；施为动词不具有［+分配任务］的特征；各种标记性成分缺省；听话人确定且具有整体性。因此，在句法、语义、语境多重因素的观照下，《人民日报》元旦社论祈使句标题中主语缺省而语义不受影响。

此外，正如上文所举各例，元旦社论祈使标题中省略的主语均为包括式代词“我们”，即包括说话者本人在内，而不单指听话人。这在社论部分标题中已有体现，如“让我们一起成就梦想（2013）”，兼语成分“我们”作“让”的宾语，同时又作“成就梦想”的主语。类似的还有“为我们的伟大事业增添新的光彩（1983）”，将“伟大事业”看作“我们”的。这类标题含“我们”类词语明确宣告了行为主体不仅仅指听话人，而是包括说话者和听话者在内的整个集体。标题中包括式代词的使用，有助于拉近传受双方的心理距离，同时提高交际效果。

① 张则顺：《现代汉语祈使句主语隐现研究》，载于《汉语学习》，2011 年第 1 期。

2）标题中祈使句的语用功能

在祈使句内部功能分类上，由于研究者所依据的分类标准不同，所划分的小类各有异同，本书依据方霁（1999，2000）的分类法。方霁从语用角度，根据说话人（S）与听话人（h）的关系异同，以及S所采取的语用策略将现代汉语祈使句分成命令句、要求句、商量句、请求句四小类。[①] 从四小类句子的内部特征及元旦社论祈使句标题的结构特征可知，社论中祈使句标题在语用功能上属于要求句。原因在于，从交际双方的关系来看，社论祈使类标题中说话者与听话者之间虽构成了上下级关系，属于上级对下级下达的指令行为，但在句法结构上并没有出现命令句中常见的各种强调标记或否定标记，因此命令语气不明显；但同时，鉴于《人民日报》元旦社论所代表的说话人不容置疑的权威身份，祈使句标题中尽管命令语气不明显，但依然不失威严。因此社论标题中祈使句在语用功能上采用了一种比命令句语气弱，但比商量句、请求句语气强的要求句。

社论标题中要求句的大量使用，符合《人民日报》党报属性及其新闻媒介的双重身份。作为中共中央机关报，《人民日报》在我国传媒中的至高地位不容置疑，它反映了党的声音和意志。特别是社论类文稿，往往是党中央在重大事情上的态度和决策的直接体现，因此过于软弱的话语方式无法完成交际任务。但同时，《人民日报》作为新闻媒介的身份也不容忽视。作为新闻媒介，它毕竟不是党政机关，在新闻宣传上要讲求传播策略，考虑受众心理及传播效果等因素。因此，过于强硬的话语方式只会让自己处于高高在上的位置，令读者产生反感情绪，最终与新闻理

---

① 方霁：《现代汉语祈使句的语用研究（上）》，载于《语文研究》，1999年第4期；《现代汉语祈使句的语用研究（下）》，载于《语文研究》，2000年第1期。

念脱节。因此，在《人民日报》双重身份的制约下，威严却又不失亲和力的要求句是最合适的选择。

三、社论标题的语义特征

元旦社论属于节庆社论之一。因节庆需要，社论在语义内容上有鲜明的特征，主要集中于以下几个方面：

（一）赞美型

（36）光明的中国（1978）

（37）伟大的开局之年（主题）——元旦献词（副题）（2006）

以上标题中，定语的褒义色彩非常鲜明，并有效地感染了它所修饰的中心语，使之也带上了这种感情色彩，整个标题的赞美之情跃然纸上。例（36）“光明的中国”表明说话者对祖国的未来与前途充满信心，例（37）“伟大的开局之年”彰显了说话者对新的一年良好发展前景的憧憬与信心。

（二）提出论点型

（38）坚持四项基本原则是搞好改革、开放的根本保证（主题）——一九八七年元旦献词（副题）（1987）

这类标题中说话者就某件事提出一个论点，语气坚定，不容置疑。如例（38）包含了条件关系，即“只有坚持四项基本原则，才能搞好改革、开放”，说话者态度非常鲜明。

（三）祝福型

（39）一年更比一年好　定叫今年胜去年（1982）

（40）科学发展的道路越走越宽广（主题）——元旦献词（副题）（2007）

元旦社论是为新年而作，当然离不开对新的一年祖国前途与命运的美好祝福。例（39）表达了说话者对新的一年各项事业的美好祝福，祝愿之心情真意切，一个“定”字再现了说话者的决心和勇气。如今这个标题在各类文章、书稿中的引用频率很高，并作为常见春联流传到千家万户。同样，例（40）是对祖国未来科学发展道路的祝福。

（四）鼓舞号召型

（41）同心同德，艰苦奋斗（主题）——一九八九年元旦献词（副题）（1989）

（42）满怀信心迎接九十年代（1990）

（43）为进一步稳定发展而奋斗（主题）——元旦献词（副题）（1991）

（44）迈出中华民族伟大复兴的新步伐（主题）——元旦献词（副题）（2002）

（45）在把握机遇中迎接下一个十年（主题）——元旦献词（副题）（2011）

这类标题数量最多，约占元旦社论标题总数的86.842%。元旦社论的交际目的非常明确，在传达新年祝福的同时，多倾向于向全国人民发布号召，或鼓舞大众以积极的心态迎接新的时期，或号召大家为某目标任务而团结奋斗、顽强拼搏等。

第二节　社论标题的语用功能特征

一般而言，报纸标题在制作过程中常围绕“谁/什么怎么样”之类的问题展开，因此主谓结构标题占多数，从而形成了报纸标题在功能上呈现出强报道性、弱称名性的特征。报纸标题在语用功能上的特征，在前文有关新时期《人民日报》50934条标题句法结构定量研究中已有鲜明的体现。统计结果显示，在所有结构类型中，主谓结构标题数量最多，占单句标题的76.492％，占所有标题的50.668％。此外，还有33.302％的复句型标题，其中不乏具有强报道性的主谓结构分句。

但因受语体差异影响，不同语体甚至同一语体下属次语体在标题功能上存在不可忽视的差异。以本章《人民日报》元旦社论38条标题为例，可以发现，同为新闻标题，但社论标题在功能特征上呈现出弱报道性、强称名性的总体面貌。

一、社论标题强称名性的表现手法

具体来说，社论标题的强称名性体现在以下几个方面：

（一）标题标记词

标题标记词是标题的身份标签，是标题区别于普通行文的重要依据，也是判断标题称名性的重要手段之一。本书前面相关章节对新时期《人民日报》标题标记词的使用情况已进行了专章探讨，结果发现，新时期《人民日报》标题在标记词上有鲜明的特征，在继承旧标记词的同时，新的反映时代变迁的标记词开始出现，并在造词方式与来源方面呈现出鲜明的特征。

考察本章38条元旦社论标题可知，在标题标记词方面，一些曾在《人民日报》标题中出现的专用标记词，如“见闻录、小启、二三事、大家谈、也谈、也说、且看、刍议、简析、简评、及其他”等虽未在元旦社论标题中出现，但一部分既可在正文中出现也可常用于标题中的标记词如“为、献词、新、建设”等则出现在社论标题中，尤其是标记词“献词”的使用频次最高，出现在30条（占标题总数78.947%）社论副标题中，极大地提高了标题的标记性。如：

(46) 和衷共济搞四化（主题）——一九八五年元旦献词（副题）(1985)

(47) 让愚公精神满神州（主题）——一九八六年元旦献词（副题）(1986)

(48) 坚持四项基本原则是搞好改革、开放的根本保证（主题）——一九八七年元旦献词（副题）(1987)

(49) 迎接改革的第十年（主题）——一九八八年元旦献词（副题）(1988)

（二）标题格式

标题格式指“标题特有或惯用的结构方式”[①]。标题格式也是标题标记，凡是有标题格式的标题，都是称名性标题。

对元旦社论标题中标题格式分布情况的调查发现，标题中常见的粘着结构性质的标题格式、“甲骨学三十年”类标题格式、与谓词相关的几种标题格式等均未出现在元旦社论标题格式中，甚至常用于评论体裁中的“由/从……说/谈起/开去”“由……(所)想到的”“写在……之际”等也未见使用。

① 尹世超：《标题用词与格式的动态考察》，载于《语言文字应用》，2005年第1期。

尽管如此，元旦社论中却形成了一些具有社论典型特征的相关标题格式，如“迎接/喜迎……”（省略号的内容多为时间名词）、“迈出……新步伐”、“迈向……”（省略号的内容多为时间名词）、“为……而……”、“让……”等。这类标题格式都具有鼓舞号召的作用，或号召人们迎接即将到来的新时期（或新年），或呼吁人们向着既定目标大步迈进，或鼓励人们为完成某个目标而积极奋进等。标题中这类典型格式的套用，一方面提高了标题的可识别性，另一方面也体现了作者鲜明的态度，具有较强的感染力。

（三）标题的语法结构与句式

尹世超（2001）在分析标题的语法结构与报道性标题和称名性标题之间的关系时谈到：“体词性标题都是称名性标题……谓词性标题大都是称名性标题……主谓标题大都是报道性标题。”①同时，在分析语气与标题报道性和称名性的关系时谈到：“从语气角度分析，报道性标题不能是疑问或祈使语气，称名性标题可以是疑问或祈使语气，尽管所占比例较小。”②

由上一节对《人民日报》元旦社论 38 条标题语法结构分布情况的分析可知，社论标题由单句型标题、复句型标题构成，分别占比 18.421%、81.579%。其中单句型标题有定中结构、动宾结构、状中结构三类，无主谓结构。复句型标题绝大多数由“主题+副题”形式构成，且副题在形式和内容上非常接近，均是由含标题标记词“献词”组成的标记性很强的结构形式。

对主标题句类的分布情况进行统计，可以发现主标题句类只

① 尹世超：《标题语法》，北京：商务印书馆，2001 年版，第 113 页。
② 尹世超：《标题语法》，北京：商务印书馆，2001 年版，第 118 页。

有陈述句和祈使句两种情况，所占比例分别为10.526％（4条）、89.474％（34条）。

因此，通过社论标题的语法结构及句类分布情况，可以看出新时期《人民日报》元旦社论标题具有称名性强、报道性弱的特征。

二、社论标题强称名性的原因

社论标题在各方面呈现出的强称名性倾向有以下两个原因：

（一）社论体裁的影响

从社论的定义不难知晓，社论无论在选题还是在写作要求上，都代表了党的意志和思想，是党对当前重大事件或问题展开的相关评论。作为一种评论性体裁，社论在写作思路上不需要遵循消息、通讯等新闻体裁常见的“谁/什么怎么样”的写作模式，因此标题的完整性要求明显降低，主谓结构类标题数量减少。另外，在写作目的方面，元旦社论常以提出要求、鼓舞士气、提高斗志为要义，这种情况下，能发出指令行为的祈使句就成为标题制作者首选的句类。因此，受社论体裁决定，标题句法结构简短、句子语气强度改变等因素共同促成了社论标题的强称名性特征。

（二）由标题性质决定

标题是篇章的名称，是一种符号、一种能将甲与乙区分开来的形式标记。因此，从本质上讲，标题本身就意味着称名性。此外，任何类型的标题都有称名性追求。一般情况下，与正文相比，标题长度受限，大量名词性结构直接充当标题、词语缩略与简称现象普遍、句法成分隐含等在标题中非常常见。社论标题在称名性追求上也不例外。从38条标题的外在形式看，有30条标题采用了“主题＋副题”的形式，并且二者之间均用连接号“——”隔开；另有部分主标题由数量不等的四字格结构组成，且四字格之间用空格隔开，与正文形成了鲜明的对比。这表明，即便没有语言手段的干预，社论标题制作者也是主动在形式上力求将标题与正文区分开来。这均是由标题的本质属性决定的。

第三节　社论标题语言的程式化与变迁

一、标题语言的程式化

程式化是一种广为人知的相沿已久的规则、模式、规律，普遍存在于社会各个方面，语言也不例外。自中华人民共和国成立以来，《人民日报》每年元旦均会发表一篇社论，辞旧岁，迎新春，鼓舞号召人们在新的一年继续奋斗。由于每年元旦社论主管机构相同、写作时间相同、主题相同、目标读者相同、根本目的相同，客观上造成了元旦社论在写作模式上呈现出较强的程式化特征。

从前文对元旦社论标题的语言特征、功能特征的分析不难发现，新时期《人民日报》在词语使用、语法结构、词类、句类、语义、标题称名性等方面表现出了较高的模式化和趋同化。如标题中的词语常用性强，词汇构成成分相对简单，且色彩意义较丰富；含标题标记词的“主题+副题”复句结构形式标题占绝对优势；主标题多用祈使句发出指令行为；语义内容上多鼓舞人心、号召人们奋发进取；多注意标题的称名性，惯于采用一些具有社论典型特征的标题格式，有些年份的标题仅对词语作了少量改动，整个标题几乎雷同，如“喜迎伟大的二〇〇八年（主题）——元旦献词（副题）（2008）”“迎接奋发有为的二〇一〇年（主题）——元旦献词（副题）（2010）”等；标题形式上多用“主题+副题”结构。以上诸多共性表明，新时期我国元旦社论标题程式化程度较高。

客观上讲，元旦社论标题形式较为单一、结构比较固定、内容也多有雷同的创作模式给人留下了呆板、缺乏新意的主观印象。因此，从这个角度来说，人们对其命题作文、“应景评论”的批评是有一定道理的。

不过从另一方面来看，程式化的创作模式在某种程度上也反映了汉民族特定的文化心理。自古以来，汉民族就存在趋吉避讳的心理，特别是在重要节日来临之际，这种文化心理表现得更加明显和突出。反映在语言运用上，人们会尽可能避免那些给人带来不吉利印象或感觉的表达方式，而有意选用带有良好祝愿或能产生愉悦效果的语言手段。这里最经典的例子要数鲁迅先生在《野草·立论》中讲的一个故事。在孩子满月宴这个喜庆的日子里，恭维孩子长大后要当官或发财的客人受到人们的称赞，而预言孩子将来肯定要死的客人却遭到一顿痛打。从交际双方的合作原则来看，预言孩子将来肯定要死的客人遵循了真实性原则，却违反了汉民族趋吉避讳的传统文化心理，遭到主人痛打也就在情理之中。

新时期《人民日报》元旦社论标题的语言特征显示，标题中富有积极色彩意义的词语比较多，多用祈使句发出鼓励号召，语义内容上集赞美、祝福、鼓励、号召于一体等，这种程式化的标题制作方式集中反映了人们在新年之际追求美好生活、寄托良好祝愿的殷切期望，是汉民族传统文化心理在标题制作上的真实体现。因此，从这个角度来说，社论标题程式化的制作方式有其值得肯定之处。

二、标题语言的变迁

（一）语言变迁的表现

新时期《人民日报》元旦社论标题语言较高的程式化特征显示了社论标题语言的稳定性，但是社论标题语言在稳定中也有变迁。具体而言，这种变迁体现在以下几个方面：

1. 语言表现手法的新变化——隐喻

1）标题中隐喻手法的使用情况

在日常生活中，人们倾向于借助某个具体的、熟悉的、可感知的已知概念（始源域）去认识抽象的、陌生的、不可感知的未知概念（目标域），完成从始源域到目标域的映射。这个手法就是隐喻。它是人类认知世界的重要手段和基本认知方式，广泛存在于人们的思想、行为、语言中。

新时期《人民日报》元旦社论标题在语言表现手法上的突出变化表现在标题中隐喻手法的运用。如建筑隐喻："把主要精力集中到生产<u>建设</u>上来（1979）"，旅程隐喻："在改革开放中<u>稳步</u>发展（主题）——元旦献词（副题）（1992）"，战争隐喻："满怀信心<u>夺取</u>新<u>胜利</u>（主题）——元旦献词（副题）（1996）"，绘画隐喻："<u>描绘</u>更新更美的<u>图画</u>（主题）——元旦献词（副题）（2009）"，等。[①] 标题中的隐喻数量及隐喻类型见表 6-1：

① 例句中下加横线的词语为隐喻关键词。下同。

表 6-1 新时期《人民日报》元旦社论标题中隐喻手法使用情况

时间（年）	含隐喻手法的标题数量	标题中的隐喻类型
1978—1990	3 条（7.895%）	建筑隐喻、战争隐喻
1991—2000	6 条（15.789%）	旅程隐喻、战争隐喻
2001—2015	8 条（21.053%）	旅程隐喻、建筑隐喻、绘画隐喻

从各时间段隐喻标题的数量来看，20 世纪 90 年代以前标题中的隐喻现象比较少，只有 3 条（7.895%）；90 年代，隐喻标题增至 6 条（15.789%）；21 世纪以来，隐喻标题有 8 条（21.053%）。

此外，隐喻类型也有所变化。90 年代以前，标题中的隐喻类型为建筑隐喻、战争隐喻，90 年代为旅程隐喻、战争隐喻，21 世纪后为旅程隐喻、建筑隐喻、绘画隐喻。这里变化最明显的有两点：第一，战争隐喻与绘画隐喻的消长。21 世纪后，标题中的战争隐喻消失，绘画隐喻出现，如“描绘更新更美的图画（主题）——元旦献词（副题）（2009）”，将抽象的国家建设隐喻成绘画，将取得新成绩的国家隐喻为绘出的美丽图画。第二，旅程隐喻类标题数量增长速度相对比较快，成为社论标题隐喻中数量最多的隐喻类型，占所有隐喻类标题的 58.824%。如：

(50) 在改革开放中稳步发展（主题）——元旦献词（副题）（1992）

(51) 在十五大精神指引下胜利前进（主题）——元旦献词（副题）（1998）

(52) 迈进光辉灿烂的新世纪（主题）——元旦献词（副题）（2001）

(53) 迈出中华民族伟大复兴的新步伐（主题）——元

旦献词（副题）（2002）

（54）奋进在全面建设小康社会征程上（主题）——元旦献词（副题）（2004）

（55）科学发展的道路越走越宽广（主题）——元旦献词（副题）（2007）

按照隐喻常用的语言表达式，旅程隐喻模式可表示为“国家发展是旅程”，由于旅程涉及旅行的道路、路线、行进状态与方式等要素，因此其始源域到目标域的映射关系包括：旅行中步子稳健（稳步）→国家发展情况良好，如例（50）；旅行中向前迈步（前进、迈出、迈进）→国家发展取得更高成就，如例（51）至例（53）；旅行中的道路、路线、征程→国家发展的方针、政策、计划等，如例（54）、例（55）。

社论标题中隐喻类型的变化与社论语篇中隐喻的使用情况比较接近。据黄敏（2006）、周昕（2009）对中华人民共和国成立以来《人民日报》元旦社论语篇中隐喻的历时使用情况的研究，可知社论语篇中旅程隐喻[①]与战争隐喻两种隐喻模式非常特殊，它们在各隐喻类型中使用次数最多，且随着时代的演进有着明显的波动。表现在，越到21世纪战争隐喻数量越少，甚至接近消失，而旅途隐喻则后来者居上，成为社论语篇中最主要的隐喻模式。此外，随着时代的变迁、环境的改变，还产生了新的隐喻类型。[②] 这与社论标题中隐喻类型的变化基本一致。

---

① 黄敏（2006）中称之为道路隐喻。

② 黄敏：《隐喻与政治：〈人民日报〉元旦社论（1979—2004）隐喻框架之考察》，载于《修辞学习》，2006年第1期；周昕：《〈人民日报（1949—2008）〉元旦社论隐喻研究》，华东师范大学硕士学位论文，2009年。

2）标题中隐喻手法分布的成因

刘大保（2000）在论述社论的一般特征时，将政治性置于所有特征之首，超过了新闻性，认为“在政治性这个特征上，社论比其他评论形式体现得更集中、更强烈”①。《人民日报》元旦社论代表党中央在重大纪念日发表评论，是党的立场、态度、主张的直接体现，因此，其属于政治话语的范畴。社论标题中隐喻的使用情况实际上反映了政治与隐喻的关系。有关两者之间的关系，有研究者认为，“隐喻与政治有着天然的联系。……是政治说服者的最佳选择”②。新时期元旦社论中隐喻类标题数量由少到多的事实也说明，作为一种政治性话语，社论标题越来越倾向于借助隐喻手段来实现政治说服的交际目的。并且，为了更好地实现这种交际目的，社论标题所采用的隐喻类型会随着时代的改变、社会环境的变迁而有明显的变动。

标题中隐喻手段的使用及其类型的变迁，目的都是更好地实现政治话语中隐喻的劝说功能。标题借助于隐喻的方式将抽象的国家建设与发展用形象、具体的概念表达出来，提高了交际对象对政治话语的理解力度，同时也增强了政治话语的感染力和生动性，最终影响交际对象的行为，为顺利实现政治话语交际意图服务。如“满怀信心夺取新胜利——元旦献词（1996）”采用了战争隐喻，隐喻表达式为“国家发展是战争”，将战争中取得胜利投射到国家发展取得新成果中来。将抽象的国家发展概念用具体可感的战争概念来表达，劝说人们将在战场上不怕流血牺牲的精神带到国家发展的伟大事业上来，非常形象生动。不过这种用革

① 刘大保：《社论写作》，北京：中国广播电视出版社，2000 年版，第 93 页。

② 黄敏：《隐喻与政治：〈人民日报〉元旦社论（1979—2004）隐喻框架之考察》，载于《修辞学习》，2006 年第 1 期。

命思维的方式来看待国家经济建设多少会给人留下某种紧张、严肃、命令的主观印象。因此，20 世纪 90 年代以来，随着国家发展环境的稳定、宽松，旅程隐喻颇受欢迎。这种隐喻类型具有非常广泛的群众基础，贴近生活，给人休闲、祥和的感觉，因此成为主要的隐喻类型。同样，绘画隐喻的出现也给人带来一种恬静、舒适等美的享受。标题中隐喻类型的变迁反映了新时期《人民日报》元旦社论话语方式的变迁，是政治话语逐渐走向平和、生动的真实体现。

2. 语言结构形式的新变化——四字格结构

四字格结构是汉语特有的一种结构类型，其历史悠久，具有深厚的群众基础和文学底蕴。如《诗经》中流传千古的经典名言“关关雎鸠，在河之洲。窈窕淑女，君子好逑”“桃之夭夭、灼灼其华”“青青子衿，悠悠我心”“高山仰止，景行行止”等四字格诗句，对后世文学乃至书面语创作产生了深远的影响。新时期《人民日报》标题中的四字格结构类标题即属于受古典诗句中四字格句式影响的产物。如：

(56) 团结奋进（主题）——一九九三年新年献词（副题）(1993)

(57) 同心同德，艰苦奋斗（主题）——一九八九年元旦献词（副题）(1989)

(58) 艰苦奋斗　再创辉煌（主题）——元旦献词（副题）(1994)

(59) 总揽全局　乘势前进（主题）——元旦献词（副题）(1995)

(60) 把握大局　再接再厉　同心同德　开拓前进（主题）——元旦献词（副题）(1997)

从标题中四字格结构的数量来看，有四字格单用型，如例(56)；有四字格两两配对型，如例（57）至例（59)；有四字格多重配对型，如例（60)。从四字格结构的内部来看，前后对称的有“同心同德、团结奋进、再接再厉、开拓前进”，前后两个成分在句法上构成并列关系。其余均为不对称结构，句法结构上有状中关系，如“艰苦奋斗、乘势前进”；动宾关系，如“再创辉煌、总揽全局、把握大局”。这组四字格结构的标题在语义上基本都围绕“团结”“奋斗”“前进”这几个关键词展开，其中有两个四字格在这组标题中重复出现，如“同心同德、艰苦奋斗”。此外，与汉语典型的四字格如成语相比，标题中的四字格在构成成分上相对自由，灵活性比较大。

刘叔新（1990）对四字格的特征作了如下归纳：“四字格的音流仅仅比普通长度的词长一两个音节，可是表示的意义内容却丰厚得多、复杂得多。它仿佛被‘压缩’在四音节的形式内，若舒展开来，抵得上一句话或几句话的意思。……它给汉语在词的组合方式和句式上做到简洁灵活提供了一个条件，也成为汉语语句能比较轻捷、明快的一种决定因素。”[①] 四字格结构类词语在语义、句式上的独特特点为其在标题中的使用创造了良好的条件。报纸标题因受时间、空间等因素的制约，在选词用语上非常注重求简、求省，具有古典文学韵味的四字格结构不失为最佳选择。以社论标题中四字格结构类标题为例，这类标题在形式上呈现出整齐、对称之美；结构凝练，但表意丰富；且当四字格并列连用时，四字格之间用空格分开，客观上提高了标题的可识别度。

① 刘叔新：《汉语描写词汇学》，北京：商务印书馆，1990年版，第173页。

3. 词汇构成成分的新变化——具有时代色彩的词语

新时期《人民日报》标题中词汇构成成分相对比较简单，外来词、方言词、古语词的痕迹不明显。但标题中也不乏有鲜明时代气息的词语，它们真切地反映了新时期中国社会所经历的复杂变迁，如“改革、开放、发展、复兴、建设、四化、小康社会、四项基本原则”等。这些时代感极强的词语再现了新时期我国社会发展的任务、目标、原则、阶段等，是社会发展在词语上的鲜明烙印。

4. 叙述方式的新变化——平等式对话

由于元旦社论代表了“隐匿作者”（党中央）的意识和思想，交际双方实际上存在着上下级关系，因此标题语言在叙述方式上多呈现为上级机关或领导对下级群众的鼓励与号召。但近年来，社论在叙述方式和视角上有新的变化，开始追求散文式的写作手法，并尽可能采用平等的语调和口吻来展开叙述。这在社论语篇中非常明显，如 2013 年元旦社论结尾部分：

> 2013 年已经开启。让我们一起成就梦想，把个人的生命与历史的潮流交汇，将人生的旅程与时代的进步融合，用 2013 年的日日夜夜，成就一个更加美丽的中国。
>
> 祝福你的新年，祝愿我们的梦想。（《人民日报》2013 年元旦社论）

刘大保（2000）曾有感于社论写作中结尾存在的问题，认为“结尾是一个薄弱环节，这表现在：运用号召式的结尾太多；号召的语言和方式雷同者太多；特别是老话、空话、套话太多，读之令人乏味”①。然而，2013 年元旦社论结尾中这段散文式的笔

① 刘大保：《社论写作》，北京：中国广播电视出版社，2000 年版，第 229 页。

法却让人耳目一新，没有家长式的说教，没有大话、空话的号召，有的只是字里行间浓浓的抒情色彩，给人留下极其深刻的印象。

不仅如此，作者还将这段话中的“让我们一起成就梦想”作为2013年元旦社论的主标题，寓意深远。这是一个兼语句构成的标题。其中“我们”属于“互动式”类元话语，这类元话语“体现了读者和作者关系的亲疏程度，表达了作者的态度，并显示了读者参与的程度”[①]。“互动式”元话语从社论语篇走进社论标题，进一步表明社论在叙述方式和视角上正在有意识地追求平等化，相较于以往上下级之间的叙述方式，平等式的对话有助于拉近传者与受众之间的心理距离，具有强烈的亲和性。

（二）语言变迁的深层意义

新时期《人民日报》元旦社论标题语言在逐渐程式化的同时，在语言表现手法、结构形式、词汇构成成分、叙述方式等方面均发生了不同程度的变化。社论标题语言中的这类新变化是以《人民日报》为代表的党报话语方式变迁的真实写照，是作者与读者人际意义趋向平等的表现。一直以来，《人民日报》社论在坚持党性原则的基础上，将政治性作为首要特征来指导社论写作，因此社论语言（包括标题）中程式化程度比较高，论证性比较强，客观上造成了社论语言中较强的政治说教色彩和较鲜明的权势关系。站在受众角度，长期接受这类语言表达方式，一方面会产生审美疲劳，另一方面也不利于拉近传者与受众之间的心理距离。从长远来看，不利于新闻宣传效果的发挥。因此，在社论

① 徐赳赳，《关于元话语的范围和分类》，载于《当代语言学》，2006年第4期。

标题中适当采用隐喻的手法、四字格结构、具有时代色彩的词语，会给受众带来审美快感，提高语言的表达效果。同时，适当改变叙述方式，有选择地采用一些能拉近传受关系的词语或句式，创造平等对话的氛围，对于强化宣传效果、改变传受关系、树立党报新形象等均具有积极而深远的意义。

第四节　本章小结

本章选取了新时期《人民日报》元旦社论标题作为研究对象，从标题的语言特征、标题的语用功能特征、标题语言的程式化与变迁三个方面对元旦社论标题作了历时研究。研究发现：

第一，社论标题词汇常用度比较高、词汇构成成分相对简单，但词汇色彩意义较为丰富，词语的时代色彩、感情色彩、形象色彩、民族色彩、语体色彩等比较鲜明，且多具有积极意义。语法特征上，动词和名词占绝对优势，但与新闻报道类标题中词类分布不同的是，受评论体裁影响，社论标题中的名词数量偏少，动词数量偏多。句法结构上，有单句型标题、复句型标题两类，分别占 18.421%、81.579%，其中单句型标题包括定中结构、动宾结构、状中结构三种类型。复句型标题前后分句在语义关系上多为解说关系。在句类上，社论主标题祈使句占绝对优势，占比 89.474%（34 条）。这些祈使句标题句法成分缺省比较明显，但语义关系明确。在语用功能上，社论标题的祈使句主要为要求句。标题在语义上包括赞美型、提出论点型、祝福型、鼓舞号召型等四大类。

第二，社论标题在语用功能上主要体现为弱报道性、强称名性特征。这种强称名性体现在标题标记词、标题格式、标题语法结构与句式等方面。社论标题的强称名性特征与社论体裁和标题本身的属性有密切的关系。

第三，社论标题在词汇、语法、语义上的特征显示，新时期社论标题创作上存在着较明显的程式化特征，但另一方面，标题中多含积极色彩意义的词语、多用祈使句发出鼓励号召、语义上集赞美、祝福、鼓励、号召于一体等程式化倾向在某种程度上也反映了汉民族趋吉避讳的民族文化心理。

第四，社论标题语言在具有较高程式化倾向的同时，也有多方面的变迁，体现在：用隐喻的方式提高语言表达力，并且随着时间、环境等的变迁，隐喻的数量、类型均有不同程度的改变。用语义内涵丰富、句式灵活的四字格结构组成标题，为标题赋予浓郁的古典文学气息，满足了标题求省、求简的要求，同时也提高了标题的标记性。选用具有时代色彩的词语，彰显了社论标题语言的时代气息。叙述方式上，借鉴散文的笔法，用“互动式”元话语追求一种平等效应，拉近了传受双方之间的心理距离。社论标题语言上的诸多变迁是新时期我国党报话语方式变迁的真实写照，也是作者与读者人际意义趋向平等的反映，对于提高传播效果、改善传受关系、树立党报新形象等具有积极而深远的意义。

第七章　新时期《人民日报》标题语言研究的启示

前面各章对新时期《人民日报》标题的字、词、语法进行了定量研究，笔者认为有如下启示。

第一节　语言研究务必区分语体

语体是语言的功能变体。语言研究务必区分语体，这早已成为学界的共识。本书以《人民日报》标题语言作为研究对象，实际上是自觉从语体意识出发的选择。这表现在：首先，本书立足标题体，主动将标题与篇章区分开来；其次，选择报道语体的标题为研究对象，避免了标题次语体内部的混淆；最后，以党报《人民日报》标题为研究对象，对于了解特定性质媒介的特征有参考意义。在自觉坚持语体意识的基础上，本书对《人民日报》标题的字、词、语法使用情况的分析发现：

一、标题体不同于篇章体

尹世超（1999）曾表示："标题作为书面语体中一种特殊的

语言片段，和正文相比，有许多特点，自成一体，可称为标题体。"[①] 为此，本书将与标题相对的篇章称为篇章体。在研究中，笔者发现，标题体在字、词、语法等方面有明显的不同于篇章体之处。

（一）用字方面

陈原曾将7种汉字字频统计成果[②]中前10个最高频汉字与美国*AHI*：*Rank list*（1971）测定的10个英语最高频字归在一起，认为，"如果把各次测量出来频率最高的汉字加以比较研究，是很有意义，很有启发的"[③]。受该观点启发，本节选择其中前6种字频统计成果，以及本研究有关《人民日报》新闻标题汉字统计结果[④]，一共7种汉字字频统计成果中的前10个高频字，对这7种汉字频次统计结果进行比较，结果见表7－1：

---

① 尹世超：《现代汉语标题语言句法研究的价值与方法》，陈章太、戴昭铭、佟乐泉、周洪波：《第二届全国语言文字应用学术研讨会论文集》，1999年版，华语教学出版社，第439页。

② 经核对，笔者对原文中部分字频统计成果的名称及年限有所补充与更正。修正后的7种汉字字频统计成果分别为：陈鹤琴《语体文应用字汇》（1928），七四八工程查频组《汉字频度表》（1976），北京航空学院计算机科学与工程系与中国文字改革委员会汉字处《社会科学、自然科学综合汉字频度表》（1985），北京语言学院语言教学研究所《现代汉语频率词典·汉字频率表》（1986），新华社《1986年度新闻信息流通频度（6001字）》（1987），国家语委、国家教委联合发布的《现代汉语常用字表》（1988）、台北编译馆《国民学校常用字汇研究》（1987）。

③ 陈原：《系统整理汉字的一个里程碑——谈常用字表的制定》，载于《语文学习》，1989年第3期。

④ 本研究汉字统计结果暂命名为《〈人民日报〉新闻标题总语料汉字频次表》。

表 7－1　7 种字频统计成果中前 10 个高频汉字

字表	1	2	3	4	5	6	7	8	9	10
《语体文应用字汇》（1928）	的	不	一	了	是	我	上	他	有	人
《汉字频度表》（1976）	的	一	是	在	了	不	和	有	大	这
《社会科学、自然科学综合汉字频度表》（1985）	的	一	是	在	不	了	有	和	人	这
《现代汉语频率词典·汉字频率表》（1986）	的	一	了	是	不	我	在	有	人	这
《1986 年度新闻信息流通频度（6001 字）》（1987）	的	国	一	十	中	在	和	了	人	年
《现代汉语常用字表》（1988）	的	一	是	了	不	在	有	人	上	这
《〈人民日报〉新闻标题总语料汉字频次表》（2015）	国	会	中	的	人	大	一	行	发	工

比较以上 7 种字频统计结果，可以发现，除了本研究统计的《〈人民日报〉新闻标题总语料汉字频次表》外，其余 6 种汉字字频统计成果中位列第一位的高频汉字均为功能字（词）“的”。而在本书研究的《人民日报》新闻标题语料中，不管是各区间段汉字频次表，还是《〈人民日报〉新闻标题总语料汉字频次表》，位列第一位的高频汉字均为“国”，“的”在各区间段及新闻标题总语料中序位分别为第 3、6、4、4 位。此外，笔者还观察到，除《1986 年度新闻信息流通频度（6001 字）》与《〈人民日报〉新闻标题总语料汉字频次表》外，其余 5 种字频表前 10 个高频汉字中均出现了代词（“我”“他”“这”）、动词（“是”“有”）。

各表中的高频汉字的差异说明：

首先，汉字频次与语料性质有密切的关系。以上 7 种汉字字频统计成果中，《1986 年度新闻信息流通频度（6001 字）》和本研究《〈人民日报〉新闻标题总语料汉字频次表》均取材于新闻语料，其余均为综合性语料。语料性质的差异造成了汉字频次统计结果的差异。一般而言，新闻语料的新闻性、即时性与文学语料的文学性、科技语料的专业性、政论语料的思辨性等有明显差异，这种差异必然在汉字使用上有所体现。以上 7 种字频统计结果中前 10 个高频汉字的差异就是语料性质差异的反映。

其次，标题与语篇字频统计结果同中有异。这在同样取材于新闻语料的两份字频表中有充分的说明。

将《〈人民日报〉新闻标题总语料汉字频次表》（以下简称《〈人民日报〉字表》）与同样取材于新闻语料的《1986 年度新闻信息流通频度（6001 字）》（以下简称《1986 年字表》）前 10 个高频字进行比对，不难发现，两表有“国、的、中、一、人”5 个共用字。特别是高频字“国”在其他综合性语料前 10 个高频字中均未出现，但在《1986 年字表》中频次仅次于“的”，位列第二。此外，在其他 5 种字表中均出现的代词（“我”“他”“这”）、动词（“是”“有”）均没有出现在两份取材于新闻语料的前 10 个高频汉字表中。这表明新闻语料的特征决定了字频统计的某些共性。

但新闻语篇与新闻标题的字频统计结果也存在差异，表现在，虽然两表前 10 个高频字中有 5 个共用字，但两表中的独用字非常值得我们关注和思考。

《1986 年字表》前 10 个高频汉字中的独用字为“十”“在”“和”“了”“年”，《〈人民日报〉字表》前 10 个高频汉字中的独用字为“会”“大”“行”“发”“工”。两表的高频独用字不仅在单个汉字上不同，而且在词类特征上差别明显。其中《1986 年字表》前 5 个高频独用字中有 3 个虚字（均可独自成词），分别为“在”“和”“了”，而《〈人民日报〉字表》前 5 个高频独用字均为实字。两表高频独用字词性归属上的差别，体现了标题体与篇章体的差别。一般而言，标题受空间因素制约，尽可能采用表意实在的实词，虚词则能省则省，而篇章则不然。一些在标题中简省的成分，在篇章中均可找到完整的叙述。

以汉字“了”为例。该字有时态助词、动词、语气词以及构词等用法，其中在动词后作时态助词的用法在语篇中非常常见。对比以上字频统计成果，可以发现，“了”字除了没有出现在本研究所统计的《人民日报》各区间段及总语料字频统计结果前10个高频字中外，在其余6个汉字字频统计成果（包括取材于新闻语料的《1986年字表》）的前10个高频汉字中均出现了。在本研究所统计的《人民日报》新闻标题各区间段字频表以及总语料字频表中，“了”在以上各个汉字频次表中的序位分别为第190位（304次）、250位（243次）、165位（352次）、197位（899次）。

“了”字的序位在不同语料来源的汉字频次统计成果中存在巨大的差异，其重要原因在于标题语言对时态助词“了”的排斥。尹世超曾从音节、语法句式、语用等方面探讨过多数报道性标题中不用“了”的原因。他将语用因素看作根本原因，认为“只有删除‘了’，才能使一个言语片段由句中解脱出来，实现有界向跨界、由入句到超句的过渡，获得概括全篇的能力和资格”①。

正是因为标题语言对时态助词“了”的排斥，才造成了汉字“了”在本研究中的频次序位不仅有别于以上5种综合性语料的汉字频次统计成果，而且同样有别于取材于新闻语篇的《1986年字表》。

① 尹世超：《标题语法》，北京：商务印书馆，2001年版，第134页。

（二）用词方面

前文曾对《人民日报》新闻标题的词类使用情况进行了定量统计。为了说明标题体与篇章体词语使用上的异同，本小节将本研究的词类统计结果与尹斌庸（1986）、邢红兵（1999）两位研究者的研究结果进行比较（见表7—2）。其中尹斌庸（1986）的词类统计取样于中学语文课本中记叙文、议论文、说明文三种文体；邢红兵（1999）的词类统计取样于北京语言文化大学语言信息处理研究所开发的“现代汉语研究语料库系统”。据了解，该语料库有75%的语料来源于《人民日报》《中国新闻》，其余25%取样于经济、科普、知识以及录入的样本语料。[①]

表7—2 《人民日报》新闻标题词类分布与其他词类分布研究成果比较

词性	尹斌庸（1986）词类分布	邢红兵（1999）词类分布	新时期《人民日报》新闻标题词类分布
名词（含时间、处所、方位）	29%	53.36%	55.100%
动词	23%	25.18%	33.583%
形容词（含区别词、状态词）	7%	10.29%	6.618%
副词	9%	3.86%	1.967%
数词	4%	3.41%	0.396%
量词	3%	1.18%	0.889%
代词	6%	0.60%	0.830%
连词	3%	0.60%	0.259%

① http://blog.sina.com.cn/s/blog_5517e35b0100x19b.html.

续表7－2

词性	尹斌庸（1986）词类分布	邢红兵（1999）词类分布	新时期《人民日报》新闻标题词类分布
介词	5%	0.45%	0.230%
助词	9.5%	0.27%	0.059%
语气词	1.1%	0.19%	0.052%
叹词	0.1%	0.18%	0
拟声词	0①	0.45%	0.019%

表7－2中的三份词类统计结果同中存异。相同之处在于，实词数量占绝对优势，分别为81%、97.88%、99.383%，其中名词、动词、形容词三大类实词累计分别占59%、88.83%、95.301%。另外，虚词中的语气词、叹词、拟声词数量基本上都处于最低状态。这反映了书面语的共性。正如尹斌庸（1986）在比较了书面语中的记叙文、议论文、说明文三种文体的词类分布情况后所说的："现在汉语书面语，不论其文体如何，词类分布的一致性是主要的，差异性是次要的。"②

不同之处在于虚词的数量差别相对比较大，尹文中的虚词接近19%，而后两份统计结果中，虚词仅分别占2.12%、0.617%。尹文中助词的数量比较大（9.5%），甚至超过了副词（9%），而后两份统计结果中所有虚词数量均不足1%。

三份词类统计结果的比较带给我们如下启示：

首先，词类统计结果与语料性质有密切的关系。尹文的统计对象是中学语文课文中的记叙文、议论文、说明文三类文体，邢

① 该文的词类分布中没有拟声词，故此处以0计算。

② 尹斌庸：《汉语词类的定量研究》，载于《中国语文》，1986年第6期。

文的统计对象有75%的新闻语料，本研究的统计对象全部为新闻语料。作为报道性语体，新闻语言受制于新闻版面空间因素的制约，一些可用可不用的起语法作用的虚词能省则省，这在新闻标题中尤其突出。前文在对《人民日报》定中结构主语中结构助词“的”的使用情况的调查也是一个证明。因此，可以说，新闻语料求简的特征造成了尹文词类统计结果与后两份统计结果在虚词使用上的明显差异。

其次，标题用词与篇章用词也在同中显异。这在同样取材于新闻语料的邢文和本研究的词类统计中表现得尤为明显。

在实词、虚词的整体分布上，两份统计结果非常接近，前者实词为97.88%，虚词为2.12%，后者实词为99.383%，虚词为0.617%。这显示了新闻语言的共性，即善于选择意义较为实在的实词，而尽可能少用只有语法意义的虚词。

但两者也存在明显的差异，即本研究中动词数量（33.583%）高于邢文（25.18%），形容词数量（6.618%）则低于邢文（10.29%）。新闻标题与新闻语篇中动词与形容词的分布差异，与新闻标题语境和这两类实词自身的特征均有密切的关系。一般来说，新闻标题重在报道最新发生的事情，编辑在制作标题的过程中需尽可能地采用较为具体、明确的语言，同时坚守客观性原则。但多数形容词在表意上的模糊性、主观性，明显有违标题制作的语言要求和客观性原则。而动词则不同，多数动词表意明确、具体、客观，加之新闻标题的强报道性特征，客观上促成了标题中动词分布数量高于篇章的现实。

此外，邢文中的虚词数量（2.12%）整体略高于本研究（0.617%）。以助词为例，两份统计结果中，助词的平均频次均居所有词类平均频次之首，邢文中的助词平均频次为 697.9 次/词[①]，本研究中的助词平均频次为 501.438 次/词[②]，但邢文中的助词数量（0.27%）明显高于本研究（0.059%）。这是因为标题虽然具有报道功能，但它毕竟不同于一般的句子，与非标题句的陈述方式有明显差异。普通句子中，要表示动作的完成、持续、经历等，可以选择动态助词“着”“了”“过”，但新闻标题则不同，倾向于选择未然性的表达方式，自然对动态助词较为排斥。

至于新闻标题中动态助词的使用情况，有相关词频统计结果为证。笔者将本研究中“着”“了”“过”三个动态助词在《人民日报》新闻标题语文词语词表中的序位与《现代汉语频率词典》中“频率最高的前 8000 个词词表”以及“报刊政论语体中前 4000 个高频词词表”中的序位进行了比较，结果见表 7—3：

表 7—3　《人民日报》新闻标题中“着”“了”“过”序位与其他词表的比较

助词	《现代汉语频率词典·频率最高的前 8000 个词词表》中的序位	《现代汉语频率词典·报刊政论语体中前 4000 个高频词词表》中的序位	新时期《人民日报》新闻标题语文词语词表中的序位
着	12	67	505
了	2	4	63
过	138	334	1753

以上三个词表中，“频率最高的前 8000 个词词表”取材于综合性语料，“报刊政论语体中前 4000 个高频词词表”取材于报刊及政论语篇，本研究的语料取材于《人民日报》新闻标题。不难

① 邢红兵：《现代汉语词类使用情况统计》，载于《浙江师范大学学报》（社会科学版），1999 年第 3 期。

② 参见本书第二章“《人民日报》新闻标题语文词语词类分布概况”。

发现，“着”“了”“过”这三个动态助词在三个高频词表中，序位最低的均为本研究所统计的《人民日报》新闻标题语文词表。

此外，标题用词与篇章用词上的差异还体现在标题标记词上，前文已分专章探讨过这个问题，此处不再赘述。

（三）语法方面

前文曾对新时期《人民日报》50934条标题的句法结构进行了定量研究，结果发现，无论是单句型标题，还是复句型标题，或者其他类型标题，新时期《人民日报》标题中语法成分的省略与隐含现象非常普遍。这表现在：或前后修饰性成分或完句成分省略的光杆动词或形容词单独作谓语；或主语与谓语之间省略了相关谓词的名词性谓语结构；或隐含了相关动词或采用了相关修辞手法的定语与中心语的特殊搭配；或状中结构中状语前省略介词或动词；或不同语义场词语构成的并列形式；或省略了行为主体的连谓结构、无主兼语结构、动宾结构等；或仅仅引出某个话题而省略详细陈述部分的独词结构；或用字数相同、句法结构相同或相似的对偶复句表达前后有复杂语义关系的标题；或采用自然语句中不能独立使用的粘着结构、语义未完的其他省略结构及仅保留主干成分的公式符号作标题；或不仅省略或隐含了相关语法成分，且语法功能扩大的标题结构，如不及物动词带宾语、及物动词带特殊宾语等。以上有相当多的情况仅出现于标题语境，有学者称之为标题格式。①

总体上看，标题语法结构呈现出从省、从简的特征，并且其中绝大多数省略或隐含的语法成分在自然语句中一般会补充完整。

---

① 参见尹世超：《标题语法》，北京：商务印书馆，2001年版，第19～105页。

这说明，尽管由于报道语体的限制，新时期《人民日报》标题总体上呈现出报道性强、称名性弱的倾向，但还是不失标题本色，表现在多借助于语法成分的省略与隐含或词语句法功能的扩大使得标题与篇章构成了鲜明的差异。

标题中句法成分的省略与隐含及句法功能扩大现象，一方面由标题空间因素决定，另一方面也由标题这个特殊语体决定，是语体决定语法的表现。有关语体与语法之间的关系，“语体语法”理论可以很好地阐释。

冯胜利（2011）曾经这样定义“语体语法”：“‘为表达某一语体的需要而生成的语法。’就是说，语法为语体服务，语体促生语法（或格式），于是形成语法和语体之间相互依赖的关系。虽然一般语体所选用的语法格式大多是常规性的，但是标志语体特点的语法则是独立的，特殊的，是和与之对立语体的语法‘分理别异’的。因此语体不同，语法亦异。”①

虽然学界一般将语体语法的研究集中于书面语体和谈话语体，但这并不妨碍其在标题体中的实用性。在标题体中，标题语法成分的省略与隐含、词语语法功能的扩大等现象体现了标题语法不同于篇章语法的鲜明特点，这些都是语体与语法二者关系的体现。就标题体而言，标题体制约着标题的语法及其格式，标题中相关词语语法功能的扩大、大部分标题标记词位置的后置或后倾、标题动词的粘着性及其一般语法功能的缺失、标题格式的从简与从省，以及上千条具有鲜明印记的标题标记词等都是受标题体制约的体现。

以上结合前面相关章节对《人民日报》标题语言的探讨，对

① 冯胜利：《语体语法及其文学功能》，载于《当代修辞学》，2011年第4期。

标题体与篇章体在字、词、语法各方面的区别进行了比较。结果发现，标题体不同于篇章体。标题在本质上是篇章的代号，因此会在语言运用上呈现出与篇章不同之处，表现在：用字上，标题中多用实字，尽可能少用虚字；用词上，标题多用实词，少用虚词。并且为满足标题表意的需要，实词中除名词以外，动词数量明显高于语篇，而形容词数量则低于语篇。同时，标题中上千条标记用词也将标题与语篇鲜明地区分开来；语法上，句法成分多省略或隐含，且部分词语的句法功能扩大。

标题在字、词、语法各方面所呈现的与篇章语言的差异，是标题特征的体现和需要。一方面，受空间因素的限制，标题多倾向于表意性强的语言单位，而排斥表意性较虚或模糊的语言单位。同时在表意明确的情况下，尽可能省略或隐含相关语言成分，并有选择性地扩大部分词语的句法功能。另一方面，也是标题标记性的体现。标题在本质上是篇章的代号与标记，因此在字、词的使用、语法规则的运用上，都会尽可能地追求标记性，尽可能与篇章中的自然语句区分开来，以凸显标题的身份。而标题标记词、特殊标题格式等均是标题标记性的最直接体现。

二、标题次语体不同，语言运用有差异

根据所反映的语域，标题次语体有文学语体标题、科技语体标题、报道语体标题、公文语体标题等。一般而言，内容决定语言形式。重在抒情写意的文学语体标题必然不同于描写科技理论与实践的科技语体标题，前者追求形象、生动、审美，后者追求朴实、简明、晓畅；同样，追求时效性与真实性的报道语体标题也不同于程式化程度颇高的以文书材料为主的公文语体标题。具体来说，标题次语体语言运用上的差异在词汇、语法上均有体现。

（一）词汇上的差异

标题次语体的差异反映在词汇上比较明显，这里以新闻标题与小说标题专名使用情况为例：

新闻标题中，受标题六要素影响，标题中人名、地名、机构团体名及其他专名等非常常见。前文在对新时期《人民日报》新闻标题用词情况进行定量统计时也发现，新时期《人民日报》新闻标题总语料中一共有 13581 个专名词种，累计 50398 词次，占总词种数的 31.564%，占总词次的 13.777%。并且部分专名在不同历史时期还存在一定的复现率，如《人民日报》在三个不同历史时期累计有 1322 个任意两区间部分共用专名，663 个各区间均共用的专名。同时，因真实性是新闻的根本属性，标题中绝大多数专名均有实际指称对象，并无虚构现象。[①]

《人民日报》新闻标题中的专名与小说标题专名在使用上有明显的差异。小说写作一般来说包含三个基本要素：人物、情节、环境，这与新闻标题六要素即何人（含集体）、何事、何时、何地、何因、何果有共同之处。但小说虽源于生活，却又高于生活，与新闻对真实性的追求不同，小说情节的虚构性比较强，即便是以真实的人物原型或故事为基础，在地名与人名等方面也多倾向于虚构。例如，在家喻户晓的《西游记》中，具有法力的孙悟空三师兄弟、白骨精与蜘蛛精等众妖怪，会呼风唤雨的如来佛祖、玉皇大帝等天庭神仙，以及瑶池、斩妖台、蟠桃园、盘丝洞等地点均为虚构。这与新闻标题追求的真实性形成了鲜明的对比。

---

① 少数虚假新闻及揭露虚假现象的新闻报道也会涉及专名，这类专名不具有真实性。

此外，不同语体在标题标记词的运用上也有明显区别。前文对《人民日报》标题标记用词的探讨发现，标题中除了报道语体专用标记词外，还存在科技语体、文学语体、公文语体专用标题标记词。《人民日报》标题中不同语体专用标记词是报纸标题内容丰富性的体现，同时也印证了不同语体标题在用词上的差异。

（二）语法上的差异

标题次语体不同，句法结构有别。下面将前人相关的研究结果与本研究进行对比。

鄢秋月（2014）曾对包含科技语体、文艺语体、公文语体、新闻语体共 49067 条标题中的四类主要句法结构进行了分类统计，具体情况见表 7－4：

表 7－4 各语体中标题句法结构分布情况①

标题比例 / 句法	科技语体标题比例（%）	文艺语体标题比例（%）	新闻语体标题比例（%）	公文语体标题比例（%）
定中结构	77.70	49.18	9.64	86.06
并列结构②	12.69	4.60	24.2	0.32
主谓结构	2.13	12.97	56.58	10.06
独词结构	未统计	12.36	未统计	未统计
合计	92.52	79.11	90.42	96.44

由表 7－4 可以看出，科技语体标题中定中结构占主体，达到了 77.70%；文艺语体标题中定中结构标题数量接近一半，占

① 此表根据鄢秋月（2014）整理而成。其中科技语体标题 13025 条，文艺语体标题 10691 条，公文语体标题 13351 条，新闻语体标题 12000 条。

② 从鄢文并列结构标题所举例句来看，该文并列结构还包括并列关系的复句标题，这与本研究的分类不完全一致，故下文分析时不涉及此类。

49.18%；此外相对于其他语体来说，文艺语体中独词结构标题数量最多，占 12.36%；新闻语体标题中主谓结构最多，占 56.58%；公文语体标题中定中结构占绝对优势，达到了 86.06%。

这说明，科技语体、文艺语体、公文语体标题中定中结构标题均占优势，少则 49.18%（文艺语体标题），多则达到了 86.06%（公文语体标题），而新闻语体标题则以主谓结构标题为主，占比 56.58%。

不同语体的标题在句法结构上的差异表明，标题次语体不同，语法结构有别。根据前文对《人民日报》50934 条标题句法结构特征的分析，标题中主谓结构标题占比 50.668%，定中结构标题仅占 7.477%。这与鄢文有关新闻语体标题的统计结果基本一致，与科技语体、文艺语体、公文语体标题句法结构的分布情况形成了鲜明的对比。新闻标题中主谓结构占优势，正如前文所分析的，这是新闻追求完整报道性的需要，是新闻标题语言在句法结构上的共同倾向。

另外，鄢文认为，四类语体中，新闻语体、科技语体、公文语体独词标题现象非常少，文艺语体标题中独词标题最多，其中名词性独词标题占 12.36%（1321 条），动词性独词标题占 2.33%（249 条），形容词性独词标题占 0.36%（39 条），三者累计占文艺语体标题的 15.05%。[①]

而前文对新时期《人民日报》独词标题的统计发现，50934 条标题中独词标题仅有 373 条，其中体词性独词标题 214 条，动词性独词标题 150 条，形容词性独词标题 9 条，累计占总标题数的 0.740%。且据考证，在《人民日报》373 条独词标题中，多

① 鄢秋月：《标题语言的语体标记研究——以文艺、科技、公文、新闻语体为例》，暨南大学硕士学位论文，2014 年，第 22～25 页。

数为副刊作品标题，纯新闻语体标题数量比较少。这也再次反映了新闻语体标题与文艺语体标题在句法结构上的差异。

标题次语体句法结构上的差异，归根结底，与标题所属次语体有密切的关系。报纸标题语言虽存在文艺语体、科技语体、公文语体、新闻语体等次语体语言的交融渗透，但新闻性始终是报纸的主体属性，因此，报纸标题语言的主要性质还属于报道性语言。鉴于定中结构、独词结构不便于完成新闻事件的叙述功能，因此较少被用作新闻标题。

此外，笔者还将本研究《人民日报》标题的句法结构与李媛媛（2007）、蒋李明（2010）、陈海英（2013）等的研究分别进行了对比，也不难发现，标题次语体不同，语法结构有别。并且这种差异不仅在汉语标题中存在，在其他语言如日语、英语标题中也不例外，如张卉（2007）对日语学术论文标题的句法结构进行了历时统计，结果发现，名词及名词性词组类标题占九成以上。[①] 高云（2004）也认为："英语科技文章标题主要采用词组形式，少数采用句子形式。"[②] 这与本研究《人民日报》标题的句法结构均有明显差异。

三、党报体有别于大众化报体

由于报纸属性不同、读者定位相异、报道内容有别等因素的影响，党报与晚报、都市报等大众化报纸在语言运用上有非常明显的差异。这在标题词汇上有突出表现：

① 张卉：《日语学术论文标题句式的探讨》，载于《西安外国语大学学报》，2007年第15卷第3期。

② 高云：《英语科技文章标题的文体与翻译》，载于《山东外语教学》，2004年第1期。

以标题中专名使用情况为例。从前文对《人民日报》新闻标题词语进行的定量研究可知，不同区间段，《人民日报》标题中前10个高频独用词语中绝大多数为某一历史时期的国内外领导人名字；此外，不同区间段，前50个高频人名绝大多数指称国内外政要，只有“雷锋”（三区间共用）、“鲁迅”、“马晓春”（围棋选手）、“刘翔”、“彭帅”（网球运动员）寥寥几个非政要人名；各区间段前10个高频团体机构组织名中，除了“中国队”外，其余所有专名均为国际或国内政治机构或组织，如“联合国”“安理会”“巴解”“北约”“欧盟”“外交部”“国务院”“全国政协”等；而207个三区间段高频共用专名中有169个地名，其中国名85个，省级行政区划及城市名68个，其余16个为地区名称或河流等。各区间段高频专名的分布情况表明，《人民日报》新闻报道的关注对象多集中于政治领导人物、国内外政治机构或组织，关注的地域范围不局限于本地区、本国内，而是放眼全球。这在各区间段前10个高频部分共用词语中也有明显体现。

而晚报、都市报等大众化报纸受报纸属性、受众、发行目的等因素的影响，在报道内容上多集中于社会新闻，多关注老百姓身边的事、街头巷尾的新闻，因此相对于党报而言，晚报、都市报等政治新闻的报道分量明显趋轻，且在报道视域上多以本地区新闻为主，这决定了其人名、团体机构组织名及地名等专名的分布情况不同于党报。

此外，从词汇构成成分来看，党报标题中的词语运用相对传统、规范。表现在：

首先，方言词语较少使用。据崔海燕（2012）对《半岛晨报》标题中方言词语使用情况的考察，《半岛晨报》标题中的方言词语涉及东北官话、胶辽官话、闽语、北京官话、吴语等14

个地区方言。[①] 而本书在对《人民日报》新闻标题词语使用情况的统计中发现，《人民日报》标题中方言词语数量极少，且仅限于少数民众熟知度非常高的方言词，如“啥”“咋”“靓”“咱”“俺”“折腾”等。

其次，新词语的使用更趋规范、严谨。当前媒介中新词语使用异彩纷呈，借助于大众传媒的力量，众多新词语的传播速度大大缩短。但在新词语的使用上，党报与都市报存在明显的差异。前文对新时期《人民日报》标题新词语使用情况的研究表明，《人民日报》标题新词语总体上比较稳定，3977 条新词语中，属于多年本的新词语多，年度新词语少，且相当多的新词语已被《现汉》（第 6 版）收录。至于网络新词语则数量较少，且分布的版面较为靠后。

与之相比，晚报、都市报等大众化报纸在新词语使用上则明显开放得多。这在众多新词语研究类文献中已多有提及，此处不再赘述。不过，晚报、都市报等对新词语的开放、包容态度，客观上也导致了传媒中新词语的泛滥，综观学界对新词语使用不规范现象的诸多批评，矛头多对准了党报以外的各大众化报纸。

四、不同新闻体裁的标题语言有别

新闻按体裁来划分，有消息、通讯、调查报告、新闻评论等类别，不同新闻体裁的标题在语言上也有差异。本书以新闻中两大重要新闻体裁——消息标题与通讯标题的语言为例。

消息标题注重对新闻事实的陈述，写实性比较强。或者为句法结构比较完整的单式题，如例（1）中主语、谓语、宾语齐全

① 崔海燕：《大连报刊题日中的方言词汇研究——以〈半岛晨报〉为例》，辽宁师范大学硕士学位论文，2012 年，第 46 页。

的主谓结构单式题；或者采用“肩题+主题”或“肩题+主题+副题”的复式题，这类标题多为复句，如例（2）肩题与主题在语义上构成因果关系复句，例（3）肩题与主题、副题之间构成顺承关系复句。一些比较复杂的新闻事实多采用复式题结构。

（1）东京佐川急便株式会社向我儿童少年基金会和宋庆龄基金会捐赠四辆汽车（《人民日报》，19851119—003）

（2）侵犯网络游戏著作权（肩题）　新疆“天山传奇”网络被查封（主题）（《人民日报》，20060807—002）

（3）温家宝主持抗震救灾总指挥部第十六次会议（肩题）　部署灾区恢复生产工作　讨论《国家汶川地震灾后重建规划工作方案》（主题）　李克强等出席会议（副题）（《人民日报》，20080604—001）

相较于消息标题的写实特征来说，通讯标题则比较重虚。因此，标题结构可以为主谓宾齐全的主谓结构，如例（4）；也可以为“主题+副题”组成的复式题，如例（5）、例（6）；还可以为各类短语形式类标题，如例（7）至例（10）分别为同位短语、定中短语、并列短语、定中短语作标题。

（4）他把每天都当作最后工作日（《人民日报》，20041008—016）

（5）在废墟上创造明天（主题）——四川灾区艰苦奋斗恢复生产重建家园纪实（下）（副题）（《人民日报》，20080610—002）

（6）丰碑就在民心中——记“抗震救灾优秀纪检监察干部”赵忠兴（《人民日报》，20080610—004）

（7）“坚决革命的同志”董振堂（《人民日报》，20110325—005）

(8) 爱丽舍宫签字仪式纪实(《人民日报》,19970528-006)

(9)“打井书记”与“老犟头”(《人民日报》,19980405-001)

(10) 北疆好八连(《人民日报》,19910515-001)

同样,由前文对《人民日报》元旦社论标题语言的历时研究可知,作为评论性体裁之一,社论标题在词类分布上动词偏多,名词偏少,这与《人民日报》新闻标题词类分布上名词多于动词的情况相反。结构形式上,社论标题中“主题+副题”组成的复式题远远多于单式题,且在复式题中主题与副题之间均为解说关系。单式题则以省略主语的谓词性结构为主,无主谓结构。这与消息标题的句法结构有明显的差异,也与《人民日报》标题整体上以主谓结构标题为主、复句标题为辅的句法结构面貌有差异。句类方面,社论主标题中祈使句类占绝对优势,在语用上表示要求,语义上多表鼓舞号召、赞美、祝福等。这明显也不同于消息标题中陈述句为主、客观叙述为重的写作模式。

总之,上文的分析表明,不管是标题与篇章、标题次语体,还是党报体与晚报体、都市报体等,或者同属新闻标题下的各新闻体裁等,在语言运用上均有较为明显的差异。此外,标题用语还受传播媒介的约束,如报纸标题与广播、电视、网络标题语言均有差别;同样,标题用语也受新闻题材的束缚,如立足政治、经济、科技等严肃新闻,即学界称为“硬新闻”的语言不同于以娱乐、休闲为主的体育新闻、娱乐新闻、花边新闻等软新闻用语。对此,学界已有相关研究,本书不赘。

以上各方面的差异说明,语言研究务必区分语体。不仅如此,为了论证的科学性和严密性,在语体的划分上,还应该根据研究的需要，尽可能地深入到更细致的下位分体，而不能局限于传统语体研究中的书面语体与谈话语体的二分法，或者书面语体下的科技语体、文学语体、报道语体、公文语体等的下位分类法。在保证科学的情况下，语体分类还可以更加细化。

尹世超首次提出“标题体”概念，陆俭明在肯定《标题语法》一书“筚路蓝缕，以启山林”的作用的同时，也明确表示：“在汉语标题语言这一领域里需要研究的问题还很多。例如，不同文体在标题选用上有什么相同点，有什么不同点？……”[①] 前贤对标题语言研究中语体问题的重视也说明，标题语言研究的视角应该更广，但同时语体意识也应该加强，在条件许可的情况下，应尽可能地考虑语体差异，将标题语言研究往纵深方向推进。

第二节　新时期《人民日报》语言在稳定中有变迁

《人民日报》是中共中央机关报，是我国传媒的风向标，是国际社会了解中国的窗口，其标题在字、词、语法各方面的使用情况代表了我国党报语言的整体面貌。通过前文对新时期《人民日报》标题字、词、语法的研究，不难发现，新时期我国党报语言以稳定为主，但也不乏变迁之处。[②]

---

① 尹世超：《标题语法》，北京：商务印书馆，2001 年版，序第 2 页。

② 因前文部分章节已涉及《人民日报》标题语言稳定与创新的探讨，因此凡上文已探讨过的部分本节将简单概括，重点放在未探讨部分。

一、《人民日报》语言稳定性的表现

（一）用字方面

前文对新时期《人民日报》新闻标题用字情况进行的定量研究表明，新时期《人民日报》各区间段新闻标题用字共性比较大，主要表现在以下几个方面：

第一，各区间总字种数相差不大，均集中在3200～3300个字种，其中有80%左右（2595个）的三区间共用字，这些共用字累计覆盖了各区间段99.4%左右的语料。剩下不足13%的部分共用字和8%左右的独用字使用频次偏低，累计覆盖了不足0.7%的语料，并且具有鲜明的时代特色。

第二，各区间段高频字中共用字数量多，覆盖率高，且在总语料中使用情况稳定。这说明，新时期《人民日报》不同区间段新闻标题高频字使用效率比较高，并且用字情况比较稳定，共性比较大。

第三，各区间段常用字字种数达到了86%，累计覆盖了99%以上的语料，而这其中有70%的字种属于一级常用字，累计覆盖了97%以上的语料，剩下不足14%的超纲字累计覆盖了不到1%的语料。

《人民日报》不同区间段用字上存在的诸多共性说明，尽管时代在演进，新事物新现象日新月异，但新时期《人民日报》新闻标题用字较为集中和稳定，不同区间段的标题在总字种数、高频字、共用字、常用字等方面共性比较大，这是语言稳定性的表现。

（二）用词方面

相对于标题用字的较高稳定性，《人民日报》标题词语的稳定性稍弱，但也不乏稳定性，如：

第一，各区间段有 53.340%～57.707%的共用词语（三区间共用和部分共用词语）覆盖了 88.208%～90.450%的语料，剩下 42.293%～46.660%的独用词语只覆盖了各区间段 9.550%～11.792%的语料。

第二，各区间段高频词语中的共用词语（三区间高频共用和部分共用词语）占区间高频词语比例最高达到了 80.305%，最低也达到了 69.801%，并且 6655 个三区间共用词语中有近三分之一的共用词语属于各区间段高频共用词语，这些三区间高频共用词语占各区间段高频词种数的 47.218%～53.791%，覆盖了 61.832%～66.002%的语料。

第三，《人民日报》前 4000 个高频语文词语与《现代汉语频率词典》“报刊政论类前 4000 个高频词语表”中的 4000 个高频词语的比较表明，不同历史时期的两个高频词表分别有接近 48%的共用词种，这些共用词种覆盖了新时期《人民日报》新闻标题 4000 个高频词语 72%以上的词次。共用高频词语的分布是语言稳定性的表现，彰显了语言的稳态。

《人民日报》各区间段在共用词种、高频词种上存在的共性，以及不同时期、不同语料的两个高频词表中高频词语之间的共同之处，均彰显了党报语言的稳定性。这种稳定性不仅表现在《人民日报》内部不同时间段，也表现在《人民日报》与其他时间、其他语料的比较上。

（三）语法方面

《人民日报》标题词语语法方面的稳定性更强。除了少数情况涉及词语句法功能的扩大外，其余不管是单句型标题、复句型标题，还是其他类型标题，其句法结构规则均是对传统语法规则的继承和发扬。此外，采用省略与隐含方法制作的标题结构也多是对传统标题制作方法的继承。

二、党报语言变迁的表现

（一）用字方面

前文对《人民日报》标题用字情况的定量研究表明，标题用字总体上比较稳定，但也有变迁与发展，这在各区间段独用字中有所体现。经比较发现，各区间段独用字中，在以人名、地名等专用字为主体特点之外，第三区间段独用字中首次出现了方言字“咋、靓”、网络热字“晒”、语气词“啦、哩”①，并且前三个字在使用频次上位于独用字的前十位。其中“晒”为近年来的网络用字，属于旧字翻新，可单独作动词使用，搭配对象较为丰富，在《人民日报》标题语料中有“晒账本”“晒三公”“晒家底”“晒毕业论文”“晒被开除员工信息”“晒裁判文书”“晒农村集体‘三资’”“晒省级权力清单”“晒反腐战绩”等组合。此外，《人民日报》标题中方言字和语气词的出现也突破了常规。一般来说，作为中共中央机关报，在用字上需尽量照顾广大读者，区域性的方言字一般不用。且受新闻报道客观性以及空间因素的制约，标题中尽量减省虚字（词），尤其是语气词。

---

① 这五个字均可独立成词。

以上较有特色的方言字、网络热字、语气词的出现，反映了近年来《人民日报》用字用语的变迁。其中网络热字的出现是《人民日报》求新、求异的体现；方言字、语气词的使用，则是《人民日报》在话语方式上逐渐走向亲民、亲和的表现。虽然这类新现象相对较少，但不失为我们观察《人民日报》语言变迁的一个视角。

（二）用词方面

新时期《人民日报》标题用词的变迁体现在以下几个方面：

第一，在《人民日报》新闻标题用词的定量研究中，不同区间段高频词语、独用词语及两个不同历史时期前 4000 个高频语文词语的比较均显示，新时期《人民日报》新闻标题用词有明显的变迁。以《人民日报》新闻标题前 4000 个高频语文词表与《频率词典》中“报刊政论类前 4000 个高频词语表”的比较为例，两表存在 48%左右的共用词语，52%左右的独用高频词语。其中共用词语是语言稳定性的表现，但部分序位有升或降的高频共用词语以及独用高频词语的语义特征均显示，新时期《人民日报》标题用词逐渐放弃了过去火药味足、主观贬义色彩浓厚、军事领域词语多的用词传统，而采用众多反映政治、经济、文化、外交、体育、生活等语义领域的词语，并且词语格调趋于平和、稳重、客观。

第二，新词语是当代中国词汇变迁的最直接体现，标题中的 3977 条新词语直接见证了《人民日报》用词的变迁，尤其是近年来标题中网络新词语初见端倪，并且有少数网络新词语如“给力”首次登上了《人民日报》头版头条新闻标题，直接引领了传媒用语的新潮流。

第三，在标题标记词方面，少数新近产生的标记词在构词手法、来源方面明显有别于传统标记词。构词手法上，派生法与缩略法成为重要的构词方式；来源上，方言词、外族词、网络词成为标题标记词的新趋势。

（三）语法方面

新时期《人民日报》标题语法在稳定中有变迁，如标题中动宾式动词带宾语、不及物动词带宾语现象均非常普遍，这在前文已有探讨。下面将结合《人民日报》标题中特殊的标题格式[①]，进一步分析党报标题语法的变迁。

1. 模仿古今文学作品形成的标题格式

1）模仿古诗词语句形成的标题格式

这类标题格式相对比较多，例如：

模仿南唐后主李煜《虞美人·春花秋月何时了》词中的“春花秋月何时了？往事知多少”分别形成的“……何时了”“……知多少”标题格式，如：

（11）企业“走访”何时了？（《人民日报》，19870321－005）

（12）权比法大何时了（《人民日报》，19880817－005）

（13）新税制改革知多少（《人民日报》，19940220－008）

（14）旅游产品种类知多少？（《人民日报》，19970515－010）

模仿南宋诗人陆游《秋夜将晓出篱门迎凉有感》中的诗句

① 尹世超（2005）称之为标题套子。具体参看尹世超：《标题用词与格式的动态考察》，载于《语言文字应用》，2005 年第 1 期。

“南望王师又一年”形成的“……又一年”标题格式，如：

（15）梦里轿车又一年（《人民日报》，19950118－010）

（16）海湾紧张动荡又一年（《人民日报》，19961218－007）

模仿南宋诗人辛弃疾《西江月·夜行黄沙道中》词中的“稻花香里说丰年”形成的“……说……”标题格式，如：

（17）秋风桐槐说项羽（《人民日报》，20150121－024）

（18）辛亥百年说机遇（《人民日报》，20110920－004）

类似的还有模仿《诗经》中的“投我以木桃，报之以琼瑶”形成的“……我以……，报之以……”标题格式，模仿唐代诗人李白《早发白帝城》中的“千里江陵一日还”形成的“千里……一日还”标题格式，模仿唐代诗人刘禹锡《浪淘沙词九首》中的“吹尽狂沙始到金”形成的“……始到金”标题格式，模仿《陋室铭》中的“山不在高，有仙则名。水不在深，有龙则灵”形成的“……不在……，有……则……”标题格式，模仿唐代诗人白居易《忆江南·江南好》中的“能不忆江南”形成的“能不忆……”标题格式，等等。

2）模仿现当代文学作品中的语句或书名形成的标题格式

模仿苏联作家尼古拉·奥斯特洛夫斯基的著作《钢铁是怎样炼成的》书名形成的“……是怎样炼成的”“……是这样炼成的”“……是如何炼成的”等标题格式，如：

（19）钢铁是这样炼成的（《人民日报》，19971120－001）

（20）“最美基层法官”是怎样炼成的（《人民日报》，20140625－017）

（21）“兰石速度”是如何炼成的？（《人民日报》，20150302－015）

模仿鲁迅著名杂文《为了忘却的记念》标题形成的“为了……的纪念”标题格式，如：

（22）为了和解的纪念（《人民日报》，20010712－003）

模仿中央电视台著名主持人白岩松的著作《痛并快乐着》的书名形成的“……并快乐着”标题格式，如：

（23）去年上任的“大学生村官”王志斌　累并快乐着（《人民日报》，20060209－010）

（24）奥运会前期志愿者崔玉开　辛苦并快乐着（《人民日报》，200608029－012）

模仿陈励子的小说《我的青春我做主》的书名形成的“我的……我做主”标题格式，如：

（25）印度“我的暑假我做主”（《人民日报》，20060804－007）

2. 模仿影视剧或流行歌曲形成的标题格式

1）模仿影视剧名或小品台词等形成的标题格式

模仿电视剧《像雾像雨又像风》的剧名形成的“像……像……又像……”标题格式，如：

（26）田象霞：像霞像火又像风（《人民日报》，20150113－017）

模仿电视剧《爱你没商量》的剧名形成的“……没商量”标题格式，如：

(27) 咸阳机场“安检”：宰客没商量(《人民日报》，19981014－010)

(28) 打折“陷阱”，黑你没商量(《人民日报》，20130121 010)

模仿毛泽东同志在1949年《人民日报》元旦献词中的标题“将革命进行到底”形成的“将……进行到底”标题格式，如：

(29) 将五元票价进行到底(《人民日报》，20010112－012)

(30) 将“无车日”进行到底(《人民日报》，20041008－015)

类似的还有模仿电视剧《拿什么拯救你，我的爱人》的剧名形成的“拿什么……你，……”或“……，拿什么……你”标题格式；模仿小品《不差钱》中的台词“这个可以有”形成的“……可以有”标题格式，等等。

2) 模仿流行歌曲形成的标题格式

模仿电影《红高粱》中的插曲《妹妹你大胆地往前走》形成的“……你大胆地往前走”标题格式，如：

(31) 相声你大胆地往前走(《人民日报》，19930309－008)

模仿歌曲《都是月亮惹的祸》形成的“都是……惹的祸”标题格式，如：

(32) 都是好大喜功惹的祸(《人民日报》，20070116－005)

模仿歌曲《为什么受伤的总是我》形成的“为什么受伤的总是……”标题格式，如：

(33) 为什么受伤的总是业主?(《人民日报》,20060215—013)

模仿那英演唱的歌曲《明明白白我的心》中"曾经为爱伤透了心"的歌词形成的"曾经为……伤透了心"标题格式,如:

(34) 曾经为"钱"伤透了心《快乐星球》该乐了(《人民日报》,20100409—012)

类似的还有模仿歌曲《风中有朵雨做的云》形成的"……有朵……云"标题格式;模仿歌曲《故乡的云》中的歌词"归来吧,归来哟,浪迹天涯的游子"形成的"归来吧,……"标题格式,等等。

3. 模仿俗语、成语、历史典故等形成的标题格式

模仿俗语"羊毛出在羊身上"形成的"羊毛出在……身上"标题格式,如:

(35) 羊毛出在牛身上(《人民日报》,19911102—008)

模仿俗语"一年之计在于春"形成的"……之计在……"标题格式,如:

(36) 明年之计在今冬(《人民日报》,19961202—010)

模仿俗语"挂羊头卖狗肉"形成的"挂……卖……"标题格式,如:

(37) 英国汉堡:"挂牛头卖马肉" (《人民日报》,20130121—022)

模仿成语"闭门造车"形成的"……门造车"标题格式,如:

（38）“开”门造车（《人民日报》，19800410－001）

模仿历史典故“刘备三顾茅庐”形成的“……三顾……”标题格式，如：

（39）周老汉“三顾”军营（《人民日报》，19870901－004）

模仿历史典故“成也萧何，败也萧何”形成的“成/胜也……，败也……”标题格式，如：

（40）胜也爱你败也爱你——全国女排联赛随感（《人民日报》，20021202－008）

4. 其他

模仿因热点事件而在网络上流行的“有钱就是这么任性”形成的“有……就是这么任性”标题格式，如：

（41）有志就是这么“任性”——一名80后记者眼中的老县长（《人民日报》，20141224－004）

模仿阿迪达斯的广告语“无兄弟不篮球”形成的“无……不……”标题格式，如：

（42）无伤病不世界杯（《人民日报》，20140606－015）

模仿因翻译作品而来的“对……说不”标题格式，如：

（43）对“平庸之恶”说不（《人民日报》，20150105－021）

总之，新时期《人民日报》中这类特殊的专用标题格式类型相对比较丰富，古今文学作品、影视剧、流行歌曲、俗语、成语、历史典故等都成为其标题格式生成的原型。《人民日报》多种类型的特殊标题格式，是新时期党报语言日渐丰富的真实反映。标题中古诗文语句、流行歌曲、影视剧作、俗语等的变相套用，将时代气息、古典风格、民族特色融入标题，大大提高了标题的可读性，增强了标题的吸引力，是以《人民日报》为代表的我国党报语言在报道方式上的可贵探索。

上文的分析表明，新时期《人民日报》标题在字、词、语法各方面均呈现出继承中有变迁的总体特征。实际上，《人民日报》标题语言这一总体特征在局部新闻体裁中也有体现。前文对《人民日报》元旦社论标题语言的个案研究表明：一方面社论标题在词语使用、语法结构、词类、句类、语义、标题称名性等方面表现了较高的程式化和趋同化；另一方面，社论标题语言又在表现手法、结构形式、词汇构成成分、叙述方式等方面表现出不可忽视的变迁印记。

作为全国党报的领头羊和我国传媒的风向标，《人民日报》标题语言在继承中有变迁的总体特征是我国党报语言继承与创新的体现，反映了新时期我国党报人对党报表达手法的探索，对党报语言表达效果的追求。

三、党报语言稳定中有变迁的成因

新时期我国党报语言维持着在稳定中有变迁的总体面貌，究其原因，有以下几个方面：

（一）党报语言稳定的原因

1. 由党报性质决定

党报是由政党主办的报纸，集中反映该党在特定历史时期的路线、方针、政策、主张等。在一些社会主义国家如越南、老挝、朝鲜、古巴等，党报是执政党意志的体现，中国也不例外。因此，政治性是党报的生命和灵魂。以《人民日报》为例，自创刊以来，无论在革命战争年代，还是在和平建设时期，其始终肩负着我党革命或建设的纲领、路线、方针等的宣传报道任务，党性与政治性始终是《人民日报》宣传报道的根本指导方针。在这样的主基调下，以《人民日报》为代表的党报在新闻的采编上对领导人会议、活动等倾注了较多的关注。前文对新时期《人民日报》新闻标题各区间段独用字（词）、共用字（词）、超纲字以及专名的比较显示，新时期《人民日报》在体现新闻标题制作要素以及鲜明的时代性的同时，有非常明显的政治倾向。

党报的政治性为党报赋予了其他媒介所无法比拟的权威性和公信力，因此，党报用语的规范程度直接影响着国内各类传媒的语言使用。在这方面，前文探讨的网络新词语“给力”最具说服力。当“给力”首次出现在《人民日报》头版头条后，短短几天时间，“给力”便被国内各级传媒争相采用。《人民日报》引发的“给力效应”充分说明新时期我国党报用语在传媒领域具有强大的舆论引导力和感染力。当然，这也再次提醒我们，党报工作者在求新的同时，务必坚守严谨、稳重、规范的语用风格，并自觉成为各类媒介语言运用的典范和榜样。倘若党报用语置语言的稳定性、规范性于不顾，一味追求新颖、新奇、刺激、特效，势必会影响党报在我国传媒中的龙头地位，更为严重的是影响执政党在人民心目中的形象。

2. 由语言自身的特征决定

语言作为人类最重要、最常见、最便利的交际工具，在人际交往中发挥着重要的交际作用。语言的交际地位决定了我们不可能对其朝令夕改，否则势必会影响人们的正常交往。

另外，从语言各要素来看，在字、词、语法各要素中，字、语法的稳定性明显高于词汇的稳定性。在常用字方面，何瑞（2007）将南朝时期编写的《千字文》与《现代汉语常用字表》《现代汉语通用字表》进行了比较，结果表明，“有88.7%的字属常用字，99.7%的字属现代汉语通用字”①。这说明，两千年来汉语常用字总体上趋于稳定。而语法方面，词法的稳定性又高于句法。词汇方面，变化的成分主要为一般词汇，常用词汇则比较稳定。语言各要素的变化情况显示，稳定性是语言的主体特征。

因此，不管从语言的交际功能还是语言各构成要素来看，稳定性是语言的主体倾向。作为语言应用领域之一的党报，其语言以稳定为主的特点是语言主体倾向的体现。实际上，即便是学界普遍认为的语言变化倾向比较明显的都市报、晚报等大众化报纸，其语言各要素在总体上也呈现出稳定性为主、变迁为辅，以及词汇变化较快、用字与语法变化较慢的总体特征。

（二）党报语言变迁的原因

党报语言在稳定性占主流的情况下，也在各方面发生了较为明显的变迁。下面将依据美国著名传播学者哈罗德·拉斯韦尔在《社会传播的结构与功能》一书中提出的“5W”模式，分析新时期我国党报语言变迁的原因。

1. 传播主体

传播主体即传播者，也就是传播活动中的行为人或集体。就报刊、广播、电视、网络等专业媒介而言，其传播主体一般为经

① 何瑞：《从〈千字文〉看六朝以降常用字的稳定性》，见《第五届全国语言文字应用学术研讨会论文集》，2007年，第234页。

过专业训练的职业传播人。但自20世纪90年代互联网在全球飞速发展以来，传播主体发生了根本性的变化。在原有的经过专业新闻传播训练的职业传播主体外，近年来越来越多的草根新闻传播者相继涌现。与职业传播主体不同，草根新闻传播者往往没有受过专业新闻传播训练，并且从理论上讲，人人都可成为传播者。草根传播者的出现逐渐打破了传统的“你传播，我接受”的上下级关系的被动传播模式，对新闻传播格局产生了深远的影响。

在传播主体多元化的背景下，新兴的传播主体在语言运用上所表现出来的平等、亲和、自然、新颖的语言风格对包括党报在内的职业传播主体产生了深远影响。从《人民日报》近年来的标题中不难发现，少数方言词语的使用、新闻人物话语的直接引用、网络新词语与流行语的采用、新兴标题套子的层出不穷等传达了党报亲民、亲和、新颖的语言风格。

2. 传播客体

传播客体即传播内容。随着时代的变迁和事物的日新月异，传播客体也发生了变迁。新时期的中国社会发生了翻天覆地的变化，这些变化体现在政治、经济、文化、教育、科技、体育、生活、观念等各个领域，各个角落。这些变迁不仅与改革开放前的中国社会形成了鲜明的对比，也在改革开放后各个时间段内展现出较为明显的差异。报纸，一方面作为历史最悠久、发展最成熟的传播媒介，在记载社会变迁方面有着得天独厚的条件；另一方面，作为报纸中的党报，直接体现执政党的执政纲领、理念、路线、成绩等，也必然是了解当代中国社会最便捷的途径。作为信息的载体，社会的变迁必然首先通过语言这个最重要的载体体现出来。因此，传播客体的变迁必然带来语言的变迁。在报纸中如此，在其他媒介中亦然。

3. 传播渠道

在互联网技术不发达的年代，信息的传递主要靠报纸、期刊、广播、电视等传统媒介。20 世纪 90 年代开始，尤其是 21 世纪以来，信息传播逐渐步入全媒体时代。相比于传统媒介时代，全媒体时代信息传播渠道大力扩展，在传统信息传播渠道之外，BBS、微博、博客、微信、网络电视等均成为信息传播的新渠道。相比于传统渠道，这类新兴渠道快捷、方便、省时又省力，因此备受网民欢迎。而使用这类新传播渠道的传播者或受众，很多都具备较高的文化素质，且以中青年为主体，在语言运用上有追求突破、创新的意识。这也给党报语言变迁带来了一定的影响。

4. 受众

石义彬（2000）曾表示："新闻语言说到底是'受众的语言'……没有受众，就没有新闻，没有受众，新闻传播就失去了意义。"① 其实，不仅是新闻语言，所有媒介语言均以受众存在为前提，没有受众，也就没有传播的必要。因此可以说，媒介语言说到底是受众语言。与传播题材尽可能符合受众兴趣、需求相一致，传播语言也应该符合受众的兴趣与需求，并且尽可能地满足受众对美的追求与渴望。

可是，在相当长一段时期内，我国的党报语言却有"人民腔""新华体"之说，这种语言载体在一定时期发挥了相当大的作用，但当前传受关系已经发生了深刻的变化。传统的信息传播中，传播者与受众之间是"你传播，我接受"的上下级关系，受众主要以被动接受为主，虽然也可以对信息作出相关反馈，但这

---

① 石义彬：《论新闻语言的本质特性》，载于《武汉大学学报》（人文社会科学版），2000 年第 53 卷第 2 期。

种反馈相对滞后，且主观能动性比较低。全媒体时代，传受关系发生了根本性的变化，受众可以随时随地通过各种渠道参与信息的评论、探讨，发表个人对信息的看法、意见、见解等，真正实现了传受之间的对话。在这种传播格局下，党报语言发生变迁乃情理之中的事。

5. 传播效果

传播效果位于传播过程的终端，是传播主体主观意图的体现。如果受众在阅读文本后能在行为、思想、观念等方面产生与传播主体期待的意图一致的效果，或与传播主体产生共鸣，或让受众产生愉悦的情绪等，则传播效果较为理想。例如《人民日报》头版头条采用网络新词语“给力”后，短短几天时间，“给力”一词在新闻标题或原文中被频繁采用，并引起学界热评。而普通网民则纷纷表示：“《人民日报》很人民！”“《人民日报》微笑了！”“《人民日报》很给力！”[①] 这就是“给力”一词在党报头版头条的传播效果。

为追求传播效果、吸引受众，报纸、广播、电视、互联网等新老媒介的语言风格已经发生了明显的变化。媒介语言中新词语或流行语的广泛使用、有地域色彩或异域风情的方言词语、外来词语的运用、流行格式的套用与类推等都是大众媒介语言追求传播效果的常见手段。在传媒用语普遍发生明显变化的情况下，党报语言变迁也就是大势所趋。当然，代表执政党形象的党报在追求传播效果的同时，不能陷于哗众取宠的泥淖，更不可因过分追求传播效果而忽视党报的政治性。

以上从“5W”模式的角度分析了党报语言变迁的成因。事实上，党报语言变迁的成因远不只这些。综合考虑，还有以下因

---

① http://news.ifeng.com/gundong/detail_2010_11/11/3077200_0.shtml.

素：当代汉语在新时期的明显变化；新的传播格局中，党报读者群日渐缩小，在与其他媒介的竞争中处于不利局面；党报经营走向市场的需要；中国新闻传媒走向世界、宣扬中国声音的需要；等等。正是各方面因素的综合作用，才使新时期以《人民日报》为代表的党报在语言运用上发生了较为明显的变化。

总之，新时期我国的党报语言在以稳定为主体的情况下，能够适应社会的复杂变迁和传播格局的多元变化。相信在未来，党报语言会持续变迁。但不管党报如何变迁，其始终需将政治性放在首位，它不能像都市报等大众化媒体那样，为了追求经济效益而牺牲政治性，甚至为了达到新奇、奇特等效果，不惜牺牲语言的规范性。

结　语

《人民日报》是中共中央机关报，是我国传媒的风向标，也是国际社会了解中国的窗口。在复杂多元的新时期，对以《人民日报》为代表的党报语言进行系统研究，不管是对语言研究本身，还是对新闻业务的发展，均有着积极而深远的意义。因此本书选择集权威性、规范性、悠久性于一体的《人民日报》标题为研究对象，运用历时、定量、比较等研究方法对新时期《人民日报》标题语言进行系统研究。具体而言，主要从字、词、语法三个方面展开探讨。在标题用字部分，集中探讨了《人民日报》不同区间段新闻标题用字的异同及标题常用字的分布情况；在标题词语部分，对不同区间段新闻标题用词及总语料中语文词语的使用情况进行了定量研究，并对标题新词语、标题标记词作了专题分析；在标题语法部分，对 50934 条标题的句法结构进行了逐一分类，并结合标题特征对部分特殊标题格式展开了探讨；此外还对《人民日报》元旦社论标题语言进行了个案研究。对新时期《人民日报》标题语言字、词、语法等方面的研究表明：一方面，新时期以来，作为党报的《人民日报》，其标题语言在稳定中有变迁；另一方面，《人民日报》标题语言在字、词、语法等方面的诸多特征也提示我们，语言研究务必区分语体。

在研究过程中，笔者坚持贯彻定量分析法，用数据的形式展现新时期《人民日报》标题语言各方面的特征；将语体意识贯穿始终，围绕标题、党报两个最大的语境进行解释与说明；结合历时视角，探寻党报语言在新时期变迁的印记。在新闻标题语言研究存在诸多问题与不足的情况下，本书对新时期《人民日报》标题字、词、语法的使用情况展开了各方面的探讨，这是创新的体现，对标题语言研究、新闻业务实践等均具有积极的参考价值。

但本书也存在以下不足：

首先，语料容量不够大。限于人力、精力、时间等，本研究采用构造周抽样法，以120万字的《人民日报》标题语料为研究样本。如果能将语料样本扩大的话，效果可能会更好。

其次，语料时间跨度不够大，如果能将时间延伸到中华人民共和国成立，或《人民日报》创刊以来，研究结果会更全面。

最后，本书对《人民日报》标题语言的探讨主要从字、词、句法结构三个层面展开，其中对标题词语的探讨着墨比较多，但对标题句法的研究力度有待加强，特别是其中有标题特色的句法结构，应该结合韵律、认知、语言类型学等方面的理论作进一步的分析。

本书在以上各方面存在的不足之处，也正是后期研究努力的方向。相信有本研究为基础，后期的研究会更加深入。

参考文献

一、工具书

R. R. K. 哈特曼，F. C. 斯托克. 语言与语言学词典 [Z]. 黄长著，等，译. 上海：上海辞书出版社，1981.

北京语言学院语言教学研究所. 现代汉语频率词典 [Z]. 北京：北京语言学院出版社，1986.

甘惜分. 新闻学大辞典 [Z]. 郑州：河南人民出版社，1993.

侯敏，杨尔弘. 2011 汉语新词语 [Z]. 北京：商务印书馆，2012.

侯敏，周荐. 2007 汉语新词语 [Z]. 北京：商务印书馆，2008.

侯敏，周荐. 2008 汉语新词语 [Z]. 北京：商务印书馆，2009.

侯敏，周荐. 2009 汉语新词语 [Z]. 北京：商务印书馆，2010.

侯敏，周荐. 2010 汉语新词语 [Z]. 北京：商务印书馆，2011.

侯敏，邹煜. 2012 汉语新词语 [Z]. 北京：商务印书馆，2013.

侯敏，邹煜. 2013 汉语新词语 [Z]. 北京：商务印书馆，2014.

亢世勇，刘海润. 新词语大词典（1978—2002）[Z]. 上海：上海辞书出版社，2003.

梅家驹，竺一鸣，高蕴琦，殷鸿翔. 同义词词林 [Z]. 上海：上海辞书出版社，1983.

商务印书馆辞书研究中心. 新华新词语词典 [Z]. 北京：商务

印书馆，2003.
汪磊. 新华网络语言词典 [Z]. 北京：商务印书馆，2012.
王志彬. 新编公文语用词典 [Z]. 上海：复旦大学出版社，2002.
许宝华，宫田一郎. 汉语方言大词典 [Z]. 北京：中华书局，1999.
尹世超. 标题用语词典 [Z]. 北京：商务印书馆，2007.
于根元. 现代汉语新词词典 [Z]. 北京：北京语言学院出版社，1994.
中国社会科学院语言研究所词典编辑室. 现代汉语词典（第6版）[Z]. 北京：商务印书馆，2012.
周荐. 2006汉语新词语 [Z]. 北京：商务印书馆，2007.
邹嘉彦，游汝杰. 21世纪华语新词语词典 [Z]. 上海：复旦大学出版社，2007.
邹嘉彦，游汝杰. 全球华语新词语词典 [Z]. 北京：商务印书馆，2010.

二、著　作

A. M.，Simo-Vandenbergen. The Grammar of Headlines in The Times 1870—1970，Brasseis：AWLSK，1981.
Teun A. Van Dijk. News Analysis，Hillsdale，N. J. Lawrence Erlbaum Associates，1988.
奥斯汀（Austin，J. L.）. 如何以言行事（How to Do Things with Words）[M]. 顾月国导读. 北京：外语教学与研究出版社，2002.
曹炜. 现代汉语词汇研究（修订本）[M]. 广州：暨南大学出版社，2010.

陈建民. 汉语新词语与社会生活［M］. 北京：语文出版社，2000.

陈望道. 修辞学发凡［M］. 上海：上海教育出版社，1979.

陈原. 社会语言学［M］. 上海：学林出版社，1983.

崔梅，周芸. 新闻语言教程［M］. 北京：北京师范大学出版社，2011.

戴昭铭. 文化语言学导论［M］. 北京：语文出版社，1996.

刁晏斌. 新时期大陆汉语的发展与变革［M］. 台北：台湾洪叶文化事业有限公司，1995.

丁法章. 新闻评论学［M］. 上海：复旦大学出版社，1985.

段业辉，李杰，杨娟. 新闻语言比较研究［M］. 北京：商务印书馆，2007.

范晓. 汉语的句子类型［M］. 太原：书海出版社，1998.

费尔迪南·德·索绪尔. 普通语言学教程［M］. 岑麒祥，叶蜚声，高名凯，译. 北京：商务印书馆，1980.

冯广艺. 变异修辞学［M］. 武汉：湖北教育出版社，1992.

符淮青. 现代汉语词汇（增订本）［M］. 北京：北京大学出版社，2004.

葛本仪. 现代汉语词汇学（修订本）［M］. 济南：山东人民出版社，2001.

郭锐. 现代汉语词类研究［M］. 北京：商务印书馆，2002.

国家语言资源监测与研究中心. 中国语言生活状况报告（2008）（上、下编）［M］. 北京：商务印书馆，2009.

国家语言资源监测与研究中心. 中国语言生活状况报告（2009）（上、下编）［M］. 北京：商务印书馆，2010.

哈罗德·拉斯韦尔. 社会传播的结构与功能［M］. 何道宽，译. 北京：中国传媒大学出版社，2013.

韩书庚．新闻标题语言研究［M］．北京：知识产权出版社，2014.

胡裕树．现代汉语（重订本）［M］．上海：上海教育出版社，1995.

黄伯荣，廖序东．现代汉语（增订四版）［M］．北京：高等教育出版社，2007.

教育部语言文字信息管理司．中国语言生活绿皮书：中国语言生活状况报告（2011）［M］．北京：商务印书馆，2011.

蒋冰冰．新闻语言与城市社会［M］．上海：上海文化出版社，2008.

亢世勇，等．现代汉语新词语计量研究与应用［M］．北京：中国社会科学出版社，2008.

黎运汉．现代汉语语体修辞学［M］．南宁：广西教育出版社，1989.

李良荣．中国报纸文体发展概要［M］．福州：福建人民出版社，2002.

刘大保．社论写作［M］．北京：中国广播电视出版社，2000.

刘路．新闻标题论［M］．北京：中国社会科学出版社，2002.

刘叔新．汉语描写词汇学［M］．北京：商务印书馆，1990.

刘长征．基于动态流通语料库的新词语监测研究［M］．北京：世界图书出版公司，2011.

彭朝丞，王秀芬．标题的制作艺术［M］．北京：新华出版社，2005.

彭朝丞．标题的艺术［M］．北京：人民日报出版社，1985.

彭朝丞．现代新闻标题学［M］．北京：长征出版社，1989.

彭朝丞．新闻标题学［M］．北京：人民日报出版社，1999.

彭朝丞．新闻标题制作［M］．北京：中国广播电视出版社，2007.

乔治·莱考夫，马克·约翰逊．我们赖以生存的隐喻［M］．何文忠，译．杭州：浙江大学出版社，2015.

苏培成．现代汉字学纲要［M］．北京：北京大学出版社，1994.

苏新春．词汇计量及实现［M］．北京：商务印书馆，2010.

陶炼，贺国伟，陈光磊，彭增安．改革开放中汉语词汇的发展［M］．上海：上海人民出版社，2008.

汤志祥．当代汉语词语的共时状况及其嬗变——90年代中国大陆、香港、台湾汉语词语现状研究［M］．上海：复旦大学出版社，2001.

托伊恩·A.梵·迪克．作为话语的新闻［M］．曾庆香，译．北京：华夏出版社，2003.

王德春，陈瑞端．语体学［M］．南宁：广西教育出版社，2000.

王建华．信息时代报刊语言跟踪研究［M］．杭州：浙江大学出版社，2006.

维索尔伦（Verschueren，J.）．语用学新解［M］．何自然，导读．北京：外语教学与研究出版社，2000.

杨华．汉语新词语研究［M］．哈尔滨：黑龙江教育出版社，2002.

杨振兰．现代汉语词彩学［M］．济南：山东大学出版社，1996.

姚汉铭．新词语·社会·文化［M］．上海：上海辞书出版社，1998.

姚喜双，郭龙生．媒体与语言：来自专家与明星的声音［M］．北京：经济科学出版社，2002.

尹世超．标题语法［M］．北京：商务印书馆，2001.

游汝杰，邹嘉彦．社会语言学教程（第二版）［M］．上海：复旦大学出版社，2009.

俞士汶等. 现代汉语语法信息词典详解（第二版）[M]. 北京：清华大学出版社，2003.

俞香顺. 传媒·语言·社会 [M]. 北京：新华出版社，2005.

袁晖，李熙宗. 汉语语体概论 [M]. 北京：商务印书馆，2005.

袁毓林. 现代汉语祈使句研究 [M]. 北京：北京大学出版社，1993.

张志君，徐建华. 新闻标题的艺术 [M]. 北京：语文出版社，1998.

郑兴东. 受众心理与传媒引导 [M]. 北京：新华出版社，1999.

周有光. 周有光语言学论文集 [M]. 北京：商务印书馆，2004.

资庆元. 中国新闻标题研究 [M]. 昆明：云南大学出版社，2003.

宗守云. 新词语的立体透视：理论研究与个案分析 [M]. 桂林：广西师范大学出版社，2007.

三、期刊论文

Bucaria，Chiara. Lexical and Syntactic Ambiguity as a Source of Humor：The Case of Newspaper Headlines [J]. Humor：International Journal of Humor Research，2004，Vol. 17 Issue 3.

Dor，Daniel. On Newspaper Headlines as Relevance Optimizers [J]. Journal of Pragmatics，May2003，Vol. 35 Issue 5.

Feyaerts，Kurt. Towards a Dynamic Account of Phraseological Meaning：Creative Variation in Headlines and Conversational Humour [J]. International Journal of English Studies，2006，Vol. 6 Issue 1.

Joan C. Beal. The Grammar of Headlines in The Times 1870－

1970 (Book Review) [J]. Modern Language Review, January 1985, Vol. 80.

Shie (·), Jian－Shiung. Metaphors and Metonymies in New York Times and Times Supplement News Headlines [J]. Journal of Pragmatics, Apr2011, Vol. 43 Issue 5.

White, Michael. Cracking the Code of Press Headlines: From Difficulty to Opportunity for the Foreign Language Learner [J]. International Journal of English Studies, 2011, v11 n1.

曹春春，周青. 政治隐喻的劝说话语意图探析 [J]. 东岳论丛，2010 (3).

曹德和. 广告标题语法特点初探 [J]. 语言文字应用，1995 (1).

曹静. 从祈使句标题看30年来党报舆论引导的变化——以《解放日报》头版为例 [J]. 新闻记者，2010 (9).

常宝儒. 关于《现代汉语频率词典》的编纂问题 [J]. 辞书研究，1986 (4).

常宝儒. 关于汉语字词计量研究的几点刍议 [J]. 语文建设，1986 (5).

常志斌. 略析新时期新词语在报纸媒体中的传播 [J]. 上海交通大学学报（哲学社会科学版），2001 (4).

陈春艳. 社会心理与新闻标题语言的嬗变——以《人民日报》为例 [J]. 内蒙古师范大学学报（哲学社会科学版），2013 (3).

陈海英. 文艺作品标题之语言学分析 [J]. 天中学刊，2013 (5).

陈烈，周泰颐. 论修辞手法在新闻标题制作中的应用 [J]. 南华大学学报（社会科学版），2000 (1).

陈倩，林伦伦，许竹君，胡秋红. 影响广东媒体新词的动态语境

变量分析 [J]. 学术研究，2013 (7).

陈群. 报纸标题的标点修辞 [J]. 修辞学习，2006 (6).

陈瑞端，汤志祥. 九十年代汉语词汇地域分布的定量研究 [J]. 语言文字应用，1999 (3).

陈邵桂. 从《人民日报》元旦社论看社会政治心理文化的变迁 [J]. 当代传播，2005 (3).

陈原. 关于新语词的随想 [J]. 语文建设，1997 (3).

陈原. 系统整理汉字的一个里程碑——谈常用字表的制定 [J]. 语文学习，1989 (3).

程邦雄. 报纸标题中的同义现象 [J]. 修辞学习，2001 (3).

程卫国. 活用汉语成语增强标题吸引力 [J]. 新闻知识，1994 (10).

村田忠禧. 从《人民日报》元旦社论看中华人民共和国的历史 [J]. 中共党史研究，2002 (3).

村田忠禧. 从改革开放以来的党代会政治报告的词语变化来看中共十六大的特点 [J]. 中共党史研究，2003 (1).

村田忠禧. 通过对字词使用的计量分析研究中共党史——以政治报告为素材 [J]. 张会才，译. 中共党史研究，1999 (4).

戴婉莹. 简论交叉性语体 [J]. 华南师范大学学报（社会科学版），1987 (1).

戴耀晶. 现代汉语动作类二价动词探索 [J]. 中国语文，1998 (1).

邓耀臣、冯志伟. 词汇长度与词汇频数关系的计量语言学研究 [J]. 外国语，2013 (3).

刁晏斌. 新时期语法变异现象研究述评 [J]. 语言文字应用，2003 (2).

丁柏铨. 党报改革有着广阔的空间——由“给力”进《人民日

报》头版头条标题引发的思考[J]. 新闻记者，2011(4).

丁春花. 新闻说书人：《文汇报》体育版标题语言探析[J]. 修辞学习，2004(5).

董爱华. 基于语料库的中英报刊新闻标题语言特征研究[J]. 北京印刷学院学报，2011(3).

董丽梅、刘亚杰. 标题语言中的传统文化心理[J]. 牡丹江大学学报，2008(3).

董喜春. 互联网英语新闻标题特点的文化心理分析[J]. 新闻知识，2010(1).

段业辉，林楚云. 电视新闻标题的语言特点[J]. 当代传播，2003(6).

段业辉. 新闻标题的语言特色[J]. 南京师范大学学报(社会科学版)，1996(1).

方霁. 现代汉语祈使句的语用研究(上)[J]. 语文研究，1999(4).

方霁. 现代汉语祈使句的语用研究(下)[J]. 语文研究，2000(1).

费锦昌. 常用字的性质、特点及其选取标准[J]. 语文学习，1988(9).

费锦昌. 现代汉字的性质和特点[J]. 语文建设，1990(4).

冯丹丹. 新闻语言中如何运用网络热词——从《人民日报》的“给力”说起[J]. 科技视界，2012(29).

冯根良. 借代标题的修辞效果[J]. 新闻知识，1988(10).

冯广艺. 定中式超常搭配中的色彩词[J]. 当代修辞学，1996(1).

冯胜利. 语体语法：“形式一功能对应律”的语言探索[J]. 当代修辞学，2012(6).

冯胜利. 语体语法及其文学功能 [J]. 当代修辞学，2011 (4).
冯志伟. 论语言符号的八大特性 [J]. 暨南大学华文学院学报，2007 (1).
傅永和. 现代汉语常用字表的研制 [J]. 语文建设，1988 (2).
高更生. “动宾式动词＋宾语”的搭配规律 [J]. 语文建设，1998 (6).
高云. 英语科技文章标题的文体与翻译 [J]. 山东外语教学，2004 (1).
顾光燧. 新闻标题中的简称运用 [J]. 传媒观察，1991 (2).
顾光燧. 作标题运用比喻要准确 [J]. 传媒观察，1993 (4).
郭可. 中英新闻标题语言比较 [J]. 外国语，1995 (4).
韩书庚. 《人民日报》头条标题的语言特点 [J]. 新闻世界，2010 (10月/下半月刊).
韩书庚.《人民日报》新闻标题的辞格研究 [J]. 今传媒，2010 (12).
贺水彬. 报刊标题语言拾误 [J]. 语文建设，1993 (2).
侯敏. 2010年度新词语解读 [J]. 语言文字应用，2011 (4).
侯敏. 从新词语看近十年中国社会文化变迁 [N]. 中国社会科学报，2012-09-07 (A05).
侯敏. 关于新词语编年本编纂的思考 [J]. 辞书研究，2010 (2).
胡明扬. 语体和语法 [J]. 汉语学习，1993 (2).
胡沈明. 如何解读《人民日报》社论 [J]. 中国出版，2011 (8).
华玉明，王祥瑞. 对动宾动词加宾语流行的语用思考 [J]. 邵阳师范高等专科学校学报，1999 (6).
黄敏. 隐喻与政治：《人民日报》元旦社论 (1979—2004) 隐喻

框架之考察 [J]. 修辞学习, 2006 (1).

黄秋林, 吴本虎. 政治隐喻的历时分析——基于《人民日报(1978—2007) 两会社论的研究 [J]. 语言教学与研究, 2009 (5).

黄莹. 我国政治话语体裁中人际意义的变迁——基于《人民日报》元旦社论的个案研究 [J]. 广东外语外贸大学学报, 2006 (2).

黄育红. 网络新闻标题语言的陌生化 [J]. 新闻界, 2006 (6).

姜亚军. 我国英语专业硕士学位论文标题的词汇句法特征研究 [J]. 外语教学, 2013 (6).

亢世勇.《新词语大词典》的编纂 [J]. 辞书研究, 2003 (2).

赖华强. 语文词汇定量研究: 现状和可资利用的成果 [J]. 语文建设, 2006 (8).

李德龙. 新浪体育新闻标题语言与版面设计分析 [J]. 东南传播, 2007 (4).

李晗蕾. 名名并列式标题的修辞分析 [J]. 汉语学习, 2002 (5).

李建国. 新词语词典编纂的理论思考 [J]. 辞书研究, 2004 (4).

李建伟, 刘英翠. 媒介变迁促动下的新闻语言变化分析 [J]. 新闻与传播研究, 2011 (1).

李圃. 近30年现代汉语祈使及祈使句研究述评 [J]. 重庆工商大学学报 (社会科学版), 2010 (3).

李少丹. 微信文本标题修辞特征与修辞过度现象探析 [J]. 福建师范大学学报 (哲学社会科学版), 2015 (3).

李爽. 都市报新闻标题的口语化现象 [J]. 新闻世界, 2013 (9).

李熙宗. 简论科技新闻体 [J]. 平顶山学院学报，2005 (1).
李艳. 英语新闻标题的特点与翻译技巧 [J]. 华中农业大学学报（社会科学版），2005 (5，6)).
李宇明. 发布年度新词语的思考 [J]. 光明日报，2007－08－24 (010).
李宇明. 关于《中国语言生活绿皮书》 [J]. 语言文字应用，2007 (1).
李玉，詹全旺. 中国政治话语的概念隐喻分析——以《人民日报》元旦社论为例 [J]. 江淮论坛，2013 (5).
李兆麟. 汉语计量研究初探——兼评《现代汉语频率词典》[J]. 辞书研究，1989 (1).
梁琳琳，侯敏，何宇茵. 中国历年《政府工作报告》词汇与社会变迁的计量研究 [J]. 广西社会科学，2014 (4).
林明娟. 党报改革的“变”与“不变”——比较分析改革开放后《人民日报》三次重要改版 [J]. 新闻知识，2011 (1).
刘传清，黄婉梅. 传媒语言催生下的汉语语法演变 [J]. 当代文坛，2011 (1).
刘寒娥. 从体育新闻谈标题修辞的娱乐功能 [J]. 汉字文化，2007 (2).
刘悦明.《人民日报》元旦社论语篇评价手段历时分析 [J]. 西安外国语大学学报，2012 (2).
刘云，李菡. 标题中的语词标记面面观 [J]. 江汉大学学报（人文科学版），2006 (1).
刘云，李晋霞. “动宾式动词＋宾语”的变换形式及宾语的语义类型 [J]. 江汉大学学报，1998 (5).
刘云. 汉语篇名中的省略号 [J]. 汉语学习，2004 (3).
刘宗武. 制作新闻标题要精心“炼词”[J]. 新闻与写作，1996

(3).

陆庆和. 冒号与话题式标题 [J]. 语文建设，1999 (4).

罗春宏.《人民日报》要闻版标题语言浅析 [J]. 现代交际（下半月），2009 (8).

吕瑾. 从汉语语汇的嬗变窥探社会变迁 [J]. 辽宁师范大学学报（社会科学版），2002 (4).

孟婷婷. 谈期刊标题的策划与制作技巧 [J]. 出版发行研究，2014 (1).

牛保义. 从国庆社论标题看语言选择的辩证性 [J]. 外语教学，2005 (3).

牛保义. 国庆社论标题的动态研究 [J]. 外语教学，2007 (2).

彭如青，欧阳护华. 元旦社论标题中的祈使句研究 [J]. 江西师范大学学报（哲学社会科学版），2009 (4).

钱士宽. 新闻标题的修辞艺术 [J]. 修辞学习，1997 (6).

邱均平，邹菲. 关于内容分析法的研究 [J]. 中国图书馆学报，2004 (2).

邵敬敏，马喆. 网络时代汉语嬗变的动态观 [J]. 语言文字应用，2008 (3).

邵敬敏，周娟. 填补空白的力作——《标题语法》[J]. 语文研究，2003 (4).

沈孟璎. 近 20 年来汉语语法的新变 [J]. 南京师大学报（社会科学版），2000 (3).

沈志和. 英语新闻标题翻译研究 [J]. 柳州师专学报，2003 (3).

石立坚. 漫谈专名 [J]. 国外社会科学，1984 (10).

石义彬. 论新闻语言的本质特性 [J]. 武汉大学学报（人文社会科学版），2000 (2).

史文静. 新闻标题的历时考察——以《人民日报》语料为例[J]. 新闻传播，2009 (11).

苏新春，杨尔弘. 2005年度汉语词汇统计的分析与思考[J]. 厦门大学学报（哲学社会科学版），2006 (6).

苏新春. 关于《现代汉语词典》词汇计量研究的思考[J]. 世界汉语教学，2001 (4).

苏新春. 汉语词汇定量研究的运用及其特点——兼谈《语言学方法论》的定量研究观[J]. 厦门大学学报（哲学社会科学版），2001 (4).

苏新春. 计量方法在词汇研究中的作用及频级统计法[J]. 长江学术，2007 (2).

苏新春. 语文词语是词汇使用与学习的重心[J]. 长江学术，2007 (1).

孙道功. 应用与前瞻：《现代汉语新词语计量研究与应用》——新词语多维度研究的力作[J]. 辞书研究，2010 (2).

孙建一. 从汉字频度统计看其分布规律[J]. 语文建设，1986 (3).

孙菅，朱小阳. 新闻评论标题制作的语法特点——以《人民日报》新闻评论标题为例[J]. 新闻界，2006 (6).

唐善生. 标题隐含的认知语用分析[J]. 修辞学习，2004 (3).

陶红印. 试论语体分类的语法学意义[J]. 当代语言学，1999 (3).

汪惠迪. "动宾式动词+宾语"规律何在？[J]. 语文建设，1997 (8).

王成宇. 并列型标题各并列项的信息量问题[J]. 语言文字应用，2002 (3).

王成宇. 英汉疑问型学术论文标题对比研究[J]. 外语教学与研

究，2003 (2).

王德胜.《人民日报》抗震救灾新闻标题的特色 [J]. 新闻爱好者，2008 (9 月下半月).

王东迎. 党报：多重属性的矛盾统一体 [J]. 现代传播，2005 (2).

王惠. 词义・词长・词频——《现代汉语词典 (第 5 版) 多义词计量分析 [J]. 中国语文，2009 (2).

王惠. 日常口语中的基本词汇 [J]. 中国语文，2011 (5).

王晶. 时政新闻标题和娱乐新闻标题的概念功能比较研究 [J]. 现代语文，2009 (11).

王景丹，申芝言. 韩国新闻标题的语言特色 [J]. 修辞学习，2002 (3).

王丽丽. 功能语言学视角下的案件新闻标题研究 [J]. 中州大学学报，2012 (4).

王敏. 国家语委绿皮书字词频统计的特点与辞书编纂 [J]. 辞书研究，2009 (5).

王敏. 新中国常用字问题研究概述 [J]. 语言文字应用，2007 (2).

王琪. 2006 年以来的汉语新词语与社会文化 [J]. 广西民族大学学报 (哲学社会科学版)，2011 (4).

王铁昆. 10 年来的汉语新词语研究 [J]. 语文建设，1991 (4).

王铁昆. 新词语的判定标准与新词新语词典编纂的原则 [J]. 语言文字应用，1992 (4).

王铁昆. 一部颇具研究特色的新词词典 [J]. 语文建设 [J]. 1995 (3).

王铁琨，侯敏，杨尔弘. 报纸、广播电视、网络用字用词调查 [J]. 语言文字应用，2007 (1).

王铁琨，侯敏. 从 2008 年度调查数据看中国的语言生活 [J]. 语言文字应用，2010 (2).

王铁琨. 语言使用实态考察研究与语言规划——发布年度语言生活状况报告的思考 [J]. 语言文字应用，2008 (1).

王婷妮. 体育新闻标题中隐喻的认知研究 [J]. 宁波工程学院学报，2009 (1).

王卫明，曾绯. 国外党报如何讲故事 [J]. 人民论坛（中旬刊），2012 (9).

王晓娜. 标题中的名词性相关并列 [J]. 辽宁师范大学学报（社会科学版），1996 (2).

王学作，刘士勤. 漫谈新闻标题中的动词运用 [J]. 语言教学与研究，1988 (2).

王长武. 读题时代网络新闻标题的传播价值与语言策略 [J]. 新闻界，2009 (6).

王宗联. 论主谓短语作主语和谓语 [J]. 四川师范学院学报（哲学社会科学版），1993 (4).

吴兴文. 党报标题风格的新变化 [J]. 新闻战线，2011 (7).

吴永凯、余炳毛. 浅析军事新闻标题语言特色 [J]. 新闻知识，2009 (4).

吴永亮. 给“给力”再加一把力——兼谈媒体语言 [J]. 青年记者，2010 (24).

伍步洲. 新闻标题与修辞知识 [J]. 新闻知识，1990 (11).

伍铁平. 词义的感染 [J]. 语文研究 [J]. 1984 (3).

向超. 关于新词和新义 [J]. 语文学习 [J]. 1952 (4).

向丽均. 浅析网络新闻标题词语运用的特色 [A] //西南地区语言学研究生论坛论文集 [C]，2012.

项扬惠. 熟悉诗词楹联　做好新闻标题 [J]. 新闻战线，1984

(10).
邢福义. 新词语的监测与搜获——一个汉语本体研究者的思考[J]. 语文研究，2007 (2).
邢公畹. 一种似乎要流行开来的可疑句式——动宾式动词+宾语[J]. 语文建设，1997 (4).
邢红兵. 现代汉语词类使用情况统计 [J]. 浙江师范大学学报(社会科学版)，1999 (3).
徐建华. 新闻标题中的移脱格 [J]. 修辞学习，1998 (4).
徐赳赳. 关于元话语的范围和分类 [J]. 当代语言学，2006 (4).
徐伟，孙慧. 黄远生通讯标题语言修辞分析 [J]. 东南传播，2010 (8).
许钟宁. 语体交叉渗透的语用价值 [J]. 西南民族大学学报(人文社会科学版)，2003 (11).
严玲，何梦珂. 外媒新闻标题语言的受众引导策略 [J]. 现代传播，2014 (9).
杨奔. 20世纪的现代汉语词汇统计研究 [J]. 玉林师范学院学报(哲学社会科学)，2002 (1).
杨峰.《人民日报》“亚运新闻标题”的写作 [J]. 新闻爱好者，2011 (7).
杨可. 俄文报刊标题语言的变异用法 [J]. 外语与外语教学，2000 (2).
杨文全，胡琳. “文眼”之眸：新闻标题修辞格的优选 [J]. 南通师范学院学报(哲学社会科学版)，2003 (4).
杨文全，王刚. 八十年代以来语言学界“动宾式动词+宾语”现象研究综述 [J]. 西南民族大学学报(人文社会科学版)，2004 (12).

杨文全. 新闻标题语言与受众心理 [J]. 云南民族大学学报（哲学社会科学版），2003（6）.

杨振兰. 词的动态色彩意义与句法结构、语义结构和语用结构 [J]. 山东大学学报（哲学社会科学版），2001（4）.

杨振兰. 从大众传媒看新时期新词语的传播与发展 [J]. 现代传播，2008（1）.

杨振兰. 论新时期新词语的色彩意义 [J]. 山东大学学报（哲学社会科学版），2009（2）.

姚克勤、姜亚军. 应用语言学学术论文标题的历时研究 [J]. 外语研究，2010（3）.

尹斌庸. 汉语词类的定量研究 [J]. 中国语文 [J]. 1986（6）.

尹世超，董丽梅. 电视栏目标题中的仿拟修辞 [J]. 社科纵横，2011（2）.

尹世超. 报道性标题求简中的成分删减与句式变换 [J]. 中国语言学报 [J]. 1997（8）.

尹世超. 报道性标题与称名性标题 [J]. 语言教学与研究 [J]. 1995（2）.

尹世超. 标题用词与格式的动态考察 [J]. 语言文字应用，2005（1）.

尹世超. 标题说略 [J]. 语文建设 [J]. 1991（4）.

尹世超. 标题中标点符号的用法 [J]. 语文研究 [J]. 1992（3）.

尹世超. 标题中动词与宾语的特殊搭配 [J]. 江汉大学学报（人文科学版），2006（1）.

尹世超. 汉语标题的被动表述 [J]. 语言科学，2008（3）.

尹世超. 浅谈“VO_1+O_2”式新闻标题的制作规律 [J]. 新闻传播，2011（4）.

尹世超．说“甲骨学三十年”类标题格式［J］．烟台大学学报（哲学社会科学版），1996（1）.

尹世超．说几种粘着结构做标题［J］．语言文字应用［J］．1992（3）.

尹世超．有标题特点的“A与/和B”格式［J］．汉语学习，2006（6）.

尹世超．语体变异与语言规范及词典编纂——以标题语言为例［J］．修辞学习，2005（1）.

于根元，王铁琨，孙述学．新词新语规范基本原则［J］．语言文字应用，2003（1）.

于薇．试谈古典诗词在新闻标题中的运用［J］．现代传播［J］．1988（4）.

俞理明．从“教化”到“告花子”——汉语中的词义感染［J］．古汉语研究，2005（4）.

袁晖．语体的通用成分、专用成分和跨体成分［J］．烟台大学学报（哲学社会科学版），2005（1）.

袁嘉．语法意义的感染［J］．西南民族大学学报（人文社会科学版），2012（9）.

袁良平，汤建民．一份翻译研究期刊的学术脉络管窥——《上海翻译（1986—2007）所刊论文标题词频统计个案研究［J］．外语研究，2009（1）.

袁毓林．形容词的语义特征和句式特点之间的关系［J］．汉藏语学报，2013（7）.

张伯江．语体差异和语法规律［J］．修辞学习，2007（2）.

张典．从历时角度考察新闻标题语言的演进——以建国60年以来《人民日报》为例［J］．语文学刊，2013（5）.

张卉．日语学术论文标题句式的探讨［J］．西安外国语大学学报，2007 (3).

张鹭. 从“给力”现象看大众传播语境下的新闻语言 [J]. 科技与出版，2011 (4).

张琪昀. 谈冒号在新闻标题中的运用兼及冒号的定义 [J]. 汉语学习，1996 (2).

张琦. 当代报纸新闻标题的语言特色 [J]. 青年记者，2012 (12Z).

张顺梅. 标题翻译浅议 [J]. 山东外语教学 [J]. 1988 (Z1).

张研农. 我们需要什么样的人才？——在“人民日报校园行”系列活动北京大学启动仪式上的讲话 [J]. 新闻战线，2009 (12).

张则顺. 现代汉语祈使句主语隐现研究 [J]. 汉语学习，2011 (1).

张志毅，张庆云. 新时期新词语的趋势与选择 [J]. 语文建设，1997 (3).

张子让. 新闻标题与群众语言 [J]. 新闻大学，1989 (3).

赵刚健. 标点符号在标题中的活用 [J]. 新闻记者，2008 (4).

赵克勤. 论新词语 [J]. 语文研究，1988 (2).

赵霞. 新闻标题中行业语的修辞作用 [J]. 修辞学习，1999 (4).

周洪波. 编写《1991 汉语新词语》的几点认识 [J]. 辞书研究，1993 (1).

周荐. 新词语研究和新词语词典编纂六十年 [J]. 辞书研究，2015 (2).

周丽颖. “给力”成媒介热词探析 [J]. 中国出版，2013 (6 月上).

周明海. 辞书编纂现代化趋势下的新词语词典编纂——评《2007

汉语新词语》《2008 汉语新词语》[J]. 辞书研究，2011 (4).
周荣. 日本报纸新闻标题的特殊语法研究 [J]. 现代语文，2013 (12).
周象贤. 口语化标题传播优势的心理分析 [J]. 新闻爱好者（上半月），2002 (6).
朱伯石. 谈几条报纸标题 [J]. 语文学习 [J]. 1952 (5).
朱德熙. 现代汉语语法研究的对象是什么 [J]. 中国语文，1987 (5).
祝克懿. 新闻语体的交融功能 [J]. 复旦学报（社会科学版），2005 (3).
邹嘉彦，邝蔼儿，路斌，蔡永富. 汉语共时语料库与追踪语料库：语料库语言学的新方向 [J]. 中文信息学报，2011 (6).
邹嘉彦、游汝杰. 当代汉语新词的多元化趋向和地区竞争 [J]. 语言教学与研究，2003 (2).
邹嘉彦、游汝杰. 汉语新词与流行语的采录和界定 [J]. 语言研究，2008 (2).
邹晓玲. 大众媒介新闻标题的修辞学分析——以《人民日报》新闻标题为例 [J]. 唐山师范学院学报，2012 (1).
邹晓玲. 全媒体时代我国新闻语言的多元化变迁及其对传媒语言规范的启示 [J]. 编辑之友，2014 (11).

四、学位论文

陈燕. 报纸新闻标题的多角度研究 [D]. 长沙：湖南师范大学，2006.
成晴晴. 现代汉语偏正式标题研究 [D]. 济南：山东师范大学，2009.
程山. 消息标题语言特征研究 [D]. 长春：吉林大学，2012.

崔海燕. 大连报刊题目中的方言词汇研究——以《半岛晨报》为例 [D]. 大连：辽宁师范大学，2012.

董丽梅. 标题用词及格式的传承与演变 [D]. 哈尔滨：黑龙江大学，2005.

郭灿. 论新闻标题中的语法省略 [D]. 湘潭：湘潭大学，2007.

黄晓娟. 通俗演讲标题语言研究 [D]. 广州：暨南大学，2010.

黄榛萱. 两岸新闻标题语言对比研究 [D]. 上海：复旦大学，2008.

贾偲麟.《人民日报》元旦社论的议程设置研究 [D]. 济南：山东师范大学，2015.

蒋李明. 中国当代小说标题研究 [D]. 长沙：湖南师范大学，2010.

康晶晶. 日报与晚报新闻标题语言风格差异研究 [D]. 沈阳：沈阳师范大学，2011.

李婧. 媒体标题的新用词与新格式研究 [D]. 哈尔滨：黑龙江大学，2010.

李茜. 基于《标题用语词典》的标题用词与格式再探讨 [D]. 哈尔滨：黑龙江大学，2010.

李媛媛. 现代汉语标题的语言特点研究 [D]. 南京：南京师范大学，2007.

刘禀诚. 主谓式标题的内部构成及语用效果 [D]. 南宁：广西大学，2004.

刘波. 俄汉报纸互文性标题语言文化特点研究 [D]. 武汉：华中师范大学，2009.

刘沁. 基于“经济新闻标题”语料库的中英隐喻对比研究 [D]. 武汉：华中师范大学，2013.

刘晓梅. 当代汉语新词语研究 [D]. 厦门：厦门大学，2003.

刘晓燕. 标题语境下的动词研究［D］. 青岛：青岛大学，2012.

刘玉福. 公文语体专用词语研究［D］. 济南：山东大学，2007.

刘云. 汉语篇名的篇章化研究［D］. 武汉：华中师范大学，2002.

罗伟伟. 灾难新闻标题的隐喻研究——基于《人民日报》灾难新闻标题语料的分析［D］. 南昌：江西师范大学，2011.

马小玲. 从报纸新闻标题的语言特征看空间因素对语法的制约［D］. 上海：华东师范大学，2005.

马子恩. 热点事件新闻语料库的研制及词汇研究［D］. 南京：南京师范大学，2012.

倪莉莉. 标题用词与格式对于语体的选择性研究［D］. 哈尔滨：黑龙江大学，2010.

彭戴娜. 新闻标题语法特点研究［D］. 湘潭：湘潭大学，2006.

皮乐敏. 武汉四家报纸同题新闻标题比较研究［D］. 武汉：华中师范大学，2013.

全美香. 中韩报纸标题语言特点的对比研究［D］. 上海：上海交通大学，2011.

万媛媛. 2006 年－2010 年汉语新词语的传播学研究［D］. 重庆：重庆大学，2013.

王华丽. 新闻标题生成和理解的认知语用研究［D］. 济南：山东师范大学，2008.

王晶. 时政新闻标题和娱乐新闻标题的比较研究［D］. 长沙：湖南师范大学，2007.

王晶芝. 元旦社论中的概念隐喻历时研究［D］. 长春：东北师范大学，2012.

王同伦. 标题语境中动词语法变异及动因研究［D］. 上海：上海师范大学，2008.

温龙亮. 基于语料库的体育新闻标题研究 [D]. 北京：北京体育大学，2009.

吴纯纯. 图形—背景理论对新闻标题的认知解释 [D]. 泉州：华侨大学，2011.

吴恩锋. 基于经济报道标题语料库的概念隐喻研究 [D]. 杭州：浙江大学，2008.

吴丽俊.《内蒙古日报（蒙文版）》标题语言研究 [D]. 呼和浩特：内蒙古师范大学，2010.

吴希斌. 网络新闻标题语言调查分析 [D]. 沈阳：沈阳师范大学，2011.

伍洋. 模因论视角下英语新闻标题的汉译研究 [D]. 桂林：广西师范大学，2011.

肖湘. 穗港中文报纸新闻标题语言比较研究 [D]. 广州：广州大学，2011.

邢雪.《盛京时报》新闻标题语言研究——以 1907—1911 年奉天新闻为例 [D]. 沈阳：沈阳师范大学，2013.

鄢秋月. 标题语言的语体标记研究——以文艺、科技、公文、新闻语体为例 [D]. 广州：暨南大学，2014.

殷晓锐. 社会变迁与《人民日报》改版研究（1978—2012）[D]. 南京：南京大学，2012.

于东卿. 年度新词语使用的时空分布调查与分析 [D]. 北京：北京语言大学，2013.

于龙杰. 新词语在新闻语体中的应用研究 [D]. 济南：山东大学，2007.

张洁. 晚报类新闻标题的词语创造特色 [D]. 武汉：华中师范大学，2004.

张可.《人民日报》标题中下指的概念转喻分析 [D]. 曲阜：曲

阜师范大学，2013.

张礼．现代汉语文艺语体词研究［D］．合肥：安徽大学，2004.

张倩．现代汉语粘着短语标题研究［D］．济南：山东师范大学，2010.

张荣．人民日报与人民网新闻标题语法比较研究［D］．保定：河北大学，2010.

张廷香．基于语料库的3—6岁汉语儿童词汇研究［D］．济南：山东大学，2010.

赵琦．标题新用语研究［D］．哈尔滨：黑龙江大学，2012.

赵雪．《中国青年报》新闻标题的语用研究［D］．长春：东北师范大学，2012.

赵一凡．半个世纪中两岸三地语法的发展与变异及其规范化对策［D］．哈尔滨：黑龙江大学，2005.

郑丽杰．基于语料库的网络体育新闻标题研究［D］．北京：北京体育大学，2009.

周昕．《人民日报（1949－2008）》元旦社论隐喻研究［D］．上海：华东师范大学，2009.

周学奎．党报新闻标题的趣味趋向研究［D］．重庆：重庆师范大学，2012.

朱真．汉韩新闻标题语言对比研究［D］．长春：吉林大学，2012.

五、其他

中共中央办公厅，国务院办公厅印发．党政机关公文处理工作条例（中办发［2012］14号）.

李洪鹏，李莎莎．11月网络热词　光棍节最受关注［N］．法制晚报，2010－11－30.

http://news.ifeng.com/gundong/detail_2010_11/11/3077200_0.shtml.

http://zhengwu.beijing.gov.cn/gzdt/gggs/t1316903.htm.

附录1　新时期《人民日报》新闻标题总语料中前4000个高频语文词语（按频次降序排列）

第1－500

的/u、在/p、一/m、和/c、会见/v、十/m、举行/v、新/a、将/d、发展/v、三/m、不/d、会议/n、工作/n、万/m、全国/n、为/p、经济/n、二/m、两/m、有/v、建设/v、对/p、次/q、上/n、届/q、要/v、五/m、四/m、个/q、与/p、我国/n、好/a、年/q、我/r、总理/n、总统/n、问题/n、是/v、人/n、大/a、企业/n、改革/v、国际/n、首/m、国家/n、强调/v、向/p、百/m、主席/n、政府/n、等/u、干部/n、世界/n、亿/m、加强/v、了/u、合作/v、代表团/n、元/q、副/a、活动/n、六/m、名/q、之/u、多/m、中/n、国/n、被/p、生产/v、八/m、群众/n、表示/v、年/n、时/ng、管理/v、农村/n、要求/v、科技/n、出席/v、关系/n、农民/n、社会/n、周年/q、访问/v、服务/v、多/a、代表/n、技术/n、会谈/v、获/v、到/v、日/n、说/v、人民/n、九/m、市场/n、安全/a、七/m、千/m、结束/v、同志/n、出/v、同/p、访/v、工程/n、文化/n、成立/v、教育/n、项/q、记/v、提高/v、为/v、召开/v、发表/v、从/p、已/d、开幕/v、农业/n、外长/n、做/v、开展/v、最/d、政策/n、

今年/n、出版/v、让/v、客人/n、学习/v、进行/v、又/d、能/v、以/p、解决/v、指出/v、重要/a、大会/n、人员/n、再/d、支持/v、就/p、与/c、记者/n、精神/n、把/p、党/n、前/n、更/d、并/c、部长/n、增长/v、继续/v、通过/v、成功/a、青年/n、纪念/v、友好/a、参加/v、开发/v、实现/v、可/v、领导/n、批/q、走/v、积极/a、促进/v、部门/n、联合/v、去年/n、欢迎/v、产品/n、后/n、提出/v、领导人/n、推进/v、质量/n、城市/n、措施/n、办/v、座谈会/n、报告/n、保护/v、举办/v、起/v、全面/a、新闻/n、发生/v、工业/n、实行/v、谈/v、地区/n、高/a、军/n、应/v、建立/v、逝世/v、和平/n、研究/v、专家/n、部队/n、呼吁/v、政治/n、开始/v、坚持/v、小/a、职工/n、环境/n、思想/n、计划/n、完成/v、投资/v、人才/n、实施/v、关于/p、月/n、创新/v、家/q、基层/n、大使/n、上/v、项目/n、受/v、制度/n、成果/n、决定/v、调查/v、中央/n、启动/v、近/a、取得/v、一个/mq、落实/v、赴/v、水平/n、历史/n、先进/a、加快/v、庆祝/v、驻/v、建/v、进/v、来/v、系统/n、学生/n、重大/a、进一步/d、首都/n、书记/n、方/n、军事/n、成为/v、讲话/v、看/v、了/y、作/v、创/vg、锦标赛/n、总/a、提供/v、冠军/n、开放/v、讲话/n、位/q、希望/v、也/d、战略/n、成/v、访华/v、推动/v、用/p、祝贺/v、协议/n、意见/n、部分/n、宣布/v、事件/n、讨论/v、增加/v、反/v、公布/v、调整/v、达/v、建成/v、形势/n、产业/n、单位/n、论坛/n、基地/n、贸易/n、难/a、无/v、信息/n、工作/v、经营/v、余/m、闭幕/v、贯彻/v、研讨会/n、民族/n、认真/a、体育/n、正式/a、大学生/n、共/d、主持/v、考察/v、机关/n、就业/v、如何/r、重点/n、老/a、事业/n、资金/n、于/p、党员/n、接受/v、出口/v、机构/n、委员/n、纪实/n、抓/v、分别/

d、各/r、人大/n、重视/v、采取/v、各地/r、市/n、抵/v、反对/v、资源/n、发言人/n、送/v、处理/v、非典/n、扩大/v、行动/n、祖国/n、共同/d、谈判/v、下/n、恢复/v、进入/v、路/n、有关/a、招待会/n、离/v、体制/n、表彰/v、轮/q、铁路/n、变/v、发布/v、基本/a、组织/n、当/v、发挥/v、严重/a、发现/v、法律/n、培训/v、情况/n、省/n、天/q、我们/r、负责人/n、选手/n、优秀/a、就/d、教育/v、利用/v、认为/v、法/n、签署/v、种/q、组织/v、发行/v、学/v、一些/mq、打击/v、当选/v、地方/n、地震/n、发出/v、价格/n、粮食/n、金融/n、突破/v、汽车/n、收入/n、用/v、监督/v、健康/a、确保/v、仍/d、检查/v、全部/n、通知/n、足球/n、至/p、奥运会/n、军队/n、科学/a、联赛/n、比赛/v、出现/v、机制/n、纪录/n、社会主义/n、宣传/v、灾区/n、开/v、快/a、努力/a、大力/d、科学/n、稳定/a、保持/v、及/c、问/v、县/n、作出/v、交流/v、推出/v、网络/n、高校/n、公司/n、揭晓/v、力量/n、人士/n、胜/v、维护/v、未/d、增/v、参观/v、成绩/n、地/u、改善/v、和/p、集体/n、培养/v、去/v、外交/n、银行/n、案件/n、打/v、得/u、接见/v、作用/n、标准/n、草案/n、行政/n、基础/n、坚决/a、人口/n、知识/n、中心/n、保障/v、财政/n、吨/q、事故/n、总书记/n、都/d、双方/n、文明/a、着/u、对话/v、而/c、起/q、生态/n、袭击/v、新型/a、政协/n、办法/n、部署/v、国防/n、目标/n、首脑/n、委员会/n、常委会/n、地/n、旅游/v、议长/n、到/p、亩/q、效益/n、依法/d、大/d、行/vg、任务/n、统一/v、准备/v、会/v、件/q、交通/n、理论/n、青少年/n、选举/v、再次/d、致/v

第501－1000

奥运/n、报/n、大型/a、个人/n、给/p、关注/v、他/r、仪式/n、执法/v、搞/v、进展/v、决赛/v、实践/v、条/q、污染/v、援助/v、综合/v、决议/n、美元/q、能力/n、女/a、首相/n、水/n、显著/a、逾/vg、儿童/n、教师/n、谴责/v、区/n、食品/n、事迹/n、查处/v、答/v、深入/a、为何/r、整顿/v、方案/n、家/n、科研/n、深化/v、生活/n、使用/v、危机/n、心/n、治理/v、持续/v、会晤/v、控制/v、内/n、热烈/a、审议/v、演出/v、要求/n、犯罪/v、经验/n、切实/a、双/m、未来/n、研制/v、由/p、主要/a、采访/v、斗争/v、公安/n、回国/v、文艺/n、原则/n、这/r、不断/d、加大/v、居民/n、学校/n、责任/n、重申/v、帮助/v、本报/r、阶段/n、局势/n、领导/v、世纪/n、受到/v、愿/v、保险/n、超/v、称/v、贡献/n、条件/n、团结/a、增强/v、治/v、比/p、出台/v、达成/v、防治/v、改造/v、家庭/n、下/v、促/v、各界/r、批准/v、情/n、推广/v、行业/n、女子/n、强烈/a、使/v、投入/v、问世/v、成效/n、即将/d、紧急/a、秘书长/n、强/ng、宴会/n、抓好/v、春节/n、贷款/n、规定/n、明年/n、指导/v、座谈/v、保/v、必须/d、冲突/v、关心/v、增产/v、占/v、重建/v、转变/v、变化/v、收费/v、友谊/n、作风/n、电话/n、工作者/n、讲/v、名单/n、取消/v、声明/n、西部/n、以上/n、执行/v、丰收/v、利益/n、时代/n、主任/n、案/ng、环保/n、建议/n、结构/n、体系/n、违法/v、医疗/n、妇女/n、现代化/v、医院/n、场/q、队伍/n、核/n、级/q、将/p、结果/n、良好/a、条例/n、学术/n、优势/n、自己/r、抵达/v、电视/n、电子/n、金/ng、评/v、胜利/v、土地/n、外国/n、需要/v、大学/n、工人/n、减少/v、结合/v、来/n、努力/v、批评/v、司法/n、同意/v、推行/v、业务/n、村/n、飞机/n、改变/v、官员/n、孩子/n、开通/v、抗震救灾/vl、全军/n、全体/n、确定/v、商品/n、事/n、卫生/n、形成/v、遭/v、驻华/v、爱/v、保证/v、博览会/n、教授/n、水利/n、投产/v、希望/n、需/v、艺术/n、才/d、革命/v、论/v、什么/r、完善/v、围棋/n、委员长/n、下降/v、参与/v、侧记/n、创造/v、管/v、国内/n、海军/n、力度/n、领域/n、能源/n、期间/n、慰问/v、系列/n、写/v、出访/v、扶贫/v、公路/n、建交/v、钱/n、强化/v、全球/n、素质/n、运行/v、支援/v、方面/n、搞好/v、供应/v、过/v、还/d、监管/v、见/v、竞争/v、里/n、强/a、谁/r、战士/n、争/v、制止/v、致富/v、吃/v、各国/r、连续/v、绿色/a、民/ng、少/a、承包/v、诞辰/n、当局/n、发/v、腐败/a、公开/a、国王/n、见闻/n、节能/v、救灾/v、拒绝/v、评选/v、签订/v、谈话/v、外贸/n、为了/p、圆满/a、运动/n、中外/a、对外/v、各项/r、连/d、落幕/v、讨论会/n、特色/n、致电/v、重/a、毕业生/n、改进/v、给/v、公开赛/n、规模/n、机场/n、几/m、上半年/n、生命/n、试点/v、先/d、现代/n、宴请/v、组成/v、法院/n、入/v、设/v、他们/r、提前/v、展开/v、展览/v、城镇/n、队/n、非法/a、该/v、海外/n、获得/v、局面/n、决定/n、天气/n、学者/n、迎/v、影响/v、足球赛/n、座/q、报告会/n、爆炸/v、撤军/v、大赛/n、分之/m、高级/a、规划/n、行为/n、靠/p、可能/v、劳动/v、年会/n、社区/n、武警/n、销售/v、协定/n、议会/n、迎接/v、直接/a、称号/n、代表/v、降/v、民生/n、农民工/n、评价/v、前景/n、请/v、赛/v、石油/n、探索/v、新增/v、英雄/n、制定/v、各级/r、鼓励/v、和平/a、米/q、民主/a、贫困/a、市长/n、新年/n、迅速/a、引进/v、游击队/

n、有效/a、走向/v、半/m、报纸/n、城乡/n、代表大会/n、带来/v、但/c、夫人/n、国有/v、金牌/n、进步/v、竞赛/v、局长/n、开工/v、开幕式/n、乱/d、你/r、全力/d、设备/n、设施/n、提升/v、调研/v、停火/v、卫生/a、小组/n、因/p、增收/v、治安/n、重新/d、百姓/n、产量/n、车/n、改/v、工会/n、官兵/n、合同/n、经贸/n、看望/v、空军/n、吗/y、灾/n、造成/v、大陆/n、党委/n、得/v、和谐/a、健身/v、演讲/v、意义/n、怎样/r、带/v、得到/v、电影/n、高度/a、很/d、今日/n、面积/n、模范/n、男子/n、时间/n、时期/n、税收/n、死亡/v、同比/v、文物/n、武装/n、乡镇企业/n、新/d、演习/v、运输/v、专项/n、转移/v、爱心/n、安排/v、厂/n、充分/a、大臣/n、方式/n、广大/a、节约/v、抗议/v、隆重/a、明显/a、权益/n、实事/n、岁/q、特使/n、条约/n、停止/v、通报/v、团体/n、晚会/n、网上/n、应对/v、长/a、作为/v、厂长/n、超过/v、成员/n、岗位/n、建议/v、解放军/n、利润/n、生活/v、十四大/n、挑战/v、武器/n、下乡/v、一致/a、正确/a、制裁/v、注重/v、最后/n、大选/v、多种/n、公民/n、基金/n、较/d、开创/v、科学家/n、免费/v、朋友/n、其/r、设立/v、深入/v、顺利/a、通/v、物资/n、职业/n

第1001－1500

住/v、最高/a、传统/a、导弹/n、法制/n、扶持/v、合理/a、建筑/n、降低/v、跨/v、立场/n、起来/v、渠道/n、文章/n、兴/v、依靠/v、整治/v、职务/n、抓紧/v、边境/n、号/q、回/v、集会/v、军民/n、媒体/n、目前/n、清理/v、人权/n、外资/n、喜/a、效果/n、优质/a、舆论/n、当前/n、党风/n、道路/n、公里/q、共产党员/n、广告/n、或/c、纪检/n、开业/

v、廉政/n、两岸/n、面临/v、内地/n、前往/v、商业/n、文明/n、新春/n、训练/v、预报/v、在/d、正/d、规范/v、来自/v、平均/a、乡镇/n、严格/a、战胜/v、主题/n、转型/v、尊重/v、按/p、报告/v、打造/v、道德/n、工资/n、国庆/n、机遇/n、假/a、鉴定/v、尽快/d、进程/n、捐赠/v、困难/a、令/v、面向/v、求/v、全省/n、任/v、市民/n、统一/a、献/v、消费/v、战争/n、支/q、只/d、助/v、总结/v、点/n、发言/v、广泛/a、纪律/n、间/n、禁止/v、精神文明/n、居/v、满意/v、破/v、企业家/n、森林/n、少数民族/n、适应/v、所/q、图书/n、显示/v、携手/v、信心/n、选/v、选择/v、责任制/n、治疗/v、秩序/n、安置/v、成就/n、告别/v、患者/n、检察/v、进口/v、抗/v、立法/v、拟/v、书/n、死/v、损失/n、伟大/a、下岗/v、限制/v、养/v、赢/v、正在/d、中小学/n、转/v、步/q、常务/a、创业/v、耕地/n、工商/n、记/n、交换/v、抗洪/v、可以/v、累计/v、列车/n、没有/v、内阁/n、全民/n、实际/n、听取/v、形式/n、修改/v、游客/n、月/q、著名/a、倍/q、产权/n、发扬/v、繁荣/a、华侨/n、计算机/n、纪事/n、粮/n、女排/n、派/v、示威/v、稳定/v、物价/n、先生/n、须/v、亚运会/n、疫情/n、引起/v、在/v、长期/n、制造/v、抓住/v、专业/n、不再/d、磋商/v、打破/v、夺冠/v、防/v、风险/n、公务员/n、关键/n、观看/v、合格/a、回到/v、流动/v、难题/n、培育/v、篇/q、热情/a、特大/a、文件/n、西方/n、新任/a、严/a、以来/n、原/a、运动会/n、振兴/v、致信/v、种/v、重/d、逐步/d、传统/n、带动/v、低/a、点/q、分配/v、公报/n、公共/a、海洋/n、换/v、回归/v、活力/n、今/ng、警方/n、每年/r、男篮/n、品种/n、全/a、蔬菜/n、所/u、体操/n、通过/p、投资/n、威胁/v、选拔/v、一行/n、医学/n、引/v、应用/v、状况/n、资产/n、自主/v、产生/v、传/v、达到/v、夺得/v、国书/n、弘扬/v、加紧/v、加入/v、解放/v、绿化/v、买/v、莫/d、乒乓球/n、签字/v、亲王/n、人均/v、山区/n、升级/v、为什么/r、卫星/n、严肃/a、引导/v、运动员/n、指标/n、颁奖/v、北方/n、承认/v、城/n、春运/n、贷款/v、党建/n、地位/n、递交/v、夺/v、法规/n、峰会/n、负责/v、富/a、和谈/v、户/q、花/n、会/n、暨/c、快速/a、率/v、煤/n、煤矿/n、纳入/v、难民/n、农家/n、荣誉/n、添/v、同胞/n、突出/a、违纪/v、温暖/a、显/v、消费者/n、主席团/n、颁发/v、步伐/n、成本/n、法治/n、放/v、各方/r、国企/n、经费/n、经济效益/n、纠正/v、抗击/v、旅客/n、卖/v、民间/n、农产品/n、社员/n、势头/n、收购/v、特别/a、田径/n、通车/v、网球/n、围绕/v、吸引/v、消除/v、小时/n、邀请赛/n、优惠/a、院士/n、扎实/a、展示/v、资助/v、别/d、成长/v、创刊/v、创作/v、奋斗/v、故事/n、顾问/n、国产/a、户/ng、获奖/v、季度/n、救援/v、救助/v、考试/v、困难/n、老人/n、里/q、联系/v、两会/n、煤炭/n、年度/n、气象/n、权力/n、却/d、人次/q、任命/v、山/n、上升/v、少年/n、释放/v、思考/v、现象/n、乡/n、新高/n、修/v、用户/n、运用/v、早/a、战/ng、重点/d、住房/n、走私/v、材料/n、承诺/v、创汇/v、党组织/n、反响/n、份/q、干/v、干涉/v、高考/n、国民经济/n、国务卿/n、加速/v、架/q、奖励/v、接待/v、今天/n、进出口/v、警惕/v、具有/v、恐怖/a、烈士/n、绿/a、人质/n、审批/v、实力/n、数字/n、稳步/d、引发/v、羽毛球/n、战/vg、战线/n、志愿者/n、主动/a、半决赛/n、初步/d、春耕/v、东北/n、动物/n、方针/n、飞/v、挂牌/v、解/v、介绍/v、开拓/v、林业/n、没有/d、枚/q、某/r、哪里/r、南/n、品牌/n、平台/n、破坏/v、期/q、侵略/v、区域/n、人大代表/n、三个代表/n、设计/v、手/n、团/n、违规/v、兴建/v、药品/n、一线/n、赞扬/v、着力/v、资格/n、综述/v、办学/v、辞职/v、大奖赛/n、电脑/n、动/v、读者/n、歌/n、公斤/q、公开/v、互/d、集中/v、计划生育/nl、家园/n、减/v、交流会/n、斤/q、晋级/v、考核/v、联手/v、美/a、模式/n、拿/v、庆/vg、全会/n、如/v、外/n、乡村/n、小麦/n、协商/v、越/d、招生/v、之后/n、周/q、注意/v、自行车/n、报道/v、边界/n、不得/v、春/ng、从严/v、丛书/n、存在/v、诞生/v、电力/n、更加/d、共同/a、关/n、国事访问/vl、海关/n、行动/v、航空/n、活/v、奖/n、经理/n、就职/v、竣工/v、离开/v、领先/v、留/v、路线/n

第 1501-2000

落成/v、民航/n、明天/n、评估/v、申办/v、收/v、树/v、艘/q、台/q、套/q、统计/v、文学/n、小康/a、协作/v、养老/v、影响/n、约/d、正常/a、专题/n、爱国/v、帮/v、带头/v、当代/n、对外开放/vl、防止/v、访华团/n、分析/v、符合/v、覆盖/v、搞活/v、巩固/v、集团/n、健全/v、教训/n、捐款/v、均/d、开辟/v、农户/n、任免/v、伤亡/v、省长/n、十分/d、题词/v、调解/v、网站/n、武术/n、消防/v、校园/n、亚运/n、邀请/v、有望/v、展览会/n、自身/r、作家/n、艾滋病/n、边防/n、裁军/v、大规模/a、大批/a、典礼/n、发展观/n、分歧/n、纷纷/d、国外/n、过/u、号召/v、红/a、宏观/a、加工/v、监察/v、教练/n、节日/n、警察/n、开赛/v、内容/n、农/ng、期待/v、侵/vg、上涨/v、申请/v、受灾/v、授予/v、特殊/a、调控/v、同期/n、团长/n、稳/a、宪法/n、校/ng、协会/n、新风/n、研讨/v、医生/n、优先/v、油/n、遇难/v、造林/v、之际/n、总局/n、颁布/v、表明/v、不要/d、部/q、残疾人/n、大家/r、电/n、锻炼/v、发放/v、反映/v、高峰/n、个体/n、各族/r、工厂/n、构建/v、辉煌/a、既/c、揭幕/v、今后/n、纠纷/n、举报/v、篮球/n、亮相/v、履行/v、普遍/a、普及/v、审计/v、实效/n、手机/n、述评/v、通信/v、通知/v、信贷/n、预算/n、整党/v、之一/r、指责/v、种植/v、作品/n、保障/n、边/d、补/v、不正之风/nl、处罚/v、登/v、方法/n、服务业/n、负担/n、各种/r、火灾/n、集中/a、教学/n、紧张/a、竞选/v、举措/n、巨大/a、克服/v、跨越/v、理事会/n、立即/d、律师/n、潜力/n、人数/n、任何/r、三中全会/n、深/a、使命/n、世锦赛/n、树立/v、数据/n、网/n、系/v、一起/d、意识/n、杂志/n、灾害/n、招聘/v、证书/n、知识分子/n、职能/n、制订/v、状态/n、追求/v、组建/v、做出/v、暴力/n、博士/n、不同/a、查获/v、成员国/n、传播/v、大幅/d、段/q、范围/n、分/v、共识/n、关怀/v、广播/n、海上/n、合法/a、花圈/n、欢宴/v、回应/v、伙伴/n、交易/n、进城/v、具体/a、立/v、落户/v、美好/a、面对/v、前夕/n、软件/n、态度/n、团结/v、退出/v、舞台/n、线/n、相关/v、效率/n、需求/n、沿海/n、一流/a、游泳/v、育/vg、预计/v、元首/n、证券/n、办公/v、宾主/n、采购/v、撤出/v、筹备/v、创建/v、存款/n、定/v、动力/n、独立/a、短/a、发射/v、方向/n、分裂/v、奉献/v、高效/a、公众/n、观众/n、冠军赛/n、好转/v、核心/n、货币/n、家属/n、节目/n、劳模/n、利/n、辆/q、忙/a、民工/n、民警/n、内部/n、跑/v、破获/v、侵犯/v、趋势/n、权/n、热点/n、人民币/n、尚/d、时/n、实际/a、台阶/n、脱贫/v、违反/v、县委/n、些/q、心理/n、压力/n、严厉/a、有力/a、展望/v、战斗/v、找/v、整体/n、中学生/n、百年/mq、版/n、北/n、变成/v、病/n、草原/n、查/v、唱/v、充满/v、传递/v、闯/v、大局/n、大量/a、东/n、遏制/v、公益/n、好事/n、会长/n、机械/n、计划/v、记者会/n、兼/v、健儿/n、交/v、解除/v、紧/a、精简/v、九月/n、救/v、颗/q、可喜/a、了解/v、类/q、联盟/n、领导班子/n、矛盾/n、密切/a、民兵/n、平稳/a、普查/v、权利/n、日/q、审判/v、速度/n、提/v、提醒/v、维和/v、现场/n、相互/d、象棋/n、协调/a、新建/v、信访/n、形象/n、严查/v、义务教育/nl、应该/v、应急/v、优化/v、展出/v、这样/r、中小企业/n、子女/n、总额/n、本/n、倒/v、董事长/n、动工/v、敦促/v、发布会/n、法官/n、关闭/v、国际象棋/n、过去/n、海/n、狠抓/v、汇报/v、活跃/v、及时/a、甲/n、科普/v、空袭/v、理想/n、例/q、临时/a、旅/vg、谋/v、南部/n、南方/n、培训班/n、票/n、破解/v、亲切/a、清除/v、球/n、趋/v、热/a、受益/v、听/v、外商/n、危险/a、卫士/n、许多/a、延长/v、一代/n、遗体/n、影片/n、应邀/v、游行/v、预防/v、允许/v、增进/v、正义/n、政权/n、助学/v、咨询/v、总体/n、罢工/v、背后/n、不良/a、部委/n、参赛/v、错误/n、动员/v、端正/v、根本/a、工程师/n、公告/n、公正/a、航班/n、何时/r、洪水/n、互利/v、化肥/n、话/v、欢乐/a、活跃/a、急需/v、监测/v、尽/v、警告/v、扩/vg、拉开/v、乐/a、没/d、排除/v、全/d、缺/v、人生/n、失事/v、师生/n、施工/v、使馆/n、世乒赛/n、受伤/v、退/v、校长/n、协调/v、幸福/a、寻求/v、央行/n、议员/n、音乐/n、原因/n、院长/n、造福/v、赠送/v、争夺/v、争取/v、争议/v、政党/n、政法/n、指数/n、驻外/v、自由/a、爱国主义/n、产/v、产业化/v、产值/n、存/v、逮捕/v、代/q、当地/n、底/n、冬季/n、防范/v、高原/n、公平/a、功能/n、关键/a、观念/n、光荣/a、规范化/v、规划/v、国家机关/nl、还/v、和解/v、候选人/n、获胜/v、坚定不移/vl、仅/d、进攻/v、境内/n、军人/n、客机/n、领土/n、棉花/n、能否/v、农资/n、判刑/v、抢/v、抢险/v、穷/a、认证/v、荣获/v、入侵/v、上市/v、生物/n

第2001－2500

实/a、双边/n、往/p、委托/v、我军/n、下去/v、兴办/v、选出/v、验收/v、一定/d、一切/r、义务/a、印发/v、硬/a、援建/v、运营/v、长征/n、争端/n、专利/n、最佳/a、办事/v、保卫/v、表演/v、不能/v、参谋长/n、层次/n、撤销/v、出发/v、窗口/n、村民/n、断/v、夺取/v、恶化/v、防控/v、房/n、飞行/v、分/q、改组/v、共享/v、购买/v、古/a、股市/n、管道/n、航天/n、合资/v、何/r、呼唤/v、回收/v、惠及/v、积极性/n、加/v、将军/n、揭露/v、杰出/a、金额/n、进军/v、拒/vg、崛起/v、开学/v、空间/n、乐观/a、离任/v、力争/v、例行/v、梦/n、民营/a、民主党派/n、名将/n、名誉/n、某部/r、男/a、内政/n、判处/v、启程/v、前进/v、全年/n、热线/n、如今/n、社论/n、生产力/n、十二五/m、手段/n、树/n、水稻/n、说明/v、天然气/n、统筹/v、投入/n、团体赛/n、拓展/v、戏/n、需要/n、宣言/n、严禁/v、移民/n、艺术节/n、营造/v、友协/n、有序/a、怎么/r、障碍/n、真/a、真情/n、执政/v、制成/v、致辞/v、主体/n、住宅/n、组/n、报道/n、报刊/n、备战/v、便民/a、不可/v、成交/v、诚信/a、创办/v、答谢/v、党政/n、到达/v、繁荣/v、房地产/n、放心/v、风/n、否认/v、负/v、高层/n、高产/a、更新/v、工艺/n、规范/a、轨道/n、互联网/n、活动/v、记事/n、奖章/n、近日/n、举重/n、开会/v、垃圾/n、浪费/v、老区/n、旅游业/n、率先/d、梦想/n、民主/n、年轻/a、配套/v、批示/n、抢救/v、青春/n、如此/r、涉嫌/v、生/v、省委/n、盛赞/v、施行/v、十一五/m、示范/v、市场经济/n、试行/v、受贿/v、速滑/n、探讨/v、妥善/a、先进性/n、相/d、新规/n、兴旺/a、亚锦赛/n、研究生/n、药/n、迎来/v、用于/v、遇/v、元旦/n、远/a、暂/d、早日/d、展/vg、站/n、长城/n、植树/v、中医/n、主权/n、主张/v、专业户/n、自/r、综合治理/vl、把/v、报告团/n、边疆/n、阐述/v、撤离/v、出售/v、此/r、档案/n、东部/n、杜绝/v、发动/v、发展中国家/nl、非常/d、福利/n、负于/v、钢铁/n、高潮/n、挂/v、关/v、击败/v、价值/n、奖金/n、交易/v、接近/v、经/p、旧/a、决策/v、开设/v、抗旱/v、困境/n、理解/v、联欢/v、亮点/n、林/ng、绿色/n、名人战/n、目的/n、农机/n、普通/a、启示/v、全党/n、全社会/n、融资/v、三农/n、商店/n、涉/vg、升/v、事务/n、试验/n、视察/v、贪污/v、通道/n、同/d、同时/n、头/q、推迟/v、外事/n、务实/v、享受/v、小学/n、宣誓/v、野生/a、一手/d、一体化/v、医药/n、移动/v、遗址/n、议案/n、引领/v、隐患/n、营养/n、赢得/v、有利/v、院/n、越来越/d、运/v、暂行/a、扎根/v、张/q、长官/n、这里/r、针对/v、征文/v、整改/v、直/d、值得/v、志愿/v、重返/v、重组/v、猪/n、筑/v、总量/n、奥林匹克/n、拜会/v、暴雨/n、比/v、并/d、不满/a、部长级/n、菜/n、差距/n、撤/v、称赞/v、出国/v、大地/n、大幅度/d、待遇/n、地下/n、冬奥会/n、对待/v、发电/v、反应/v、方便/v、纺织/v、奋战/v、感受/v、感谢/v、高于/v、给予/v、姑娘/n、关爱/v、官/n、广阔/a、归/v、过半/v、好评/n、会员/n、货/n、激发/v、技能/n、艰难/a、检测/v、讲座/n、教科书/n、结/v、精心/a、竟/d、看好/v、考验/v、科学技术/n、粮油/n、留学生/n、落/v、门/n、面貌/n、民众/n、名牌/n、农田/n、暖/v、判/v、迁/v、强大/a、日益/d、商标/n、少儿/n、审理/v、省级/a、失利/v、手术/n、隧道/n、台胞/n、台风/n、探/v、提倡/v、调/v、调动/v、推/v、退休/v、拓宽/v、挖/v、歪风/n、外汇/n、往来/v、忘/v、维权/v、先进/n、现实/n、想/v、心中/n、亚军/n、业余/a、渔业/n、再现/v、增速/n、招标/v、这个/r、职权/n、致函/v、种子/n、助理/n、总产/n、总督/n、左/a、败/v、办理/v、帮扶/v、包装/n、避免/v、博物馆/n、补贴/v、财产/n、茶话会/n、常/d、常委/n、出任/v、春天/n、带领/v、待/v、单打/n、到位/v、登记/v、抵抗/v、地铁/n、掉/v、读/v、发言/n、放弃/v、风气/n、干警/n、高速公路/n、骨干/n、冠/ng、规定/v、贵/a、贺信/n、红军/n、花样/n、画家/n、换届/v、火车/n、机/ng、激战/v、集资/v、纪行/n、减轻/v、交警/n、精彩/a、精品/n、开办/v、抗灾/v、靠/v、客运/n、空中/n、快乐/a、劳动力/n、连任/v、迈出/v、迈向/v、勉励/v、民用/a、明确/v、明星/n、命令/n、农牧民/n、农药/n、女足/n、平安/a、评论/n、旗帜/n、气候/n、千年/n、桥/n、桥牌/n、人们/n、人人/n、人心/n、认识/v、三成/m、摄影/v、十六大/n、时刻/n、事实/n、试/v、守/v、水位/n、思路/n、所有/a、她/r、太/d、特区/n、突出/v、推向/v、外相/n、五月/n、西北/n、喜人/a、夏粮/n、学子/n、严打/v、业绩/n、移交/v、已经/d、踊跃/a、院校/n、增多/v、摘/v、站/v、中医药/n、助力/v、转化/v、装备/n、总裁/n、最低/a、哀悼/v、把握/v、爆发/v、必要/a、财富/n、常态/n、畅谈/v、畅通/a

第 2501－3000

出租车/n、从事/v、大案/n、大业/n、多数/n、罚/v、法案/n、反恐/v、防汛/v、防御/v、放开/v、费用/n、风波/n、格局/n、功/n、攻坚/v、构筑/v、广/a、桂冠/n、国营/a、过/d、孩子们/n、滑冰/v、欢度/v、回顾/v、劫持/v、紧急状态/nl、近期/n、就绪/v、开支/n、课/n、课堂/n、扩建/v、扩张/v、来华/v、蓝天/n、流通/v、陆续/d、门槛/n、牧民/n、男女/n、排/v、排球/n、牌/n、配合/v、片/q、骗/v、签约/v、前沿/n、全方位/n、全能/n、全运会/n、群体/n、热潮/n、热心/a、三月/n、杀/v、啥/r、审查/v、暑期/n、水库/n、税/n、税务/n、四化/n、送行/v、算/v、损害/v、天/n、投票/v、外交官/n、尾声/n、袭/v、刑事/a、兴起/v、压缩/v、严惩/v、一等功/n、因地制宜/vl、音乐会/n、英模/n、永远/d、用人/v、优/ag、优良/a、游/v、赞/vg、遭遇/v、赠/v、债务/n、涨价/v、真/d、政府军/n、治沙/v、智力/n、追记/v、资本/n、宗教/n、摆脱/v、半数/m、包揽/v、被捕/v、标志/n、标准化/v、病毒/n、补偿/v、超级/a、冲/v、出去/v、出征/v、穿/v、春季/n、大师/n、大中型/a、担任/v、低于/v、地质/n、电信/n、队员/n、兑现/v、发明/n、反对派/n、反腐倡廉/vl、访问团/n、分组/v、夫妇/n、纲要/n、高速/a、工作组/n、国情/n、国债/n、过渡/v、行/v、贺电/n、后勤/n、化解/v、话/n、话剧/n、回家/v、火炬/n、机会/n、基建/n、检疫/v、减负/v、交易会/n、教材/n、接触/v、街头/n、解散/v、酒/n、聚焦/v、看病/v、看到/v、课题/n、滥/a、滥用/v、立足/v、迈/v、满/v、免/v、内外/n、年均/v、女单/n、启用/v、前列/n、欠/v、侵权/v、热议/v、人类/n、伤/v、商务/n、涉及/v、生产线/n、世博

/n、收到/v、特点/n、提案/n、推荐/v、退耕还林/vl、外地/n、外来/a、网友/n、围棋赛/n、五一/n、武装/v、务工/v、西南/n、下来/v、先行/v、县长/n、献身/v、像/v、新居/n、新人/n、新生/n、新闻界/n、信任/v、修订/v、削减/v、寻找/v、依然/a、疫苗/n、因素/n、有关/p、有所/v、预警/v、原料/n、源头/n、再度/d、遭受/v、增幅/n、占领/v、着眼/v、政变/v、指挥/v、指示/n、中小学生/n、驻军/v、追悼会/n、资料/n、自然/n、总部/n、坐/v、保健/n、被迫/d、奔/v、不容/v、不少/a、财长/n、草/n、拆除/v、场地/n、城镇化/v、处/n、处/q、处/v、船舶/n、达标/v、大事/n、党性/n、道/n、抵制/v、短信/n、纺织品/n、分/n、丰碑/n、风采/n、封锁/v、否决/v、服装/n、幅度/n、复兴/v、干旱/a、各类/r、公款/n、攻势/n、沟通/v、古城/n、股/n、国会/n、还是/c、何以/d、核试验/n、核武器/n、欢庆/v、毁/v、活/a、基因/n、及其/c、籍/ng、技改/v、坚定/v、角逐/v、借/v、经过/p、看待/v、空气/n、控/v、口岸/n、宽/a、矿/n、亏损/v、利率/n、亮/v、流失/v、路子/n、满/a、民事/a、命名/v、谋求/v、某师/r、内需/n、年底/n、牛/n、农技/n、暖/a、拍卖/v、赔偿/v、蓬勃/a、平衡/a、人事/n、日报/n、如/c、如期/d、若干/r、赛事/n、少/v、设宴/v、申奥/v、生动/a、生猪/n、盛会/n、实验/n、试点/n、室内/n、四中全会/n、损失/v、天地/n、天下/n、挑战赛/n、同时/c、突发/v、途径/n、网球赛/n、卫冕/v、下月/n、向前/v、新兴/a、信息化/v、星/n、雪/n、巡礼/v、演/v、演员/n、阳光/n、洋/a、养殖/v、遗产/n、议定书/n、引入/v、勇于/v、用品/n、有方/v、灾民/n、阵地/n、征求/v、植物/n、致力/v、忠诚/a、专访/v、转让/v、罪犯/n、左右/n、做到/v、比例/n、表率/n、表现/v、兵/n、财务/n、查出/v、超额/v、愁/v、处分/v、处于/v、船/n、导向/n、导致/v、电视电话会议/n、奠基/v、冬/ng、懂/v、读物/n、短道/n、对/q、对口/v、多方/d、返/v、方便/a、分类/v、敢/v、感动/v、公交/n、共和国/n、国内外/n、海域/n、核查/v、贺词/n、横向/n、后进/a、欢送/v、回升/v、货物/n、机器人/n、激情/n、寄/v、家长/n、架/v、坚强/a、节/v、解读/v、竞争力/n、开除/v、开发区/n、考虑/v、可望/v、跨国/a、来信/n、劳务/n、离休/v、利税/n、联/vg、零/m、令/n、没/v、每天/r、秘书/n、民心/n、木材/n、男排/n、南水北调/nl、闹/v、能手/n、农场/n、女将/n、普通话/n、七成/m、期货/n、期望/v、其他/r、起点/n、桥梁/n、青睐/v、清/a、秋季/n、驱逐/v、全线/n、确认/v、赛场/n、上岗/v、烧/v、少年儿童/nl、身/ng、生意/n、世青赛/n、试验/v、适用/a、首席/n、受理/v、售/v、书写/v、数量/n、司令/n、四成/m、淘汰/v、腾飞/v、提速/v、题写/v、停职/v、挺进/v、投诉/v、透视/v、挖掘/v、危害/v、勿/d、系列/q、下发/v、掀起/v、县级/a、现金/n、向/v、小将/n、循环/v、严峻/a、一席谈/n、义务/n、艺术家/n、银监会/n、预期/v、在即/v、暂停/v、遭到/v、摘要/n、证/n、政务/n、至少/d、中导/n、中国梦/n、重在/v、祝/v、专门/a、追究/v、总产值/n、总政/n、罪/n、昨天/n、作战/v、班子/n、绑架/v、宝/n、毕业/v、冰球/n

第 3001－3500

冰雪/n、病例/n、补贴/n、不宜/v、彩电/n、测试/v、刹住/v、场所/n、潮/n、惩治/v、筹集/v、储蓄/v、打开/v、党支部/n、倒卖/v、地球/n、读书/v、二期/a、发起/v、犯罪分子/n、防务/n、放宽/v、分获/v、富民/v、敢于/v、高手/n、高新技术/n、根据/p、公园/n、公约/n、共青团/n、海内外/n、红色/n、环节/n、缓解/v、黄金/n、火/n、亟待/v、计时/v、继承/v、加剧/v、甲感/n、甲级/a、艰苦奋斗/vl、检验/v、见义勇为/vl、建国/v、建造/v、僵局/n、街/n、节/n、井/n、救人/v、捐助/v、军备/n、军官/n、开馆/v、客/ng、客车/n、拉力赛/n、劳动/n、老师/n、力/n、历程/n、联营/v、良种/n、灵活/a、领袖/n、另/r、满足/v、盲人/n、南北/n、难以/d、年内/n、农田水利/nl、派/n、盘/q、判决/v、披露/v、平民/n、评为/v、期盼/v、牵/v、轻/a、清单/n、全市/n、拳击/n、认识/n、软/a、三讲/n、上演/v、尚未/d、射击/v、身份/n、失败/v、使节/n、市委/n、适当/a、收获/v、书面/a、输/v、数千/m、刷新/v、司机/n、搜救/v、诉/vg、特别/d、厅局长/n、投资者/n、团队/n、完毕/v、旺/a、微笑/v、未成年人/n、文字/n、物质/n、西/n、西岸/n、喜获/v、现在/n、响/v、小组赛/n、邪教/n、写信/v、信用/n、宣判/v、学院/n、言论/n、阳光/a、养鱼/v、夜/q、一月/n、异地/n、与会/v、预选赛/n、原油/n、援/vg、月份/n、掌握/v、整合/v、政要/n、支农/v、知/v、直升机/n、制/v、制约/v、智慧/n、中华民族/n、中药/n、州/n、壮大/v、自治/v、最近/n、摆/v、报名/v、并举/v、病人/n、播出/v、补助/v、采用/v、曾/d、刹/v、倡议/n、彻底/a、承担/v、城运会/n、程序/n、持/v、储备/v、创先争优/vl、慈善/a、错/a、大户/n、当/p、盗版/v、悼念/v、电视剧/n、订/v、毒/n、对策/n、返回/v、放在/v、非/d、分钟/q、奋力/d、丰富/a、风尚/n、盖/v、纲领/n、攻关/v、股票/n、故乡/n、关切/v、光辉/a、光明/n、国税/n、夯实/v、行长/n、喝/v、核电/n、户口/n、花/v、荒山/n、回答/v、基本建设/nl、集装箱/n、纪委/n、佳绩/n、家乡/n、坚守/v、剪彩/v、简介/n、奖学金/n、降价/v、叫停/v、节水/v、解释/v、借/p、金奖/n、京剧/n、九成/m、局/n、聚/v、捐/v、卷/q、决/vg、军转/v、卡/n、扣/v、拉/v、老年/n、擂台赛/n、历史性/n、立案/v、立体/a、利/v、流行/v、六一/n、每/r、每个/r、美丽/a、瞄准/v、民情/n、民意/n、名次/n、明确/a、男单/n、怕/v、派出/v、品德/n、苹果/n、七月/n、齐/d、其中/r、气/n、强劲/a、倾销/v、倾斜/v、情报/n、取/v、全力以赴/vl、人工/a、认定/v、荣立/v、入党/v、入库/v、商品经济/n、上网/v、摄影展/n、深切/a、声音/n、势力/n、事项/n、首日/n、受损/v、水质/n、死刑/n、台独/n、太阳/n、逃/v、提名/v、体现/v、停/v、图片展/n、完全/d、晚宴/n、为主/v、维修/v、昔日/n、系列赛/n、先锋/n、响应/v、小区/n、小学生/n、效应/n、修正案/n、研发/v、一点/mq、一级/a、以及/c、议程/n、拥有/v、永/d、用地/v、忧/vg、幼儿园/n、鱼/n、语言/n、预赛/n、缘何/r、载/q、诈骗/v、债券/n、展销会/n、战罢/v、征集/v、只有/c、知名人士/n、职称/n、植树造林/vl、志/n、中青年/n、主管/v、铸/v、专业/a、自觉/a、总/d、最新/a、罪行/n、做法/n、安保/n、霸权主义/n、报/v、本地/r、逼/v、辩论/v、拨/v、不足/a、财贸/n、财税/n、册/q、差/a、拆/v、拆迁/v、倡导/v、车辆/n、成才/v、抽查/v、储量/n、辞去/v、村官/n、搭/v、打假/v、大气/n、担/v、蛋/n、党报/n、到底/v、盗窃/v、登山/v、低保/n、电贺/v、定期/a、冬运会/n、对接/v、对抗赛/n、多次/mq、法庭/n、返乡/v、非典型肺炎/n、夫妻/n、附近/n、干群/n、干扰/v、革新/v、个体户/n、公示/v、挂钩/v、贯通/v、归侨/n、国务/n、罕见/a、行贿/v、行政/v、红十字会/nl、洪灾/n、后劲/n、户籍/n、护航/v、华诞/n、画展/n、惠民/v、获释/v、机组/n、激烈/a、集训/v、计生/n、季/q、家电/n、价/n、艰苦/a、减排/v、建军/v、交付/v、皆/d、接收/v、进度/n、禁毒/v、经商/v、警示/v、捐资/v、决策/n、军方/n、军舰/n、军演/v、开拍/v、勘探/v、康复/v、考/v、科教兴国/vl、肯定/v、空白/n、连/v、廉洁/a、列/v、领/v、留学/v、陆军/n、落后/a、屡/d、马拉松赛/n、魅力/n、命运/n、年代/n、鸟/n、排名/v、旁听/v、平反/v、普法/v、棋手/n、企图/v、千方百计/dl、千瓦/q、前线/n、球迷/n、全新/a、人物/n、任期/n、仍然/d、涉外/v、身手/n、深刻/a、省份/n、师/ng、十二月/n、时机/n、实事求是/vl、书法/n、属/v、数学/n、双双/m、水土/n、税费/n、顺差/n、私/ag、四化建设/nl、缩小/v、探亲/v、填补/v、跳水/v、通航/v、投身/v、托/v、娃娃/n、完/v、完工/v、唯一/a、维持/v、问候/v、问责/v、我党/n、先后/d、相撞/v、销毁/v、小微/a、信誉/n、修复/v、修建/v、虚假/a、序幕/n、学员/n、雪域/n、寻/v、堰塞湖/n、业/ng、一把手/n、移植/v、遗憾/a、引来/v、印象/n

第3501－4000

营救/v、拥护/v、有利于/v、有益/a、预测/v、造/v、札记/n、摘编/v、战场/n、战平/v、长/v、招/n、招待/v、召回/v、照顾/v、这么/r、真实/a、真正/d、正气/n、证监会/n、职责/n、中西部/n、种族/n、主教练/n、装置/n、追授/v、坠毁/v、自我/r、自愿/v、总参/n、尊严/n、埃米尔/n、按照/p、澳网/n、百分点/n、办案/v、包括/v、保障房/n、必/d、变迁/v、表扬/v、不安/a、采/v、菜篮子/n、残疾/n、柴/n、尝试/v、乘客/n、充实/v、崇高/a、初/n、除/v、村级/a、大队/n、大熊猫/n、代/v、党纪/n、道/q、德育/n、登陆/v、地面/n、典型/n、东方/n、督办/v、毒品/n、独立/v、堵/v、度/q、度/v、对付/v、对抗/v、发达/a、反对党/n、防火/v、房价/n、房屋/n、放松/v、风雨/n、封/q、富裕/a、该/r、感到/v、港/n、高兴/a、工人阶级/n、攻击/v、共建/v、供暖/v、供销社/n、灌溉/v、国足/n、含/v、行列/n、航线/n、合资企业/n、合作社/n、黑/a、轰炸/v、互相/d、化学武器/nl、魂/n、机关干部/n、激活/v、激励/v、级别/n、疾病/n、记录/v、监督员/n、郊区/n、轿车/n、解放思想/vl、金/a、禁/v、精英赛/n、警/ng、警务/n、净化/v、俱乐部/n、决不/d、决战/v、绝不/d、军营/n、考察团/n、课程/n、块/q、款/n、款物/n、框架/n、牢记/v、老将/n、老年人/n、立功/v、联合公报/n、联网/v、两成/m、楼/n、马克思主义/n、盲目/a、免职/v、面/q、面世/v、民办/a、明珠/n、某些/r、纳税/v、难民营/n、排污/v、排忧解难/vl、盼/v、捧/v、聘请/v、平等/a、评奖/v、评论员/n、破除/v、岂能/v、启事/n、气氛/n、清洁/a、秋/ng、全程/n、热爱/v、人间/n、任职/v、入选/v、弱/a、洒/v、商/vg、商讨/v、上学/v、上游/n、身亡/v、省/v、省政府/n、失业/v、失踪/v、十佳/n、时报/n、拾/v、始终/d、士兵/n、视频/n、收获/n、收益/n、手中/n、书画/n、书画展/n、数百/m、水果/n、水上/n、硕士/n、太阳能/n、提交/v、体检/v、体坛/n、体验/v、铁人/n、同/a、头/n、透/v、挖潜/v、威力/n、帷幕/n、文集/n、下达/v、下调/v、夏季/n、掀/v、现有/v、新版/a、新篇/n、兄弟/n、学科/n、压/v、延伸/v、研讨班/n、羊/n、一等奖/n、一审/n、移民/v、以后/n、议/v、营销/v、用工/v、忧虑/v、油价/n、友人/n、有助于/v、渔民/n、欲/d、远程/a、炸/v、战斗力/n、战机/n、长远/a、招工/v、招收/v、征/v、正/a、正常化/v、正视/v、政局/n、之间/n、支撑/v、质/ng、中常会/n、种粮/v、周末/n、助推/v、注册/v、转发/v、撰文/v、装/

v、追/v、准/a、自救/v、自治区/n、自主权/n、字/n、组长/n、作者/n、八月/n、白皮书/n、搬/v、包机/n、保护区/n、备忘录/n、被占领土/n、本/q、表决/v、步入/v、部/n、财经/n、参拜/v、参观团/n、测/v、层层/q、撤职/v、成灾/v、城区/n、乘/v、冲击/v、筹资/v、出来/v、传承/v、闯入/v、篡改/v、挫败/v、大锅饭/n、大门/n、大众/n、代理/v、到会/v、德/n、第三世界/n、点/v、电报/n、电话会议/n、电网/n、电影节/n、店/n、动乱/v、动手/v、队长/n、多少/r、发明/v、反腐/v、犯/v、非常/a、非正式/a、辐射/v、复杂/a、感恩/v、干事/n、干线/n、干预/v、高等教育/nl、高铁/n、隔离/v、攻/v、贡献/v、供水/v、孤儿/n、观/vg、观点/n、光/n、光盘/n、规则/n、贵宾/n、过关/v、旱情/n、行径/n、好/d、合力/n、忽视/v、互助/v、化学/n、坏/a、会风/n、货运/n、获得者/n、获救/v、击毙/v、击落/v、鸡/n、极/d、甲型H1N1流感/n、艰苦创业/vl、建房/v、建行/n、渐/d、奖牌/n、教/v、接力/v、谨慎/a、尽早/d、就任/v、具备/v、聚会/v、开门/v、开庭/v、刊登/v、矿工/n、扩散/v、拉动/v、劳动模范/n、类/n、冷/a、冷暖/n、力促/v、力克/v、立方米/q、联合体/n、联合政府/nl、列入/v、临床/v、流域/n、六月/n、龙头/n、路上/n、乱/a、论述/v、落到实处/vl、码头/n、美籍/a、美术/n、棉/ng、面前/n、秒/q、名人/n、母亲/n、年产/v、年龄/n、农副产品/n、浓/a、女篮/n、女王/n、女性/n、平凡/a、评比/v、凭/p、屏障/n、曝光/v、期刊/n、强制/v、墙/n、且/d、亲属/n、轻工业/n、情谊/n、庆典/n、球员/n、驱动/v、取缔/v、人均收入/n、日前/n、肉/n、入手/v、赛程/n、山村/n、设置/v、社保/n、社队/n、申报/v、身份证/n、深处/n、神州/n、声明/v、盛宴/n、试验区/n、是否/v、收支/n、手续/n、首/ng、首先/d、枢纽/n、输送/v、数/m、双打/n、水源/n、丝绸之路/nl、四月/n、虽然/c、它/r、踏/v、提拔/v、天皇/n、田间/n、同步/v、投/v、土/n、团伙/n、挽回/v、微博/n、污水/n、牺牲/v、席位/n、下半年/n、献给/v、销路/n、心灵/n、心声/n、心态/n、心愿/n、新篇章/n、新品/n、新闻公报/nl、新药/n、信/n、刑事犯罪/nl、烟/n、研究会/n、一成/m、医改/v、宜/ag、乙烯/n、以下/n、易/vg、银/ng、英勇/a、迎春/v、营业/v、由于/p、油气/n、油田/n、有偿/a、予以/v、雨/n、愿意/v、咋/r、赞赏/v、则/c、择/v、扎扎实实/a、炸弹/n、战斗机/n、长跑/n、找到/v、这些/r、这种/r

附录 2　新时期《人民日报》标题 3977 条新词语（按频次降序排列）

序位 1－100

工程、开发、投资、外长、奥运、研讨会、启动、信息、纪实、非典、推出、机制、环保、对话、开放、科研、环境、网络、监管、世界杯、欧盟、武警、女排、致富、出台、绿色、扶贫、社区、农民工、开通、打造、联大、提升、北约、力度、转型、体制改革、亚太、应对、节能、纪委、媒体、大赛、大陆、改革开放、民柬、品牌、健身、调研、男篮、电脑、落幕、特区、下岗、海湾、同比、回归、构建、乡镇企业、消费者、艾滋病、纪检、联网、廉政、责任制、平台、法治、欧共体、手机、精神文明、三个代表、友协、软件、反腐、高效、新高、公务员、违规、峰会、国企、巴解、残疾人、核电、网站、亮相、新风、共同体、新任、亚运会、股市、联手、女足、热点、中国特色、两会、违纪、春运、夺冠、对外开放、国有企业

序位 101－200

互联网、评估、再就业、创汇、落户、招聘、志愿者、知识产权、诚信、国税、维和、共建、经济效益、精品、调控、一体

化、男排、引领、组建、奥委会、从严、电视剧、搞活、挂牌、破解、市场经济、央行、优化、房地产、公社、基因、申办、数字、退休、杯赛、大奖赛、维权、服务业、高速公路、共识、开发区、有序、融资、病毒、查获、艺术节、助学、新时期、举报、营造、回顺、拓展、四化、台阶、综合治理、回收、经合组织、开赛、合资、可持续发展、脱贫、阳光、和谐社会、看好、信息化、化解、世锦赛、速滑、智能、聚焦、便民、拍卖、世行、务工、预警、GDP、帮扶、窗口、女单、女篮、三农、重组、关爱、农资、热线、村官、黄金、食品安全、新农村建设、到位、口岸、亮点、提速、中纪委、严打、禁毒、小区、层次、倡廉、国际奥委会

序位 201—300

机器人、亚太地区、自我、上网、研发、影视、解读、生态环境、首战、效应、助推、全方位、汇价、集资、甲A、力促、启用、拓宽、移植、专业户、足协、特别行政区、反腐倡廉、国债、社保、台胞、亚锦赛、CBA、内需、网友、整合、节水、立体、香港回归、影节、暂停、增速、希望工程、排污、赛事、送温暖、投资环境、西部大开发、园区、争优、彩电、冬奥会、反恐、国家教委、核查、缓解、金融危机、流失、年均、签约、侵权、世博会、台办、腾飞、退耕还林、打工、导向、互动、减负、上岗、标准化、创先、达标、短信、访谈、辐射、民营、同步、下跌、下调、英模、公示、打假、光盘、合资企业、空调、三讲、质检、大户、倒卖、粮农、评介、期盼、情系、销量、增幅、计生、电视电话、家电、理念、瞄准、欧佩克、申奥、医保、与时俱进

序位 301－400

反倾销、护航、跨世纪、利税、联营、美容、南水北调、时尚、受理、搜救、投诉、卫冕、新招、中介、营销、高科技、高新技术、警示、离休、文化产业、物流、小康社会、分获、国际化、机构改革、激活、框架、三下乡、政治解决、低保、地税、佳绩、减灾、欧元、心态、国办、记协、擂台赛、涉外、世贸组织、世青赛、视角、首发、首日、文联、中导、组委会、倾斜、百分点、并购、倒计时、盗版、对接、航天飞机、会风、网民、医改、城运会、督查、多种经营、高端、个体户、挂钩、合力、甲感、科教兴国、拉力赛、女将、前沿、失业率、台独、透明、突发、现代农业、献爱心、新秀、堰塞湖、知识竞赛、执委会、一国两制、军演、拉动、联合体、民营企业、丝路、在线、安保、案例、城建、地区经济、动漫、非典型肺炎、国台办、捐资、困扰、联动、男单、商场、商品经济、双拥

序位 401－500

税费、挖潜、微博、新品、用工、展销会、珠峰、自律、超市、创意、高技术、曝光、误区、造假、联姻、双赢、休闲、荧屏、治污、澳网、冬运会、国资、假冒、控股、两手抓、量化、民企、扭亏、排忧解难、棋手、起步、扫描、市场化、首例、芯片、战平、彰显、长效、追授、火、经济特区、商机、商品房、引资、彩票、菜篮子、餐饮、大战、电子商务、股指、黄金周、两个文明、楼市、面市、陪同、双打、网吧、信息技术、移动电话、走俏、保障房、搭建、大数据、邓小平理论、定位、多层次、贩毒、国家队、国门、精英赛、景区、冷门、掠影、民营经

济、谋私、青藏铁路、人力资源、十佳、循环经济、舆论监督、招商、准入、足联、扫黄、通胀、星级、打非、跟踪、黑客、环保产业、绩效、企业文化、驱动、书市、素质教育、伪劣、希望小学、演绎、智库、*晒

序位 501—600

城管、点赞、多功能、多样化、翻番、副产品、高检、互信、技术进步、甲型 H1N1 流感、紧缩、精英、景观、力克、模拟、女双、入股、赛程、赛区、三乱、外籍、亚行、养老金、要案、运量、增值、政务公开、职务犯罪、理顺、绿色食品、排查、透明度、吸纳、信息产业、展演、职教、促销、独联体、反思、立交桥、能耗、锐减、圣火、数字化、推介、误导、信用卡、研修、业主、因特网、走势、80 后、厂商、承包制、电视片、夺魁、发掘、防总、广开、国家标准、海基会、核力量、会海、监控、兼并、京郊、开播、流动人口、美联储、名片、农运会、批量、批转、评审、禽流感、全球化、上线、双向、提请、外经贸、网点、系统工程、险胜、消协、心理健康、信息服务、跃居、再造、增选、直播、中外合资、自办、自然保护区、综治、足坛、A 股、反弹、解困、军嫂、攀升

序位 601—700

瓶颈、热销、特困、危房、运作、公信力、硅谷、驾照、健美、纠风、离退、连续剧、凝聚力、数据库、物权、现场办公、银牌、资费、巴解组织、出线、带头人、电商、定点、工业园、公决、关贸总协定、揭牌、宽松、力作、两伊战争、农民企业家、棋王、全能冠军、散打、上调、升值、生物工程、时空、士

官、受阻、税款、索赔、田联、移动通信、议政、迎战、运抵、中国奥委会、重塑、房改、入场券、售后服务、错位、改制、吉祥物、加盟、降温、克隆、快车道、另类、扭亏为盈、排行榜、盘点、企业集团、强势、入世、上市公司、涉案、涉农、手拉手、锁定、退税、脱贫致富、外空、微机、洗钱、秀、巡演、严控、择校、增效、直选、助残、并网、参展、产区、车手、城乡一体化、大展、点子、夺金、复交、高院、国际电影节、国有资产、互补、惠农、缉毒、金砖四国、劲旅

序位 701−800

竞争机制、军地、抗癌、科考、空难、离退休、联谊、联谊会、靓、龙头、绿色通道、民意测验、女垒、女曲、铺开、倾力、圈、热身赛、软实力、三资、世界遗产、市府、售后、退市、托管、王国、网络化、违法乱纪、洗衣机、限产、祥和、刑警、雄风、养殖业、一次性、医护、音像、预案、载体、择优、展区、招商引资、震灾、正能量、政坛、主旋律、著作权、IMF、WTO、保税区、博士后、减肥、奖项、贫困县、听证会、脱困、下海、征管、把脉、扮靓、港人、技术市场、假币、降耗、科技兴农、快递、绿色长城、民心工程、内贸、情结、沙尘暴、生源、湿地、世界艾滋病日、鼠标、凸显、外向型、外援、网络安全、物业、信息高速公路、央视、支柱产业、治穷、中资、主渠道、暴恐、爆冷门、不良贷款、创一流、搭桥、道德模范、锻造、二审、感言、国库券、航母、红娘、化武、会诊

序位 801−900

减税、角色、禁运、警民、军控、客场、两用人才、两院、

龙头企业、南北、配额、碰硬、评标、亲情、球星、扫毒、善待、商用、食品添加剂、世贸、税制、体改、文化市场、细化、限购、限价、小商品、兴奋剂、严处、演艺、一刀切、运力、增量、增盈、增值税、治保、装修、自营、走向、NBA、第三产业、防伪、负增长、滚动、行风、考研、瘦身、外企、造血、直销、办公自动化、保龄球、变脸、参政议政、层面、车市、出炉、传销、待业青年、蛋糕、导游、登陆、独生子女、多媒体、红包、降幅、接轨、解密、禁赛、宽带、矿难、捧杯、铺路、牵手、缺口、赛季、社区服务、私企、诉求、特色旅游、投保、下访、星火计划、义工、远程教育、智能化、中考、转基因、走低、奥申委、保鲜、编外、播报、残奥会、厂家、车展、城市化、触摸、村务公开、大包干

序位 901－1000

大满贯、电大、顶级、动真格、发案、法律援助、公平竞争、公选、共谋、回头看、基因组、集散、家用、竞逐、开机、客商、空调器、老乡、联办、联组、留守儿童、录像、路霸、埋单、纳米、南南、牛、扭亏增盈、乒坛、前瞻、求职、热评、上台阶、社会效益、首访、首飞、首金、首席执行官、首演、殊荣、双增双节、税利、税源、司法公正、随迁、踏访、特快、特邀、突发公共卫生事件、退耕、退役、外向型经济、外运、网络问政、文明村、窝点、无序、消化、信息安全、刑拘、虚假广告、医患、艺术体操、应聘、优质产品、羽球、援藏、赞助、争冠、执教、执委、执业、滞后、专营、转机、走读、CCTV、保健食品、传媒、低谷、孵化、构想、坑农、内功、人才市场、三资企业、升温、邮品、择业、走穴、百强、爆冷、笔记本电脑、草业、策划、炒作、登顶、底线、电脑病毒、股权

序位 1001－1100

国道、国家公务员、行政诉讼、节能灯、开局、可行性、亮丽、楼盘、名优、目标管理、盘活、票贩子、婆婆、起飞、汽车拉力赛、清退、缺失、人气、三角债、上扬、实时、试水、受众、受助、书展、刷卡、税负、铁人三项、网络文学、微信、卫视、五个一工程、休渔、银行卡、有线电视、宰客、政府采购、制售、转包、走好、@、保费、保护伞、暴跌、边检、边境贸易、藏胞、厂长负责制、程控、出线权、创客、从重、得主、独资、二手房、非农、非遗、复产、复出、港澳台、高地、高扬、公益金、供气、股改、挂职、光缆、国宝、国产化、海监、耗资、话语权、混双、加价、监理、教辅、教改、节能降耗、节庆、紧缺、经济全球化、精神卫生、精准、警徽、警力、巨龙、剧增、开放式、开绿灯、力士、联产承包、林权、旅游市场、绿地、满意度、美食、美展、门球、男双、南太

序位 1101－1200

暖冬、欧安会、排水、判罚、票房、聘用、评委、强手、强震、清洁能源、球王、全民健身计划、全天候、热土、人保、杀手、商品化、审结、省直、失衡、实名、实体、实体经济、市场机制、试飞、视听、收治、首映、寿险、私家车、特奥会、特警、推手、外币、外来工、网上银行、文化环境、吸毒、鲜活、现场会、现代企业制度、向好、消费者权益、小金库、新技术产业、新星、新长征、兴市、休会、阳光工程、液化气、一站式、援手、增收节支、质询、治理整顿、治税、重罚、主帅、主战场、专业化、走转改、尊师重教、并轨、家教、利改税、弱智、

套汇、执纪、案值、产出、超前、车匪路霸、出局、低迷、地膜、犯罪嫌疑人、服务器、福利彩票、个人所得税、公益广告、行政处罚、横向联合、基因工程、激励机制、经济适用房、景点、纠结、捐建、考级、考评、空间站、垃圾分类、老总、立项、零距离、明白人、纳税人、南南合作、配送

序位 1201－1300

漂流、清欠、全程服务、券商、台商、台资、体改委、凸现、文明单位、洗牌、乡企、消法、小幅、心智、新低、新军、选聘、音像制品、域名、原创、宰、长线、知情权、职数、止跌、重点户、转会、转制、追逃、扳回、帮教、补选、不作为、参保、测评、产供销、成人教育、冲刺、大潮、大舞台、迪斯尼、迪斯尼乐园、地方保护主义、电慰、电影周、电子政务、多元化、反哺、房贷、房姐、干细胞、港督、高技能、高职、歌坛、给力、工业区、工作访问、共担、共同富裕、谷底、股价、骨髓移植、关停、管护、轨迹、国球、过热、海归、海协会、行政法规、耗能、合拍、沪市、花滑、环境标志、荒漠化、汇市、机票、家电下乡、假冒伪劣、叫响、接待日、节水农业、节油、纠错、居民身份证、科技园、可控、克星、劳务输出、李鬼、理赔、联防、亮色、临客、流向、落马、瞒报、美丽中国

序位 1301－1400

面面观、民营企业家、名木、能上能下、你我他、鸟巢、农贸市场、农业标准化、女团、排污费、贫铀弹、乒协、破译、汽车炸弹、欠税、强音、求真、全科医生、全员、全自动、拳王、群租、任教、柔性、入库、赛制、三个面向、森工、伤病、伤

残、商城、上榜、上海自贸区、摄像、深加工、生态城市、生物多样性、生物技术、时段、市直、视频会议、首推、首映式、瘦肉型、水污染、四风、四有、台联、跆拳道、汤姆斯杯、替考、调处、调节税、调配、偷逃、投资额、外逃、外资企业、伪证、文化企业、文山会海、物业管理、先机、县域经济、现役、小微金融、信息处理、修宪、选拔赛、亚乒赛、严管、验证、一条街、宜居、移师、义诊、影星、影展、应诉、优生、尤里卡、油耗、羽联、脏乱、摘取、真空、政制、政治文明、直击、致癌物、置业、中国故事、中央八项规定、转诊、资质、自查、自筹、阻断、SARS、炒

序位 1401－1500

程控电话、充电、宠物、的士、公关、国标、黑洞、健美操、警衔、老外、盲区、评优、人工智能、入围、三通、生态农业、双轨制、双向选择、投拍、消肿、引智、邮展、有偿新闻、转轨、安检、安居工程、奥运村、巴士、帮困、包装、保护价、保洁、边贸、便携式、标志产品、菜单、车险、承保、吃拿卡要、窗口单位、搭售、打黑、打拼、点击、电化教育、电子书、跌幅、度假村、仿真、放流、分流、风景线、风险投资、浮出水面、福彩、复关、复印、给政策、公款旅游、规模经营、国奥队、国际禁毒日、海湾战争、含金量、黑车、环发、婚检、集约经营、价位、减亏、教师节、经济带、精神家园、竞聘、巨无霸、均价、科技承包、科技城、空中客车、劳动密集型、联产承包责任制、联户、领军、买断、漫游、民工潮、明白纸、磨合、南北对话、拍卖会、赔付、批捕、扰民、热门话题、人流、弱旅、三包、杀毒、沙滩排球、生态旅游

序位 1501—1600

省情、胜出、适销、收汇、首发式、双休日、水危机、松绑、速冻、逃税、特需、天价、停牌、文化旅游、文化衫、险种、向前看、野蛮装卸、疑犯、乙肝、尤里卡计划、再生资源、在建、脏乱差、摘牌、展示会、征信、知识经济、制假、治乱、作秀、CT、案犯、包户、保质、编印、便携、表演赛、冰雪节、播火、播洒、财神、参评、仓储、产后、超常、城际、城市雕塑、筹码、储运、从优、搭配、打包、大社会、大世界、代购、待发、盗伐、盗掘、的哥、底气、地球日、点评、电视会议、电子垃圾、电子琴、冬奥、冬训、冬泳、对决、二手、反贪、方便面、放空、分龄、分税制、丰胸、扶正、福利基金、福利院、福娃、复合型、改版、干休所、港澳同胞、港府、港元、高层建筑、高发、高技术产业、高品位、个性化、根雕、公费旅游、功夫、购买力、观赛、光荣与梦想、国图、还耕

序位 1601—1700

海底隧道、合成、合同工、核动力、核资、红衫军、红头、花架子、滑坡、换代、换脑筋、荒滩、黄赌毒、黄金水道、回顾展、婚姻介绍所、火药味、基站、计算机网络、技术壁垒、技术引进、技术转让、家用电器、家政服务、价格战、架构、剑客、接力赛、揭秘、劫案、结对、金凤凰、京都议定书、经济账、警官、警营、净增、囧、巨片、剧组、军地两用人才、均增、开建、拷贝、可口可乐、口蹄疫、快餐、框框、烂尾、力挫、利好、连冠、联展、链接、两高、留守老人、流星、绿色建筑、脉搏、贸易壁垒、没商量、免试、面料、面试、名特、男团、男

足、南北合作、逆势、拼搏、频发、平暴、期货交易、期货市场、奇葩、棋圣、企业素质、企业形象、千人计划、牵线搭桥、签证、前台、抢注、侨办、勤工助学、趣谈、全球变暖、全球战略、拳头、热能、人才开发、人才资源、人口红利、人身保险、人梯、认知、乳制品、入园、赛风、筛选

序位 1701—1800

山地车、善款、商检、上帝、实名制、实招、拾趣、收储、收杆、收拍、首度、受聘、数码、数字电视、双休、四项基本原则、四有新人、速生、酸雨、台资企业、探秘、套、特区行政长官、特效、梯队、田协、田秀才、铁老大、停建、停售、通缩、统考、统配、偷漏、突显、托举、脱钩、外经、外资银行、伪劣商品、文化扶贫、文化专业户、文明礼貌月、文山、问计、污染源、无偿献血、五讲四美、武林、下滑、现代服务业、献艺、香格里拉、项目经理、新款、信息时代、信息中心、信息资源、星球大战、形象工程、虚高、旋风、选址、寻梦、亚运、洋垃圾、遥控、药用、医德、义拍、义赛、义务教育法、艺术片、营改增、泳联、泳坛、优胜劣汰、邮路、羽坛、预售、约见、阅卷、跃升、增长点、展映、招录、阵痛、争雄、正选、政改、执法、直落、制种、质监、终身制、种苗、重构、重头、助耕、助民

序位 1801—1900

筑巢引凤、抓手、转口贸易、庄稼医院、自产、自销、自学成才、自主知识产权、综指、纵论、BBC、CPU、OK、P2P、保值、打的、打私、电子图书、复读、刚性、建构、卡拉 OK、空姐、蓝领、零增长、绿卡、买方市场、陪读、切入、套餐、心

理咨询、硬件、自学考试、安居房、按揭、奥赛、崩岸、冰点、丙肝、补农、彩管、菜篮子工程、厂风、炒金、尘埃落定、冲浪、创收、创优、磁盘、打车、大巴、大哥大、大龄、待岗、待业、倒票、第二课堂、电子游戏、顶风、顶尖、多多、反馈、防火墙、防长、放心肉、费率、分包、分餐、岗位培训、港商、个案、韩流、黑金、后现代、花季、荒水、黄牌、汇展、家居、假球、坚挺、金三角、禁放、禁渔、京骂、警风、竞猜、开放城市、开镜、科技扶贫、可燃冰、酷、扩容、扩招、烂尾楼、劳务市场、联演、绿色银行、满负荷工作法、民品

序位 1901—2000

母亲河、内耗、内联、攀岩、品读、品位、齐抓共管、钱袋子、潜能、轻轨、劝退、确权、人才库、人文关怀、入市、软环境、三步曲、三产、商品信息、商品住宅、商演、蛇头、涉黑、涉台、生态村、生资、双刃剑、水平考试、特异功能、田坛、铁警、投向、外教、外引内联、万元户、网坛、网页、温饱线、夏时制、嫌犯、销价、校园文化、心语、新宠、新锐、新生代、星球大战计划、形象代言人、寻呼、巡展、压锭、雅思、亚健康、眼库、业界、易拉罐、音乐电视、隐私权、营收、硬着陆、优化组合、余热、预评、展播、展评会、展台、长城站、珍邮、蒸发、正版、中试、重头戏、足球先生、90 后、BP 机、CEPA、巴统、吧、摆花架子、办结、包容性增长、薄膜、保八、保教、保军转民、保组、报送、爆满、蹦床、笔会、闭营、毙伤、冰场、猜奖、财神爷、财险、彩色扩印、菜园子、参选、残运会

序位 2001—2100

插花、查堵、拆迁户、产前、产权转让、产学研、唱大戏、

潮头、撤并、城市形象、吃喝风、持械、斥资、处方药、创利、创业投资、吹风会、存储、搭载、大餐、大法官、大款、代理商、代职、单列、档次、导航、导航卫星、盗打、盗抢、低耗、低俗、低碳生活、地球科学、第二次创业、第一时间、电脑化、电子化、店风、叠加、订单农业、定岗、动车、动车组、独立董事、读懂、堵车、赌资、断裂、对子、吨粮田、多极化、厄尔尼诺、法援、反差、反导系统、方程式赛车、防污、房妹、房源、放活、丰产林、风险管理、奉献精神、扶贫帮困、扶贫工程、服务贸易、富余人员、高交会、公考、公款吃喝、攻略、购物节、关键词、光彩事业、光盘行动、广场、国产化率、国家赔偿、国酒、国石、过滤、还贷、海航、海警、海模、函大、行业不正之风、行政责任、合伙企业、户多多、划定、划转、华语、滑水、话费、环岛、黄金海岸、挥拍、回潮

序位 2101－2200

回收率、汇唱、会歌、会所、会务、婚俗、火花、基民、基尼系数、集报、集约化、记趣、纪念币、纪念封、技术出口、寄望、加名税、家庭暴力、家庭联产承包责任制、家庭农场、嘉年华、假劣、假新闻、价格欺诈、简析、健身路径、健身器、讲师团、奖售、降价死、降下帷幕、交管、娇治、叫车软件、教育扶贫、接警、结对子、解渴、界定、金饭碗、金牌、紧俏、禁药、经纪人、经济走廊、精短、精加工、警匪片、警纪、净水器、举报电话、举证、军援、军转民、开拆、开放型、开秤、开市、康复训练、考量、科技热、可乐、客座、恳谈会、坑骗、空管、空间技术、空司、宽带网、狂胜、矿泉水、扩印、揽才、浪尖、离岗、礼品书、联产计酬、联欢节、联建、粮援、两弹一星、亮黄牌、撂、劣质、零污染、领衔、流量、录像机、录像片、录制、

路风、轮岗、绿党、卖难、梅花奖、媒介、美发、门店、免检、免疫力

序位 2201－2300

苗情、名优产品、模块、末班车、纳斯达克、年检、排联、排难解忧、派购、跑官、配方施肥、片警、骗购、贫血、平常心、评析、婆家、菩萨、普法教育、普惠制、期指、企业破产法、起跑、弃婴、牵头、欠佳、强令、强身、敲定、青运会、清缴、庆生、求购、球手、区徽、区旗、权钱交易、全盘西化、拳坛、缺位、燃爆、热气球、热水器、热线电话、人际、人口政策、认同、任期制、日均、融资券、肉鸡、肉禽、入关、弱校、赛段、赛会、赛时、三定、三连冠、沙化、山寨版、商厦、上海经济区、少棒、社会监督员、社情民意、社区医院、申领、深市、审验、生物芯片、失足青年、十连丰、实干家、市值、试种、收视、首夺、首选、首展、书协、梳理、暑运、数字图书馆、双过半、双十佳、水立方、水煤浆、送温暖工程、随访、随行就市、太阳能电池、摊点、摊位、探井、逃废、套取、特功、特供、特困职工

序位 2301－2400

特殊党费、特质、踢皮球、体能、体能测试、体育记者、调演、投入、投运、透绿、托市、外联、外派、网络犯罪、网络经济、网络侵权、网络银行、网箱养鱼、微利、微笑曲线、违建、尾巴、尾气、卫生城市、卫星电视、卫星通信、文化大院、文明窗口、问鼎、无害化、无核区、无照、武装警察部队、舞坛、物联网、物探、西电东送、显微、显效、限行、消费热点、消费

税、消费者协会、小负、小姐、小剧场、校企、邪教组织、新概念、信息业、刑侦、兴奋点、续约、选刊、选优、寻根、巡回法庭、亚青赛、养颜、药械、业内、夜大学、一贯制、衣妆美、医闹、宜林、移送、遗传工程、以权谋房、艺坛、音响、银联卡、营养食品、影剧院、影协、影业、硬杠杠、庸懒散奢、邮迷、邮政储蓄、游乐园、游医、有戏、淤地、瑜伽、预亏、预留、远销、院线、灾毁、再就业工程、在岗、责任田、长江学者奖励计划、长途贩运、招用、争购、政务微博、政治体制改革、支助

序位 2401－2500

职场、制导、制片人、智力竞赛、智力支边、智囊团、种子选手、众筹、骤增、主委、助教、住宅区、注水、驻点、蛀虫、专递、专利法、转基因食品、转企、追星、资产重组、自费生、自毁、自乐、自我教育、综艺、组队、组装、作为、3D、CAD、CUBA、GPS、IBM、ISO、IT、K 线、VCD、白领、白色污染、被动吸烟、城市病、磁卡、打拐、大腕、单亲家庭、迪斯科、毒资、断奶、二手烟、贩黄、工薪阶层、贺卡、黑色食品、换血、家长学校、见俏、可视电话、扩权、老年公寓、廉内助、临终关怀、绿色产品、迷你、潜质、俏销、取向、软科学、软着陆、弱势、时间差、太空垃圾、特快专递、条形码、调减、外脑、肖像权、小气候、银色浪潮、应试教育、邮政编码、月嫂、知名度、中水、暗箱操作、奥运战略、白色公害、办学热、包税、保姆市场、爆炒、爆棚、比拼、避税、变型、标煤、飙车、飙升、冰毒、剥离

序位 2501－2600

博导、布点、布展、步行街、彩印、查假、超级市场、超生

游击队、潮、炒股、车位、承包经营责任制、城雕、城市居民最低生活保障、出彩、窗口行业、创汇农业、唇彩、搭车、打工妹、大盖帽、大件、大进大出、大陆桥、大篷车、大片、大气候、大墙、大文化、大沿帽、代沟、代际、担纲、淡出、淡化、档期、盗印、登录、低调、滴灌、地价、第三梯队、第四产业、电老虎、电脑犯罪、电子出版物、电子邮件、冬令营、赌球、短期行为、断层、断档、兑换券、多赢、发包、发展权、贩私、房市、房型、访问学者、放心菜、飞检、非农产业、费改税、风险意识、封顶、封杀、疯牛病、孵化器、扶残、扶贫点、附加值、概念车、橄榄绿、高清晰度电视、高专、搞定、搞笑、公款消费、公司热、股民、关系户、观照、广告词、广告媒体、归岗、规模效益、国礼、还权、海选、航天站、核扩散、黑道、黑马、黑色幽默、轰动效应、红牌、厚黑、呼机、换位思考

序位 2601—2700

换型、回放、回馈、回迁、活化、积淀、激光武器、计算机病毒、继续教育、家庭电脑、家装、假唱、假风、驾校、监督电话、见旺、叫板、教坛、节资、金牌意识、经商热、警种、竞标、竞答、竞价、竞拍、局域网、拒载、侃、科技意识、空天飞机、老记、老年大学、联购分销、联检、练摊、零的突破、路况、路网、旅游农业、绿肺、绿色奥运、绿色产业、绿色农业、绿色消费、马大嫂、马路市场、卖场、盲点、美商、明星企业、牡丹卡、慕课、男阿姨、年薪、诺奖、女儿户、攀比、攀冰、陪会、配股、批租、疲态、骗汇、破烂王、期房、强强联合、强项、抢滩、侨领、巧克力大厦、倾情、球市、全球通、拳头产品、热点地区、热卖、人才租赁、认捐、融资租赁、儒商、入心、弱化、弱项、三假、三来一补、三品、杀熟、沙漠化、商

风、商战、社区文化、涉毒、深圳速度、升班马、升幅、生态效益、生态住宅、生物导弹、省鸟

序位 2701－2800

胜果、失落感、市话、市长电话、试业、试营业、书缘、输血、双扶、双师型、双文明、双优、水荒、水货、水警、陶艺、套票、套书、梯度、题库、体育舞蹈、条码、调优、铁工资、庭院经济、停缓、童书、偷生、透析、退居、娃娃公司、外协、外需、网虫、网恋、网校、危改、微笑服务、温室效应、文化户、文化消费、下载、限养、献演、向钱看、小康水平、小时工、小众、写字楼、心理素质、新潮、信息港、信息市场、信息员、形象设计、虚拟现实、选秀、寻呼机、压缩空气、研判、厌学、氧吧、摇头丸、药谷、药检、业态、一卡通、医盲、意识流、音乐喷泉、引爆、饮品、隐形飞机、营林、营养配餐、营养午餐、影碟、硬环境、拥堵、优质优价、邮购商店、邮市、油耗子、油品、有偿服务、预热、援款、赞助费、造势、债转股、展订、展团、长入、长项、胀肚子、招展、政风、政府奖、执导、职介

序位 2801－2900

制衡、制黄、质量跟踪、治假、治懒、治贫、智力扶贫、智力开发、智力投资、智能计算机、智能型、终端、主创、主打、助养、住房公积金、注水肉、转岗、追捧、综合国力、走强、足彩、足球彩票、最爱、863 计划、CD、ECFA、H7N9 禽流感、PM1、癌变、癌魔、艾滋病致孤儿童、按金、奥斯卡奖、八卦、八荣八耻、扒乘、拔尖人才、拔头筹、罢赛、霸气、百花奖、摆平、摆桌、拜年封、扳平、板楼、版主、包工头、包片、包修、

保户、保级、保健茶、保健网、保险销售、保真、报审、报收、报网互动、暴力电影、暴力游戏、爆表、备选、被考研、逼进、比对、必保户、闭馆、壁球、边茶、边缘人、编程、变性、辩论会、辩论赛、标的、标箱、冰雕、冰壶、泊位、博士后流动站、不正当竞争、布控、才路、财务公司、彩色电视、彩塑、参建、参拍、参演、参与度、参展团、蚕茧大战、藏独、操作系统、测制、茶叙、查缴、差旅

序位 2901—3000

产需、产中、常回家看看、偿债率、厂中厂、畅流、超常教育、超大规模集成电路、超豪华、超临界、超一流、潮词、炒卖、车程、车盗、车德、车流、车坛、撤资、沉降、承诺制、承销、城徽、城居保、程序化、冲奥、抽紧、筹拍、筹排、臭豆腐、处警、传技、创排、春训、纯女户、瓷饭碗、从轻、村貌、存贷挂钩、错季、搭错车、打工仔、大比拼、大出血、大换血、大旅游、大盘点、大气十条、大体育、大卫生、代管、代码、带薪、待定、袋装菜、单独、单亲、弹钢琴、弹簧门、党情、党日、倒买、倒损、倒追、到访、盗采、道德法庭、道德银行、道德自觉、的姐、低保家庭、低端、低碳风、抵押承包、底价、地标、地下水漏斗、地缘、第四媒体、巅峰、点阵、碘盐、电饭锅、电话服务、电击、电控、电脑下乡、电脑新闻、电示、电视购物、电视塔、电算化、电子病历、电子警察、电子竞技、电子钱包、电子音乐、电子银行、电子邮政、店主

序位 3001—3100

钓手、定制公交、读博、渎职罪、堵漏、赌博罪、赌风、短

工化、短腿、短信息服务、段位、断代、断离、对讲机、对视、吨粮县、多款、多米诺骨牌、夺杯、躲猫猫、发财招、发烧、发绣、法人股、翻版、翻船、反超、反导条约、反腐肃贪、反季节、反贪局、贩假、方便食品、防爆、防沉迷系统、防盗门、防灾减灾日、房展、飞车、飞碟、飞行器、非处方药、肥私、分餐制、奋飞、丰收计划、风神、封闭型、封刀、封后、封湖、封镜、扶贫企业、扶弱、扶优、服务生、服装模特、浮动工资、辐射力、辐照、抚触、辅料、复建、复验、复印机、副作用、富民政策、改分门、改水、概念股、感召力、干细胞移植、港胞、港式、港英、高档消费品、高复班、高开、高新技术产业开发区、哥们儿、歌赛、歌星、格式化、根植、跟踪调查、工薪族、公费过节、公费过年、公建、公众号、功能食品、供体、供需见面、购建、谷歌、股份合作制、股书、骨粒、挂牌服务、拐点

序位 3101－3200

关员、官倒、官念、管材、光卡、光控、光纤通信、广播网、广度、广角镜、广谱、归回、归属感、规整、滚雪球、国际互联网、国际租赁、国家年、国家综合配套改革试验区、国情教育、国威、国有民营、过劳死、海洋能、寒极、旱涝保收、行为美、行政干预、行政行为、行政监督、航空港、好经、耗水、合理化建议、核高基、核基地、核威慑、贺年片、黑、黑榜、黑工、黑社会性质组织、黑匣子、恒生指数、红眼病、哄抢、后院、护肤、护栏、花展、划线、化缘、话机、话路、环境承载力、环境退化、环境效益、缓建、缓征、换心人、荒坡、荒塘、黄金档、黄金时段、黄金时间、徽标、回流、回头客、回稳、毁约、汇纳、汇映、会荒、会议明星、会员制、会展、贿赂罪、昏招、婚介、混合所有制经济、活化石、活钱、活文物、货损、机

顶盒、机收、机手、基因诊断、激光视盘、极刑、即开型、集藏、集团企业、计发、计生委、计算机安全、技工贸、寄赠、加餐、甲B

序位 3201－3300

甲流、甲型肝炎、价格大战、价格放开、价值观念、简易楼、建档、建管、剑手、健康服务、健身操、健身器材、奖教金、奖优罚劣、接掌、接诊、揭榜、街景、节地、节目主持人、节能警察、结构工资、结汇、结转、解冻、戒毒、借东风、金榜、金卡工程、金贸、金饰、紧日子、禁飞区、禁猎、京剧热、惊爆、精彩回放、精减、精神毒品、精神支柱、精养、警戒线、警长、净水、竞彩、竞购、竞买、竞翔、就业观、拘传、举坛、巨额财产来源不明罪、巨子、拒赔、剧坛、聚财、军机、军贸、军品、军威、卡死、卡通片、开打、开发性承包、开放度、开领、开铆、开评、开胸验肺、砍、康复工程、抗体、考绩、考研热、科技奥运、科技副县长、科技工业园、科技讲师团、科技周、克癌、客队、客流量、空对空、空域、空中飞人、恐怖行为、恐怖事件、恐怖组织、扣杀、夸克、垮塌、快货、快节奏、快速反应部队、矿点、亏吨、昆交会、拉票、蓝牌、浪谷

序位 3301－3400

捞获、劳务出口、劳务费、老龄委、老少边、乐坛、棱镜门、冷处理、礼品包装、李宁服、立体农业、利库、连体、联保、联产、粮改、两弹、两户、两栖、两栖人、两权、两纵两横、亮短、亮分、亮红灯、靓汤、量宽、零故障、零利润、领办、流行病、流行音乐、龙卡、笼子、楼脆脆、楼堂馆所、楼陷

陷、陆生、录像带、路卡、路障、露地、轮候、裸官、裸泳、落败、落差、落槌、旅检、旅游资源、律动、绿色出行、绿色动力、绿色革命、绿色公交、绿色企业、绿茵场、妈咪、马的、漫评、盲流、毛入学率、贸易伙伴、没戏、玫瑰之约、美育、美院、萌、蒙医、免费午餐、面授、面值、民办科技、民二代、民告官、民牌、民运会、民转刑、明白卡、明码标价、母亲节、目标责任制、奶酪、南澳一号、南巡、内联外引、能库、逆向、酿造、牛肉风波、农膜、农药残留、浓缩、暖心工程、女花、女能人、女乒、女手、欧债危机、欧洲中央银行

序位 3401—3500

怕变、拍客、排挡、排污权、排险、排序、牌证、判令、泡菜危机、泡沫、陪餐、配发、喷灌、盆地意识、批条子、皮包公司、疲软、偏才、骗税、贫困线、聘任制、平安夜、平衡点、平价医院、平抑、评奖戏、评委会、评先、评衔、评星、破门、破网、铺路搭桥、铺叔、曝光台、七所八站、齐飞、奇想、奇效、骑警、棋坛、企稳、起用、契税、砌筑、千禧、迁飞、签批、前科、潜力股、抢建、抢修哥、桥联、翘望、窃密、亲等、亲子、青奥会、青春剧、轻骑兵、轻装、倾翻、清仓、清道夫、清洁生产、清立方、清运、清障、情人节、晴雨表、请辞、求富、求解、求乐、球技、区段、驱离、全倒户、全景、全民健身日、全息、全资、拳联、拳王争霸赛、群雕、群芳、群防群治、群团、燃料电池、热播、热恋、热流、热门货、热映、人机大战、人口爆炸、人口老龄化、人口失控、人口学、人口质量

序位 3501—3600

人情车、任期目标责任制、荣登、融城、肉鸽、肉牛、肉

兔、肉羊、入档、入盟、入脑、入网、入主、入住、软包装、软式网球、软投入、赛纪、三打两建、三高、三公经费、三孤、三级跳、三兼顾、三聚氰胺、三块铁、三普及、三强、三无、三优、三支一扶、三种人、散户、散手、森警、沙暴、沙排、傻瓜机、山寨、闪亮登场、上传、上道、上网卡、上证综合指数、烧烤、烧香、社会热点、社情、射手、生态工程、生态经济、生态圈、生物能源、生物入侵、省花、失业保险、施暴、十星、石英化、时装模特、实拍、食客、世界电信日、世界多极化、世界无烟日、世界住房日、市场价、市管县、市花、市政工程、试播、试映、视盘、视域、适销对路、适用技术、室内装饰、收车、收枰、收运、手提电脑、守擂、受案、受贿罪、受检、受虐、受授、受托、书业、疏解、数码相机、数字地球、数字鸿沟、数字化技术、数字技术、数字通信、刷脸、双轨、双基、双效益

序位 3601－3700

水暖、税检、睡姿、司法腐败、私彩、私货、思想库、四连冠、四小、四自、松动、送达、送戏下乡、搜索引擎、素质工程、速冻蔬菜、速度型、塑胶跑道、缩微、索贿、榻榻米、台港、台庆、台生、抬级、太阳镜、贪大求全、摊派风、摊主、坦言、探底、探析、碳中和、汤尤杯、逃款、逃漏、陶吧、特稿、特护、特惠、特困户、特遣、特区护照、特殊教育、腾笼换鸟、提级、提留、提效、提职、体育旅游、体质投资、替补、替补队员、替代进口、天地图、天宫一号、天量、填垫、调价、贴面、贴息贷款、铁板凳、停机、停薪、停训、童装、统发、统管、统揽、统收、头筹、头盔、透支、土豆效应、吐槽、退保、退居二线、托幼事业、脱毒、外包装、外汇兑换券、外挤、外借、外军、外来妹、外院、完建、玩家、网格、网关、网警、网络警

察、网曝、网上直播、往返票、旺销、微博问政、微博自首、微电脑、微公益

序位 3701－3800

微聊、微缩、微信银行、微型学校、围城、唯实、卫生筷、位次、文化大餐、文化低保、文化广场、文化含量、文化列车、文化下乡、文化心态、稳拿、问题奶粉、污染转移、无人售票、无线寻呼、无证企业、五讲四美三热爱、五小、物贸、物质文明、息诉、惜败、细胞移植、贤内助、现代舞、限电、限塑令、献唱、献礼片、相马、相声电视、箱包、箱梁、消费行为、销号、小霸王、小白菜、小而全、小饭桌、小公共、小家电、小钱柜、小长假、协办、写真、心理训练、心理因素、心灵鸡汤、心灵美、心路历程、新岸、新大陆、新贵、新景观、新生代农民工、新兴经济体、信得过、信任荒、信息库、信息流、信息源、星期日工程师、幸福观、性感、秀场、袖珍公交、续建、蓄洪、蓄水池、悬疑、选点、选美、炫酷、学龄儿童、学区、雪雕、血证、寻呼台、寻获、巡访、巡回演出、巡诊、询访、汛情、压车、压库、亚运城、亚运村、岩画、沿海开放城市、研治、眼睛向内、演播、厌学风、阳刚

序位 3801－3900

阳光女孩、洋白菜、洋贵妃、洋酒、摇滚、药瓶子、药食、一费二税、一站服务、一站式服务、医风、疑凶、以贷谋私、以党代政、以税代利、亿元县、义映、艺展、议价、译配、意向书、音配像、银屏、银团、饮誉、印制、英语角、婴儿安全岛、营员、影碟机、影剧、影票、影人、泳池、泳将、泳协、勇挫、

用汇、优价、优育、尤杯、邮发、邮票市场、游联、游戏规则、有点烦、有招、有争议、有组织犯罪、鱼货、渔政、羽绒、羽绒服、语音合成、育幼、浴液、预警机、愿景、约访、约谈、约租车、云服务、云时代、杂骨、早恋、早逝、灶具、造地、择偶、择优录用、增容费、增智、增重、增资、榨季、斩获、展厅、展位、占欠、战况、张扬、长官意志、涨潮、涨势、招股、招术、侦讯、震情、争锋、征歌、正规军、证券投资基金、证照、政治本色、政治待遇、执鞭、执罚、执黑、执结、直拨

序位 3901－3977

直航、植检、制黄贩黄、治贫致富、致癌、致残、致富经、滞货、中端、中国达人秀、中国概念股、中国云、中委、中学后、中学校长实名推荐制、中央空调、终审、重挫、重户、主潮、主创人员、主刀、专集、专业街、转场、转轨变型、追惩、追索、咨询费、资金市场、资讯、滋扰、自辩、自动翻译、自动提款机、自检、自疗、自贸试验区、自我完善、自娱、自娱自乐、自助、总责、走出课堂、走村串户、走人、租赁经营、租赁企业、足总、组合家具、最美妈妈、醉驾、坐式排球、做空、AB 角、ATM、B 股、CEO、CNN、DIY、DNA、DNA 指纹、DVD、GNP、IC、IC 卡、IP、IP 电话、KTV、LD、NMD、PC、SOS、TMD、VC、WAP、WAP 手机

附录3　新时期《人民日报》标题标记词

A

案例、奥秘、奥秘

B

把脉、白皮书、百科、百科全书、百年、百态、版、办法、榜、保护法、报、报道、报告、报告书、悲欢、碑、背后、悖论、被、比较、笔记、笔谈、必读、必读书、必要、必由之路、辟谬、边缘（adj）、边缘（n）、编后、编者按、变迁、变奏曲、辨（v）、辨（n）、辩、辩论、标注、标准、表扬信、别解、别了、并、播报、驳、博览、补充、补正、曝光、曝光台

C

采访记、采访录、采风、彩排、参考、草案、侧记、策划、策略、差异、阐述、畅谈、畅想曲、超市、潮、沉思、沉思录、迟到的、斥、冲出、冲刺、冲击、出炉、初步、初稿、初见、初评、初谈、初探、初析、刍议、触摸、穿透、穿越、传、传递、传奇、传说、春色、丛书、催生、措施

D

答、答复、答问、打造、大比拼、大家谈、大力、大盘点、大事记、大众、当、当代、档案、悼、悼词、悼念、的背后、的话、的回忆、的困惑、的联想、的启示、的日子、的时候、的思

考、的遐思、的一生、的一天、的由来、的自白、登陆、地带、第一人、点滴、点击、点评、电贺、惦念、吊、调查、调查报告、调查分析报告、调查与思考、定律、东西南北中、动态、动向、读、读本、读懂、读后、读书笔记、独白、短波、断想、对比、对策、对话（v）、对话（n）、对话录

E

而、二三事

F

发挥、发人深思、发现、发言、发展、发展趋势、法、法案、反思、反思录、方案、方略、方针、访、访谈、访谈录、访问记、放飞、放歌、非常、分析、风采、风采录、风光、风景线、风情、风向标、风云、浮出水面、赋

G

概览、概论、概述、概要、感恩、感赋、感怀、感受、感叹、感悟、感言、纲领、纲要、告别、告示、歌、歌谣、革命、个性、给、工作、公报、公告、公约、攻关、攻略、构想、古今、故事、刮目相看、关键、关系、关于、关注、观、观察、观感、观后、观后感、管见、管窥、管理办法、管理法、管理规定、归来、规定、规范、规划

H

何方、何时了、何时休、和、贺、贺词、贺电、贺函、贺信、黑、后、呼唤、呼声、呼吁、呼之欲出、花絮、画集、画谱、画说、话、话今昔、话说、话题、怀、怀古、怀念、欢歌、还是、回答、回到、回放、回顾、回顾和展望、回顾与瞻望、回顾与展望、回眸、回声、回首、回望、回忆、回音、回音壁、回应、汇报、汇聚、会诊、荟萃、魂、魂系、火、火爆、获赠

J

机遇与挑战、基本法、基本原则、基础、及其、及其他、及其他、即景、亟待、亟须、集、集成、集萃、集锦、辑录、计划、记（v）、记（n）、记录、记趣、记胜、记实、记事、记游、纪录、纪略、纪念、纪实、纪事、纪行、纪要、技术、寄、寄情、寄望、寄语、祭、家规、家书、家园、假如、假说、兼驳、兼评、兼谈、兼议、剪影、简报、简编、简介、简况、简历、简明、简评（v）、简评（n）、简史、简述、简析（v）、简析（n）、简讯、见闻、见闻录、见证、建设、建言、建议、鉴赏、讲、讲话、讲解、讲述、交流、角、叫板、叫停、较量、教材、揭开、揭秘、揭示、揭晓、节目、结束、捷径、解答、解读、解释、解析、介绍、戒、界定、今日、今晚、今昔、谨防、近访、近观、近况、进步、进程、进行曲、进行时、进展、惊爆、惊现、精华、精品、精选、警示录、镜头、救救、拒绝、聚集、聚焦、聚首、卷、决定、决议、绝、崛起

K

开栏的话、开幕、开幕词、侃、看、看法、看起来、抗衡、考、考察、考略、考评、拷问、可以休矣、克服、课题、口述、哭、库、跨越、快乐、快讯、困惑、困境

L

来信、来自、蓝皮书、览要、揽胜、乐园、泪、冷思考、蠡测、礼赞、理解、理论、理论和实践、理论与实践、历程、利弊谈、例、联合公报、联合声明、联合新闻公报、联通、联想、恋歌、链接、两面观、亮相、瞭望塔、零距离、领跑、令、另类、另一种、录、路在何方、旅程、乱世、掠影、略记、略论、略谈、略析、论（v）、论（n）、论纲、论稿、论评、论述、论坛、论战、论著、落户

M

漫笔、漫步、漫话、漫评、漫说、漫谈、漫忆、漫游、没商量、魅力、梦、秘诀、秘密、缅怀、面对、面对面、面面观、描写、妙用、名单、名言、铭、命名、目击记、幕后

N

内外、你好、你我他、年

O

偶感

P

排行榜、盘点、批判、批评、批语、批准书、片断、篇（n）、篇（q）、品、品读、品味、平台、评、评传、评估、评价、评介、评论（v）、评论（n）、评述、评说、评析、评选、评议、破解、剖析、谱

Q

其人、其人其事、奇观、奇闻、奇遇、奇遇记、启迪、启动、启示、启示录、启事、起步、牵手、签约、前后、前景、前前后后、前夕、前言、前沿、前瞻、浅见、浅谈、浅析、浅议、抢滩、桥、且、且看、且说、且听、亲历、亲密接触、青睐、情、情结、情况、情满、情迷、情暖、情牵、情思、情系、情缘、情注、请看、曲、趋势、趣事、趣谈、趣闻、诠释

R

热、热线、热销、人生、认识、日记、日子、如此、如果、如何、如是说

S

三步曲、三字经、散记、扫描、森林、山歌、闪亮登场、闪耀、赏、赏析、设计、设想、社会、摄影、神牵梦绕、神游、审查、审视、生活、生涯、声明、省思、诗抄、诗钞、诗话、诗

集、诗笺、诗选、什么叫、什么是、时、时代、时光、时刻、时空、实话实说、实践、实例、实录、实用、拾零、拾趣、拾穗、史、史纲、史稿、史话、史料、史论、使用、始末、世纪、世家、世界、示意图、事迹、视角、视野、视域、试论、试验、誓言、手稿、手记、首、首发、首访、受、受聘、书、书简、书目、书写、书讯、抒怀、术、述怀、述评、述要、谁是、谁在、说、说"不"、说话、说明、说说、思辨、思潮、思考、思路、思索、肆虐、颂（v）、颂（n）、颂歌、素描、速写、塑造、溯、随笔、随感、随记、随想、随想曲、岁月、碎语、所见、琐谈、琐忆、锁定

T

台、态势、谈（v）、谈（n）、谈话、谈谈、叹、探测、探访、探究、探路、探秘、探奇、探求、探索、探讨、探微、探析、探寻、探询、探艺、探营、探源、讨论、特别、特点、特刊、特写、提纲、提示、提要、题（v）、题（n）、题词、题辞、体会、体验、天地、天下、挑战、条例、挺进、通牒、通告、通史、通向、童话、统计公报、痛悼、透视、透析、图、图册、图解、推荐、推介、蜕变

W

外一首、万能、网、往来、为、为何、为了、为哪般、为什么、文件、文坛、文献、文学、问、问答、问世、问题、我、我的、我眼中的、我这、无价、无题、舞台、误区

X

析、喜读、喜见、喜看、喜闻、系列、系列丛书、系列谈、细说、遐思、遐想、下、闲话（v）、闲话（n）、现、现身、现象、现状、现状和展望、献词、献给、相约、详解、详析、小集、小记、小看、小考、小启、小窍门、小说、小小、小心、小

议（v）、小议（n）、小引、笑看、协定、协议、协奏曲、携手、写给、写在、写真、谢幕、邂逅、心声、心系、欣读、欣赏、新、新编（adj）、新编（n）、新变化、新动态、新动向、新发现、新发展、新法、新方法、新方式、新风、新观察、新记、新假说、新阶段、新解、新进展、新刊、新理念、新貌、新篇、新趋势、新视角、新视野、新书、新书架、新思考、新思路、新探、新探索、新天地、新突破、新途径、新拓展、新闻、新闻背景、新意、新用、新著、信、信息、兴衰、行、行动纲领、幸运、秀、袖珍、序（v）、序（n）、絮语、宣言、选、选编、选登、选集、选择、学、学习、学校、寻访、寻求、寻找、巡礼、训练

Y

沿着、研究、研究报告、研判、研讨、演变、演讲、演进、唁电、要、要点、要闻、也说、也谈、夜读、夜访、夜话、一百年、一得、一角、一句话新闻、一览、一瞥、一席谈、一隅、遗产、遗嘱、疑问、以后、以外、忆、忆念、艺文、议、议案、议程、议定书、异同、异议、驿站、轶闻、意见、意义、因为、吟、吟咏、印象、印象记、应、应用、影响、永别了、永恒的、永远的、咏、忧思、忧思录、由来、游、有感、有感于、又、又何妨、又见、与、语、预报、预测、寓言、园地、原因、原则、缘、缘何

Z

杂感、杂说、再解、再看、再考、再论、再认识、再说、再思考、再谈、再探、再现、再续、再研究、在、在哪里、在线、在行动、在狱中、暂行办法、暂行规定、赞（v）、赞（n）、赞歌、早知道、造就、则、怎么办、怎样、赠、札记、摘编、摘登、摘要、展示、展望、战线、章、章程、彰显、召开、照登、

这一年、真假、箴言、争论、争议、征文、拯救、政策、政府工作报告、之歌、之光、之后、之家、之间、之见、之恋、之路、之旅、之梦、之谜、之声、之时、之思、之死、之外、之我见、之行、之言、之夜、之约、之争、之最、知多少、知识、直播、直击、直面、指南、制度、质疑、致、致词、致辞（v）、致辞（n）、致电、致函、致信、钟情、种种、重读、重构、重审、重塑、重提、重温、重新认识、重新审视、周报、周刊、周末、周年、瞩目、注目、注释、祝词、祝酒词、著述、专版、专访、壮歌、追记（v）、追记（n）、追念、追思、追索、追问、追寻、追忆、追踪、准则、咨文、咨询、资料、自白、自传、自述、自叙、综论、综述、综艺、踪迹、总集、总结、纵论、纵谈、走笔、走出、走近、走进、走俏、走上、走向（v）、走向（n）、奏鸣曲、最后的、最新进展、作品集、作品选、做客、传记

附录4　新时期《人民日报》元旦社论标题汇总

时间	标题
1978	光明的中国
1979	把主要精力集中到生产建设上来
1980	迎接大有作为的年代
1981	在安定团结的基础上，实现国民经济调整的巨大任务
1982	一年更比一年好　定叫今年胜去年
1983	为我们的伟大事业增添新的光彩
1984	勇于开创新局面
1985	和衷共济搞四化——一九八五年元旦献词
1986	让愚公精神满神州——一九八六年元旦献词
1987	坚持四项基本原则是搞好改革、开放的根本保证——一九八七年元旦献词
1988	迎接改革的第十年——一九八八年元旦献词
1989	同心同德，艰苦奋斗——一九八九年元旦献词
1990	满怀信心迎接九十年代
1991	为进一步稳定发展而奋斗——元旦献词
1992	在改革开放中稳步发展——元旦献词
1993	团结奋进——一九九三年新年献词

续表

时间	标题
1994	艰苦奋斗　再创辉煌——元旦献词
1995	总揽全局　乘势前进——元旦献词
1996	满怀信心夺取新胜利——元旦献词
1997	把握大局　再接再厉　同心同德　开拓前进——元旦献词
1998	在十五大精神指引下胜利前进——元旦献词
1999	团结奋斗　创造新业绩——元旦献词
2000	迎接新世纪的曙光——元旦献词
2001	迈进光辉灿烂的新世纪——元旦献词
2002	迈出中华民族伟大复兴的新步伐——元旦献词
2003	迎接更加光辉灿烂的未来——元旦献词
2004	奋进在全面建设小康社会征程上——元旦献词
2005	迈出全面建设小康社会的新步伐——元旦献词
2006	伟大的开局之年——元旦献词
2007	科学发展的道路越走越宽广——元旦献词
2008	喜迎伟大的二〇〇八年——元旦献词
2009	描绘更新更美的图画——元旦献词
2010	迎接奋发有为的二〇一〇年——元旦献词
2011	在把握机遇中迎接下一个十年——元旦献词
2012	迈向充满希望的二〇一二——元旦献词
2013	让我们一起成就梦想——元旦献词
2014	让今天的改革为明天铺路——元旦献词
2015	为明天共筑长青基业——元旦献词

后　记

阳春三月，春暖花开的季节，在博士论文基础上精心修改而成的这本小书即将付梓。

本书得以完成，首先应该感谢的是我的博士生导师俞理明先生。先生是我多年求学生涯中遇见的贵人。一直以来，我都真心觉得，在俞门学习是我这辈子最幸福、最幸运的事。先生学识渊博，功底深厚，治学严谨，性格上集温和、坦率、真诚、正直于一身。博士学位论文的完成离不开先生的辛勤付出与耐心指导。从论文的选题，到框架，到具体各章的写作，先生都倾注了无数的心血和汗水。还记得论文写作过程中，我不在学校，有时为了急于解决论文中的难题，我常常在电话中向先生请教，有几次给先生挂完电话后，已接近深夜 11 点。可先生每次都很耐心地帮我分析问题所在，给予点拨，一直到我弄懂为止。在标题语法的修改过程中，为了解决初稿中语法写作上存在的不足，先生曾连夜为我撰写了几千字的标题语法研究思路，为后期论文的修改提供了极大的帮助。先生对我的关心，不仅仅停留在学习上。在我生病住院及其他极其艰难的关口，先生多次鼓励我，开导我，那一句“让自己高兴起来，还有更美好的明天”的劝慰早已铭刻在记忆深处。三年的博士生涯中，先生在我心中早已不仅仅是导师，也是慈父和挚友。在先生门下，我不仅提高了专业素养，也学会了许多做人的道理，先生的诸多优点都已经并将继续影响着我。

感谢赵振铎先生、向熹先生、项楚先生、雷汉卿教授、杨文全教授、蒋宗福教授、谭伟教授、肖娅曼教授、刘荣教授等，在川大学习期间，诸位专家教授向我传授了众多的专业知识以及治学之道，这将使我受益终生。

感谢周俊勋教授、袁雪梅教授。二位教授在博士学位论文答辩中提出的宝贵修改意见为后期的深入研究提供了思路，指明了方向。

感谢读博期间给予我众多关心和帮助的同学们：既有团结、友爱的俞门弟子，如田启涛师兄、魏艳伶师姐、陈颖彦师姐、饶冬梅师姐、朱力师姐、黄城烟师兄、王春燕师妹以及与我同级的王涛、吕彦、胡佩迦、周国祥、阿德，也有亲如同门的聂志平教授、秦越、左丽娟、赵艳梅、郑莉娟、肖丽蓉、游世强、丘雅、周浩等。其中，特别感谢黄城烟师兄和聂志平教授。在博士学位论文的写作过程中，黄师兄多次热心提供语料库和书籍，极大地加快了论文的写作进程。能与聂教授同在川大学习是我的福气，聂教授学识渊博，功底深厚，待人热心诚恳，从考博到读博，聂教授都给予了我诸多关心和帮助。本书的完成，离不开聂教授长期以来的关心和指导。

感谢湖南科技大学外国语学院的各位领导和老师。三年读博期间，在学院师资紧缺的情况下，学院没有给我安排任何教学任务，让我得以安心学习三年，为论文创作提供了宝贵的时间。尤其要感谢杨江副院长，在博士学位论文的写作过程中，杨院长不仅热心为我提供自己研发的字词频统计工具，而且耐心教我如何使用。每次论文出现技术难题时，他总能及时帮我分析，找准问题症结。

最后，真心感谢养育我、陪伴我的父母、哥嫂及侄儿。多年来，他们都是我强大的物质和精神后盾，是我不断前行、进步的动力和源泉。自幼出生于农村的我，一直以来深受父母、兄长那勤劳、吃苦、善良、正直、坚韧的品质的影响，尤其是父亲，他虽然没有受过太多的学校教育，并且有时候还要耍家长脾气，但他勤奋、积极、乐观、开明、善良、有远见，这些优良的品质一直以来都深深地感染着我。在我们姊妹三人命运的每一个关口，父亲总能从大局、从长远出发，为我们指明航向，并激发我们努力前行。同时，真心感谢我的哥哥。长期以来，是他们用厚实的肩膀为我们这个大家庭撑起一片艳阳天，让年迈的父母安享幸福的晚年。他们给予我和我这个小家庭的关心和照顾远远超出了兄长所该肩负的责任和义务。在我心中，他们有父亲的威严，也有母亲的仁慈，更有兄长的宽厚。

感谢我的公公婆婆多年来对我女儿的照顾及对家务事的操劳。从考博到读博，他们给予了我太多的支持和理解。如果没有他们多年来的默默付出，也就没有我今天学业的进步。感谢我的先生在本书写作技术上的帮助。感谢我的宝贝女儿，多年来，你给妈妈带来了无数的欢乐，让妈妈在每个彷徨、无助的日子里不觉得孤单和寂寞。虽然一直以来妈妈都没能尽到照顾你的义务，但你自幼就特别懂事、乖巧，你是妈妈奋斗的动力和希望。

感谢四川大学出版社的徐凯编辑，她为本书的出版付出了辛勤的劳动与汗水。徐凯编辑专业功底扎实，对待工作严谨、认真，且待人真诚、热心负责，能遇到这么优秀的编辑是我的幸运。谢谢。

限于本人的学识水平，书中不足在所难免，真诚希望学界前辈及读者不吝赐教。

邹晓玲

2018 年 4 月于长沙